CHASE AND STUART'S CLASSICAL SERIES.

THE

# WORKS OF HORACE.

*Edited, with Explanatory Notes,*

BY

THOMAS CHASE, A. M.,
PROFESSOR IN HAVERFORD COLLEGE.

Lyricorum Horatius fere solus legi dignus; nam et insurgit aliquando, et plenus est jucunditatis et gratiae, et variis figuris et verbis felicissime audax. — QUINTIL.

PHILADELPHIA:
ELDREDGE & BROTHER.

BOSTON: J. L. HAMMETT. NEW YORK: J. W. SCHERMERHORN & CO.
CINCINNATI: R. W. CARROLL & CO. CLEVELAND: INGHAM & BRAGG.
CHICAGO: W. B. KEEN & COOKE.

1870.

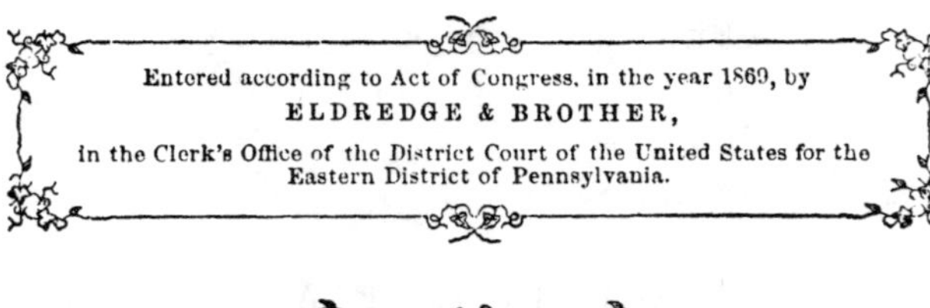



J. FAGAN & SON,
ELECTROTYPERS, PHILAD'A.

CAXTON PRESS OF SHERMAN & CO.

DISCIPVLIS MEIS

CVM HARVARDIANIS

TVM HAVERFORDIENSIBVS

VATEM VENVSINVM

NVNC ITERVM

TRADO

2nd. Sem. 1880, | 1, 15,

O. Bkt. I, 2, 12 | ~~II~~, 3, 14 | 7, 22, ~~X~~ 37

" " II, 1, 6, 18 | ~~1, 2~~ 13

III, 1, 2 | 3, | 4, | 5, |

Ep. 16 | III, 2. | 3, 4 |

Commit I, 24, 14, 7, ~~II~~ 22, ~~E~~ 4, II, 10,

# PREFACE.

THE editor has founded his text of Horace upon the best manuscripts,—as cited by Keller, Ritter, Orelli, and other critics, — after comparing the judgments of the most sagacious editors upon every passage. Readings not adopted, which deserve attention for their importance or their high authority, as well as the most noticeable conjectural emendations, have been placed at the bottom of each page.

In the notes, it has been his simple endeavor to meet the wants of American students. While great attention has been paid to the explanation of points of grammatical, philological, and antiquarian interest, he has hoped to aid in making the study of these poems conduce to refinement of taste and to general literary culture. Macleane's admirable Arguments to the Odes and Epodes have been adopted to a great extent; in the Introductions to the Satires and Epistles, aid has been derived from various sources. A long array of commentators has been consulted, as will appear by the references; but particular acknowledgment is due to the always judicious notes of Orelli, the often acute annotations of Ritter, Nauck's sprightly commentary on the Odes, and Krüger's full and accurate notes on the Satires and Epistles. Of recent English annotated editions, the most noticeable is that of Yonge, an Assistant Master of Eton, to whom he acknowledges his indebtedness for occasional assistance. In orthography he follows Munro, *non passibus aequis.* He is not unacquainted with the great German scholars and critics, although he calls Obbarius "Obbar" and Ritschl "Ritschel;" but his edition is particularly rich in illustrative citations from other authors.

In the few instances in which the orthography here adopted

differs from that ordinarily used, the student will find the more common form among the various readings, particularly in the first part of the book. In the latter part of the book, readings are given illustrating the most important peculiarities of orthography not adopted in the text. These variations in orthography, as well as the more important various readings indicating actual differences in expression, are all derived from the manuscripts, (older or more recent,) unless indicated as conjectural.

The dates at which Horace's poems were written are in some instances easily ascertained, in others will always remain matters of doubtful conjecture. In disputed cases, the two extremes of the dates which have been proposed by scholars, or at least of the most plausible ones, are given in the notes.

Students of Horace will aid themselves in understanding and appreciating him by judicious collateral reading,—especially in Roman history, where Mommsen and Merivale are particularly recommended to their attention. But nothing can supersede the fond and constant reading of the author himself, continued until his own words speak directly to the mind and ear with a power and beauty unattainable by the best translation.

THOMAS CHASE.

---

## ABBREVIATIONS IN THE VARIOUS READINGS.

*B.* and *Bent.*, Bentley.
*D.*, Dillenburger.
*F.*, Fea.
*G.*, Gould, *in usum iuv.*
*H.*, Haupt.
*N. H.*, N. Heinsius.
*J.*, Jahn.
*J–S.*, Jahn amended by Schmid.
*K.*, Keller.
*L.*, Lachmann.
*M.*, Meineke.
*Mnr.*, Monro.
*N.*, Nauck.
*O.*, Orelli.
*P.*, Peerlkamp.
*R.*, Ritter.
*St.*, Stallbaum.
*Bland.*, Blandinius.
*cod.*, codex.
*del.*, delet *uel* delent.
*e coni.*, e coniectura.
*edd.*, editores.
*omit.*, omittit *uel* omittunt (codices quidam).
*uu.*, *uersus.*
Ω, codices optimi fere omnes.
*, e coniectura.

⁂ The marks of punctuation indicate variations of interpunction in different editions: except that different readings of the same word or passage are separated by a comma.

# LIFE OF HORACE.

BY THEODORE MARTIN.

(ABRIDGED.)

---

QUINTUS HORATIUS FLACCUS was born vi. Id. Dec. A. U. C. 689 (B. C. 65), during the consulship of L. Aurelius Cotta and L. Manlius Torquatus. His father was a freedman of the town of Venusia, the modern Venosa, the inhabitants of which belonged to the Horatian tribe, and had received his manumission before his son was born. He had realized a moderate independence in the vocation of *coactor*, a name borne indifferently by the collectors of public revenue, and of money at sales by public auction. To which of these classes he belonged is uncertain, but most probably to the latter. With the fruits of his industry he had purchased a small property near Venusia, upon the banks of the Aufĭdus, the modern Ofanto, in the midst of the Apennines, upon the doubtful boundaries of Lucania and Apulia. Here the poet was born, and in this picturesque region of mountain, forest, and stream the boy became imbued with the love of nature, which distinguished him through life.

In his father's house, and in those of the Apulian peasantry around him, Horace had opportunities of becoming familiar with the simple virtues of the poor, — their independence, integrity, chastity, and homely worth, — which he loved to contrast with the luxury and vice of imperial Rome. He appears to have been an only child. No doubt he had at an early age given evidence of superior powers; and to this it may have been in some measure owing, that his father resolved to give him a higher education than could be obtained under a provincial schoolmaster, and, although ill able to afford the expense, took him to Rome when about twelve years old, and gave him the best training which the capital could supply. No money was spared to enable the boy to keep his position among his fellow-scholars of the higher ranks. He was waited on by numerous slaves, as though he were the heir to a considerable fortune. At the same time, he was not allowed to feel any shame for his own order, or to aspire to a position which he was unable to maintain. Under the stern tutorage of Orbilius Pupillus, a grammarian of high standing, richer in reputation than gold, but unduly fond of the rod, he learned grammar, and became familiar with the earlier Latin writers and with Homer. What was of still more importance, during this critical period of his first introduction to the temptations of the capital, he enjoyed the advantage of his father's personal superintendence, and of a careful moral training. His father went with him to all his classes, and, being himself a man of shrewd observation and natural humour, he gave his son's studies a practical bearing, by directing his attention to the follies and vices of the luxurious and dissolute society around him, and showing their incompatibility with the dictates of reason and common sense. From this admirable father Horace appears to have gathered many of "the rugged maxims hewn from life" with which his works abound, and also to have inherited that manly independence for which he was remarkable, and which, while assigning to all ranks their due influence and respect, never either overestimates or compromises its own. Under the homely exterior of the Apulian freedman we recognize the soul of the gentleman.

At what age Horace lost his father is uncertain, but probably before he left Rome for Athens, to complete his education in the Greek literature and philosophy, under native teachers. This he did some time between the age of seventeen and twenty. At Athens he found many young men of the leading Roman families, engaged in the same pursuits with himself. He was no careless student of the classics of Grecian literature, and, with a natural enthusiasm, he made his first poetical essays in their flexible and noble language. His usual good sense, however, soon caused him to abandon the hopeless task of emulating the Greek writers on their own ground, and he directed his efforts to transfusing into his own language some of the grace and melody of these masters of song. In the political lull between the battle of Pharsalia, A. U. C. 706 (B. C. 48), and the death of Julius Cæsar, A. U. C. 710 (B. C. 44), Horace was enabled to devote himself without interruption to the tranquil pursuits of the scholar. But when, after the latter event, Brutus came to Athens, and the patrician youth of Rome, fired with zeal for the cause of republican liberty, joined his standard, Horace, infected by the general enthusiasm, accepted a military command in the army which was destined to encounter the legions of Antonius and Octavius. His rank was that of tribune, and his appointment excited jealousy among his brother officers, who considered that the command of a Roman legion should have been reserved for men of nobler blood. But he had manifestly a strong party of friends, who had learned to appreciate his genius and attractive qualities. It is certain that he secured the esteem of his commanders, and bore an active part in the perils and difficulties of the campaign, which terminated in the total defeat of the republican party at Philippi, A. U. C. 712 (B. C. 42).

Horace reached home, only to find his paternal acres confiscated. He was enabled, however, to purchase the place of scribe in the Quaestor's office, a sort of sinecure clerkship of the Treasury, which he continued to hold for many years, if not, indeed, to the close of his life. It was upon his return to Rome that he made the acquaintance of Virgil and Varius, who were already famous, and to them he was indebted for his introduction to Maecenas. The particulars of his first interview with his patron he has himself recorded (Sat. I. vi.). The acquaintance rapidly ripened into mutual esteem. It secured the position of the poet in society, and the generosity of the statesman placed him above the anxieties of a literary life. Throughout the intimate intercourse of thirty years which ensued there was no trace of condescension on the one hand, nor of servility on the other.

By Maecenas Horace was introduced to Octavius, probably soon after the period just referred to. About A. U. C. 722, Horace, who had already given to the world many of his poems, including the ten Satires of the first book, received from Maecenas the gift of the Sabine farm, which at once afforded him a competence, and all the pleasures of a country life. The farm was situated in the valley of Ustica, about twelve miles from Tibur (Tivoli), and, among its other charms, possessed the valuable attraction for Horace, that it was within an easy distance of Rome. Here he spent a considerable part of every year. Here he could entertain a stray friend from town, — his patron Maecenas, upon occasion, — and the delights of this agreeable retreat were doubtless more than a compensation for the plain fare, or the thin home-grown wine, *vile Sabinum*, with which its resources alone enabled him to regale them.

The life of Horace from the time of his intimacy with Maecenas appears to have been one of comparative ease and of great social enjoyment. He was soon admitted to the friendship of Augustus, and to the close of his life his favour at court continued without a cloud. And favour did not spoil him. He was ever the same kindly, urbane, and simple man of letters he had originally been, never presuming upon his position, nor looking superciliously on others less favored than himself. At all times generous and genial, years only mellowed his wisdom and gave a finer polish to his verse. The unaffected sincerity of his nature and the rich vein of his genius made him courted by the rich and noble. He mixed on easy terms with the choicest society of Rome; and what must that society have been which included Virgil, Varius, Plotius, Tibullus, Pollio, and a host of others who were not only ripe scholars, but had borne and were bearing a leading part in the great actions and events of that memorable epoch?

At no time very robust, Horace's health appears to have declined for some years before his death. He was doomed to see some of his dearest friends drop into the grave before him. This to him, who gave to friendship the ardour which other men give to love, was the severest wound that time could bring. "The shocks of Chance, the blows of Death" smote him heavily; and the failure of youth, and spirits, and health, in the inevitable decay of nature, saddened the thoughtful poet in his solitude, and tinged the gayest society with melancholy. Maecenas's health was a source of deep anxiety to him; and one of the most exquisite Odes (Carm. II. 17) addressed to that valued friend, in answer to some outburst of despondency, while it expresses the depth of the poet's regard, bears in it the tone of a man somewhat weary of the world. He declares that, if untimely fate shall snatch away his patron, he will not survive him; and the prophecy was fulfilled almost to the very letter. The same year (A. U. C. 746, B. C. 8) witnessed the death of both Horace and Maecenas. The latter died about the middle of the year, committing his friend, in almost his last words, to the care of Augustus: *Horati Flacci, ut mei, esto memor.* On the 27th of November, when he was on the eve of completing his fifty-seventh year, Horace himself died, of an illness so short and sudden that he was unable to make his will in writing. He declared it verbally before witnesses, leaving to Augustus the little which he possessed. He was buried on the Esquiline Hill, near his patron and friend Maecenas.

There are no authentic busts or medallions of Horace, and his descriptions of himself are vague. He was short in stature, his eyes and hair were dark, but the latter was early silvered with gray. He suffered at one time with an affection of the eyes, and seems to have been by no means robust in constitution. His habits were temperate and frugal, as a rule, although he was far from insensible to the charms of a good table and good wine, heightening and heightened by the zest of good company. But he seems to have had neither the stomach nor the taste for habitual indulgence in the pleasures of the table. Latterly he became corpulent and sensitive to the severity of the seasons, and sought at Baiae and Tibur the refreshment or shelter which his mountain retreat had ceased to yield to his delicate frame.

Of all his writings, Horace himself appears to have ascribed the greatest value to the *Odes*, and to have rested upon them his claims to posthumous fame. They were the result of great labour, as he himself indicates (Carm. IV. 2, 27 sqq.); and yet they bear pre-eminently the charm of simplicity and ease. He was the first to mould the Latin tongue to the Greek lyric measures; and his success in this difficult task may be estimated from the fact that, as he was the first, so was he the greatest, of the Roman lyrists. In airy and playful grace, in happy epithets, in variety of imagery, and exquisite felicity of expression, the Odes are still unsurpassed among the writings of any period or language. It is these qualities and a prevailing vein of genial and sober wisdom, which imbue them with a charm quite peculiar, and have given them a hold upon the minds of educated men which no change of taste has shaken.

Horace's *Satires* and *Epistles* are perhaps intrinsically more valuable than his lyric poetry. As reflecting "the age and body of the time," they possess the highest historical value. Through them the modern scholar is able to form a clearer idea, in all probability, of the state of society in Rome in the Augustan age, than of any other phase of social development in the history of nations. Horace's observation of character is subtle and exact, his knowledge of the heart is profound, his power of graphic delineation great. A genial humour plays over his verses, and a kindly wisdom dignifies them. As a living and brilliant commentary on life, as a storehouse of maxims of practical wisdom, couched in language the most apt and concise, as a picture of men and manners, which will be always fresh and always true, because it was true once, and because human nature will always reproduce itself under analogous circumstances, his *Satires*, and still more his *Epistles*, will have a permanent value for mankind. In these, as in his Odes, he inculcates what is fitting and decorous, and tends most to tranquillity of mind and body. To live at peace with the world, to shun the extremes of avarice, luxury, and ambition, to outrage none of the laws of nature, to enjoy life wisely, and not to load it with the cares which the lapse of a few brief years will demonstrate to be foolishness, is very nearly the sum of his philosophy. Of religion, as we understand it, he had little. In common with the more vigorous intellects of the time, he had outgrown the effete creed of his countrymen. He was content to use it for poetical purposes, but he could not accept as matter of belief the mythology about which the forms of the contemporary worship still clustered.

Horace has always been a favorite with the young; but it is only by minds matured by experience and reflection that he can be thoroughly appreciated. To them the depth of his observation and the reach of his good sense are made daily more apparent; and the verses which charmed their fancy or delighted their ear in youth, become the counsellors of their manhood, or the mirror which focalizes for their old age the gathered wisdom of a lifetime. No writer is so often quoted, and simply because the thoughts of none are more pertinent to men's "business and bosoms" in the concerns of everyday life, amid the jostle of a crowded and artificial state of society; and because the glimpses of nature, in which his writings abound, come with the freshness of truth, alike to the jaded dweller in cities, and to those who can test them day by day in the presence of nature herself.

# THE METRES OF HORACE.

## (AFTER NAUCK.)

---

In the Satires and Epistles, Horace uses the dactylic hexameter; yet, in the Satires, his *Musa pedestris* purposely assumes a careless and easy tone. "The approach to prose in Horace's verse is seen, for instance, in his freedom with regard to elision, particularly that of the monosyllabic particles *nam*, *dum*, *cum*, *si*, which is contrary to the epic usage; in some cases of synaeresis, as *prout*, *quoad*, *vindemiator;* in syncopes, as *caldior*, *soldum;* and contractions, as *divisse*, *surrexe*. In the construction of the verse, also, we observe an intentional accumulation of spondees, whereas the well-framed epic line delights us by a tasteful variety of dactyles and spondees."

In the Odes and Epodes eighteen metres or systems of verse are recognized, a list of which here follows. Further details may be obtained from any of the Grammars.

I. The *minor Asclepiadēan system*, each stanza consisting of four *minor Asclepiadēan* verses:

–́ – | –́ ⏑ ⏑ –́ || –́ ⏑ ⏑ –́ | ⏑ ⏓

There is something noble in the effect of the choriambs, and the steady march of the verse expresses calm assurance. Horace has used this metre thrice, when he speaks with lofty inspiration of the dignity of poetry and his own calling as a bard. (I. 1; III. 30; IV. 8.)

II. The *first Asclepiadēan strophe*, in which the *Glyconic verse* alternates with the *minor Asclepiadēan:*

–́ – | –́ ⏑ ⏑ –́ | ⏑ ⏓

–́ – | –́ ⏑ ⏑ –́ || –́ ⏑ ⏑ –́ | ⏑ ⏓

With less elevation and repose, this metre has more pathos and a more varied movement than the preceding. (I. 3, 13, 19, 36; III. 9, 15, 19, 24, 25, 28; IV. 1, 3.)

III. The *second Asclepiadēan strophe*, consisting of three *minor Asclepiadēan* verses, followed by a *Glyconic:*

1. 2. 3. } –́ – | –́ ⏑ ⏑ –́ || –́ ⏑ ⏑ –́ | ⏑ ⏓

4. –́ – | –́ ⏑ ⏑ –́ | ⏑ ⏓

The falling effect of this strophe is appropriate for the expression of modesty, apprehension, despondency, or longing. (I. 6, 15, 24, 33; II. 12; III. 10, 16; IV. 5, 12.)

IV. The *third Asclepiadēan strophe*, consisting of two *minor Asclepiadēan* verses, a *Pherecratēan*, and a *Glyconic:*

1., 2. –́ – | –́ ⏑ ⏑ –́ ‖ –́ ⏑ ⏑ –́ | ⏑ ⏓

3. –́ – | –́ ⏑ ⏑ –́ | ⏒

4. –́ – | –́ ⏑ ⏑ –́ | ⏑ ⏓

This metre has a still more subdued tone than the preceding. (I. 5, 14, 21, 23; III. 7, 13; IV. 13.)

V. The *greater Asclepiadēan system;* the *greater Asclepiadēan verse* four times repeated:

–́ – | –́ ⏑ ⏑ –́ ‖ –́ ⏑ ⏑ –́ ‖ –́ ⏑ ⏑ –́ | ⏑ ⏓

Horace uses this metre thrice in exhortations, which are well supported in the steady march of the weighty choriambs. (I. 11, 18; IV. 10.)

VI. The *Sapphic strophe*, consisting of three *minor Sapphic verses* and one *Adonic verse:*

1., 2., 3. –́ ⏑ | – – | –́ ‖ ⏑ ⏑ | –́ ⏑ | – ⏒

4. –́ ⏑ ⏑ | –́ ⏒

Earnest and stately, and the proper metre for supplication to the gods; yet sometimes, with unmistakable humor, applied to subjects of a very different character. (I. 2, 10, 12, 20, 22, 25, 30, 32, 38; II. 2, 4, 6, 8, 10, 16; III. 8, 11, 14, 18, 20, 22, 27; IV. 2, 6, 11. Carmen Saeculare.)

VII. The *greater Sapphic strophe;* an *Aristophanic verse* followed by a *greater Sapphic:*

–́ ⏑ ⏑ | –́ ⏑ | – ⏒

–́ ⏑ – – | –́ ‖ ⏑ ⏑ – | –́ ⏑ ⏑ – | ⏑ – ⏒

Used in one Ode (I. 8), in which the question beginning in the shorter verse gains in liveliness and compass as it passes into the longer.

VIII. The *Alcaic strophe*, consisting of the *Alcaic hendecasyllabic verse* twice repeated, an *Alcaic enneasyllabic*, and an *Alcaic decasyllabic verse:*

1., 2. ⏒ | –́ ⏑ | –́ ⏒ ‖ –́ ⏑ ⏑ | –́ ⏑ ⏒

3. ⏒ | –́ ⏑ | –́ ⏒ ‖ –́ ⏑ | –́ ⏒

4. –́ ⏑ ⏑ | –́ ⏑ ⏑ | –́ ⏑ | –́ ⏒

The first half of the first three verses may also be divided into a spondee or iambus, followed by a bacchīus:

⏒ –́ | ⏑ –́ –

Strong and lively, the proper metre for appeal and encouragement, exhortation and admonition.

The first verse, beginning with a monosyllabic basis, consists of two halves; the third verse is the doubling of the *first* of those halves; the fourth verse is a pure refrain, combining the *second halves* of the two preceding kinds of verse. The Alcaic strophe, then, is like a composition in which a musical thought, after it has impressed itself upon the ear by repetition, is resolved into its elements and further carried out.

Horace employs this metre more than any other, and it is hence often called the Horatian stanza. (I. 9, 16, 17, 26, 27, 29, 31, 34, 35, 37; II. 1, 3, 5, 7, 9, 11, 13, 14, 15, 17, 19, 20; III. 1, 2, 3, 4, 5, 6, 17, 21, 23, 26, 29; IV. 4, 9, 14, 15.)

IX. The *first Archilochian strophe*, in which the *dactylic hexameter* alternates with the *minor Archilochian verse:*

´– ⏖ | ´– ⏖ | ´– ‖ ⏖ | ´– ⏖ | ´– ⏑ ⏑ | ´– ⏓
´– ⏑ ⏑ | ´– ⏑ ⏑ | ⏓

The Archilochian strophes all express a certain sadness. The first is elegiac, with a prevailing tone of melancholy, while the falling rhythms of the shorter verse seem to represent hopelessness and resignation. (IV. 7.)

X. The *second Archilochian strophe;* the *dactylic hexameter* followed by the *iambilegic* or the *iambico-dactylic verse:*

´– ⏖ | ´– ⏖ | ´– ‖ ⏖ | ´– ⏖ | ´– ⏑ ⏑ (–) | ´– ⏓
⏓ ´– : ⏑ – | ⏓ ´– : ⏑ ⏓ | ´– ⏑ ⏑ | ´– ⏑ ⏑ | ⏓

The iambic dimeter, here interposed between the two members of the first Archilochian strophe, expresses encouragement. (Ep. 13.)

XI. The *fourth Archilochian strophe*, consisting of the *greater Archilochian verse* followed by an *iambic trimeter catalectic:*

´– ⏖ | ´– ⏖ | ´– ‖ ⏖ | ´– ⏑ ⏑ | ´– ⏑ | ´– ⏑ | ´– ⏓
⏓ ´– : ⏑ – | ⏓ ‖ ´– : ⏑ – | ⏑ ´– : ⏓

Elegiac, with a joyous feeling. (I. 4.)

XII. The *Alcmanian strophe; dactylic hexameter* alternating with *dactylic tetrameter catalectic:*

´– ⏖ | ´– ⏖ | ´– ‖ ⏖ | ´– ⏖ | ´– ⏑ ⏑ (–) | ´– ⏓
´– ⏖ | ´– ⏖ | ´– ⏑ ⏑ (–) | ´– ⏓

This metre resembles the Archilochian strophe, and like that expresses melancholy thoughts. (I. 7, 28.)

XIII. The *iambic trimeter:*

⏓ ´– : ⏑ – | ⏓ ‖ ´– : ⏑ – | ⏓ ´– : ⏑ ⏓

Impetuous as the swift arrows of Archilochus, the *repertor pugnacis iambi.* (Ep. 17.)

XIV. The *iambic strophe; iambic trimeters,* alternating with *iambic dimeters :*

⏓ –́ : ⏑ – | ⏓ ‖ –́ : ⏑ – | ⏓ –́ : ⏑ ⏑̲

⏓ –́ : ⏑ – | ⏓ –́ : ⏑ ⏑̲

The regular Epode-measure of Archilochus. The short, abrupt clauses are well adapted to give the words point and stress. (Epodes 1–10 )

XV. The *first Pythiambic strophe,* consisting of the *dactylic hexameter* (which, as the proper verse for oracles, is also called the *Pythian,*) and the *iambic dimeter :*

–́ ⏕ | –́ ⏕ | –́ ‖ ⏕ | –́ ⏕ | –́ ⏑ ⏑ | –́ ⏓

⏑̲ –́ : ⏑ – | ⏓ –́ : ⏑ ⏑̲

(Ep. 14, 15.)

XVI. The *second Pythiambic strophe;* the *dactylic hexameter* alternating with the *iambic trimeter* (here consisting of pure iambs) :

–́ ⏕ | –́ ⏕ | –́ ‖ ⏕ | –́ ⏕ | –́ ⏑ ⏑ (—) | –́ ⏑̲

⏑ –́ : ⏑ – | ⏑ ‖ –́ : ⏑ – | ⏑ –́ : ⏑ ⏑̲

(Ep. 16.)

XVII. The *trochaic strophe* (or the *Hipponactēan*) ; a *trochaic dimeter catalectic* followed by an *iambic trimeter catalectic :*

–́ ⏑ : – ⏑ | –́ ⏑ : ⏓

⏓ –́ : ⏑ – | ⏓ ‖ –́ : ⏑ – | ⏑ –́ : ⏑̲

The very smoothness and rapidity of the metre expresses a mind content with its lot and spurning superfluities. (II. 18.)

XVIII. The *Ionic a minore :*

⏑ ⏑ –́ – | ⏑ ⏑ –́ –

⏑ ⏑ –́ – | ⏑ ⏑ –́ –

⏑ ⏑ –́ – | ⏑ ⏑ –́ – | ⏑ ⏑ –́ – | ⏑ ⏑ –́ –

⏑ ⏑ –́ – | ⏑ ⏑ –́ ⏑̲

A plaintive measure. (III. 12.)

# A LIST OF THE ODES,

## WITH THEIR METRES.

| Lib. I. | | Lib. II. | | Lib. III. | |
|---|---|---|---|---|---|
| Od. 1. | Metr. I. | Od. 1. | Metr. VIII. | Od. 18. | Metr. VI. |
| 2. | VI. | 2. | VI. | 19. | II. |
| 3. | II. | 3. | VIII. | 20. | VI. |
| 4. | XI. | 4. | VI. | 21. | VIII. |
| 5. | IV. | 5. | VIII. | 22. | VI. |
| 6. | III. | 6. | VI. | 23. | VIII. |
| 7. | XII. | 7. | VIII. | 24. | II. |
| 8. | VII. | 8. | VI. | 25. | II. |
| 9. | VIII. | 9. | VIII. | 26. | VIII. |
| 10. | VI. | 10. | VI. | 27. | VI. |
| 11. | V. | 11. | VIII. | 28. | II. |
| 12. | VI. | 12. | III. | 29. | VIII. |
| 13. | II. | 13. | VIII. | 30. | I. |
| 14. | IV. | 14. | VIII. | Lib. IV. | |
| 15. | III. | 15. | VIII. | Od. 1. | II. |
| 16. | VIII. | 16. | VI. | 2. | VI. |
| 17. | VIII. | 17. | VIII. | 3. | II. |
| 18. | V. | 18. | XVII. | 4. | VIII. |
| 19. | II. | 19. | VIII. | 5. | III. |
| 20. | VI. | 20. | VIII. | 6. | VI. |
| 21. | IV. | Lib. III. | | 7. | IX. |
| 22. | VI. | Od. 1. | VIII. | 8. | I. |
| 23. | IV. | 2. | VIII. | 9. | VIII. |
| 24. | III. | 3. | VIII. | 10. | V. |
| 25. | VI. | 4. | VIII. | 11. | VI. |
| 26. | VIII. | 5. | VIII. | 12. | III. |
| 27. | VIII. | 6. | VIII. | 13. | IV. |
| 28. | XII. | 7. | IV. | 14. | VIII. |
| 29. | VIII. | 8. | VI. | 15. | VIII. |
| 30. | VI. | 9. | II. | Carmen Saeculare, VI. | |
| 31. | VIII. | 10. | III. | Epodes. | |
| 32. | VI. | 11. | VI. | 1—10. | XIV. |
| 33. | III. | 12. | XVIII. | 13. | X. |
| 34. | VIII. | 13. | IV. | 14. | XV. |
| 35. | VIII. | 14. | VI. | 15. | XV. |
| 36. | II. | 15. | II. | 16. | XVI. |
| 37. | VIII. | 16. | III. | 17. | XIII. |
| 38. | VI. | 17. | VIII. | | |

Q. HORATI FLACCI

# CARMINVM

## LIBER PRIMVS

---

### I.

Maecenas, atavis edite regibus,
O et praesidium et dulce decus meum,
Sunt quos curriculo pulverem Olympicum
Collegisse juvat, metaque fervidis
Evitata rotis palmaque nobilis
Terrarum dominos evehit ad deos;
Hunc, si mobilium turba Quiritium
Certat tergeminis tollere honoribus;
Illum, si proprio condidit horreo
Quicquid de Libycis verritur areis.
Gaudentem patrios findere sarculo
Agros Attalicis condicionibus
Numquam dimoveas, ut trabe Cypria
Myrtoum pavidus nauta secet mare:
Luctantem Icariis fluctibus Africum
Mercator metuens otium et oppidi
Laudat rura sui; mox reficit rates
Quassas, indocilis pauperiem pati.
Est qui nec veteris pocula Massici
Nec partem solido demere de die
Spernit, nunc viridi membra sub arbuto
Stratus, nunc ad aquae lene caput sacrae.

7 nobilium    13 demoveas    17 tuta *e coniectura*

Multos castra juvant et lituo tubae
Permixtus sonitus, bellaque matribus
Detestata. Manet sub Jove frigido
Venator, tenerae conjugis immemor,
Seu visa est catulis cerva fidelibus,
Seu rupit teretes Marsus aper plagas.
Me doctarum hederae praemia frontium
Dis miscent superis, me gelidum nemus
Nympharumque leves cum Satyris chori
Secernunt populo, si neque tibias
Euterpe cohibet, nec Polyhymnia
Lesboum refugit tendere barbiton.
Quod si me lyricis vatibus inseres,
Sublimi feriam sidera vertice.

## II.

Jam satis terris nivis atque dirae
Grandinis misit pater, et, rubente
Dextera sacras jaculatus arces,
Terruit urbem,
Terruit gentes, grave ne rediret
Saeculum Pyrrhae nova monstra questae,
Omne cum Proteus pecus egit altos
Visere montes,
Piscium et summa genus haesit ulmo,
Nota quae sedes fuerat columbis,
Et superjecto pavidae natarunt
Aequore dammae.
Vidimus flavum Tiberim, retortis
Litore Etrusco violenter undis,
Ire dejectum monumenta regis
Templaque Vestae,
Iliae dum se nimium querenti
Jactat ultorem, vagus et sinistra
Labitur ripa, Jove non probante, u-
xorius amnis.
Audiet cives acuisse ferrum,

29, 30 te *e coniectura* 35 inseris 36 sublimis
10 palumbis 12 damae

Quo graves Persae melius perirent,
Audiet pugnas, vitio parentum
Rara, juventus.

Quem vocet divôm populus ruentis
Imperi rebus? prece qua fatigent
Virgines sanctae minus audientem
Carmina Vestam?
Cui dabit partes scelus expiandi
Juppiter? Tandem venias, precamur,
Nube candentes humeros amictus,
Augur Apollo;
Sive tu mavis, Erycina ridens,
Quam Jocus circum volat et Cupido;
Sive neglectum genus et nepotes
Respicis, auctor,
Heu nimis longo satiate ludo,
Quem juvat clamor galeaeque leves
Acer et Mauri peditis cruentum
Voltus in hostem;
Sive mutata juvenem figura
Ales in terris imitaris, almae
Filius Maiae, patiens vocari
Caesaris ultor:
Serus in caelum redeas, diuque
Laetus intersis populo Quirini,
Neve te nostris vitiis iniquum
Ocior aura
Tollat: hic magnos potius triumphos,
Hic ames dici pater atque princeps,
Neu sinas Medos equitare inultos,
Te duce, Caesar.

## III.

Sic te diva potens Cypri,
Sic fratres Helenae, lucida sidera,
Ventorumque regat pater,

25 divum 31 candenti 35 neclectum 39 Marsi 40 vultus

Obstrictis aliis praeter Iapyga,
Navis, quae tibi creditum
Debes Vergilium, finibus Atticis
Reddas incolumem, precor,
Et serves animae dimidium meae.
Illi robur et aes triplex
Circa pectus erat, qui fragilem truci
Commisit pelago ratem
Primus, nec timuit praecipitem Africum
Decertantem Aquilonibus,
Nec tristes Hyadas, nec rabiem Noti,
Quo non arbiter Hadriae
Major, tollere seu ponere volt freta.
Quem Mortis timuit gradum,
Qui siccis oculis monstra natantia,
Qui vidit mare turgidum, et
Infames scopulos Acroceraunia?
Nequiquam deus abscidit
Prudens Oceano dissociabili
Terras, si tamen impiae
Non tangenda rates transiliunt vada.
Audax omnia perpeti
Gens humana ruit per vetitum nefas:
Audax Iapeti genus
Ignem fraude mala gentibus intulit;
Post ignem aetheria domo
Subductum, macies et nova febrium
Terris incubuit cohors,
Semotique prius tarda necessitas
Leti corripuit gradum;
Expertus vacuum Daedalus aëra
Pennis non homini datis;
Perrupit Acheronta Herculeus labor.
Nil mortalibus ardui est;
Caelum ipsum petimus stultitia, neque
Per nostrum patimur scelus
Iracunda Jovem ponere fulmina.

6 Virgilium 6 ut finibus *e coniectura* 8 ut 16 vult
18 rectis *e coni.* 19 turbidum 21 nequicquam
22 dissociabiles *e coni.* 35 pinnis 37 arduum

## IV.

Solvitur acris hiemps grata vice veris et Favoni,
Trahuntque siccas machinae carinas,
Ac neque jam stabulis gaudet pecus aut arator igni,
Nec prata canis albicant pruinis.
Jam Cytherea choros ducit Venus imminente Luna,
Junctaeque Nymphis Gratiae decentes
Alterno terram quatiunt pede, dum graves Cyclopum
Volcanus ardens urit officinas.
Nunc decet aut viridi nitidum caput impedire myrto,
Aut flore, terrae quem ferunt solutae;
Nunc et in umbrosis Fauno decet immolare lucis,
Seu poscat agna sive malit haedo.
Pallida Mors aequo pulsat pede pauperum tabernas
Regumque turres. O beate Sesti,
Vitae summa brevis spem nos vetat inchoare longam.
Jam te premet nox fabulaeque Manes
Et domus exilis Plutonia: quo simul mearis,
Nec regna vini sortiere talis,
Nec tenerum Lycidan mirabere, quo calet juventus
Nunc omnis et mox virgines tepebunt.

## V.

Quis multa gracilis te puer in rosa
Perfusus liquidis urget odoribus,
Grato, Pyrrha, sub antro?
Cui flavam religas comam,
Simplex munditiis? Heu quotiens fidem
Mutatosque deos flebit, et aspera
Nigris aequora ventis
Emirabitur insolens,
Qui nunc te fruitur credulus aurea,
Qui semper vacuam, semper amabilem
Sperat, nescius aurae
Fallacis! Miseri, quibus

1 hiems 8 Vulcanus 8 visit 12 agnam
12 haedum 19 Lycidam 2 urguet 5 quoties

Intemptata nites: me tabula sacer
Votiva paries indicat uvida
Suspendisse potenti
Vestimenta maris deo!

## VI.

Scriberis Vario fortis et hostium
Victor, Maeonii carminis alite,
Quam rem cumque ferox navibus aut equis
Miles te duce gesserit:
Nos, Agrippa, neque haec dicere, nec gravem
Pelidae stomachum cedere nescii,
Nec cursus duplicis per mare Ulixei,
Nec saevam Pelopis domum
Conamur, tenues grandia, dum pudor
Imbellisque lyrae Musa potens vetat
Laudes egregii Caesaris et tuas
Culpa deterere ingeni.
Quis Martem tunica tectum adamantina
Digne scripserit, aut pulvere Troico
Nigrum Merionen, aut ope Palladis
Tydiden superis parem?
Nos convivia, nos proelia virginum
Sectis in juvenes unguibus acrium
Cantamus, vacui, sive quid urimur,
Non praeter solitum leves.

## VII.

Laudabunt alii claram Rhodon aut Mytilenen,
Aut Epheson bimarisve Corinthi
Moenia, vel Baccho Thebas vel Apolline Delphos
Insignes, aut Thessala Tempe;
Sunt quibus unum opus est intactae Palladis urbem
Carmine perpetuo celebrare, et

13 intentata 14 humida 7 duplices
2 Ephesum 5 arces, arcem

Undique decerptam fronti praeponere olivam;
    Plurimus in Junonis honorem
Aptum dicet equis Argos ditesque Mycenas:
    Me nec tam patiens Lacedaemon
Nec tam Larissae percussit campus opimae,
    Quam domus Albuneae resonantis,
Et praeceps Anio, ac Tiburni lucus, et uda
    Mobilibus pomaria rivis.
Albus ut obscuro deterget nubila caelo
    Saepe Notus, neque parturit imbres
Perpetuo, sic tu sapiens finire memento
    Tristitiam vitaeque labores
Molli, Plance, mero, seu te fulgentia signis
    Castra tenent, seu densa tenebit
Tiburis umbra tui. Teucer Salamina patremque
    Cum fugeret, tamen uda Lyaeo
Tempora populea fertur vinxisse corona,
    Sic tristes affatus amicos:
"Quo nos cumque feret melior Fortuna parente,
    Ibimus, o socii comitesque!
Nil desperandum Teucro duce et auspice Teucro;
    Certus enim promisit Apollo
Ambiguam tellure nova Salamina futuram.
    O fortes pejoraque passi
Mecum saepe viri, nunc vino pellite curas:
    Cras ingens iterabimus aequor."

## VIII.

        Lydia, dic, per omnes
Te deos oro, Sybarin cur properes amando
        Perdere; cur apricum
Oderit campum, patiens pulveris atque solis!
        Cur neque militaris
Inter aequales equitat, Gallica nec lupatis

8 honore *e coniectura* 9 dicit 15 detergit
17 perpetuos 27 auspice Teucri, auspice Phoebo *e coniectura*
2 hoc deos 2 properas 5 militares 6 equitet

Temperat ora frenis?
Cur timet flavum Tiberim tangere? Cur olivum
Sanguine viperino
Cautius vitat, neque jam livida gestat armis
Bracchia, saepe disco,
Saepe trans finem jaculo nobilis expedito?
Quid latet, ut marinae
Filium dicunt Thetidis sub lacrimosa Trojae
Funera, ne virilis
Cultus in caedem et Lycias proriperet catervas?

## IX.

Vides ut alta stet nive candidum
Soracte, nec jam sustineant onus
Silvae laborantes, geluque
Flumina constiterint acuto.
Dissolve frigus, ligna super foco
Large reponens, atque benignius
Deprome quadrimum Sabina,
O Thaliarche, merum diota.
Permitte divis cetera: qui simul
Stravere ventos aequore fervido
Deproeliantes, nec cupressi
Nec veteres agitantur orni.
Quid sit futurum cras, fuge quaerere, et
Quem Fors dierum cumque dabit, lucro
Appone, nec dulces amores
Sperne puer, neque tu choreas,
Donec virenti canities abest
Morosa. Nunc et campus, et areae,
Lenesque sub noctem susurri
Composita repetantur hora,
Nunc et latentis proditor intimo
Gratus puellae risus ab angulo,
Pignusque dereptum lacertis
Aut digito male pertinaci.

**7 temperet 11 brachia 7 depone 14 sors 23 direptum**

## X.

Mercuri, facunde nepos Atlantis,
Qui feros cultus hominum recentum
Voce formasti catus, et decorae
More palaestrae,
Te canam, magni Jovis et deorum
Nuntium, curvaeque lyrae parentem,
Callidum, quicquid placuit, jocoso
Condere furto.
Te, boves olim nisi reddidisses
Per dolum amotas, puerum minaci
Voce dum terret, viduus pharetra
Risit Apollo.
Quin et Atridas, duce te, superbos
Ilio dives Priamus relicto
Thessalosque ignes et iniqua Trojae
Castra fefellit.
Tu pias laetis animas reponis
Sedibus, virgaque levem coërces
Aurea turbam, superis deorum
Gratus et imis.

## XI.

Tu ne quaesieris (scire nefas) quem mihi, quem tibi
Finem di dederint, Leuconoë, nec Babylonios
Temptaris numeros. Ut melius, quicquid erit, pati,
Seu plures hiemes, seu tribuit Juppiter ultimam,
Quae nunc oppositis debilitat pumicibus mare
Tyrrhenum! Sapias: vina liques, et spatio brevi
Spem longam reseces. Dum loquimur, fugerit invida
Aetas: carpe diem, quam minimum credula postero.

## XII.

Quem virum aut heroa lyra vel acri
Tibia sumis celebrare, Clio,

6 nuncium 3 tentaris 4 tribuet 2 sumes

Quem deum? Cujus recinet jocosa
Nomen imago,
Aut in umbrosis Heliconis oris,
Aut super Pindo, gelidove in Haemo?
Unde vocalem temere insecutae
Orphea silvae,
Arte materna rapidos morantem
Fluminum lapsus celeresque ventos,
Blandum et auritas fidibus canoris
Ducere quercus.
Quid prius dicam solitis parentis
Laudibus, qui res hominum ac deorum,
Qui mare ac terras variisque mundum
Temperat horis?
Unde nil majus generatur ipso,
Nec viget quicquam simile aut secundum:
Proximos illi tamen occupavit
Pallas honores.
Proeliis audax, neque te silebo,
Liber, et saevis inimica Virgo
Beluis, nec te, metuende certa
Phoebe sagitta.
Dicam et Alciden puerosque Ledae,
Hunc equis, illum superare pugnis
Nobilem; quorum simul alba nautis
Stella refulsit,
Defluit saxis agitatus humor,
Concidunt venti fugiuntque nubes,
Et minax (quod sic voluere) ponto
Unda recumbit.
Romulum post hos prius, an quietum
Pompili regnum memorem, an superbos
Tarquini fasces, dubito, an Catonis
Nobile letum.
Regulum, et Scauros, animaeque magnae
Prodigum Paulum, superante Poeno,

3 recinit, retinet 19 occupabit 23 belluis 28 sidera fulgent
31 quia sic, nam sic, di sic 38 Paullum

Gratus insigni referam Camena,
Fabriciumque:
Hunc et incomptis Curium capillis
Utilem bello tulit et Camillum
Saeva paupertas et avitus apto
Cum lare fundus.
Crescit occulto velut arbor aevo
Fama Marcelli; micat inter omnes
Julium sidus, velut inter ignes
Luna minores.
Gentis humanae pater atque custos,
Orte Saturno, tibi cura magni
Caesaris fatis data: tu secundo
Caesare regnes.
Ille, seu Parthos Latio imminentes
Egerit justo domitos triumpho,
Sive subjectos Orientis orae
Seras et Indos,
Te minor laetum reget aequus orbem:
Tu gravi curru quaties Olympum,
Tu parum castis inimica mittes
Fulmina lucis.

## XIII.

Cum tu, Lydia, Telephi
Cervicem roseam, cerea Telephi
Laudas bracchia, vae meum
Fervens difficili bile tumet jecur.
Tum nec mens mihi nec colcr
Certa sede manet, humor et in genas
Furtim labitur, arguens
Quam lentis penitus macerer ignibus.
Uror, seu tibi candidos
Turparunt humeros immodicae mero
Rixae, sive puer furens
Impressit memorem dente labris notam.

43 arto *e coniectura* 57 latum 57 regit, regat 3 brachia 5 tunc 6 manent

Non, si me satis audias,
Speres perpetuum dulcia barbare
Laedentem oscula, quae Venus
Quinta parte sui nectaris imbuit.
Felices ter et amplius,
Quos irrupta tenet copula, nec malis
Divolsus querimoniis
Suprema citius solvet amor die!

## XIV.

O navis, referent in mare te novi
Fluctus! O quid agis? Fortiter occupa
Portum! Nonne vides ut
Nudum remigio latus,
Et malus celeri saucius Africo
Antennaeque gemant, ac sine funibus
Vix durare carinae
Possint imperiosius
Aequor? Non tibi sunt integra lintea,
Non di, quos iterum pressa voces malo.
Quamvis Pontica pinus,
Silvae filia nobilis,
Jactes et genus et nomen inutile,
Nil pictis timidus navita puppibus
Fidit. Tu, nisi ventis
Debes ludibrium, cave.
Nuper sollicitum quae mihi taedium,
Nunc desiderium curaque non levis,
Interfusa nitentes
Vites aequora Cycladas.

## XV.

Pastor cum traheret per freta navibus
Idaeis Helenen perfidus hospitam,

19 divulsus 1 referunt 6 antemnae 6 gemunt
8 possunt 13 nomen: inutile! 2 Helenam

Ingrato celeres obruit otio
    Ventos ut caneret fera
Nereus fata: "Mala ducis avi domum,
Quam multo repetet Graecia milite,
Conjurata tuas rumpere nuptias
    Et regnum Priami vetus.
Heu, heu, quantus equis, quantus adest viris
Sudor! quanta moves funera Dardanae
Genti! Jam galeam Pallas et aegida
    Currusque et rabiem parat!
Nequiquam, Veneris praesidio ferox,
Pectes caesariem, grataque feminis
Imbelli cithara carmina divides;
    Nequiquam thalamo graves
Hastas et calami spicula Cnosii
Vitabis, strepitumque, et celerem sequi
Ajacem: tamen, heu, serus adulteros
    Crines pulvere collines.
Non Laërtiaden, exitium tuae
Gentis, non Pylium Nestora respicis?
Urgent impavidi te Salaminius
    Teucer, te Sthenelus, sciens
Pugnae, sive opus est imperitare equis,
Non auriga piger. Merionen quoque
Nosces. Ecce furit te reperire atrox
    Tydides, melior patre,
Quem tu, cervus uti vallis in altera
Visum parte lupum graminis immemor,
Sublimi fugies mollis anhelitu,
    Non hoc pollicitus tuae.
Iracunda diem proferet Ilio
Matronisque Phrygum classis Achilleï;
Post certas hiemes uret Achaïcus
    Ignis Iliacas domos."

**9 eheu 20 cultus 21 excidium 22 genti 24 et 36 Pergameas**

## XVI.

O matre pulchra filia pulchrior,
Quem criminosis cumque voles modum
Pones iambis, sive flamma
Sive mari libet Hadriano.
Non Dindymene, non adytis quatit
Mentem sacerdotum incola Pythius,
Non Liber aeque, non acuta
Sic geminant Corybantes aera,
Tristes ut irae, quas neque Noricus
Deterret ensis nec mare naufragum,
Nec saevus ignis nec tremendo
Juppiter ipse ruens tumultu.
Fertur Prometheus, addere principi
Limo coactus particulam undique
Desectam, et insani leonis
Vim stomacho apposuisse nostro.
Irae Thyesten exitio gravi
Stravere, et altis urbibus ultimae
Stetere causae cur perirent
Funditus imprimeretque muris
Hostile aratrum exercitus insolens.
Compesce mentem: me quoque pectoris
Temptavit in dulci juventa
Fervor, et in celeres iambos
Misit furentem; nunc ego mitibus
Mutare quaero tristia, dum mihi
Fias recantatis amica
Opprobriis animumque reddas.

## XVII.

Velox amoenum saepe Lucretilem
Mutat Lycaeo Faunus, et igneam
Defendit aestatem capellis
Usque meis pluviosque ventos.

3 flammam 5 adyti *e coniectura* 8 si 23 tentavit

Impune tutum per nemus arbutos
Quaerunt latentes et thyma deviae
Olentis uxores mariti,
Nec virides metuunt colubras
Nec Martiales Haediliae lupos,
Utcumque dulci, Tyndari, fistula
Valles et Usticae cubantis
Levia personuere saxa.
Di me tuentur, dis pietas mea
Et Musa cordi est. Hic tibi copia
Manabit ad plenum benigno
Ruris honorum opulenta cornu;
Hic in reducta valle Caniculae
Vitabis aestus, et fide Teïa
Dices laborantes in uno
Penelopen vitreamque Circen;
Hic innocentis pocula Lesbii
Duces sub umbra, nec Semeleïus
Cum Marte confundet Thyoneus
Proelia, nec metues protervum
Suspecta Cyrum, ne male dispari
Incontinentes injiciat manus,
Et scindat haerentem coronam
Crinibus immeritamque vestem.

## XVIII.

Nullam, Vare, sacra vite prius severis arborem
Circa mite solum Tiburis et moenia Catili:
Siccis omnia nam dura deus proposuit, neque
Mordaces aliter diffugiunt sollicitudines.
Quis post vina gravem militiam aut pauperiem crepat?
Quis non te potius, Bacche pater, teque, decens Venus?
At ne quis modici transiliat munera Liberi,
Centaurea monet cum Lapithis rixa super mero
Debellata, monet Sithoniis non levis Euius,

5 totum 8 colubros 14 hinc 25 nec 5 increpat
7 ac 9 Euhius

Cum fas atque nefas exiguo fine libidinum
Discernunt avidi. Non ego te, candide Bassareu,
Invitum quatiam, nec variis obsita frondibus
Sub divum rapiam. Saeva tene cum Berecyntio
Cornu tympana, quae subsequitur caecus Amor sui,
Et tollens vacuum plus nimio Gloria verticem,
Arcanique Fides prodiga, perlucidior vitro.

## XIX.

Mater saeva Cupidinum
Thebanaeque jubet me Semelae puer
Et lasciva Licentia
Finitis animum reddere amoribus.
Urit me Glycerae nitor,
Splendentis Pario marmore purius;
Urit grata protervitas,
Et voltus nimium lubricus aspici.
In me tota ruens Venus
Cyprum deseruit, nec patitur Scythas
Et versis animosum equis
Parthum dicere, nec quae nihil attinent.
Hic vivum mihi caespitem, hic
Verbenas, pueri, ponite, turaque
Bimi cum patera meri:
Mactata veniet lenior hostia.

## XX.

Vile potabis modicis Sabinum
Cantharis, Graeca quod ego ipse testa
Conditum levi, datus in theatro
Cum tibi plausus,
Care Maecenas eques, ut paterni
Fluminis ripae simul et jocosa
Redderet laudes tibi Vaticani
Montis imago.

2 iuben' 2 Semeles 8 vultus 8 adspici 11 nec
12 attinet 14 thuraque 5 clare

Caecubum et prelo domitam Caleno
Tu bibes uvam: mea nec Falernae
Temperant vites neque Formiani
Pocula colles.

## XXI.

Dianam tenerae dicite virgines,
Intonsum, pueri, dicite Cynthium,
Latonamque supremo
Dilectam penitus Jovi.
Vos laetam fluviis et nemorum coma,
Quaecumque aut gelido prominet Algido,
Nigris aut Erymanthi
Silvis aut viridis Cragi;
Vos Tempe totidem tollite laudibus
Natalemque, mares, Delon Apollinis,
Insignemque pharetra
Fraternaque humerum lyra.
Hic bellum lacrimosum, hic miseram famem
Pestemque a populo et principe Caesare in
Persas atque Britannos
Vestra motus aget prece.

## XXII.

Integer vitae scelerisque purus
Non eget Mauris jaculis neque arcu,
Nec venenatis gravida sagittis,
Fusce, pharetra,
Sive per Syrtes iter aestuosas,
Sive facturus per inhospitalem
Caucasum, vel quae loca fabulosus
Lambit Hydaspes.
Namque me silva lupus in Sabina,
Dum meam canto Lalagen et ultra
Terminum curis vagor expeditis,
Fugit inermem:

10 tum *e coni.* 5 comam 16 agit 2 Mauri 2 nec 11 expeditus

Quale portentum neque militaris
Daunias latis alit aesculetis,
Nec Jubae tellus generat, leonum
Arida nutrix.
Pone me pigris ubi nulla campis
Arbor aestiva recreatur aura,
Quod latus mundi nebulae malusque
Juppiter urget,
Pone sub curru nimium propinqui
Solis, in terra domibus negata:
Dulce ridentem Lalagen amabo,
Dulce loquentem.

## XXIII.

Vitas hinnuleo me similis, Chloë,
Quaerenti pavidam montibus aviis
Matrem, non sine vano
Aurarum et silüae metu:
Nam seu mobilibus veris inhorruit
Adventus foliis, seu virides rubum
Dimovere lacertae,
Et corde et genibus tremit.
Atqui non ego te, tigris ut aspera
Gaetulusve leo, frangere persequor:
Tandem desine matrem
Tempestiva sequi viro.

## XXIV.

Quis desiderio sit pudor aut modus
Tam cari capitis? Praecipe lugubres
Cantus, Melpomene, cui liquidam pater
Vocem cum cithara dedit.
Ergo Quintilium perpetuus sopor
Urget! cui Pudor, et Justitiae soror,
Incorrupta Fides, nudaque Veritas
Quando ullum inveniet parem?

5, 6 vepris inhorruit ad ventum *e coniectura* 5, 12 Quinctilium

Multis ille bonis flebilis occidit,
Nulli flebilior quam tibi, Vergili.
Tu frustra pius heu non ita creditum
    Poscis Quintilium deos.
Quid si Threïcio blandius Orpheo
Auditam moderere arboribus fidem,
Num vanae redeat sanguis imagini,
    Quam virga semel horrida,
Non lenis precibus fata recludere,
Nigro compulerit Mercurius gregi?
Durum: sed levius fit patientia
    Quicquid corrigere est nefas.

## XXV.

Parcius junctas quatiunt fenestras
Ictibus crebris juvenes protervi,
Nec tibi somnos adimunt, amatque
        Janua limen,
Quae prius multum facilis movebat
Cardines; audis minus et minus jam:
"Me tuo longas pereunte noctes,
        Lydia, dormis?"
Invicem moechos anus arrogantes
Flebis in solo levis angiportu,
Thracio bacchante magis sub inter-
        lunia vento,
Cum tibi flagrans amor, et libido
Quae solet matres furiare equorum,
Saeviet circa jecur ulcerosum,
        Non sine questu,
Laeta quod pubes hedera virenti
Gaudeat pulla magis atque myrto,
Aridas frondes hiemis sodali
        Dedicet Hebro.

**10 Virgili** 13 quod si 15 non 18 gregi. **2 iactibus** 5 faciles 17 virente 20 Euro *e coni. B., H., Mnr., P.*

## XXVI.

Musis amicus tristitiam et metus
Tradam protervis in mare Creticum
Portare ventis, quis sub Arcto
Rex gelidae metuatur orae,
Quid Tiridaten terreat, unice
Securus. O quae fontibus integris
Gaudes, apricos necte flores,
Necte meo Lamiae coronam,
Pimplea dulcis! Nil sine te mei
Prosunt honores: hunc fidibus novis,
Hunc Lesbio sacrare plectro
Teque tuasque decet sorores.

## XXVII.

Natis in usum laetitiae scyphis
Pugnare Thracum est: tollite barbarum
Morem, verecundumque Bacchum
Sanguineis prohibite rixis!
Vino et lucernis Medus acinaces
Immane quantum discrepat: impium
Lenite clamorem, sodales,
Et cubito remanete presso!
Voltis severi me quoque sumere
Partem Falerni? Dicat Opuntiae
Frater Megillae, quo beatus
Volnere, qua pereat sagitta.
Cessat voluntas? Non alia bibam
Mercede. Quae te cumque domat Venus,
Non erubescendis adurit
Ignibus, ingenuoque semper
Amore peccas; quicquid habes, age,
Depone tutis auribus.—Ah miser,
Quanta laborabas Charybdi,
Digne puer meliore flamma!

9 Piplea Ω, Pimplei *e coniectura* 10 possunt 6 discrepet
12 vulnere 13 voluptas 19 laboras in

Quae saga, quis te solvere Thessalis
Magus venenis, quis poterit deus?
Vix illigatum te triformi
Pegasus expediet Chimaera.

## XXVIII.

Te maris et terrae numeroque carentis arenae
Mensorem cohibent, Archyta,
Pulveris exigui prope litus parva Matinum
Munera, nec quicquam tibi prodest
Aërias temptasse domos animoque rotundum
Percurrisse polum, morituro.
Occidit et Pelopis genitor, conviva deorum,
Tithonusque remotus in auras,
Et Jovis arcanis Minos admissus, habentque
Tartara Panthoiden iterum Orco
Demissum, quamvis, clipeo Trojana refixo
Tempora testatus, nihil ultra
Nervos atque cutem morti concesserat atrae,
Judice te non sordidus auctor
Naturae verique. Sed omnes una manet nox
Et calcanda semel via leti.
Dant alios Furiae torvo spectacula Marti;
Exitio est avidum mare nautis;
Mixta senum ac juvenum densentur funera; nullum
Saeva caput Proserpina fugit.
Me quoque devexi rapidus comes Orionis
Illyricis Notus obruit undis.
At tu, nauta, vagae ne parce malignus arenae
Ossibus et capiti inhumato
Particulam dare: sic, quodcumque minabitur Eurus
Fluctibus Hesperiis, Venusinae
Plectantur silvae, te sospite, multaque merces,
Unde potest, tibi defluat aequo
Ab Jove Neptunoque sacri custode Tarenti.
Neglegis immeritis nocituram

3 latum   5 tentasse   18 avidis   30 negligis

Postmodo te natis fraudem committere? Fors et
Debita jura vicesque superbae
Te maneant ipsum: precibus non linquar inultis,
Teque piacula nulla resolvent.
Quamquam festinas, non est mora longa; licebit
Injecto ter pulvere curras.

## XXIX.

Icci, beatis nunc Arabum invides
Gazis, et acrem militiam paras
Non ante devictis Sabaeae
Regibus, horribilique Medo
Nectis catenas. Quae tibi virginum
Sponso necato barbara serviet?
Puer quis ex aula capillis
Ad cyathum statuetur unctis,
Doctus sagittas tendere Sericas
Arcu paterno? Quis neget arduis
Pronos relabi posse rivos
Montibus et Tiberim reverti,
Cum tu coëmptos undique nobilis
Libros Panaeti Socraticam et domum
Mutare loricis Hiberis,
Pollicitus meliora, tendis?

## XXX.

O Venus, regina Cnidi Paphique,
Sperne dilectam Cypron, et vocantis
Ture te multo Glycerae decoram
Transfer in aedem:
Fervidus tecum puer, et solutis
Gratiae zonis, properentque Nymphae,
Et parum comis sine te Juventas,
Mercuriusque.

31 forset, forsan 13 nobiles 1 Gnidi 3 thure

## XXXI.

Quid dedicatum poscit Apollinem
Vates? quid orat, de patera novum
Fundens liquorem? Non opimae
Sardiniae segetes feraces,
Non aestuosae grata Calabriae
Armenta, non aurum aut ebur Indicum,
Non rura quae Liris quieta
Mordet aqua, taciturnus amnis.
Premant Calena falce quibus dedit
Fortuna vitem, dives et aureis
Mercator exsiccet culullis
Vina Syra reparata merce,
Dis carus ipsis, quippe ter et quater
Anno revisens aequor Atlanticum
Impune: me pascunt olivae,
Me cichorea levesque malvae.
Frui paratis et valido mihi,
Latoë, dones, et, precor, integra
Cum mente, nec turpem senectam
Degere nec cithara carentem.

## XXXII.

Poscimur. Si quid vacui sub umbra
Lusimus tecum, quod et hunc in annum
Vivat et plures, age, dic Latinum,
Barbite, carmen,
Lesbio primum modulate civi,
Qui, ferox bello, tamen inter arma,
Sive jactatam religarat udo
Litore navim,
Liberum et Musas Veneremque et illi
Semper haerentem puerum canebat,
Et Lycum nigris oculis nigroque
Crine decorum.

3 opimas 4 feracis 9 Calenam *e coniectura* 10 ut 15 pascant
18 at, ac 1 poscimus 1 antro

O decus Phoebi et dapibus supremi
Grata testudo Jovis, o laborum
Dulce lenimen, mihi cumque salve
Rite vocanti!

## XXXIII.

Albi, ne doleas plus nimio memor
Immitis Glycerae, neu miserabiles
Decantes elegos, cur tibi junior
Laesa praeniteat fide.
Insignem tenui fronte Lycorida
Cyri torret amor, Cyrus in asperam
Declinat Pholoën; sed prius Apulis
Jungentur capreae lupis,
Quam turpi Pholoë peccet adultero.
Sic visum Veneri, cui placet impares
Formas atque animos sub juga aënea
Saevo mittere cum joco.
Ipsum me, melior cum peteret Venus,
Grata detinuit compede Myrtale
Libertina, fretis acrior Hadriae
Curvantis Calabros sinus.

## XXXIV.

Parcus deorum cultor et infrequens,
Insanientis dum sapientiae
Consultus erro, nunc retrorsum
Vela dare atque iterare cursus
Cogor relictos: namque Diespiter,
Igni corusco nubila dividens
Plerumque, per purum tonantes
Egit equos volucremque currum,
Quo bruta tellus et vaga flumina,
Quo Styx et invisi horrida Taenari

14 continuit 5 relectos *e coniectura*

Sedes Atlanteusque finis
Concutitur. Valet ima summis
Mutare et insignem attenuat deus,
Obscura promens; hinc apicem rapax
Fortuna cum stridore acuto
Sustulit, hic posuisse gaudet.

## XXXV.

O diva, gratum quae regis Antium,
Praesens vel imo tollere de gradu
Mortale corpus, vel superbos
Vertere funeribus triumphos!
Te pauper ambit sollicita prece
Ruris colonus, te dominam aequoris
Quicumque Bithyna lacessit
Carpathium pelagus carina.
Te Dacus asper, te profugi Scythae,
Urbesque gentesque et Latium ferox
Regumque matres barbarorum et
Purpurei metuunt tyranni,
Injurioso ne pede proruas
Stantem columnam, neu populus frequens
Ad arma cessantes, ad arma
Concitet, imperiumque frangat.
Te semper anteit saeva Necessitas,
Clavos trabales et cuneos manu
Gestans aëna, nec severus
Uncus abest liquidumque plumbum;
Te Spes et albo rara Fides colit
Velata panno, nec comitem abnegat,
Utcumque mutata potentes
Veste domos inimica linquis:
At volgus infidum et meretrix retro
Perjura cedit, diffugiunt cadis
Cum faece siccatis amici,
Ferre jugum pariter dolosi.

17 serva

Serves iturum Caesarem in ultimos
Orbis Britannos, et juvenum recens
Examen Eois timendum
Partibus Oceanoque rubro.
Eheu cicatricum et sceleris pudet
Fratrumque. Quid nos dura refugimus
Aetas? quid intactum nefasti
Liquimus? unde manum juventus
Metu deorum continuit? quibus
Pepercit aris? O utinam nova
Incude diffingas retusum in
Massagetas Arabasque ferrum!

## XXXVI.

Et ture et fidibus juvat
Placare et vituli sanguine debito
Custodes Numidae deos,
Qui nunc Hesperia sospes ab ultima
Caris multa sodalibus,
Nulli plura tamen dividit oscula
Quam dulci Lamiae, memor
Actae non alio rege puertiae
Mutataeque simul togae.
Cressa ne careat pulchra dies nota,
Neu promptae modus amphorae,
Neu morem in Salium sit requies pedum,
Neu multi Damalis meri
Bassum Threïcia vincat amystide,
Neu desint epulis rosae,
Neu vivax apium, neu breve lilium.
Omnes in Damalin putres
Deponent oculos, nec Damalis novo
Divelletur adultero,
Lascivis hederis ambitiosior.

33 heu heu 36 manus 39 defingas 39 retunsum, recusum
1 thure 11, 12, 13 nec

## XXXVII.

Nunc est bibendum, nunc pede libero
Pulsanda tellus, nunc Saliaribus
Ornare pulvinar deorum
Tempus erat dapibus, sodales!
Antehac nefas depromere Caecubum
Cellis avitis, dum Capitolio
Regina dementes ruinas
Funus et imperio parabat
Contaminato cum grege turpium
Morbo virorum, quidlibet impotens
Sperare, fortunaque dulci
Ebria. Sed minuit furorem
Vix una sospes navis ab ignibus,
Mentemque lymphatam Mareotico
Redegit in veros timores
Caesar, ab Italia volantem
Remis adurgens, accipiter velut
Molles columbas, aut leporem citus
Venator in campis nivalis
Haemoniae, daret ut catenis
Fatale monstrum. Quae generosius
Perire quaerens, nec muliebriter
Expavit ensem, nec latentes
Classe cita reparavit oras;
Ausa et jacentem visere regiam
Voltu sereno, fortis et asperas
Tractare serpentes, ut atrum
Corpore combiberet venenum,
Deliberata morte ferocior:
Saevis Liburnis scilicet invidens
Privata deduci superbo,
Non humilis mulier, triumpho.

4 erit 10 semivirorum 24 repetivit *editores alii alia coniecerunt* 25 tacentem 26 vultu

## XXXVIII.

Persicos odi, puer, apparatus,
Displicent nexae philyra coronae;
Mitte sectari, rosa quo locorum
Sera moretur.
Simplici myrto nihil allabores
Sedulus, curo: neque te ministrum
Dedecet myrtus, neque me sub arta
Vite bibentem.

6 sedulus curae 7 arcta

Q. HORATI FLACCI

# CARMINVM

## LIBER SECVNDVS

### I.

Motum ex Metello consule civicum,
Bellique causas et vitia et modos,
  Ludumque Fortunae, gravesque
    Principum amicitias, et arma
Nondum expiatis uncta cruoribus,
Periculosae plenum opus aleae,
  Tractas, et incedis per ignes
    Suppositos cineri doloso.
Paulum severae Musa tragoediae
Desit theatris: mox, ubi publicas
  Res ordinaris, grande munus
    Cecropio repetes cothurno,
Insigne maestis praesidium reis
Et consulenti, Pollio, curiae,
  Cui laurus aeternos honores
    Delmatico peperit triumpho.
Jam nunc minaci murmure cornuum
Perstringis aures, jam litui strepunt,
  Jam fulgor armorum fugaces
    Terret equos equitumque voltus.
Audire magnos jam videor duces
Non indecoro pulvere sordidos,

9 paullum    16 Dalmatico

Et cuncta terrarum subacta
Praeter atrocem animum Catonis.
Juno, et deorum quisquis amicior
Afris inulta cesserat impotens
Tellure, victorum nepotes
Rettulit inferias Jugurthae.
Quis non Latino sanguine pinguior
Campus sepulchris impia proelia
Testatur, auditumque Medis
Hesperiae sonitum ruinae?
Qui gurges aut quae flumina lugubris
Ignara belli? quod mare Dauniae
Non decoloravere caedes?
Quae caret ora cruore nostro?
Sed ne relictis, Musa procax, jocis
Ceae retractes munera neniae:
Mecum Dionaeo sub antro
Quaere modos leviore plectro.

## II.

Nullus argento color est avaris
Abdito terris, inimice lamnae
Crispe Sallusti, nisi temperato
Splendeat usu:
Vivet extento Proculeius aevo,
Notus in fratres animi paterni;
Illum aget penna metuente solvi
Fama superstes.
Latius regnes avidum domando
Spiritum, quam si Libyam remotis
Gadibus jungas et uterque Poenus
Serviat uni:
Crescit indulgens sibi dirus hydrops,
Nec sitim pellit, nisi causa morbi
Fugerit venis, et aquosus albo
Corpore languor.

33 quis 3 Salusti 7 agit 7 pinna

Redditum Cyri solio Phraaten,
Dissidens plebi, numero beatorum
Eximit Virtus, populumque falsis
Dedocet uti
Vocibus, regnum et diadema tutum
Deferens uni propriamque laurum,
Quisquis ingentes oculo inretorto
Spectat acervos.

## III.

Aequam memento rebus in arduis
Servare mentem, non secus in bonis
Ab insolenti temperatam
Laetitia, moriture Delli,
Seu maestus omni tempore vixeris,
Seu te in remoto gramine per dies
Festos reclinatum bearis
Interiore nota Falerni.
Quo pinus ingens albaque populus
Umbram hospitalem consociare amant
Ramis, quo et obliquo laborat
Lympha fugax trepidare rivo,
Huc vina et unguenta et nimium breves
Flores amoenae ferre jube rosae,
Dum res et aetas et sororum
Fila trium patiuntur atra.
Cedes coëmptis saltibus et domo
Villaque flavus quam Tiberis lavit,
Cedes, et exstructis in altum
Divitiis potietur heres.
Divesne prisco natus ab Inacho
Nil interest, an pauper et infima
De gente sub divo moreris,
Victima nil miserantis Orci:
Omnes eodem cogimur, omnium
Versatur urna serius ocius

17 Prahaten, Phrahaten 18 plebis 18 beatûm 9 qua
11, 12 ramis? Quid obliquo—rivo? 13 brevis 14 amoenos
18 lavat 19 extructis 23 dio

Sors exitura et nos in aeternum
Exilium impositura cumbae.

## IV.

Ne sit ancillae tibi amor pudori,
Xanthia Phoceu! Prius insolentem
Serva Briseis niveo colore
Movit Achillem;
Movit Ajacem Telamone natum
Forma captivae dominum Tecmessae;
Arsit Atrides medio in triumpho
Virgine rapta,
Barbarae postquam cecidere turmae
Thessalo victore, et ademptus Hector
Tradidit fessis leviora tolli
Pergama Grais.
Nescias an te generum beati
Phyllidis flavae decorent parentes:
Regium certe genus, et penates
Maeret iniquos.
Crede non illam tibi de scelesta
Plebe dilectam, neque sic fidelem,
Sic lucro aversam potuisse nasci
Matre pudenda.
Bracchia et voltum teretesque suras
Integer laudo; fuge suspicari
Cujus octavum trepidavit aetas
Claudere lustrum.

## V.

Nondum subacta ferre jugum valet
Cervice, nondum munia comparis
Aequare, nec tauri ruentis
In venerem tolerare pondus:
Circa virentes est animus tuae

28 exitium, exsilium 28 cymbae 12 Graiis
18 delectam 19 adversam

Campos juvencae, nunc fluviis gravem
Solantis aestum, nunc in udo
Ludere cum vitulis salicto
Praegestientis. Tolle cupidinem
Immitis uvae: jam tibi lividos
Distinguet Autumnus racemos,
Purpureo varius colore.
Jam te sequetur: currit enim ferox
Aetas, et illi, quos tibi dempserit,
Apponet annos: jam proterva
Fronte petet Lalage maritum,
Dilecta quantum non Pholoë fugax,
Non Chloris, albo sic humero nitens,
Ut pura nocturno renidet
Luna mari Cnidiusve Gyges:
Quem si puellarum insereres choro,
Mire sagaces falleret hospites
Discrimen obscurum solutis
Crinibus ambiguoque voltu.

## VI.

Septimi, Gades aditure mecum et
Cantabrum indoctum juga ferre nostra, et
Barbaras Syrtes, ubi Maura semper
Aestuat unda,
Tibur Argeo positum colono
Sit meae sedes utinam senectae,
Sit modus lasso maris et viarum
Militiaeque!
Unde si Parcae prohibent iniquae,
Dulce pellitis ovibus Galaesi
Flumen et regnata petam Laconi
Rura Phalantho.
Ille terrarum mihi praeter omnes
Angulus ridet, ubi non Hymetto

12 vario, varios 13 curret 16 petit 20 Gnidiusque

Mella decedunt, viridique certat
Baca Venafro,
Ver ubi longum tepidasque praebet
Juppiter brumas, et amicus Aulon
Fertili Baccho minimum Falernis
Invidet uvis.
Ille te mecum locus et beatae
Postulant arces; ibi tu calentem
Debita sparges lacrima favillam
Vatis amici.

## VII.

O saepe mecum tempus in ultimum
Deducte, Bruto militiae duce,
Quis te redonavit Quiritem
Dis patriis Italoque caelo,
Pompei, meorum prime sodalium?
Cum quo morantem saepe diem mero
Fregi, coronatus nitentes
Malobathro Syrio capillos.
Tecum Philippos et celerem fugam
Sensi, relicta non bene parmula,
Cum fracta virtus, et minaces
Turpe solum tetigere mento.
Sed me per hostes Mercurius celer
Denso paventem sustulit aëre;
Te rursus in bellum resorbens
Unda fretis tulit aestuosis.
Ergo obligatam redde Jovi dapem,
Longaque fessum militia latus
Depone sub lauru mea, nec
Parce cadis tibi destinatis.
Oblivioso levia Massico
Ciboria exple; funde capacibus
Unguenta de conchis. Quis udo
Deproperare apio coronas

16 bacca 19 fertilis 19 nimium 24 Orati 12 (turpe!) 19 lauro

Curatve myrto? quem Venus arbitrum
Dicet bibendi? Non ego sanius
Bacchabor Edonis: recepto
Dulce mihi furere est amico.

## VIII.

Ulla si juris tibi pejerati
Poena, Varine, nocuisset umquam,
Dente si nigro fieres vel uno
Turpior ungui,
Crederem. Sed tu, simul obligasti
Perfidum votis caput, enitescis
Pulchrior multo, juvenumque prodis
Publica cura.
Expedit matris cineres opertos
Fallere, et toto taciturna noctis
Signa cum caelo, gelidaque divos
Morte carentes.
Ridet hoc, inquam, Venus ipsa, rident
Simplices Nymphae, ferus et Cupido,
Semper ardentes acuens sagittas
Cote cruenta.
Adde quod pubes tibi crescit omnis,
Servitus crescit nova, nec priores
Impiae tectum dominae relinquunt,
Saepe minati.
Te suis matres metuunt juvencis,
Te senes parci miseraeque nuper
Virgines nuptae, tua ne retardet
Aura maritos.

## IX.

Non semper imbres nubibus hispidos
Manant in agros, aut mare Caspium

2 Barine 10 tacitura

Vexant inaequales procellae
Usque, nec Armeniis in oris,
Amice Valgi, stat glacies iners
Menses per omnes, aut Aquilonibus
Querceta Gargani laborant,
Et foliis viduantur orni:
Tu semper urges flebilibus modis
Mysten ademptum; nec tibi Vespero
Surgente decedunt amores,
Nec rapidum fugiente Solem.
At non ter aevo functus amabilem
Ploravit omnes Antilochum senex
Annos, nec impubem parentes
Troïlon aut Phrygiae sorores
Flevere semper. Desine mollium
Tandem querellarum, et potius nova
Cantemus Augusti tropaea
Caesaris, et rigidum Niphaten,
Medumque flumen, gentibus additum
Victis, minores volvere vertices,
Intraque praescriptum Gelonos
Exiguis equitare campis.

## X.

Rectius vives, Licini, neque altum
Semper urgendo, neque, dum procellas
Cautus horrescis, nimium premendo
Litus iniquum.
Auream quisquis mediocritatem
Diligit, tutus caret obsoleti
Sordibus tecti, caret invidenda
Sobrius aula.
Saepius ventis agitatur ingens
Pinus, et celsae graviore casu
Decidunt turres, feriuntque summos
Fulgura montes.

3 versant 7 querqueta 12 rapido 12 sole 18 querelarum
22 vertere, tollere 22 vortices 6 diligit tutus, *Bent.*
9 saevius 12 fulmina

Sperat infestis, metuit secundis
Alteram sortem bene praeparatum
Pectus. Informes hiemes reducit
Juppiter, idem
Summovet. Non, si male nunc, et olim
Sic erit: quondam cithara tacentem
Suscitat Musam, neque semper arcum
Tendit Apollo.
Rebus angustis animosus atque
Fortis appare; sapienter idem
Contrahes vento nimium secundo
Turgida vela.

## XI.

Quid bellicosus Cantaber aut Scythes,
Hirpine Quinti, cogitet Hadria
Divisus objecto, remittas
Quaerere, nec trepides in usum
Poscentis aevi pauca. Fugit retro
Levis juventas et decor, arida
Pellente lascivos amores
Canitie facilemque somnum.
Non semper idem floribus est honor
Vernis, neque uno Luna rubens nitet
Voltu: quid aeternis minorem
Consiliis animum fatigas?
Cur non sub alta vel platano vel hac
Pinu jacentes sic temere, et rosa
Canos odorati capillos,
Dum licet, Assyriaque nardo
Potamus uncti? Dissipat Euius
Curas edaces. Quis puer ocius
Restinguet ardentis Falerni
Pocula praetereunte lympha?
Quis devium scortum eliciet domo
Lyden? Eburna, dic age, cum lyra

**18 citharae 1 et 4 ne 15 odorata 17 Euhius**

Maturet, in comptum Lacaenae
More comas religata nodum.

## XII.

Nolis longa ferae bella Numantiae,
Nec durum Hannibalem, nec Siculum mare
Poeno purpureum sanguine, mollibus
Aptari citharae modis,
Nec saevos Lapithas, et nimium mero
Hylaeum, domitosque Herculea manu
Telluris juvenes, unde periculum
Fulgens contremuit domus
Saturni veteris; tuque pedestribus
Dices historiis proelia Caesaris,
Maecenas, melius, ductaque per vias
Regum colla minacium.
Me dulces dominae Musa Licymniae
Cantus, me voluit dicere lucidum
Fulgentes oculos et bene mutuis
Fidum pectus amoribus;
Quam nec ferre pedem dedecuit choris,
Nec certare joco nec dare bracchia
Ludentem nitidis virginibus sacro
Dianae celebris die.
Num tu quae tenuit dives Achaemenes,
Aut pinguis Phrygiae Mygdonias opes
Permutare velis crine Licymniae,
Plenas aut Arabum domos,
Dum flagrantia detorquet ad oscula
Cervicem, aut facili saevitia negat
Quae poscente magis gaudeat eripi,
Interdum rapere occupet?

23 incomptum, incomptam 24 comam 24 nodo 2 dirum
4 aptare 10 disces 12 minantium 13 dulcis
25 cum 28 occupat

## XIII.

Ille et nefasto te posuit die,
Quicumque primum, et sacrilega manu
Produxit, arbos, in nepotum
Perniciem opprobriumque pagi;
Illum et parentis crediderim sui
Fregisse cervicem, et penetralia
Sparsisse nocturno cruore
Hospitis; ille venena Colcha
Et quicquid usquam concipitur nefas
Tractavit, agro qui statuit meo
Te, triste lignum, te caducum
In domini caput immerentis.
Quid quisque vitet, numquam homini satis
Cautum est in horas: navita Bosporum
Poenus perhorrescit, neque ultra
Caeca timet aliunde fata,
Miles sagittas et celerem fugam
Parthi, catenas Parthus et Italum
Robur; sed improvisa leti
Vis rapuit rapietque gentes.
Quam paene furvae regna Proserpinae
Et judicantem vidimus Aeacum,
Sedesque discretas piorum, et
Aeoliis fidibus querentem
Sappho puellis de popularibus,
Et te sonantem plenius aureo,
Alcaee, plectro dura navis,
Dura fugae mala, dura belli!
Utrumque sacro digna silentio
Mirantur umbrae dicere; sed magis
Pugnas et exactos tyrannos
Densum humeris bibit aure volgus.
Quid mirum, ubi illis carminibus stupens
Demittit atras belua centiceps

8 Colchica 23 discriptas, descriptas 28 fugae, mala 34 bellua

Aures, et intorti capillis
Eumenidum recreantur angues?
Quin et Prometheus et Pelopis parens
Dulci laborum decipitur sono,
Nec curat Orion leones
Aut timidos agitare lyncas.

## XIV.

Eheu fugaces, Postume, Postume,
Labuntur anni, nec pietas moram
Rugis et instanti senectae
Afferet indomitaeque morti;
Non, si trecenis, quotquot eunt dies,
Amice, places illacrimabilem
Plutona tauris, qui ter amplum
Geryonen Tityonque tristi
Compescit unda, scilicet omnibus,
Quicumque terrae munere vescimur,
Enaviganda, sive reges
Sive inopes erimus coloni.
Frustra cruento Marte carebimus
Fractisque rauci fluctibus Hadriae,
Frustra per autumnos nocentem
Corporibus metuemus Austrum:
Visendus ater flumine languido
Cocytos errans, et Danai genus
Infame, damnatusque longi
Sisyphus Aeolides laboris.
Linquenda tellus et domus et placens
Uxor, neque harum quas colis arborum
Te praeter invisas cupressos
Ulla brevem dominum sequetur.
Absumet heres Caecuba dignior
Servata centum clavibus, et mero
Tinget pavimentum superbo,
Pontificum potiore cenis.

**38 laborem 5 tricenis, trecentis 14 raucis 24 vita**
**27 superbum, superbus, superbis *e coni.* 28 caenis**

## XV.

Jam pauca aratro jugera regiae
Moles relinquent, undique latius
  Extenta visentur Lucrino
    Stagna lacu, platanusque caelebs
Evincet ulmos; tum violaria et
Myrtus et omnis copia narium
  Spargent olivetis odorem,
    Fertilibus domino priori;
Tum spissa ramis laurea fervidos
Excludet ictus. Non ita Romuli
  Praescriptum et intonsi Catonis
    Auspiciis, veterumque norma.
Privatus illis census erat brevis,
Commune magnum: nulla decempedis
  Metata privatis opacam
    Porticus excipiebat Arcton,
Nec fortuitum spernere caespitem
Leges sinebant, oppida publico
  Sumptu jubentes et deorum
    Templa novo decorare saxo.

## XVI.

Otium divos rogat in patenti
Prensus Aegaeo, simul atra nubes
Condidit lunam neque certa fulgent
      Sidera nautis;
Otium bello furiosa Thrace,
Otium Medi pharetra decori,
Grosphe, non gemmis neque purpura ve-
      nale neque auro.
Non enim gazae neque consularis
Summovet lictor miseros tumultus
Mentis, et curas laqueata circum
      Tecta volantes.

10 aestus 17 cespitem 2 pressus 3 lumen 8 nec

Vivitur parvo bene cui paternum
Splendet in mensa tenui salinum,
Nec leves somnos timor aut cupido
Sordidus aufert.
Quid brevi fortes jaculamur aevo
Multa? Quid terras alio calentes
Sole mutamus? Patriae quis exul
Se quoque fugit?
Scandit aeratas vitiosa naves
Cura, nec turmas equitum relinquit,
Ocior cervis, et agente nimbos
Ocior Euro.
Laetus in praesens animus quod ultra est
Oderit curare, et amara lento
Temperet risu; nihil est ab omni
Parte beatum.
Abstulit clarum cita mors Achillem,
Longa Tithonum minuit senectus,
Et mihi forsan, tibi quod negarit,
Porriget hora.
Te greges centum Siculaeque circum
Mugiunt vaccae, tibi tollit hinnitum
Apta quadrigis equa, te bis Afro
Murice tinctae
Vestiunt lanae: mihi parva rura et
Spiritum Graiae tenuem Camenae
Parca non mendax dedit, et malignum
Spernere volgus.

## XVII.

Cur me querellis exanimas tuis?
Nec dis amicum est nec mihi te prius
Obire, Maecenas, mearum
Grande decus columenque rerum.
Ah te meae si partem animae rapit
Maturior vis, quid moror altera,

17 sontes 19 exsul 26 laeto 29 cito 31 forset 1 querelis 5 at

Nec carus aeque, nec superstes
Integer? Ille dies utramque
Ducet ruinam. Non ego perfidum
Dixi sacramentum: ibimus, ibimus,
Utcumque praecedes, supremum
Carpere iter comites parati.
Me nec Chimaerae spiritus igneae,
Nec, si resurgat, centimanus Gyas
Divellet umquam: sic potenti
Justitiae placitumque Parcis.
Seu Libra seu me Scorpios aspicit
Formidolosus, pars violentior
Natalis horae, seu tyrannus
Hesperiae Capricornus undae,
Utrumque nostrum incredibili modo
Consentit astrum. Te Jovis impio
Tutela Saturno refulgens
Eripuit volucrisque Fati
Tardavit alas, cum populus frequens
Laetum theatris ter crepuit sonum:
Me truncus illapsus cerebro
Sustulerat, nisi Faunus ictum
Dextra levasset, Mercurialium
Custos virorum. Reddere victimas
Aedemque votivam memento:
Nos humilem feriemus agnam.

## XVIII.

Non ebur neque aureum
Mea renidet in domo lacunar,
Non trabes Hymettiae
Premunt columnas ultima recisas
Africa; neque Attali
Ignotus heres regiam occupavi,
Nec Laconicas mihi
Trahunt honestae purpuras clientae:

8 illa 14 gigas Ω Gyges *e coniectura* 17 Scorpius
19 loetalis, fatalis 25 cui *e coniectura* 8 clientes

At fides et ingeni
  Benigna vena est, pauperemque dives
Me petit; nihil supra
  Deos lacesso, nec potentem amicum
Largiora flagito,
  Satis beatus unicis Sabinis.
Truditur dies die,
  Novaeque pergunt interire lunae:
Tu secanda marmora
  Locas sub ipsum funus, et sepulchri
Immemor struis domos,
  Marisque Bais obstrepentis urges
Summovere litora,
  Parum locuples continente ripa.
Quid quod usque proximos
  Revellis agri terminos, et ultra
Limites clientium
  Salis avarus? Pellitur paternos
In sinu ferens deos
  Et uxor et vir sordidosque natos.
Nulla certior tamen
  Rapacis Orci fine destinata
Aula divitem manet
  Herum. Quid ultra tendis? Aequa tellus
Pauperi recluditur
  Regumque pueris, nec satelles Orci
Callidum Promethea
  Revexit auro captus. Hic superbum
Tantalum atque Tantali
  Genus coërcet; hic levare functum
Pauperem laboribus
  Vocatus atque non vocatus audit.

## XIX.

Bacchum in remotis carmina rupibus
Vidi docentem, credite posteri,

20 Baiis 25 limitem 30 sede

Nymphasque discentes, et aures
Capripedum Satyrorum acutas.
Euoe! recenti mens trepidat metu,
Plenoque Bacchi pectore turbidum
Laetatur! Euoe! parce, Liber,
Parce, gravi metuende thyrso!
Fas pervicaces est mihi Thyiadas,
Vinique fontem, lactis et uberes
Cantare rivos, atque truncis
Lapsa cavis iterare mella,
Fas et beatae conjugis additum
Stellis honorem, tectaque Penthei
Disjecta non leni ruina,
Thracis et exitium Lycurgi.
Tu flectis amnes, tu mare barbarum,
Tu separatis uvidus in jugis
Nodo coërces viperino
Bistonidum sine fraude crines;
Tu, cum parentis regna per arduum
Cohors Gigantum scanderet impia,
Rhoetum retorsisti leonis
Unguibus horribilique mala:
Quamquam choreis aptior et jocis
Ludoque dictus, non sat idoneus
Pugnae ferebaris, sed idem
Pacis eras mediusque belli.
Te vidit insons Cerberus aureo
Cornu decorum, leniter atterens
Caudam, et recedentis trilingui
Ore pedes tetigitque crura.

## XX.

Non usitata nec tenui ferar
Penna biformis per liquidum aethera
Vates, neque in terris morabor
Longius, invidiaque major

5, 7 euhoe, heu hoe 1 non tenui 2 pinna

Urbes relinquam. Non ego, pauperum
Sanguis parentum, non ego, quem vocas,
  Dilecte Maecenas, obibo,
    Nec Stygia cohibebor unda.
Jam jam residunt cruribus asperae
Pelles, et album mutor in alitem
  Superne, nascunturque leves
    Per digitos humerosque plumae.
Jam Daedaleo notior Icaro
Visam gementis litora Bospori
  Syrtesque Gaetulas, canorus
    Ales, Hyperboreosque campos.
Me Colchus, et qui dissimulat metum
Marsae cohortis Dacus, et ultimi
  Noscent Geloni, me peritus
    Discet Hiber Rhodanique potor.
Absint inani funere neniae
Luctusque turpes et querimoniae;
  Compesce clamorem, ac sepulchri
    Mitte supervacuos honores.

**6, 7 vocas "Dilecte," 11 superna 13 ocior, tutior *e coniectura* 20 Iber**

Q. HORATI FLACCI

# C A R M I N V M

## LIBER TERTIVS

---

### I.

Odi profanum volgus et arceo:
Favete linguis; carmina non prius
  Audita Musarum sacerdos
    Virginibus puerisque canto.
Regum timendorum in proprios greges,
Reges in ipsos imperium est Jovis,
  Clari Giganteo triumpho,
    Cuncta supercilio moventis.
Est ut viro vir latius ordinet
Arbusta sulcis, hic generosior
  Descendat in campum petitor,
    Moribus hic meliorque fama
Contendat, illi turba clientium
Sit major: aequa lege Necessitas
  Sortitur insignes et imos;
    Omne capax movet urna nomen.
Destrictus ensis cui super impia
Cervice pendet, non Siculae dapes
  Dulcem elaborabunt saporem,
    Non avium citharaeque cantus
Somnum reducent: somnus agrestium
Lenis virorum non humiles domos
  Fastidit umbrosamque ripam,
    Non Zephyris agitata Tempe.

Desiderantem quod satis est neque
Tumultuosum sollicitat mare,
Nec saevus Arcturi cadentis
Impetus aut orientis Haedi,
Non verberatae grandine vineae
Fundusque mendax, arbore nunc aquas
Culpante, nunc torrentia agros
Sidera, nunc hiemes iniquas.
Contracta pisces aequora sentiunt
Jactis in altum molibus; huc frequens
Caementa demittit redemptor
Cum famulis dominusque terrae
Fastidiosus: sed Timor et Minae
Scandunt eodem quo dominus, neque
Decedit aerata triremi et
Post equitem sedet atra Cura.
Quod si dolentem nec Phrygius lapis
Nec purpurarum sidere clarior
Delenit usus, nec Falerna
Vitis Achaemeniumque costum,
Cur invidendis postibus et novo
Sublime ritu moliar atrium?
Cur valle permutem Sabina
Divitias operosiores?

## II.

Angustam amice pauperiem pati
Robustus acri militia puer
Condiscat, et Parthos feroces
Vexet eques metuendus hasta,
Vitamque sub divo et trepidis agat
In rebus. Illum ex moenibus hosticis
Matrona bellantis tyranni
Prospiciens et adulta virgo
Suspiret, 'Eheu, ne rudis agminum
Sponsus lacessat regius asperum

43 delinit 1 amici 5 dio

Tactu leonem, quem cruenta
Per medias rapit ira caedes!'
Dulce et decorum est pro patria mori:
Mors et fugacem persequitur virum,
Nec parcit imbellis juventae
Poplitibus timidove tergo.
Virtus, repulsae nescia sordidae,
Intaminatis fulget honoribus,
Nec sumit aut ponit secures
Arbitrio popularis aurae.
Virtus, recludens immeritis mori
Caelum, negata temptat iter via,
Coetusque volgares et udam
Spernit humum fugiente penna.
Est et fideli tuta silentio
Merces: vetabo, qui Cereris sacrum
Volgarit arcanae, sub isdem
Sit trabibus fragilemque mecum
Solvat phaselon: saepe Diespiter
Neglectus incesto addidit integrum;
Raro antecedentem scelestum
Deseruit pede Poena claudo.

## III.

Justum et tenacem propositi virum
Non civium ardor prava jubentium,
Non voltus instantis tyranni
Mente quatit solida, neque Auster,
Dux inquieti turbidus Hadriae,
Nec fulminantis magna manus Jovis;
Si fractus illabatur orbis,
Impavidum ferient ruinae.
Hac arte Pollux et vagus Hercules
Enisus arces attigit igneas,

14 prosequitur 16 timidoque 22 tentat 23 vulgares 24 pinna 27 vulgarit 28 fragilemve *e coniectura* 7 illabetur 10 innisus

Quos inter Augustus recumbens
Purpureo bibit ore nectar.
Hac te merentem, Bacche pater, tuae
Vexere tigres, indocili jugum
Collo trahentes; hac Quirinus
Martis equis Acheronta fugit,
Gratum elocuta consiliantibus
Junone divis: "Ilion, Ilion
Fatalis incestusque judex
Et mulier peregrina vertit
In pulverem, ex quo destituit deos
Mercede pacta Laomedon, mihi
Castaeque damnatum Minervae
Cum populo et duce fraudulento.
Jam nec Lacaenae splendet adulterae
Famosus hospes, nec Priami domus
Perjura pugnaces Achivos
Hectoreis opibus refringit,
Nostrisque ductum seditionibus
Bellum resedit. Protinus et graves
Iras et invisum nepotem,
Troica quem peperit sacerdos,
Marti redonabo; illum ego lucidas
Inire sedes, ducere nectaris
Sucos, et adscribi quietis
Ordinibus patiar deorum.
Dum longus inter saeviat Ilion
Romamque pontus, qualibet exules
In parte regnanto beati;
Dum Priami Paridisque busto
Insultet armentum et catulos ferae
Celent inultae, stet Capitolium
Fulgens, triumphatisque possit
Roma ferox dare jura Medis.
Horrenda late nomen in ultimas
Extendat oras, qua medius liquor
Secernit Europen ab Afro,
Qua tumidus rigat arva Nilus;

**12 bibet 16 patris 34 discere 35 succos 38 exsules**

Aurum irrepertum et sic melius situm,
Cum terra celat, spernere fortior
Quam cogere humanos in usus
Omne sacrum rapiente dextra.
Quicumque mundo terminus obstitit,
Hunc tanget armis, visere gestiens
Qua parte debacchentur ignes,
Qua nebulae pluviique rores.
Sed bellicosis fata Quiritibus
Hac lege dico, ne nimium pii
Rebusque fidentes avitae
Tecta velint reparare Trojae.
Trojae renascens alite lugubri
Fortuna tristi clade iterabitur,
Ducente victrices catervas
Conjuge me Jovis et sorore.
Ter si resurgat murus aëneus
Auctore Phoebo, ter pereat meis
Excisus Argivis, ter uxor
Capta virum puerosque ploret."
Non hoc jocosae conveniet lyrae:
Quo, Musa, tendis? Desine pervicax
Referre sermones deorum et
Magna modis tenuare parvis.

## IV.

Descende caelo, et dic age tibia
Regina longum Calliope melos,
Seu voce nunc mavis acuta,
Seu fidibus citharave Phoebi.
Auditis, an me ludit amabilis
Insania? Audire et videor pios
Errare per lucos, amoenae
Quos et aquae subeunt et aurae.

54 tangat 55 debacchantur 69 conveniat
69 haec — conveniunt *e coniectura*, haec — convenient *e coniectura*
4 citharaque 5 audiris? *e coniectura*

Me fabulosae Volture in Apulo,
Altricis extra limen Apuliae,
Ludo fatigatumque somno
Fronde nova puerum palumbes
Texere: mirum quod foret omnibus,
Quicumque celsae nidum Acherontiae
Saltusque Bantinos et arvum
Pingue tenent humilis Forenti,
Ut tuto ab atris corpore viperis
Dormirem et ursis, ut premerer sacra
Lauroque collataque myrto,
Non sine dis animosus infans.
Vester, Camenae, vester in arduos
Tollor Sabinos, seu mihi frigidum
Praeneste seu Tibur supinum
Seu liquidae placuere Baiae.
Vestris amicum fontibus et choris
Non me Philippis versa acies retro,
Devota non exstinxit arbos,
Nec Sicula Palinurus unda.
Utcumque mecum vos eritis, libens
Insanientem navita Bosporum
Temptabo et urentes arenas
Litoris Assyrii viator;
Visam Britannos hospitibus feros,
Et laetum equino sanguine Concanum,
Visam pharetratos Gelonos
Et Scythicum inviolatus amnem.
Vos Caesarem altum, militia simul
Fessas cohortes abdidit oppidis,
Finire quaerentem labores,
Pierio recreatis antro.
Vos lene consilium et datis, et dato
Gaudetis, almae. Scimus, ut impios
Titanas immanemque turmam
Fulmine sustulerit caduco,

10 nutricis extra limina* Pulliae *K.* 16 Ferenti 27 arbor 31 tentabo 31 arentes 38 addidit, reddidit 43 turbam

Qui terram inertem, qui mare temperat
Ventosum, et urbes regnaque tristia
Divosque mortalesque turbas
Imperio regit unus aequo.
Magnum illa terrorem intulerat Jovi
Fidens juventus horrida bracchiis,
Fratresque tendentes opaco
Pelion imposuisse Olympo.
Sed quid Typhoëus et validus Mimas,
Aut quid minaci Porphyrion statu,
Quid Rhoetus evolsisque truncis
Enceladus jaculator audax
Contra sonantem Palladis aegida
Possent ruentes? Hinc avidus stetit
Volcanus, hinc matrona Juno, et
Numquam humeris positurus arcum,
Qui rore puro Castaliae lavit
Crines solutos, qui Lyciae tenet
Dumeta natalemque silvam,
Delius et Patareus Apollo.
Vis consili expers mole ruit sua:
Vim temperatam di quoque provehunt
In majus; idem odere vires
Omne nefas animo moventes.
Testis mearum centimanus Gyas
Sententiarum, notus et integrae
Temptator Orion Dianae,
Virginea domitus sagitta.
Injecta monstris Terra dolet suis,
Maeretque partus fulmine luridum
Missos ad Orcum; nec peredit
Impositam celer ignis Aetnen,
Incontinentis nec Tityi jecur
Reliquit ales, nequitiae additus
Custos; amatorem trecentae
Pirithoum cohibent catenae.

47 turmas 55 evulsis 69 gigas, Gyges *e coniectura* 71 tentator 76 Aetnam 78 relinquit

## V.

Caelo tonantem credidimus Jovem
Regnare: praesens divus habebitur
Augustus, adjectis Britannis
Imperio gravibusque Persis.
Milesne Crassi conjuge barbara
Turpis maritus vixit, et hostium
(Pro curia inversique mores!)
Consenuit socerorum in armis
Sub rege Medo Marsus et Apulus,
Anciliorum et nominis et togae
Oblitus aeternaeque Vestae,
Incolumi Jove et urbe Roma?
Hoc caverat mens provida Reguli
Dissentientis condicionibus
Foedis, et exemplo trahentis
Perniciem veniens in aevum,
Si non periret immiserabilis
Captiva pubes. "Signa ego Punicis
Adfixa delubris et arma
Militibus sine caede," dixit,
"Direpta vidi; vidi ego civium
Retorta tergo bracchia libero,
Portasque non clausas, et arva
Marte coli populata nostro.
Auro repensus scilicet acrior
Miles redibit! Flagitio additis
Damnum: neque amissos colores
Lana refert medicata fuco,
Nec vera virtus, cum semel excidit,
Curat reponi deterioribus.
Si pugnat extricata densis
Cerva plagis, erit ille fortis
Qui perfidis se credidit hostibus,
Et Marte Poenos proteret altero

8 arvis 10 anciliorum, nominis 15 trahenti *e coniectura*
21 derepta 25 redemptus 29 occidit

Qui lora restrictis lacertis
Sensit iners timuitque mortem.
Hic, unde vitam sumeret inscius,
Pacem duello miscuit. O pudor!
O magna Carthago, probrosis
Altior Italiae ruinis!"
Fertur pudicae conjugis osculum
Parvosque natos, ut capitis minor,
Ab se removisse, et virilem
Torvus humi posuisse voltum,
Donec labantes consilio patres
Firmaret auctor numquam alias dato,
Interque maerentes amicos
Egregius properaret exul.
Atqui sciebat quae sibi barbarus
Tortor pararet; non aliter tamen
Dimovit obstantes propinquos
Et populum reditus morantem,
Quam si clientum longa negotia
Dijudicata lite relinqueret,
Tendens Venafranos in agros
Aut Lacedaemonium Tarentum.

## VI.

Delicta majorum immeritus lues,
Romane, donec templa refeceris
Aedesque labentes deorum et
Foeda nigro simulacra fumo.
Dis te minorem quod geris, imperas:
Hinc omne principium, huc refer exitum:
Di multa neglecti dederunt
Hesperiae mala luctuosae.
Jam bis Monaeses et Pacori manus
Non auspicatos contudit impetus
Nostros et adjecisse praedam
Torquibus exiguis renidet.

37 aptius, anxius *e coniectura* 48 exsul 51 amicos 6 huc omne 9 Monaesis 10 inauspicatos 10 contulit 11 nostris

Paene occupatam seditionibus
Delevit urbem Dacus et Aethiops,
Hic classe formidatus, ille
Missilibus melior sagittis.
Fecunda culpae saecula nuptias
Primum inquinavere et genus et domos;
Hoc fonte derivata clades
In patriam populumque fluxit.
Motus doceri gaudet Ionicos
Matura virgo, et fingitur artibus;
Jam nunc et incestos amores
De tenero meditatur ungui:
Mox juniores quaerit adulteros
Inter mariti vina, neque eligit
Cui donet impermissa raptim
Gaudia, luminibus remotis,
Sed jussa coram non sine conscio
Surgit marito, seu vocat institor,
Seu navis Hispanae magister,
Dedecorum pretiosus emptor.
Non his juventus orta parentibus
Infecit aequor sanguine Punico,
Pyrrhumque et ingentem cecidit
Antiochum Hannibalemque dirum;
Sed rusticorum mascula militum
Proles, Sabellis docta ligonibus
Versare glebas et severae
Matris ad arbitrium recisos
Portare fustes, sol ubi montium
Mutaret umbras et juga demeret
Bobus fatigatis, amicum
Tempus agens abeunte curru.
Damnosa quid non imminuit dies?
Aetas parentum, pejor avis, tulit
Nos nequiores, mox daturos
Progeniem vitiosiorem.

22 frangitur, fungitur 22 artubus 26 elegit 27 intermissa
28 oscula 30 cum vocat 36 durum 39 glaebas 43 bubus

## VII.

Quid fles, Asterie, quem tibi candidi
Primo restituent vere Favonii
Thyna merce beatum,
Constantis juvenem fidei,
Gygen? Ille, Notis actus ad Oricum
Post insana Caprae sidera, frigidas
Noctes non sine multis
Insomnis lacrimis agit.
Atqui sollicitae nuntius hospitae,
Suspirare Chloën et miseram tuis
Dicens ignibus uri,
Temptat mille vafer modis.
Ut Proetum mulier perfida credulum
Falsis impulerit criminibus, nimis
Casto Bellerophonti
Maturare necem, refert;
Narrat paene datum Pelea Tartaro,
Magnessam Hippolyten dum fugit abstinens;
Et peccare docentes
Fallax historias movet;
Frustra: nam scopulis surdior Icari
Voces audit adhuc integer. At tibi
Ne vicinus Enipeus
Plus justo placeat cave;
Quamvis non alius flectere equum sciens
Aeque conspicitur gramine Martio,
Nec quisquam citus aeque
Tusco denatat alveo.
Prima nocte domum claude, neque in vias
Sub cantu querulae despice tibiae,
Et te saepe vocanti
Duram difficilis mane.

4 fide 12 tentat 14 compulerit 20 monet

## VIII.

Martiis caelebs quid agam Kalendis,
Quid velint flores et acerra turis
Plena, miraris, positusque carbo in
 Caespite vivo,
Docte sermones utriusque linguae?
Voveram dulces epulas et album
Libero caprum, prope funeratus
 Arboris ictu.
Hic dies anno redeunte festus
Corticem adstrictum pice dimovebit
Amphorae fumum bibere institutae
 Consule Tullo.
Sume, Maecenas, cyathos amici
Sospitis centum, et vigiles lucernas
Perfer in lucem; procul omnis esto
 Clamor et ira.
Mitte civiles super urbe curas:
Occidit Daci Cotisonis agmen,
Medus infestus sibi luctuosis
 Dissidet armis,
Servit Hispanae vetus hostis orae,
Cantaber, sera domitus catena,
Jam Scythae laxo meditantur arcu
 Cedere campis.
Neglegens ne qua populus laboret,
Parce privatus nimium cavere:
Dona praesentis cape laetus horae,
 Linque severa.

## IX.

Donec gratus eram tibi,
 Nec quisquam potior bracchia candidae
Cervici juvenis dabat,
 Persarum vigui rege beatior.

2 thuris 10 demovebit 14 hospitis 15 profer 25 negligens 26 cavere et *K.* 27 rape 27 horae ac *K.*, horae et *O.*

'Donec non alia magis
  Arsisti, neque erat Lydia post Chloën,
Multi Lydia nominis
  Romana vigui clarior Ilia.'
Me nunc Thressa Chloë regit,
  Dulces docta modos et citharae sciens,
Pro qua non metuam mori,
  Si parcent animae fata superstiti.
'Me torret face mutua
  Thurini Calaïs filius Ornyti,
Pro quo bis patiar mori,
  Si parcent puero fata superstiti.'
Quid si prisca redit Venus
  Diductosque jugo cogit aëneo?
Si flava excutitur Chloë,
  Rejectaeque patet janua Lydiae?
'Quamquam sidere pulchrior
  Ille est, tu levior cortice et improbo
Iracundior Hadria,
  Tecum vivere amem, tecum obeam libens.'

## X.

Extremum Tanain si biberes, Lyce,
Saevo nupta viro, me tamen asperas
Porrectum ante fores objicere incolis
    Plorares Aquilonibus.
Audis quo strepitu janua, quo nemus
Inter pulchra satum tecta remugiat
Ventis, et positas ut glaciet nives
    Puro numine Juppiter?
Ingratam Veneri pone superbiam,
Ne currente retro funis eat rota.
Non te Penelopen difficilem procis
    Tyrrhenus genuit parens.
O quamvis neque te munera nec preces
Nec tinctus viola pallor amantium

5 aliam 18 deductos 21 quamvis 6 situm

Nec vir Pieria pellice saucius
    Curvat, supplicibus tuis
Parcas, nec rigida mollior aesculo
Nec Mauris animum mitior anguibus.
Non hoc semper erit liminis aut aquae
    Caelestis patiens latus.

## XI.

Mercuri, (nam te docilis magistro
Movit Amphion lapides canendo,)
Tuque, testudo, resonare septem
        Callida nervis,
Nec loquax olim neque grata, nunc et
Divitum mensis et amica templis,
Dic modos, Lyde quibus obstinatas
        Applicet aures,
Quae, velut latis equa trima campis,
Ludit exultim metuitque tangi,
Nuptiarum expers et adhuc protervo
        Cruda marito.
Tu potes tigres comitesque silvas
Ducere, et rivos celeres morari;
Cessit immanis tibi blandienti
        Janitor aulae,
Cerberus, quamvis furiale centum
Muniant angues caput, ejus atque
Spiritus teter saniesque manet
        Ore trilingui.
Quin et Ixion Tityosque voltu
Risit invito; stetit urna paulum
Sicca, dum grato Danai puellas
        Carmine mulces.
Audiat Lyde scelus atque notas
Virginum poenas, et inane lymphae
Dolium fundo pereuntis imo,
        Seraque fata

18 animo    10 exsultim    18 exeatque *e coniectura*

Quae manent culpas etiam sub Orco.
Impiae, — nam quid potuere majus? —
Impiae sponsos potuere duro
Perdere ferro!
Una de multis, face nuptiali
Digna, perjurum fuit in parentem
Splendide mendax, et in omne virgo
Nobilis aevum,
"Surge," quae dixit juveni marito,
"Surge, ne longus tibi somnus, unde
Non times, detur; socerum et scelestas
Falle sorores,
Quae, velut nactae vitulos leaenae,
Singulos eheu lacerant: ego illis
Mollior nec te feriam, neque intra
Claustra tenebo.
Me pater saevis oneret catenis,
Quod viro clemens misero peperci;
Me vel extremos Numidarum in agros
Classe releget.
I, pedes quo te rapiunt et aurae,
Dum favet nox et Venus; i secundo
Omine, et nostri memorem sepulchro
Scalpe querellam."

## XII.

Miserarum est neque amori
Dare ludum, neque dulci
Mala vino lavere, aut exanimari metuentes
Patruae verbera linguae.
Tibi qualum Cythereae
Puer ales, tibi telas
Operosaeque Minervae studium aufert, Neobule,
Liparaei nitor Hebri,
Simul unctos Tiberinis
Humeros lavit in undis,

29 culpis 31, 32 ferro Perdere duro 49 rapient
52 sculpe 52 querelam

Eques ipso melior Bellerophonte, neque pugno
Neque segni pede victus;
Catus idem per apertum
Fugientes agitato
Grege cervos jaculari, et celer alto latitantem
Fruticeto excipere aprum.

## XIII.

O fons Bandusiae, splendidior vitro,
Dulci digne mero non sine floribus,
Cras donaberis haedo,
Cui frons turgida cornibus
Primis et venerem et proelia destinat;
Frustra: nam gelidos inficiet tibi
Rubro sanguine rivos
Lascivi suboles gregis.
Te flagrantis atrox hora Caniculae
Nescit tangere, tu frigus amabile
Fessis vomere tauris
Praebes et pecori vago.
Fies nobilium tu quoque fontium,
Me dicente cavis impositam ilicem
Saxis, unde loquaces
Lymphae desiliunt tuae.

## XIV.

Herculis ritu modo dictus, o plebs,
Morte venalem petiisse laurum,
Caesar Hispana repetit penates
Victor ab ora.
Unico gaudens mulier marito
Prodeat justis operata divis,
Et soror clari ducis, et decorae
Supplice vitta

15 et *omittunt nonnulli* 15 arto 8 soboles 16 nymphae
6 operata sacris 7 cari

Virginum matres juvenumque nuper
Sospitum. Vos, o pueri et puellae
Jam virum expertae, male ominatis
Parcite verbis.
Hic dies vere mihi festus atras
Eximet curas; ego nec tumultum
Nec mori per vim metuam, tenente
Caesare terras.
I, pete unguentum, puer, et coronas
Et cadum Marsi memorem duelli,
Spartacum si qua potuit vagantem
Fallere testa.
Dic et argutae properet Neaerae
Murreum nodo cohibere crinem;
Si per invisum mora janitorem
Fiet, abito.
Lenit albescens animos capillus
Litium et rixae cupidos protervae;
Non ego hoc ferrem calidus juventa,
Consule Planco.

## XV.

Uxor pauperis Ibyci,
Tandem nequitiae fige modum tuae
Famosisque laboribus:
Maturo propior desine funeri
Inter ludere virgines,
Et stellis nebulam spargere candidis.
Non, si quid Pholoën satis,
Et te, Chlori, decet: filia rectius
Expugnat juvenum domos,
Pulso Thyias uti concita tympano.
Illam cogit amor Nothi
Lascivae similem ludere capreae:
Te lanae prope nobilem
Tonsae Luceriam, non citharae, decent,

11 nominatis 14 exiget, exigit 22 murrheum *edd.*, myrrheum *edd.*
2 pone

Nec flos purpureus rosae,
   Nec poti, vetulam, faece tenus cadi.

## XVI.

Inclusam Danaën turris aënea,
Robustaeque fores, et vigilum canum
Tristes excubiae munierant satis
   Nocturnis ab adulteris,
Si non Acrisium, virginis abditae
Custodem pavidum, Juppiter et Venus
Risissent: fore enim tutum iter et patens
   Converso in pretium deo.
Aurum per medios ire satellites
Et perrumpere amat saxa potentius
Ictu fulmineo: concidit auguris
   Argivi domus, ob lucrum
Demersa exitio; diffidit urbium
Portas vir Macedo, et subruit aemulos
Reges muneribus; munera navium
   Saevos illaqueant duces.
Crescentem sequitur cura pecuniam,
Majorumque fames. Jure perhorrui
Late conspicuum tollere verticem,
   Maecenas, equitum decus.
Quanto quisque sibi plura negaverit,
Ab dis plura feret: nil cupientium
Nudus castra peto, et transfuga divitum
   Partes linquere gestio,
Contemptae dominus splendidior rei,
Quam si quicquid arat impiger Apulus
Occultare meis dicerer horreis,
   Magnas inter opes inops.
Purae rivus aquae, silvaque jugerum
Paucorum, et segetis certa fides meae,
Fulgentem imperio fertilis Africae
   Fallit sorte beatior.
Quamquam nec Calabrae mella ferunt apes,

16 vetula   13 dimersa   13 excidio   22 a   26 non piger

Nec Laestrygonia Bacchus in amphora
Languescit mihi, nec pinguia Gallicis
Crescunt vellera pascuis,
Importuna tamen pauperies abest,
Nec, si plura velim, tu dare deneges.
Contracto melius parva cupidine
Vectigalia porrigam,
Quam si Mygdoniis regnum Alyattei
Campis continuem. Multa petentibus
Desunt multa: bene est, cui deus obtulit
Parca quod satis est manu.

## XVII.

Aeli, vetusto nobilis ab Lamo,
(Quando et priores hinc Lamias ferunt
Denominatos et nepotum
Per memores genus omne fastos;
Auctore ab illo ducis originem,
Qui Formiarum moenia dicitur
Princeps et innantem Maricae
Litoribus tenuisse Lirim,
Late tyrannus:) cras foliis nemus
Multis et alga litus inutili
Demissa tempestas ab Euro
Sternet, aquae nisi fallit augur,
Annosa cornix. Dum potes, aridum
Compone lignum: cras Genium mero
Curabis et porco bimestri,
Cum famulis operum solutis.

## XVIII.

Faune, Nympharum fugientum amator,
Per meos fines et aprica rura
Lenis incedas, abeasque parvis
Aequus alumnis,

5 ducit *e coniectura* 13 potis 15 porca 15 bimenstri

Si tener pleno cadit haedus anno,
Larga nec desunt Veneris sodali
Vina craterae, vetus ara multo
Fumat odore.
Ludit herboso pecus omne campo,
Cum tibi Nonae redeunt Decembres;
Festus in pratis vacat otioso
Cum bove pagus;
Inter audaces lupus errat agnos;
Spargit agrestes tibi silva frondes;
Gaudet invisam pepulisse fossor
Ter pede terram.

## XIX.

Quantum distet ab Inacho
Codrus, pro patria non timidus mori,
Narras, et genus Aeaci,
Et pugnata sacro bella sub Ilio:
Quo Chium pretio cadum
Mercemur, quis aquam temperet ignibus,
Quo praebente domum et quota
Pelignis caream frigoribus, taces.
Da lunae propere novae,
Da noctis mediae, da, puer, auguris
Murenae: tribus aut novem
Miscentur cyathis pocula commodis.
Qui Musas amat impares,
Ternos ter cyathos attonitus petet
Vates; tres prohibet supra
Rixarum metuens tangere Gratia
Nudis juncta sororibus.
Insanire juvat: cur Berecyntiae
Cessant flamina tibiae?
Cur pendet tacita fistula cum lyra?
Parcentes ego dexteras
Odi: sparge rosas; audiat invidus

5 cadet 6 Veneri 12 pardus 1 distat
2 non timidus pro patria 12 miscentor *e coniectura*

Dementem strepitum Lycus,
Et vicina seni non habilis Lyco.
Spissa te nitidum coma,
Puro te similem, Telephe, Vespero
Tempestiva petit Rhode:
Me lentus Glycerae torret amor meae.

## XX

Non vides quanto moveas periclo,
Pyrrhe, Gaetulae catulos leaenae?
Dura post paulo fugies inaudax
Proelia raptor,
Cum per obstantes juvenum catervas
Ibit insignem repetens Nearchum:
Grande certamen, tibi praeda cedat
Major an illi.
Interim, dum tu celeres sagittas
Promis, haec dentes acuit timendos,
Arbiter pugnae posuisse nudo
Sub pede palmam
Fertur, et leni recreare vento
Sparsum odoratis humerum capillis,
Qualis aut Nireus fuit, aut aquosa
Raptus ab Ida.

## XXI.

O nata mecum consule Manlio,
Seu tu querellas sive geris jocos,
Seu rixam et insanos amores,
Seu facilem, pia testa, somnum,
Quocumque lectum nomine Massicum
Servas, moveri digna bono die,
Descende, Corvino jubente
Promere languidiora vina.

1 tumultu 3 paulum 7, 8 praeda major Cedat an illi.
8 illa *e coniectura* 10 superbos 2 querelas 5 numine

Non ille, quamquam Socraticis madet
Sermonibus, te negleget horridus:
Narratur et prisci Catonis
Saepe mero caluisse virtus.
Tu lene tormentum ingenio admoves
Plerumque duro; tu sapientium
Curas et arcanum jocoso
Consilium retegis Lyaeo;
Tu spem reducis mentibus anxiis,
Viresque et addis cornua pauperi,
Post te neque iratos trementi
Regum apices neque militum arma.
Te Liber, et, si laeta aderit, Venus,
Segnesque nodum solvere Gratiae,
Vivaeque producent lucernae,
Dum rediens fugat astra Phoebus.

## XXII.

Montium custos nemorumque, Virgo,
Quae laborantes utero puellas
Ter vocata audis, adimisque leto,
Diva triformis,
Imminens villae tua pinus esto,
Quam per exactos ego laetus annos
Verris obliquum meditantis ictum
Sanguine donem.

## XXIII.

Caelo supinas si tuleris manus
Nascente Luna, rustica Phidyle,
Si ture placaris et horna
Fruge Lares avidaque porca,
Nec pestilentem sentiet Africum
Fecunda vitis, nec sterilem seges
Robiginem, aut dulces alumni
Pomifero grave tempus anno.

10 neglegit, negliget 3 thure 7 rubiginem

Nam, quae nivali pascitur Algido
Devota quercus inter et ilices,
Aut crescit Albanis in herbis,
Victima, pontificum secures
Cervice tinguet: te nihil attinet
Temptare multa caede bidentium
Parvos coronantem marino
Rore deos fragilique myrto.
Immunis aram si tetigit manus,
Non sumptuosa blandior hostia
Mollivit aversos Penates
Farre pio et saliente mica.

## XXIV.

Intactis opulentior
Thesauris Arabum et divitis Indiae
Caementis licet occupes
Tyrrhenum omne tuis et mare Apulicum,
Si figit adamantinos
Summis verticibus dira Necessitas
Clavos, non animum metu,
Non mortis laqueis expedies caput.
Campestres melius Scythae,
Quorum plaustra vagas rite trahunt domos,
Vivunt, et rigidi Getae,
Immetata quibus jugera liberas
Fruges et Cererem ferunt,
Nec cultura placet longior annua,
Defunctumque laboribus
Aequali recreat sorte vicarius.
Illic matre carentibus
Privignis mulier temperat innocens,
Nec dotata regit virum
Conjunx, nec nitido fidit adultero.

12 securim 13 tinget 14 tentare 19 mollibit
4 Tirrenum, terrenum *e coniectura* 4 publicum, Punicum, Ponticum
10 domos rite trahunt vagas 20 coniux

Dos est magna parentium
  Virtus et metuens alterius viri
Certo foedere castitas,
  Et peccare nefas, aut pretium est mori.
O quisquis volet impias
  Caedes et rabiem tollere civicam,
Si quaeret PATER VRBIVM
  Subscribi statuis, indomitam audeat
Refrenare licentiam,
  Clarus postgenitis: quatenus (heu nefas!)
Virtutem incolumem odimus,
  Sublatam ex oculis quaerimus, invidi.
Quid tristes querimoniae,
  Si non supplicio culpa reciditur?
Quid leges sine moribus
  Vanae proficiunt, si neque fervidis
Pars inclusa caloribus
  Mundi nec Boreae finitimum latus
Durataeque solo nives
  Mercatorem abigunt, horrida callidi
Vincunt aequora navitae,
  Magnum pauperies opprobrium jubet
Quidvis et facere et pati,
  Virtutisque viam deserit arduae?
Vel nos in Capitolium,
  Quo clamor vocat et turba faventium,
Vel nos in mare proximum
  Gemmas et lapides aurum et inutile,
Summi materiem mali,
  Mittamus, scelerum si bene paenitet.
Eradenda cupidinis
  Pravi sunt elementa, et tenerae nimis
Mentes asperioribus
  Formandae studiis. Nescit equo rudis
Haerere ingenuus puer,
  Venarique timet, ludere doctior,

**24** pretium emori, pretium mori **26** aut **27** quaerit **30** carus **49** materiam **52** prava **54** firmandae *e coniectura*

Seu Graeco jubeas trocho,
Seu malis vetita legibus alea,
Cum perjura patris fides
Consortem socium fallat et hospites,
Indignoque pecuniam
Heredi properet. Scilicet improbae
Crescunt divitiae: tamen
Curtae nescio quid semper abest rei.

## XXV.

Quo me, Bacche, rapis tui
Plenum? quae nemora aut quos agor in specus
Velox mente nova? quibus
Antris egregii Caesaris audiar
Aeternum meditans decus
Stellis inserere et consilio Jovis?
Dicam insigne, recens, adhuc
Indictum ore alio. Non secus in jugis
Exsomnis stupet Euias,
Hebrum prospiciens et nive candidam
Thracen ac pede barbaro
Lustratam Rhodopen, ut mihi devio
Ripas et vacuum nemus
Mirari libet. O Naïadum potens,
Baccharumque valentium
Proceras manibus vertere fraxinos,
Nil parvum aut humili modo,
Nil mortale loquar. Dulce periculum est,
O Lenaee, sequi deum
Cingentem viridi tempora pampino.

## XXVI.

Vixi puellis nuper idoneus
Et militavi non sine gloria;

60 hospitem 2 in nemora 2 et quos 6 concilio 9 Euhias 12 ac mihi 13 rupes, rivos *Bent.* 18 est *omit.*

Nunc arma defunctumque bello
Barbiton hic paries habebit,
Laevum marinae qui Veneris latus
Custodit. Hic, hic ponite lucida
Funalia et vectes et arcus
Oppositis foribus minaces.
O quae beatam diva tenes Cyprum et
Memphin carentem Sithonia nive,
Regina, sublimi flagello
Tange Chloën semel arrogantem.

## XXVII.

Impios parrae recinentis omen
Ducat et praegnans canis, aut ab agro
Rava decurrens lupa Lanuvino
Fetaque volpes;
Rumpat et serpens iter institutum,
Si per obliquum similis sagittae
Terruit mannos: ego, cui timebo,
Providus auspex,
Antequam stantes repetat paludes
Imbrium divina avis imminentum,
Oscinem corvum prece suscitabo
Solis ab ortu.
Sis licet felix, ubicumque mavis,
Et memor nostri, Galatea, vivas,
Teque nec laevus vetet ire picus
Nec vaga cornix.
Sed vides quanto trepidet tumultu
Pronus Orion. Ego quid sit ater
Hadriae novi sinus, et quid albus
Peccet Iapyx.
Hostium uxores puerique caecos
Sentiant motus orientis Austri et
Aequoris nigri fremitum et trementes
Verbere ripas.

7 ascias *K. e coniectura* 9 regis 2 praegnas 4 vulpes 5 rumpit 7 cur, quid 15 levis 15 vetat 17 trepidat 22 sentient

Sic et Europe niveum doloso
Credidit tauro latus, et scatentem
Beluis pontum mediasque fraudes
    Palluit audax.
Nuper in pratis studiosa florum et
Debitae Nymphis opifex coronae,
Nocte sublustri nihil astra praeter
    Vidit et undas.
Quae simul centum tetigit potentem
Oppidis Creten, " Pater, o relictum
Filiae nomen, pietasque," dixit,
    "Victa furore!
Unde, quo, veni? Levis una mors est
Virginum culpae. Vigilansne ploro
Turpe commissum, an vitiis carentem
    Ludit imago
Vana, quae porta fugiens eburna
Somnium ducit? Meliusne fluctus
Ire per longos fuit, an recentes
    Carpere flores?
Si quis infamem mihi nunc juvencum
Dedat iratae, lacerare ferro et
Frangere enitar modo multum amati
    Cornua monstri.
Impudens liqui patrios Penates,
Impudens Orcum moror. O deorum
Si quis haec audis, utinam inter errem
    Nuda leones!
Antequam turpis macies decentes
Occupet malas, teneraeque sucus
Defluat praedae, speciosa quaero
    Pascere tigres.
'Vilis Europe,' pater urget absens,
'Quid mori cessas? Potes hac ab orno
Pendulum zona bene te secuta
    Laedere collum.
Sive te rupes et acuta leto

27 belluis    48 tauri    54 succus    60 elidere

Saxa delectant, age, te procellae
Crede veloci, nisi herile mavis
Carpere pensum,
Regius sanguis, dominaeque tradi
Barbarae pellex.' "— Aderat querenti
Perfidum ridens Venus et remisso
Filius arcu.
Mox, ubi lusit satis, "Abstineto,"
Dixit, "irarum calidaeque rixae,
Cum tibi invisus laceranda reddet
Cornua taurus.
Uxor invicti Jovis esse nescis:
Mitte singultus, bene ferre magnam
Disce fortunam; tua sectus orbis
Nomina ducet."

## XXVIII.

Festo quid potius die
Neptuni faciam? Prome reconditum
Lyde strenua Caecubum,
Munitaeque adhibe vim sapientiae.
Inclinare meridiem
Sentis, ac, veluti stet volucris dies,
Parcis deripere horreo
Cessantem Bibuli consulis amphoram?
Nos cantabimus invicem
Neptunum et virides Nereïdum comas;
Tu curva recines lyra
Latonam et celeris spicula Cynthiae;
Summo carmine, quae Cnidon
Fulgentesque tenet Cycladas, et Paphon
Junctis visit oloribus;
Dicetur merita Nox quoque nenia.

66 paelex 71 reddit 6 et 9 invices 10 choros
11 tum *e coniectura* 13 Gnidon 14 Paphum

## XXIX.

Tyrrhena regum progenies, tibi
Non ante verso lene merum cado
Cum flore, Maecenas, rosarum et
Pressa tuis balanus capillis
Jamdudum apud me est. Eripe te morae,
Ne semper udum Tibur et Aesulae
Declive contempleris arvum et
Telegoni juga parricidae.
Fastidiosam desere copiam et
Molem propinquam nubibus arduis;
Omitte mirari beatae
Fumum et opes strepitumque Romae.
Plerumque gratae divitibus vices,
Mundaeque parvo sub lare pauperum
Cenae sine aulaeis et ostro
Sollicitam explicuere frontem.
Jam clarus occultum Andromedae pater
Ostendit ignem, jam Procyon furit
Et stella vesani Leonis,
Sole dies referente siccos;
Jam pastor umbras cum grege languido
Rivumque fessus quaerit et horridi
Dumeta Silvani, caretque
Ripa vagis taciturna ventis.
Tu civitatem quis deceat status
Curas, et urbi sollicitus times
Quid Seres et regnata Cyro
Bactra parent Tanaisque discors.
Prudens futuri temporis exitum
Caliginosa nocte premit deus,
Ridetque si mortalis ultra
Fas trepidat. Quod adest memento
Componere aequus: cetera fluminis
Ritu feruntur, nunc medio alveo

2 versum 6 nec 15 caenae, coenae 22 horrida 31 mortales 32 trepidant 34 aequore

Cum pace delabentis Etruscum
In mare, nunc lapides adesos
Stirpesque raptas et pecus et domos
Volventis una, non sine montium
Clamore vicinaeque silvae,
Cum fera diluvies quietos
Irritat amnes. Ille potens sui
Laetusque deget, cui licet in diem
Dixisse "Vixi: cras vel atra
Nube polum Pater occupato,
Vel sole puro; non tamen irritum,
Quodcumque retro est, efficiet, neque
Diffinget infectumque reddet
Quod fugiens semel hora vexit."
Fortuna, saevo laeta negotio et
Ludum insolentem ludere pertinax,
Transmutat incertos honores,
Nunc mihi, nunc alii benigna.
Laudo manentem; si celeres quatit
Pennas, resigno quae dedit, et mea
Virtute me involvo, probamque
Pauperiem sine dote quaero.
Non est meum, si mugiat Africis
Malus procellis, ad miseras preces
Decurrere, et votis pacisci,
Ne Cypriae Tyriaeque merces
Addant avaro divitias mari:
Tum me biremis praesidio scaphae
Tutum per Aegaeos tumultus
Aura feret geminusque Pollux.

## XXX.

Exegi monumentum aere perennius,
Regalique situ pyramidum altius,
Quod non imber edax, non Aquilo impotens
Possit diruere, aut innumerabilis

37 domus *Seruius ad Aen.* iii. 94. 42 degit 60 Syriae 62 tunc

Annorum series et fuga temporum.
Non omnis moriar, multaque pars mei
Vitabit Libitinam: usque ego postera
Crescam laude recens, dum Capitolium
Scandet cum tacita virgine pontifex.
Dicar, qua violens obstrepit Aufidus
Et qua pauper aquae Daunus agrestium
Regnavit populorum, ex humili potens
Princeps Aeolium carmen ad Italos
Deduxisse modos. Sume superbiam
Quaesitam meritis, et mihi Delphica
Lauro cinge volens, Melpomene, comam.

12 regnator

Q. HORATI FLACCI

# CARMINVM

## LIBER QVARTVS

---

### I.

Intermissa, Venus, diu
  Rursus bella moves? Parce, precor, precor.
Non sum qualis eram bonae
  Sub regno Cinarae. Desine, dulcium
Mater saeva Cupidinum,
  Circa lustra decem flectere mollibus
Jam durum imperiis; abi
  Quo blandae juvenum te revocant preces.
Tempestivius in domum
  Pauli purpureis ales oloribus
Commissabere Maximi,
  Si torrere jecur quaeris idoneum:
Namque et nobilis et decens
  Et pro sollicitis non tacitus reis
Et centum puer artium
  Late signa feret militiae tuae,
Et quandoque potentior
  Largi muneribus riserit aemuli,
Albanos prope te lacus
  Ponet marmoream sub trabe citrea.
Illic plurima naribus
  Duces tura, lyraeque et Berecyntiae

9 domo   10 Paulli   18 largis   20 Cypria
22 thura   22 lyraque   22 Berecyntia

Delectabere tibiae
  Mixtis carminibus non sine fistula;
Illic bis pueri die
  Numen cum teneris virginibus tuum
Laudantes pede candido
  In morem Salium ter quatient humum.

## II.

Pindarum quisquis studet aemulari,
Iule, ceratis ope Daedalea
Nititur pennis, vitreo daturus
    Nomina ponto.
Monte decurrens velut amnis, imbres
Quem super notas aluere ripas,
Fervet immensusque ruit profundo
    Pindarus ore,
Laurea donandus Apollinari,
Seu per audaces nova dithyrambos
Verba devolvit numerisque fertur
    Lege solutis,
Seu deos regesve canit, deorum
Sanguinem, per quos cecidere justa
Morte Centauri, cecidit tremendae
    Flamma Chimaerae;
Sive quos Elea domum reducit
Palma caelestes pugilemve equumve
Dicit, et centum potiore signis
    Munere donat,
Flebili sponsae juvenemve raptum
Plorat, et vires animumque moresque
Aureos educit in astra nigroque
    Invidet Orco.
Multa Dircaeum levat aura cygnum,
Tendit, Antoni, quotiens in altos
Nubium tractus: ego, apis Matinae
    More modoque,

**23 tibia 28 quatiunt 3 pinnis 6 cum 6 saluere, saliere 13 regesque 23 reducit 25 cycnum 26 quoties**

Grata carpentis thyma per laborem
Plurimum, circa nemus uvidique
Tiburis ripas, operosa parvus
Carmina fingo.
Concines majore poëta plectro
Caesarem, quandoque trahet feroces
Per sacrum clivum, merita decorus
Fronde, Sygambros:
Quo nihil majus meliusve terris
Fata donavere bonique divi,
Nec dabunt, quamvis redeant in aurum
Tempora priscum.
Concines laetosque dies et urbis
Publicum ludum super impetrato
Fortis Augusti reditu, forumque
Litibus orbum.
Tum meae, si quid loquar audiendum,
Vocis accedet bona pars, et "O Sol
Pulcher! o laudande!" canam, recepto
Caesare felix.
Teque, dum procedis, io Triumphe!
Non semel dicemus, io Triumphe!
Civitas omnis, dabimusque divis
Tura benignis.
Te decem tauri totidemque vaccae,
Me tener solvet vitulus, relicta
Matre qui largis juvenescit herbis
In mea vota,
Fronte curvatos imitatus ignes
Tertium lunae referentis ortum,
Qua notam duxit, niveus videri,
Cetera fulvus.

## III.

Quem tu, Melpomene, semel
Nascentem placido lumine videris,

33, 41 concinet *e coniectura* 36 Sigambros 45 loquor 49 tuque 49 procedit 58 orbem

Illum non labor Isthmius
  Clarabit pugilem, non equus impiger
Curru ducet Achaico
  Victorem, neque res bellica Deliis
Ornatum foliis ducem,
  Quod regum tumidas contuderit minas,
Ostendet Capitolio:
  Sed quae Tibur aquae fertile praefluunt,
Et spissae nemorum comae
  Fingent Aeolio carmine nobilem.
Romae principis urbium
  Dignatur suboles inter amabiles
Vatum ponere me choros,
  Et jam dente minus mordeor invido.
O testudinis aureae
  Dulcem quae strepitum, Pieri, temperas,
O mutis quoque piscibus
  Donatura cygni, si libeat, sonum,
Totum muneris hoc tui est,
  Quod monstror digito praetereuntium
Romanae fidicen lyrae;
  Quod spiro et placeo, si placeo, tuum est.

## IV.

Qualem ministrum fulminis alitem,
Cui rex deorum regnum in aves vagas
  Permisit expertus fidelem
    Juppiter in Ganymede flavo,
Olim juventas et patrius vigor
Nido laborum propulit inscium,
  Vernique jam nimbis remotis
    Insolitos docuere nisus
Venti paventem, mox in ovilia
Demisit hostem vividus impetus,
  Nunc in reluctantes dracones
    Egit amor dapis atque pugnae;

5 Achaio 10 perfluunt 14 soboles 6 protulit 7 vernis

Qualemve laetis caprea pascuis
Intenta fulvae matris ab ubere
Jam lacte depulsum leonem,
Dente novo peritura, vidit:
Videre Raetis bella sub Alpibus
Drusum gerentem Vindelici; (quibus
Mos unde deductus per omne
Tempus Amazonia securi
Dextras obarmet, quaerere distuli,
Nec scire fas est omnia;) sed diu
Lateque victrices catervae
Consiliis juvenis revictae
Sensere quid mens rite, quid indoles
Nutrita faustis sub penetralibus
Posset, quid Augusti paternus
In pueros animus Nerones.
Fortes creantur fortibus et bonis;
Est in juvencis, est in equis patrum
Virtus, neque imbellem feroces
Progenerant aquilae columbam:
Doctrina sed vim promovet insitam,
Rectique cultus pectora roborant;
Utcumque defecere mores,
Indecorant bene nata culpae.
Quid debeas, o Roma, Neronibus,
Testis Metaurum flumen, et Hasdrubal
Devictus, et pulcher fugatis
Ille dies Latio tenebris,
Qui primus alma risit adorea,
Dirus per urbes Afer ut Italas
Ceu flamma per taedas vel Eurus
Per Siculas equitavit undas.
Post hoc secundis usque laboribus
Romana pubes crevit, et impio
Vastata Poenorum tumultu
Fana deos habuere rectos,

17 Raeti 18 et Vindelici
18–22 quibus — sed *del. editores complures* 21 subarmet
24 repressae 36 dedecorant 42 durus

Dixitque tandem perfidus Hannibal:
"Cervi, luporum praeda rapacium,
Sectamur ultro quos opimus
Fallere et effugere est triumphus.
Gens, quae cremato fortis ab Ilio
Jactata Tuscis aequoribus sacra
Natosque maturosque patres
Pertulit Ausonias ad urbes,
Duris ut ilex tonsa bipennibus
Nigrae feraci frondis in Algido,
Per damna, per caedes, ab ipso
Ducit opes animumque ferro.
Non Hydra secto corpore firmior
Vinci dolentem crevit in Herculem,
Monstrumve submisere Colchi
Majus Echioniaeve Thebae.
Merses profundo, pulchrior evenit;
Luctere, multa proruet integrum
Cum laude victorem, geretque
Proelia conjugibus loquenda.
Carthagini jam non ego nuntios
Mittam superbos: occidit, occidit
Spes omnis et fortuna nostri
Nominis Hasdrubale interempto.
Nil Claudiae non perficient manus,
Quas et benigno numine Juppiter
Defendit, et curae sagaces
Expediunt per acuta belli."

## V.

Divis orte bonis, optime Romulae
Custos gentis, abes jam nimium diu;
Maturum reditum pollicitus patrum
Sancto concilio, redi.
Lucem redde tuae, dux bone, patriae:

52 est *om.* 60 animosque 65 mersus 65 exiet 66 proruit 67 gerit 73 perficiunt 76 bella 1 optume 4 consilio

Instar veris enim voltus ubi tuus
Affulsit populo, gratior it dies
    Et soles melius nitent.
Ut mater juvenem, quem Notus invido
Flatu Carpathii trans maris aequora
Cunctantem spatio longius annuo
    Dulci distinet a domo,
Votis ominibusque et precibus vocat,
Curvo nec faciem litore dimovet:
Sic desideriis icta fidelibus
    Quaerit patria Caesarem.
Tutus bos etenim rura perambulat,
Nutrit rura Ceres almaque Faustitas,
Pacatum volitant per mare navitae,
    Culpari metuit Fides,
Nullis polluitur casta domus stupris,
Mos et lex maculosum edomuit nefas,
Laudantur simili prole puerperae,
    Culpam poena premit comes.
Quis Parthum paveat, quis gelidum Scythen,
Quis Germania quos horrida parturit
Fetus, incolumi Caesare? quis ferae
    Bellum curet Hiberiae?
Condit quisque diem collibus in suis,
Et vitem viduas ducit ad arbores;
Hinc ad vina redit, laetus et alteris
    Te mensis adhibet deum;
Te multa prece, te prosequitur mero
Defuso pateris, et Laribus tuum
Miscet numen, uti Graecia, Castoris
    Et magni memor Herculis.
"Longas o utinam, dux bone, ferias
Praestes Hesperiae!" dicimus integro
Sicci mane die, dicimus uvidi,
    Cum sol Oceano subest.

**6 vultus  7 effulsit  14 demovet  18 nutritura  31 venit  34 diffuso  37 rex**

## VI.

Dive, quem proles Niobea magnae
Vindicem linguae Tityosque raptor
Sensit et Trojae prope victor altae
Phthius Achilles,
Ceteris major, tibi miles impar,
Filius quamvis Thetidis marinae
Dardanas turres quateret tremenda
Cuspide pugnax:
Ille, mordaci velut icta ferro
Pinus aut impulsa cupressus Euro,
Procidit late posuitque collum in
Pulvere Teucro:
Ille non inclusus equo Minervae,
Sacra mentito, male feriatos
Troas et laetam Priami choreis
Falleret aulam,
Sed palam captis gravis, heu nefas heu!
Nescios fari pueros Achivis
Ureret flammis, etiam latentem
Matris in alvo,
Ni tuis victus Venerisque gratae
Vocibus divôm pater annuisset
Rebus Aeneae potiore ductos
Alite muros.
Doctor argutae fidicen Thaliae,
Phoebe, qui Xantho lavis amne crines,
Dauniae defende decus Camenae,
Levis Agyieu.
Spiritum Phoebus mihi, Phoebus artem
Carminis nomenque dedit poëtae.
Virginum primae puerique claris
Patribus orti,
Deliae tutela deae, fugaces
Lyncas et cervos cohibentis arcu,

10 impressa 11 in *omit.* 17 victor gravis, raptor **gravis**
21 flexus *glossema* 22 divum 25 Argivae

Lesbium servate pedem meique
Pollicis ictum,
Rite Latonae puerum canentes,
Rite crescentem face Noctilucam,
Prosperam frugum celeremque pronos
Volvere menses.
Nupta jam dices: "Ego dis amicum,
Saeculo festas referente luces,
Reddidi carmen, docilis modorum
Vatis Horati."

## VII.

Diffugere nives, redeunt jam gramina campis
Arboribusque comae;
Mutat terra vices, et decrescentia ripas
Flumina praetereunt;
Gratia cum Nymphis geminisque sororibus audet
Ducere nuda choros.
Immortalia ne speres, monet annus et almum
Quae rapit hora diem.
Frigora mitescunt Zephyris; ver proterit aestas,
Interitura, simul
Pomifer autumnus fruges effuderit; et mox
Bruma recurrit iners.
Damna tamen celeres reparant caelestia lunae:
Nos, ubi decidimus,
Quo pius Aeneas, quo dives Tullus et Ancus,
Pulvis et umbra sumus.
Quis scit an adjiciant hodiernae crastina summae
Tempora di superi?
Cuncta manus avidas fugient heredis, amico
Quae dederis animo.
Cum semel occideris et de te splendida Minos
Fecerit arbitria,
Non, Torquate, genus, non te facundia, non te
Restituet pietas:

38 noctiluca 7 album 12 recurret 15 pater Aeneas 15 Tullus, dives 17 vitae *glossema*

Infernis neque enim tenebris Diana pudicum
Liberat Hippolytum,
Nec Lethaea valet Theseus abrumpere caro
Vincula Pirithoo.

## VIII.

Donarem pateras grataque commodus,
Censorine, meis aera sodalibus,
Donarem tripodas, praemia fortium
Graiorum, neque tu pessima munerum
Ferres, divite me scilicet artium,
Quas aut Parrhasius protulit aut Scopas,
Hic saxo, liquidis ille coloribus
Sollers nunc hominem ponere, nunc deum:
Sed non haec mihi vis, non tibi talium
Res est aut animus deliciarum egens.
Gaudes carminibus ; carmina possumus
Donare, et pretium dicere muneri.
Non incisa notis marmora publicis,
Per quae spiritus et vita redit bonis
Post mortem ducibus, non celeres fugae
Rejectaeque retrorsum Hannibalis minae,
Non incendia Carthaginis impiae,
Ejus, qui domita nomen ab Africa
Lucratus rediit, clarius indicant
Laudes, quam Calabrae Pierides: neque,
Si chartae sileant quod bene feceris,
Mercedem tuleris. Quid foret Iliae
Mavortisque puer, si taciturnitas
Obstaret meritis invida Romuli?
Ereptum Stygiis fluctibus Aeacum
Virtus et favor et lingua potentium
Vatum divitibus consecrat insulis.
Dignum laude virum Musa vetat mori.
Caelo Musa beat. Sic Jovis interest
Optatis epulis impiger Hercules,

28 Perithoo 1 commodis 9 nec tibi 12 muneris 15 celeris **fuga** *uu.* 15 non—19 rediit *del. Lach., M., H., P.*

Clarum Tyndaridae sidus ab infimis
Quassas eripiunt aequoribus rates,
Ornatus viridi tempora pampino
Liber vota bonos ducit ad exitus.

## IX.

Ne forte credas interitura, quae,
Longe sonantem natus ad Aufidum,
Non ante volgatas per artes,
Verba loquor socianda chordis:
Non, si priores Maeonius tenet
Sedes Homerus, Pindaricae latent
Ceaeque et Alcaei minaces
Stesichorique graves Camenae;
Nec, si quid olim lusit Anacreon,
Delevit aetas; spirat adhuc amor
Vivuntque commissi calores
Aeoliae fidibus puellae.
Non sola comptos arsit adulteri
Crines, et aurum vestibus illitum
Mirata regalesque cultus
Et comites Helene Lacaena,
Primusve Teucer tela Cydonio
Direxit arcu; non semel Ilios
Vexata; non pugnavit ingens
Idomeneus Sthenelusve solus
Dicenda Musis proelia; non ferox
Hector vel acer Deiphobus graves
Excepit ictus pro pudicis
Conjugibus puerisque primus.
Vixere fortes ante Agamemnona
Multi: sed omnes inlacrimabiles
Urgentur ignotique longa
Nocte, carent quia vate sacro.
Paulum sepultae distat inertiae
Celata virtus. Non ego te meis

**34 duxit 3 vulgatas 4 loquar 19 nec 26 illacrimabiles**

Chartis inornatum silebo,
Totve tuos patiar labores
Impune, Lolli, carpere lividas
Obliviones. Est animus tibi
Rerumque prudens et secundis
Temporibus dubiisque rectus,
Vindex avarae fraudis, et abstinens
Ducentis ad se cuncta pecuniae,
Consulque non unius anni,
Sed quotiens bonus atque fidus
Judex honestum praetulit utili,
Rejecit alto dona nocentium
Voltu, per obstantes catervas
Explicuit sua victor arma.
Non possidentem multa vocaveris
Recte beatum ; rectius occupat
Nomen beati, qui deorum
Muneribus sapienter uti
Duramque callet pauperiem pati,
Pejusque leto flagitium timet,
Non ille pro caris amicis
Aut patria timidus perire.

## X.

O crudelis adhuc et Veneris muneribus potens,
Insperata tuae cum veniet pluma superbiae,
Et quae nunc humeris involitant deciderint comae,
Nunc et qui color est puniceae flore prior rosae
Mutatus Ligurinum in faciem verterit hispidam,
Dices, heu, quotiens te speculo videris alterum,
"Quae mens est hodie, cur eadem non puero fuit?
Vel cur his animis incolumes non redeunt genae?"

## XI.

Est mihi nonum superantis annum
Plenus Albani cadus; est in horto,

31 sileri 41 utili et 43 vultu 43 et per 52 peribit
5 ,Ligurine, 6 in speculo

Phylli, nectendis apium coronis;
Est hederae vis
Multa, qua crines religata fulges;
Ridet argento domus; ara castis
Vincta verbenis avet immolato
Spargier agno;
Cuncta festinat manus, huc et illuc
Cursitant mixtae pueris puellae;
Sordidum flammae trepidant rotantes
Vertice fumum.
Ut tamen noris quibus advoceris
Gaudiis: Idus tibi sunt agendae,
Qui dies mensem Veneris marinae
Findit Aprilem,
Jure sollemnis mihi sanctiorque
Paene natali proprio, quod ex hac
Luce Maecenas meus affluentes
Ordinat annos.
Telephum, quem tu petis, occupavit
Non tuae sortis juvenem puella
Dives et lasciva, tenetque grata
Compede vinctum.
Terret ambustus Phaëthon avaras
Spes, et exemplum grave praebet ales
Pegasus terrenum equitem gravatus
Bellerophontem,
Semper ut te digna sequare, et, ultra
Quam licet sperare nefas putando,
Disparem vites. Age jam, meorum
Finis amorum,
(Non enim posthac alia calebo
Femina,) condisce modos, amanda
Voce quos reddas: minuentur atrae
Carmine curae.

## XII.

Jam veris comites, quae mare temperant,
Impellunt animae lintea Thraciae;

11 crepitant 35 minuuntur

Jam nec prata rigent, nec fluvii strepunt
Hiberna nive turgidi.
Nidum ponit, Ityn flebiliter gemens,
Infelix avis et Cecropiae domus
Aeternum opprobrium, quod male barbaras
Regum est ulta libidines.
Dicunt in tenero gramine pinguium
Custodes ovium carmina fistula,
Delectantque deum cui pecus et nigri
Colles Arcadiae placent.
Adduxere sitim tempora, Vergili;
Sed pressum Calibus ducere Liberum
Si gestis, juvenum nobilium cliens,
Nardo vina merebere.
Nardi parvus onyx eliciet cadum,
Qui nunc Sulpiciis accubat horreis,
Spes donare novas largus, amaraque
Curarum eluere efficax.
Ad quae si properas gaudia, cum tua
Velox merce veni: non ego te meis
Immunem meditor tinguere poculis,
Plena dives ut in domo.
Verum pone moras et studium lucri,
Nigrorumque memor, dum licet, ignium,
Misce stultitiam consiliis brevem:
Dulce est desipere in loco.

## XIII.

Audivere, Lyce, di mea vota, di
Audivere, Lyce: fis anus, et tamen
Vis formosa videri,
Ludisque et bibis impudens,
Et cantu tremulo pota Cupidinem
Lentum sollicitas. Ille virentis et
Doctae psallere Chiae
Pulchris excubat in genis.
Importunus enim transvolat aridas
Quercus, et refugit te, quia luridi

11 delectante 13 Virgili 16 mereberis 23 tingere

Dentes, te quia rugae
Turpant et capitis nives.
Nec Coae referunt jam tibi purpurae
Nec clari lapides tempora, quae semel
Notis condita fastis
Inclusit volucris dies.
Quo fugit venus, heu, quove color? decens
Quo motus? quid habes illius, illius,
Quae spirabat amores,
Quae me surpuerat mihi,
Felix post Cinaram, notaque et artium
Gratarum facies? Sed Cinarae breves
Annos fata dederunt,
Servatura diu parem
Cornicis vetulae temporibus Lycen,
Possent ut juvenes visere fervidi,
Multo non sine risu,
Dilapsam in cineres facem.

## XIV.

Quae cura patrum quaeve Quiritium
Plenis honorum muneribus tuas,
Auguste, virtutes in aevum
Per titulos memoresque fastus
Aeternet, o, qua sol habitabiles
Illustrat oras, maxime principum?
Quem legis expertes Latinae
Vindelici didicere nuper,
Quid Marte posses. Milite nam tuo
Drusus Genaunos, implacidum genus,
Breunosque veloces, et arces
Alpibus impositas tremendis,
Dejecit acer plus vice simplici;
Major Neronum mox grave proelium
Commisit, immanesque Raetos
Auspiciis pepulit secundis,

**14 cari 17 color decens? 26 possint 28 delapsam 28 cinerem**
**4 fastos 5 lux 11 Brennos 16 repulit**

Spectandus in certamine Martio,
Devota morti pectora liberae
Quantis fatigaret ruinis,
Indomitas prope qualis undas
Exercet Auster, Pleïadum choro
Scindente nubes, impiger hostium
Vexare turmas et frementem
Mittere equum medios per ignes.
Sic tauriformis volvitur Aufidus,
Qui regna Dauni praefluit Apuli,
Cum saevit, horrendamque cultis
Diluviem meditatur agris,
Ut barbarorum Claudius agmina
Ferrata vasto diruit impetu,
Primosque et extremos metendo
Stravit humum, sine clade victor,
Te copias, te consilium et tuos
Praebente divos. Nam tibi, quo die
Portus Alexandrea supplex
Et vacuam patefecit aulam,
Fortuna lustro prospera tertio
Belli secundos reddidit exitus,
Laudemque et optatum peractis
Imperiis decus arrogavit.
Te Cantaber non ante domabilis
Medusque et Indus, te profugus Scythes
Miratur, o tutela praesens
Italiae dominaeque Romae.
Te fontium qui celat origines
Nilusque et Ister, te rapidus Tigris,
Te beluosus qui remotis
Obstrepit Oceanus Britannis,
Te non paventis funera Galliae
Duraeque tellus audit Hiberiae,
Te caede gaudentes Sygambri
Compositis venerantur armis.

20 indomitus 26 perfluit 28 minitatur 32 humi 35 Alexandria 46 Hister

## XV.

Phoebus volentem proelia me loqui
Victas et urbes, increpuit lyra,
Ne parva Tyrrhenum per aequor
Vela darem. Tua, Caesar, aetas
Fruges et agris rettulit uberes,
Et signa nostro restituit Jovi
Derepta Parthorum superbis
Postibus, et vacuum duellis
Janum Quirini clausit, et ordinem
Rectum evaganti frena licentiae
Injecit, emovitque culpas,
Et veteres revocavit artes,
Per quas Latinum nomen et Italae
Crevere vires, famaque et imperi
Porrecta majestas ad ortus
Solis ab Hesperio cubili.
Custode rerum Caesare, non furor
Civilis aut vis exiget otium,
Non ira, quae procudit enses
Et miseras inimicat urbes.
Non qui profundum Danubium bibunt
Edicta rumpent Julia, non Getae,
Non Seres infidive Persae,
Non Tanaïn prope flumen orti.
Nosque et profestis lucibus et sacris,
Inter jocosi munera Liberi,
Cum prole matronisque nostris,
Rite deos prius apprecati,
Virtute functos, more patrum, duces,
Lydis remixto carmine tibiis,
Trojamque et Anchisen et almae
Progeniem Veneris canemus.

5 retulit 7 direpta 9 Quirinum *e coniectura* 11 dimovit
15 ortum 18 exigit, eximet 21 Danuvium

## CARMEN SAECVLARE.

Phoebe, silvarumque potens Diana,
Lucidum caeli decus, o colendi
Semper et culti, date quae precamur
Tempore sacro,
Quo Sibyllini monuere versus
Virgines lectas puerosque castos
Dis, quibus septem placuere colles,
Dicere carmen.
Alme Sol, curru nitido diem qui
Promis et celas, aliusque et idem
Nasceris, possis nihil urbe Roma
Visere majus.
Rite maturos aperire partus
Lenis, Ilithyia, tuere matres,
Sive tu Lucina probas vocari
Seu Genitalis:
Diva, producas subolem, patrumque
Prosperes decreta super jugandis
Feminis, prolisque novae feraci
Lege marita,
Certus undenos decies per annos
Orbis ut cantus referatque ludos,
Ter die claro, totiensque grata
Nocte frequentes.
Vosque veraces cecinisse, Parcae,
Quod semel dictum est, stabilisque rerum
Terminus servet, bona jam peractis
Jungite fata.
Fertilis frugum pecorisque Tellus
Spicea donet Cererem corona;
Nutriant fetus et aquae salubres
Et Jovis aurae.

5 quod 27 servat

Condito mitis placidusque telo,
Supplices audi pueros, Apollo!
Siderum regina bicornis, audi,
Luna, puellas!
Roma si vestrum est opus, Iliaeque
Litus Etruscum tenuere turmae,
Jussa pars mutare lares et urbem
Sospite cursu,
Cui per ardentem sine fraude Trojam
Castus Aeneas patriae superstes
Liberum munivit iter, daturus
Plura relictis:
Di, probos mores docili juventae,
Di, senectuti placidae quietem,
Romulae genti date remque prolemque
Et decus omne!
Quaeque vos bobus veneratur albis
Clarus Anchisae Venerisque sanguis,
Impetret, bellante prior, jacentem
Lenis in hostem!
Jam mari terraque manus potentes
Medus Albanasque timet secures,
Jam Scythae responsa petunt, superbi
Nuper, et Indi.
Jam Fides, et Pax, et Honos, Pudorque
Priscus, et neglecta redire Virtus
Audet, apparetque beata pleno
Copia cornu.
Augur et fulgente decorus arcu
Phoebus acceptusque novem Camenis,
Qui salutari levat arte fessos
Corporis artus,
Si Palatinas videt aequus arces,
Remque Romanam Latiumque felix
Alterum in lustrum meliusque semper
Proroget aevum.

**39 urbes 45 docilis 46 senectutis 49 quique 49 bubus 51 imperet 57 Honor 65 aras 68 prorogat**

Quaeque Aventinum tenet Algidumque,
Quindecim Diana preces virorum
Curet, et votis puerorum amicas
Applicet aures.
Haec Jovem sentire deosque cunctos
Spem bonam certamque domum reporto,
Doctus et Phoebi chorus et Dianae
Dicere laudes.

71 curat 72 applicat

# EPODON

## LIBER.

---

### I.

Ibis Liburnis inter alta navium,
  Amice, propugnacula,
Paratus omne Caesaris periculum
  Subire, Maecenas, tuo.
Quid nos, quibus te vita si superstite
  Jucunda, si contra, gravis?
Utrumne jussi persequemur otium,
  Non dulce, ni tecum simul?
An hunc laborem mente laturi decet
  Qua ferre non molles viros?
Feremus; et te vel per Alpium juga,
  Inhospitalem et Caucasum,
Vel Occidentis usque ad ultimum sinum
  Forti sequemur pectore.
Roges, tuum labore quid juvem meo,
  Imbellis ac firmus parum?
Comes minore sum futurus in metu,
  Qui major absentes habet;
Ut assidens implumibus pullis avis
  Serpentium allapsus timet
Magis relictis, non, ut adsit, auxilì
  Latura plus praesentibus.
Libenter hoc et omne militabitur
  Bellum in tuae spem gratiae,
Non ut juvencis illigata pluribus
  Aratra nitantur meis,
Pecusve Calabris ante sidus fervidum
  Lucana mutet pascuis,

5 sit   6 iocunda   10 quem   21 uti sit   26 mea   28 pascua

Neque ut superni villa candens Tusculi
Circaea tangat moenia.
Satis superque me benignitas tua
Ditavit: haud paravero
Quod aut avarus ut Chremes terra premam,
Discinctus aut perdam nepos.

## II.

"Beatus ille, qui procul negotiis,
Ut prisca gens mortalium,
Paterna rura bobus exercet suis,
Solutus omni fenore,
Neque excitatur classico miles truci,
Neque horret iratum mare,
Forumque vitat et superba civium
Potentiorum limina.
Ergo aut adulta vitium propagine
Altas maritat populos,
Aut in reducta valle mugientium
Prospectat errantes greges,
Inutilesque falce ramos amputans
Feliciores inserit,
Aut pressa puris mella condit amphoris,
Aut tondet infirmas oves;
Vel cum decorum mitibus pomis caput
Autumnus agris extulit,
Ut gaudet insitiva decerpens pira,
Certantem et uvam purpurae,
Qua muneretur te, Priape, et te, pater
Silvane, tutor finium!
Libet jacere modo sub antiqua ilice,
Modo in tenaci gramine.
Labuntur altis interim ripis aquae,
Queruntur in silvis aves,
Fontesque lymphis obstrepunt manantibus,
Somnos quod invitet leves.

29 nec 34 ut nepos 6 nec 18 arvis 20 purpura 25 rivis 27 frondes *e coniectura*

At cum tonantis annus hibernus Jovis
Imbres nivesque comparat,
Aut trudit acres hinc et hinc multa cane
Apros in obstantes plagas,
Aut amite levi rara tendit retia,
Turdis edacibus dolos,
Pavidumque leporem et advenam laqueo gruem
Jucunda captat praemia.
Quis non malarum, quas amor curas habet,
Haec inter obliviscitur?
Quod si pudica mulier in partem juvet
Domum atque dulces liberos,
Sabina qualis aut perusta solibus
Pernicis uxor Apuli,
Sacrum vetustis exstruat lignis focum
Lassi sub adventum viri,
Claudensque textis cratibus laetum pecus
Distenta siccet ubera,
Et horna dulci vina promens dolio
Dapes inemptas apparet:
Non me Lucrina juverint conchylia
Magisve rhombus aut scari,
Si quos Eois intonata fluctibus
Hiemps ad hoc vertat mare;
Non Afra avis descendat in ventrem meum,
Non attagen Ionicus
Jucundior, quam lecta de pinguissimis
Oliva ramis arborum,
Aut herba lapathi prata amantis, et gravi
Malvae salubres corpori,
Vel agna festis caesa Terminalibus,
Vel haedus ereptus lupo.
Has inter epulas ut juvat pastas oves
Videre properantes domum,
Videre fessos vomerem inversum boves
Collo trahentes languido,
Positosque vernas, ditis examen domus,
Circum renidentes Lares!"

39 quid si 43 sacrum et

Haec ubi locutus fenerator Alfius,
  Jam jam futurus rusticus,
Omnem redegit Idibus pecuniam —
  Quaerit Kalendis ponere.

## III.

Parentis olim si quis impia manu
  Senile guttur fregerit,
Edit cicutis allium nocentius.
  O dura messorum ilia!
Quid hoc veneni saevit in praecordiis?
  Num viperinus his cruor
Incoctus herbis me fefellit? an malas
  Canidia tractavit dapes?
Ut Argonautas praeter omnes candidum
  Medea mirata est ducem,
Ignota tauris illigaturum juga
  Perunxit hoc Iasonem;
Hoc delibutis ulta donis pellicem
  Serpente fugit alite.
Nec tantus umquam siderum insedit vapor
  Siticulosae Apuliae,
Nec munus humeris efficacis Herculis
  Inarsit aestuosius.
At si quid umquam tale concupiveris,
  Jocose Maecenas, precor
Manum puella savio opponat tuo,
  Extrema et in sponda cubet.

## IV.

Lupis et agnis quanta sortito obtigit,
  Tecum mihi discordia est,
Hibericis peruste funibus latus
  Et crura dura compede.

67 Alphius 69 relegit 3 edat 3 alium 13 paelicem 19 aut 20 iocosa *e coniectura* 21 suavio

Licet superbus ambules pecunia,
  Fortuna non mutat genus.
Videsne, Sacram metiente te viam
  Cum bis trium ulnarum toga,
Ut ora vertat huc et huc euntium
  Liberrima indignatio?
"Sectus flagellis hic triumviralibus,
  Praeconis ad fastidium,
Arat Falerni mille fundi jugera
  Et Appiam mannis terit,
Sedilibusque magnus in primis eques,
  Othone contempto, sedet!
Quid attinet tot ora navium gravi
  Rostrata duci pondere
Contra latrones atque servilem manum,
  Hoc, hoc tribuno militum?"

## V

"At, o deorum quicquid in caelo regit
  Terras et humanum genus,
Quid iste fert tumultus, et quid omnium
  Voltus in unum me truces?
Per liberos te, si vocata partubus
  Lucina veris adfuit,
Per hoc inane purpurae decus precor,
  Per improbaturum haec Jovem,
Quid ut noverca me intueris, aut uti
  Petita ferro belua?"
Ut haec trementi questus ore constitit
  Insignibus raptis puer,
Impube corpus, quale posset impia
  Mollire Thracum pectora,
Canidia, brevibus implicata viperis
  Crines et incomptum caput,
Jubet sepulchris caprificos erutas,
  Jubet cupressus funebres,

1 regis 3 aut 4 vultus 6 affuit 10 bellua 15 illigata
18 cupressos

Et uncta turpis ova ranae sanguine,
  Plumamque nocturnae strigis,
Herbasque, quas Iolcos atque Hiberia
  Mittit venenorum ferax,
Et ossa ab ore rapta jejunae canis,
  Flammis aduri Colchicis.
At expedita Sagana, per totam domum
  Spargens Avernales aquas,
Horret capillis, ut marinus asperis
  Echinus aut currens aper.
Abacta nulla Veia conscientia
  Ligonibus duris humum
Exhauriebat, ingemens laboribus,
  Quo posset infossus puer
Longo die bis terque mutatae dapis
  Inemori spectaculo,
Cum promineret ore, quantum exstant aqua
  Suspensa mento corpora;
Exsucta uti medulla et aridum jecur
  Amoris esset poculum,
Interminato cum semel fixae cibo
  Intabuissent pupulae.
Non defuisse masculae libidinis
  Ariminensem Foliam,
Et otiosa credidit Neapolis,
  Et omne vicinum oppidum,
Quae sidera excantata voce Thessala
  Lunamque caelo deripit.
Hic irresectum saeva dente livido
  Canidia rodens pollicem
Quid dixit aut quid tacuit? "O rebus meis
  Non infideles arbitrae,
Nox et Diana, quae silentium regis,
  Arcana cum fiunt sacra,
Nunc, nunc adeste, nunc in hostiles domos
  Iram atque numen vertite!

21 aut   28 Laurens *e coniectura*
37 exsecta, exsucca, exuta, exusta, exerta, exesa *e coniectura*, excsta *e coniectura*

Formidolosis dum latent silvis ferae,
Dulci sopore languidae,
Senem, quod omnes rideant, adulterum
Latrent Suburanae canes,
Nardo perunctum, quale non perfectius
Meae laborarint manus.—
Quid accidit? Cur dira barbarae minus
Venena Medeae valent,
Quibus superbam fugit ulta pellicem,
Magni Creontis filiam,
Cum palla, tabo munus imbutum, novam
Incendio nuptam abstulit?
Atqui nec herba nec latens in asperis
Radix fefellit me locis.
Indormit unctis omnium cubilibus
Oblivione pellicum.—
Ah! ah! solutus ambulat veneficae
Scientioris carmine.
Non usitatis, Vare, potionibus,
O multa fleturum caput,
Ad me recurres, nec vocata mens tua
Marsis redibit vocibus:
Majus parabo, majus infundam tibi
Fastidienti poculum,
Priusque caelum sidet inferius mari,
Tellure porrecta super,
Quam non amore sic meo flagres, uti
Bitumen atris ignibus."
Sub haec puer jam non, ut ante, mollibus
Lenire verbis impias,
Sed, dubius unde rumperet silentium,
Misit Thyesteas preces:
"Venena magnum fas nefasque non valent
Convertere humanam vicem;
Diris agam vos; dira detestatio
Nulla expiatur victima.

55 formidolosae 55 cum 60 laborarunt 63 superba
65 infectum 87 magica, maga non *e coni.*
88 humana invicem *coni. K.*, immani vice *coni. P.*

Quin, ubi perire jussus exspiravero,
  Nocturnus occurram Furor,
Petamque voltus umbra curvis unguibus,
  Quae vis deorum est Manium,
Et inquietis assidens praecordiis
  Pavore somnos auferam.
Vos turba vicatim hinc et hinc saxis petens
  Contundet obscenas anus;
Post insepulta membra different lupi
  Et Esquilinae alites;
Neque hoc parentes, heu mihi superstites,
  Effugerit spectaculum."

## VI.

Quid immerentes hospites vexas, canis,
  Ignavus adversum lupos?
Quin huc inanes, si potes, vertis minas,
  Et me remorsurum petis?
Nam, qualis aut Molossus, aut fulvus Lacon,
  Amica vis pastoribus,
Agam per altas aure sublata nives,
  Quaecumque praecedet fera:
Tu, cum timenda voce complesti nemus,
  Projectum odoraris cibum.
Cave, cave: namque in malos asperrimus
  Parata tollo cornua,
Qualis Lycambae spretus infido gener,
  Aut acer hostis Bupalo.
An, si quis atro dente me petiverit,
  Inultus ut flebo puer?

## VII.

Quo, quo scelesti ruitis? aut cur dexteris
  Aptantur enses conditi?

98 contundat 102 effugerint 2 adversus 3 verte 4 pete 5 Laco 8 praecedat, procedet 15 oppetiverit

Parumne campis atque Neptuno super
  Fusum est Latini sanguinis,
Non ut superbas invidae Carthaginis
  Romanus arces ureret,
Intactus aut Britannus ut descenderet
  Sacra catenatus via,
Sed ut, secundum vota Parthorum, sua
  Urbs haec periret dextera?
Neque hic lupis mos, nec fuit leonibus,
  Umquam, nisi in dispar, feris.
Furorne caecos, an rapit vis acrior,
  An culpa? Responsum date.
Tacent; et albus ora pallor inficit,
  Mentesque perculsae stupent.
Sic est: acerba fata Romanos agunt,
  Scelusque fraternae necis,
Ut immerentis fluxit in terram Remi
  Sacer nepotibus cruor.

## IX.

Quando repostum Caecubum ad festas dapes
  Victore laetus Caesare,
Tecum sub alta (sic Jovi gratum) domo,
  Beate Maecenas, bibam,
Sonante mixtum tibiis carmen lyra,
  Hac Dorium, illis barbarum?
Ut nuper, actus cum freto Neptunius
  Dux fugit ustis navibus,
Minatus urbi vincla, quae detraxerat
  Servis amicus perfidis.
Romanus, eheu, (posteri negabitis,)
  Emancipatus feminae
Fert vallum et arma, miles et spadonibus
  Servire rugosis potest,
Interque signa turpe militaria
  Sol aspicit conopium!

12 numquam 13 caecus 15 ora pallor albus 16 percussae
1 repositum 5 mixtis 15 turpe! 16 adspicit 16 conopeum

At hoc frementes verterunt bis mille equos
Galli, canentes Caesarem,
Hostiliumque navium portu latent
Puppes sinistrorsum citae.
Io Triumphe, tu moraris aureos
Currus et intactas boves?
Io Triumphe, nec Jugurthino parem
Bello reportasti ducem,
Neque Africanum, cui super Carthaginem
Virtus sepulchrum condidit.
Terra marique victus hostis punico
Lugubre mutavit sagum.
Aut ille centum nobilem Cretam urbibus,
Ventis iturus non suis,
Exercitatas aut petit Syrtes Noto,
Aut fertur incerto mari.
Capaciores affer huc, puer, scyphos
Et Chia vina aut Lesbia,
Vel, quod fluentem nauseam coërceat,
Metire nobis Caecubum:
Curam metumque Caesaris rerum juvat
Dulci Lyaeo solvere.

## X.

Mala soluta navis exit alite
Ferens olentem Maevium:
Ut horridis utrumque verberes latus,
Auster, memento fluctibus!
Niger rudentes Eurus inverso mari
Fractosque remos differat;
Insurgat Aquilo, quantus altis montibus
Frangit trementes ilices;
Nec sidus atra nocte amicum appareat,
Qua tristis Orion cadit;

17 ad hunc, at hunc, adhuc, at huc, ad hoc *B.*, ab hoc *N. H.*, *P.*, at hoc *F.*, *O.*, *D.*, *N.* 20 sitae 34 aut 35 nausiam
2 Mevium 4 flatibus 7 qualis

Quietiore nec feratur aequore,
  Quam Graia victorum manus,
Cum Pallas usto vertit iram ab Ilio
  In impiam Ajacis ratem!
O quantus instat navitis sudor tuis,
  Tibique pallor luteus,
Et illa non virilis ejulatio,
  Preces et aversum ad Jovem,
Ionius udo cum remugiens sinus
  Noto carinam ruperit!
Opima quod si praeda curvo litore
  Porrecta mergos juveris,
Libidinosus immolabitur caper
  Et agna Tempestatibus.

## XIII.

Horrida tempestas caelum contraxit, et imbres
  Nivesque deducunt Jovem; nunc mare, nunc siluae
Threïcio Aquilone sonant: rapiamus, amici,
  Occasionem de die, dumque virent genua.
Et decet, obducta solvatur fronte senectus.
  Tu vina Torquato move consule pressa meo;
Cetera mitte loqui: deus haec fortasse benigna
  Reducet in sedem vice. Nunc et Achaemenio
Perfundi nardo juvat, et fide Cyllenea
  Levare diris pectora sollicitudinibus;
Nobilis ut grandi cecinit Centaurus alumno:
  "Invicte, mortalis dea nate puer Thetide,
Te manet Assaraci tellus, quam frigida parvi
  Findunt Scamandri flumina lubricus et Simoïs,
Unde tibi reditum certo subtemine Parcae
  Rupere, nec mater domum caerula te revehet.
Illic omne malum vino cantuque levato,
  Deformis aegrimoniae dulcibus alloquiis."

**13 adversum 19 sinu 20 Notus 22 proiecta 22 iuverit**
**1 constrinxit 3 amice** ***e coniectura*** **10 duris 11 cecinit grandi**
**13 proni** ***B.,*** **puri** ***P.,*** **tardi** ***M.*** **18 et dulcibus**

## XIV.

Mollis inertia cur tantam diffuderit imis
  Oblivionem sensibus,
Pocula Lethaeos ut si ducentia somnos
  Arente fauce traxerim,
Candide Maecenas, occidis saepe rogando:
  Deus, deus nam me vetat
Inceptos, olim promissum carmen, iambos
  Ad umbilicum adducere.
Non aliter Samio dicunt arsisse Bathyllo
  Anacreonta Teïum,
Qui persaepe cava testudine flevit amorem
  Non elaboratum ad pedem.
Ureris ipse miser: quod si non pulchrior ignis
  Accendit obsessam Ilion,
Gaude sorte tua; me libertina neque uno
  Contenta Phryne macerat.

## XV.

Nox erat et caelo fulgebat luna sereno
  Inter minora sidera,
Cum tu, magnorum numen laesura deorum,
  In verba jurabas mea,
Artius atque hedera procera adstringitur ilex,
  Lentis adhaerens bracchiis,
'Dum pecori lupus et nautis infestus Orion
  Turbaret hibernum mare,
Intonsosque agitaret Apollinis aura capillos,
  Fore hunc amorem mutuum.'
O dolitura mea multum virtute Neaera!
  Nam si quid in Flacco viri est,
Non feret assiduas potiori te dare noctes,
  Et quaeret iratus parem,
Nec semel offensae cedet constantia formae,
  Si certus intrarit dolor.

**3 uti, veluti  6 iam  13 do quod non  8 turbarit  9 agitarit**

Et tu, quicumque es felicior atque meo nunc
Superbus incedis malo,
Sis pecore et multa dives tellure licebit
Tibique Pactolus fluat,
Nec te Pythagorae fallant arcana renati,
Formaque vincas Nirea,
Heu heu, translatos alio maerebis amores:
Ast ego vicissim risero.

## XVI.

Altera jam teritur bellis civilibus aetas,
Suis et ipsa Roma viribus ruit:
Quam neque finitimi valuerunt perdere Marsi,
Minacis aut Etrusca Porsenae manus,
Aemula nec virtus Capuae, nec Spartacus acer,
Novisque rebus infidelis Allobrox,
Nec fera caerulea domuit Germania pube,
Parentibusque abominatus Hannibal,
Impia perdemus devoti sanguinis aetas,
Ferisque rursus occupabitur solum.
Barbarus heu cineres insistet victor, et urbem
Eques sonante verberabit ungula,
Quaeque carent ventis et solibus ossa Quirini,
(Nefas videre!) dissipabit insolens.
Forte quid expediat communiter aut melior pars
Malis carere quaeritis laboribus:
Nulla sit hac potior sententia, Phocaeorum
Velut profugit exsecrata civitas.
Agros atque lares patrios habitandaque fana
Apris reliquit et rapacibus lupis,
Ire pedes quocumque ferent, quocumque per undas
Notus vocabit aut protervus Africus.
Sic placet? an melius quis habet suadere?—Secunda
Ratem occupare quid moramur alite?
Sed juremus in haec: Simul imis saxa renarint
Vadis levata, ne redire sit nefas;

17 at 23 eheu 2 perit 14 videri 19 proprios

Neu conversa domum pigeat dare lintea, quando
  Padus Matina laverit cacumina,
In mare seu celsus procurrerit Appenninus,
  Novaque monstra junxerit libidine
Mirus amor, juvet ut tigres subsidere cervis,
  Adulteretur et columba miluo,
Credula nec ravos timeant armenta leones,
  Ametque salsa levis hircus aequora.
Haec et quae poterunt reditus abscindere dulces
  Eamus omnis exsecrata civitas,
Aut pars indocili melior grege; mollis et exspes
  Inominata perprimat cubilia.
Vos, quibus est virtus, muliebrem tollite luctum,
  Etrusca praeter et volate litora.
Nos manet Oceanus circumvagus: arva, beata
  Petamus arva divites et insulas,
Reddit ubi Cererem tellus inarata quotannis,
  Et imputata floret usque vinea,
Germinat et numquam fallentis termes olivae,
  Suamque pulla ficus ornat arborem,
Mella cava manant ex ilice, montibus altis
  Levis crepante lympha desilit pede.
Illic injussae veniunt ad mulctra capellae,
  Refertque tenta grex amicus ubera;
Nec vespertinus circumgemit ursus ovile,
  Neque intumescit alta viperis humus.
Pluraque felices mirabimur: ut neque largis
  Aquosus Eurus arva radat imbribus,
Pinguia nec siccis urantur semina glebis,
  Utrumque rege temperante caelitum.
Non huc Argoo contendit remige pinus,
  Neque impudica Colchis intulit pedem;
Non huc Sidonii torserunt cornua nautae,
  Laboriosa nec cohors Ulixeï.
Nulla nocent pecori contagia, nullius astri
  Gregem aestuosa torret impotentia.

29 proruperit, decurrerit 29 Apenninus 33 flavos, saevos, fulvos 41 circumvagus arva beata; *B.*, *K.* 48 nympha 61 austri

Juppiter illa piae secrevit litora genti,
Ut inquinavit aere tempus aureum;
Aere, dehinc ferro duravit saecula; quorum
Piis secunda, vate me, datur fuga.

## XVII.

Jam jam efficaci do manus scientiae,
Supplex et oro regna per Proserpinae,
Per et Dianae non movenda numina,
Per atque libros carminum valentium
Refixa caelo devocare sidera,
Canidia, parce vocibus tandem sacris
Citumque retro solve, solve turbinem.
Movit nepotem Telephus Nereïum,
In quem superbus ordinarat agmina
Mysorum et in quem tela acuta torserat.
Unxere matres Iliae addictum feris
Alitibus atque canibus homicidam Hectorem,
Postquam relictis moenibus rex procidit
Heu pervicacis ad pedes Achilleï.
Setosa duris exuere pellibus
Laboriosi remiges Ulixeï
Volente Circa membra; tunc mens et sonus
Relapsus atque notus in voltus honor.
Dedi satis superque poenarum tibi,
Amata nautis multum et institoribus.
Fugit juventas, et verecundus color
Reliquit ossa pelle amicta lurida;
Tuis capillus albus est odoribus;
Nullum ab labore me reclinat otium;
Urget diem nox et dies noctem, neque est
Levare tenta spiritu praecordia.
Ergo negatum vincor ut credam miser,
Sabella pectus increpare carmina,
Caputque Marsa dissilire nenia.
Quid amplius vis? O mare et terra, ardeo,

63 sacravit 5 defixa 11 luxere 18 relatus 22 ora *e coni.* 24 a 30 o terra

Quantum neque atro delibutus Hercules
Nessi cruore, nec Sicana fervida
Virens in Aetna flamma; tu, donec cinis
Injuriosis aridus ventis ferar,
Cales venenis officina Colchicis.
Quae finis aut quod me manet stipendium?
Effare; jussas cum fide poenas luam,
Paratus expiare, seu poposceris
Centum juvencos, sive mendaci lyra
Voles sonari, "Tu pudica, tu proba
Perambulabis astra sidus aureum."
Infamis Helenae Castor offensus vice,
Fraterque magni Castoris, victi prece
Adempta vati reddidere lumina:
Et tu, potes nam, solve me dementia,
O nec paternis obsoleta sordibus,
Neque in sepulchris pauperum prudens anus
Novendiales dissipare pulveres.
Tibi hospitale pectus et purae manus,
Tuusque venter Pactumeius, et tuo
Cruore rubros obstetrix pannos lavit,
Utcumque fortis exsilis puerpera.

"Quid obseratis auribus fundis preces?
Non saxa nudis surdiora navitis
Neptunus alto tundit hibernus salo.
Inultus ut tu riseris Cotyttia
Volgata, sacrum liberi Cupidinis,
Et Esquilini pontifex venefici
Impune ut urbem nomine impleris meo?
Quid proderat ditasse Pelignas anus,
Velociusve miscuisse toxicum?
Sed tardiora fata te votis manent:
Ingrata misero vita ducenda est in hoc,
Novis ut usque suppetas laboribus.
Optat quietem Pelopis infidi pater,

40 sonare 42 vicem 47 nec 57 vulgata 60 proderit 64 doloribus 65 infidus

Egens benignae Tantalus semper dapis,
Optat Prometheus obligatus aliti,
Optat supremo collocare Sisyphus
In monte saxum; sed vetant leges Jovis.
Voles modo altis desilire turribus,
Modo ense pectus Norico recludere,
Frustraque vincla gutturi nectes tuo,
Fastidiosa tristis aegrimonia.
Vectabor humeris tunc ego inimicis eques,
Meaeque terra cedet insolentiae.
An quae movere cereas imagines,
Ut ipse nosti curiosus, et polo
Deripere lunam vocibus possim meis,
Possim crematos excitare mortuos
Desiderique temperare pocula,
Plorem artis in te nil agentis exitus?"

72 innectes 78, 79 possum 80 poculum
81 habentis 81 exitum

Q. HORATI FLACCI

# S A T I R A R V M

## LIBER PRIMVS

---

### I.

Qui fit, Maecenas, ut nemo, quam sibi sortem
Seu ratio dederit seu fors objecerit, illa
Contentus vivat, laudet diversa sequentes?
"O fortunati mercatores!" gravis annis
Miles ait, multo jam fractus membra labore.
Contra mercator, navem jactantibus Austris,
"Militia est potior. Quid enim? Concurritur; horae
Momento cita mors venit aut victoria laeta."
Agricolam laudat juris legumque peritus,
Sub galli cantum consultor ubi ostia pulsat.
Ille, datis vadibus qui rure extractus in urbem est,
'Solos felices viventes' clamat 'in urbe.'
Cetera de genere hoc, adeo sunt multa, loquacem
Delassare valent Fabium. Ne te morer, audi
Quo rem deducam. Si quis deus, "En ego," dicat,
"Jam faciam quod voltis: eris tu, qui modo miles,
Mercator; tu, consultus modo, rusticus: hinc vos,
Vos hinc mutatis discedite partibus. Eia!
Quid statis?"—nolint. Atqui licet esse beatis.
Quid causae est, merito quin illis Juppiter ambas
Iratus buccas inflet, neque se fore posthac
Tam facilem dicat, votis ut praebeat aurem?

2 sors 2 ulla 4 armis *e conj.* 8 aut cita 12 cantat
14 quae lassare 16 vultis 19 nolunt, nolent

Praeterea, ne sic, ut qui jocularia, ridens
Percurram, (quamquam ridentem dicere verum
Quid vetat? ut pueris olim dant crustula blandi
Doctores, elementa velint ut discere prima;
Sed tamen amoto quaeramus seria ludo;)
Ille gravem duro terram qui vertit aratro,
Perfidus hic caupo, miles, nautaeque per omne
Audaces mare qui currunt, hac mente laborem
Sese ferre, senes ut in otia tuta recedant,
Aiunt, cum sibi sint congesta cibaria: sicut
Parvula (nam exemplo est) magni formica laboris
Ore trahit quodcumque potest atque addit acervo,
Quem struit, haud ignara ac non incauta futuri.
Quae, simul inversum contristat Aquarius annum,
Non usquam prorepit et illis utitur ante
Quaesitis sapiens; cum te neque fervidus aestus
Demoveat lucro, neque hiemps, ignis, mare, ferrum,
Nil obstet tibi, dum ne sit te ditior alter.

Quid juvat immensum te argenti pondus et auri
Furtim defossa timidum deponere terra?
"Quod si comminuas, vilem redigatur ad assem."
At ni id fit, quid habet pulchri constructus acervus?
Milia frumenti tua triverit area centum:
Non tuus hoc capiet venter plus ac meus: ut si
Reticulum panis venales inter onusto
Forte vehas humero, nihilo plus accipias quam
Qui nil portarit. Vel dic, quid referat intra
Naturae fines viventi, jugera centum an
Mille aret? "At suave est ex magno tollere acervo."
Dum ex parvo nobis tantundem haurire relinquas,
Cur tua plus laudes cumeris granaria nostris?
Ut tibi si sit opus liquidi non amplius urna,
Vel cyatho, et dicas, "Magno de flumine malim
Quam ex hoc fonticulo tantundem sumere." Eo fit,
Plenior ut si quos delectet copia justo,
Cum ripa simul avolsos ferat Aufidus acer;

29 campo 38 patiens 39 dimoveat 39 hiems 46 quam meus
55 mallem 57 delectat 58 avulsos

At qui tantuli eget quanto est opus, is neque limo
Turbatam haurit aquam, neque vitam amittit in undis.

At bona pars hominum, decepta cupidine falso,
"Nil satis est," inquit, "quia tanti quantum habeas sis."
Quid facias illi? Jubeas miserum esse, libenter
Quatenus id facit; ut quidam memoratur Athenis
Sordidus ac dives, populi contemnere voces
Sic solitus: "Populus me sibilat, at mihi plaudo
Ipse domi, simul ac nummos contemplor in arca."
Tantalus a labris sitiens fugientia captat
Flumina.... Quid rides? Mutato nomine, de te
Fabula narratur; congestis undique saccis
Indormis inhians, et tamquam parcere sacris
Cogeris, aut pictis tamquam gaudere tabellis.
Nescis quo valeat nummus? quem praebeat usum?
Panis ematur, olus, vini sextarius, adde
Quis humana sibi doleat natura negatis.
An vigilare metu exanimem, noctesque diesque
Formidare malos fures, incendia, servos,
Ne te compilent fugientes, hoc juvat? Horum
Semper ego optarim pauperrimus esse bonorum.

At si condoluit temptatum frigore corpus,
Aut alius casus lecto te affixit, habes qui
Assideat, fomenta paret, medicum roget, ut te
Suscitet ac gnatis reddat carisque propinquis?
Non uxor salvum te volt, non filius; omnes
Vicini oderunt, noti, pueri atque puellae.
Miraris, cum tu argento post omnia ponas,
Si nemo praestet, quem non merearis, amorem?
At si cognatos, nullo natura labore
Quos tibi dat, retinere velis servareque amicos,
Infelix operam perdas, ut si quis asellum
In campo doceat parentem currere frenis.

Denique sit finis quaerendi, cumque habeas plus,

59 tantulo 73 quid 74 holus 77 malos, 79 optarem 80 tentatum
81 afflixit 83 reddat natis 84 vult 88 an 92 quo-que *e coni.*

Pauperiem metuas minus, et finire laborem
Incipias, parto quod avebas, ne facias quod
Ummidius quidam. Non longa est fabula: dives,
Ut metiretur nummos, ita sordidus, ut se
Non umquam servo melius vestiret, ad usque
Supremum tempus, ne se penuria victus
Opprimeret metuebat. At hunc liberta securi
Divisit medium, fortissima Tyndaridarum.

"Quid mi igitur suades? ut vivam Maenius? aut sic
Ut Nomentanus?" Pergis pugnantia secum
Frontibus adversis componere? Non ego, avarum
Cum veto te fieri, vappam jubeo ac nebulonem.
Est inter Tanaïn quiddam socerumque Viselli.
Est modus in rebus, sunt certi denique fines,
Quos ultra citraque nequit consistere rectum.

Illuc, unde abii, redeo: nemo ut avarus
Se probet ac potius laudet diversa sequentes,
Quodque aliena capella gerat distentius uber,
Tabescat, neque se majori pauperiorum
Turbae comparet, hunc atque hunc superare laboret.
Sic festinanti semper locupletior obstat,
Ut, cum carceribus missos rapit ungula currus,
Instat equis auriga suos vincentibus, illum
Praeteritum temnens extremos inter euntem.
Inde fit, ut raro, qui se vixisse beatum
Dicat, et, exacto contentus tempore, vita
Cedat uti conviva satur, reperire queamus.

Jam satis est. Ne me Crispini scrinia lippi
Compilasse putes, verbum non amplius addam.

## II.

Ambubaiarum collegia, pharmacopolae,
Mendici, mimae, balatrones, hoc genus omne

95 Umidius 101 Nevius 101 an sic, ac sic 106 recti
108 redeo, qui 108 nemon' 109 at 115 suis 118 vitae

Maestum ac sollicitum est cantoris morte Tigelli:
Quippe benignus erat. Contra hic, ne prodigus esse
Dicatur metuens, inopi dare nolit amico,
Frigus quo duramque famem propellere possit.
Hunc si perconteris, avi cur atque parentis
Praeclaram ingrata stringat malus ingluvie rem,
Omnia conductis coëmens obsonia nummis,
'Sordidus atque animi quod parvi nolit haberi,'
Respondet. Laudatur ab his, culpatur ab illis.
Fufidius vappae famam timet ac nebulonis,
Dives agris, dives positis in fenore nummis;
Quinas hic capiti mercedes exsecat, atque
Quanto perditior quisque est, tanto acrius urget;
Nomina sectatur modo sumpta veste virili
Sub patribus duris tironum. "Maxime" quis non
"Juppiter!" exclamat, simul atque audivit? "At in se
Pro quaestu sumptum facit hic." Vix credere possis
Quam sibi non sit amicus, ita ut pater ille, Terenti
Fabula quem miserum gnato vixisse fugato
Inducit, non se pejus cruciaverit atque hic.

Si quis nunc quaerat, "Quo res haec pertinet?" illuc:
Dum vitant stulti vitia, in contraria currunt.
Malthinus tunicis demissis ambulat; est qui
Inguen ad obscenum subductis usque facetus.
Pastillos Rufillus olet, Gargonius hircum.

## III.

Omnibus hoc vitium est cantoribus, inter amicos
Ut numquam inducant animum cantare rogati,
Injussi numquam desistant. Sardus habebat
Ille Tigellius hoc. Caesar, qui cogere posset,
Si peteret per amicitiam patris atque suam, non
Quicquam proficeret; si collibuisset, ab ovo
Usque ad mala citaret "Io Bacche!" modo summa
Voce, modo hac resonat quae chordis quattuor ima.

6 depellere 7 percuncteris 14 exigit 18 exclamet 18 at ipse 25 Malchinus, Maltinus 26 obscaenum, obscoenum 7 Bacchae

Nil aequale homini fuit illi; saepe velut qui
Currebat fugiens hostem, persaepe velut qui
Junonis sacra ferret; habebat saepe ducentos,
Saepe decem servos; modo reges atque tetrarchas,
Omnia magna loquens, modo, "Sit mihi mensa tripes
Concha salis puri et toga, quae defendere frigus,
Quamvis crassa, queat." Decies centena dedisses
Huic parco, paucis contento, quinque diebus
Nil erat in loculis. Noctes vigilabat ad ipsum
Mane, diem totum stertebat. Nil fuit umquam
Sic impar sibi. — Nunc aliquis dicat mihi: "Quid tu?
Nullane habes vitia?" Immo alia et fortasse minora.
Maenius absentem Novium cum carperet, "Heus tu,"
Quidam ait, "ignoras te? an ut ignotum dare nobis
Verba putas?" "Egomet mi ignosco," Maenius inquit.
Stultus et improbus hic amor est, dignusque notari.
Cum tua pervideas oculis mala lippus inunctis,
Cur in amicorum vitiis tam cernis acutum
Quam aut aquila aut serpens Epidaurius? At tibi contra
Evenit, inquirant vitia ut tua rursus et illi.
Iracundior est paulo, minus aptus acutis
Naribus horum hominum; rideri possit eo, quod
Rusticius tonso toga defluit, et male laxus
In pede calceus haeret: at est bonus, ut melior vir
Non alius quisquam, at tibi amicus, at ingenium ingens
Inculto latet hoc sub corpore. Denique te ipsum
Concute, num qua tibi vitiorum inseverit olim
Natura, aut etiam consuetudo mala; namque
Neglectis urenda filix innascitur agris.

Illuc praevertamur: amatorem quod amicae
Turpia decipiunt caecum vitia, aut etiam ipsa haec
Delectant, veluti Balbinum polypus Hagnae:
Vellem in amicitia sic erraremus, et isti
Errori nomen virtus posuisset honestum.
At pater ut gnati, sic nos debemus amici
Si quod sit vitium non fastidire; strabonem

15 deciens 20 haud fortasse 27 ac tibi 43 ac pater 43 amicis

Appellat *paetum* pater, et *pullum*, male parvus
Si cui filius est, ut abortivus fuit olim
Sisyphus; hunc *varum* distortis cruribus; illum
Balbutit *scaurum* pravis fultum male talis.
Parcius hic vivit, *frugi* dicatur. Ineptus
Et jactantior hic paulo est, *concinnus amicis*
Postulat ut videatur. At est truculentior atque
Plus aequo liber; *simplex fortisque* habeatur.
Caldior est; *acres* inter numeretur. Opinor
Haec res et jungit, junctos et servat amicos.

At nos virtutes ipsas invertimus, atque
Sincerum cupimus vas incrustare. Probus quis
Nobiscum vivit, *multum demissus* homo ille;
Tardo cognomen *pingui* damus. Hic fugit omnes
Insidias nullique malo latus obdit apertum,
Cum genus hoc inter vitae versetur, ubi acris
Invidia atque vigent ubi crimina; pro bene sano
Ac non incauto *fictum astutumque* vocamus.
Simplicior quis et est, qualem me saepe libenter
Obtulerim tibi, Maecenas, ut forte legentem
Aut tacitum impellat quovis sermone, "*Molestus;*
*Communi sensu plane caret,*" inquimus. Eheu,
Quam temere in nosmet legem sancimus iniquam!
Nam vitiis nemo sine nascitur; optimus ille est
Qui minimis urgetur. Amicus dulcis, ut aequum est,
Cum mea compenset vitiis bona; pluribus hisce
(Si modo plura mihi bona sunt) inclinet, amari
Si volet; hac lege in trutina ponetur eadem.
Qui ne tuberibus propriis offendat amicum
Postulat, ignoscet verrucis illius; aequum est
Peccatis veniam poscentem reddere rursus.

Denique, quatenus excidi penitus vitium irae,
Cetera item nequeunt stultis haerentia, cur non
Ponderibus modulisque suis ratio utitur, ac res
Ut quaeque est, ita suppliciis delicta coërcet?

57 homo; illi 60 versemur 63 licenter *e coni.* 65 sermone molestus: 74 ignoscat

Si quis eum servum, patinam qui tollere jussus
Semesos pisces tepidumque ligurrierit jus
In cruce suffigat, Labeone insanior inter
Sanos dicatur. Quanto hoc furiosius atque
Majus peccatum est: paulum deliquit amicus,
Quod nisi concedas, habeare insuavis, acerbus:
Odisti, et fugis ut Rusonem debitor aeris,
Qui nisi, cum tristes misero venere Kalendae,
Mercedem aut nummos undeunde extricat, amaras
Porrecto jugulo historias captivus ut audit.
Comminxit lectum potus, mensave catillum
Evandri manibus tritum dejecit: ob hanc rem,
Aut positum ante mea quia pullum in parte catini
Sustulit esuriens, minus hoc jucundus amicus
Sit mihi? Quid faciam si furtum fecerit, aut si
Prodiderit commissa fide sponsumve negarit?

Quis paria esse fere placuit peccata, laborant
Cum ventum ad verum est; sensus moresque repugnant
Atque ipsa utilitas, justi prope mater et aequi.
Cum prorepserunt primis animalia terris,
Mutum et turpe pecus, glandem atque cubilia propter
Unguibus et pugnis, dein fustibus, atque ita porro
Pugnabant armis, quae post fabricaverat usus,
Donec verba, quibus voces sensusque notarent,
Nominaque invenere; dehinc absistere bello,
Oppida coeperunt munire et ponere leges,
Ne quis fur esset, neu latro, neu quis adulter.
Nam fuit ante Helenam mulier taeterrima belli
Causa; sed ignotis perierunt mortibus illi,
Quos venerem incertam rapientes more ferarum
Viribus editior caedebat, ut in grege taurus.
Jura inventa metu injusti fateare necesse est,
Tempora si fastosque velis evolvere mundi.
Nec natura potest justo secernere iniquum,
Dividit ut bona diversis, fugienda petendis;
Nec vincet ratio hoc, tantundem ut peccet idemque

81 trepidum 85, 86 acerbus odisti, 91 tortum 107 *sic G.*
107 teterrima

Qui teneros caules alieni fregerit horti,
Et qui nocturnus sacra divôm legerit. Adsit
Regula, peccatis quae poenas irroget aequas,
Ne scutica dignum horribili sectere flagello.
Nam, ut ferula caedas meritum majora subire
Verbera, non vereor, cum dicas esse pares res
Furta latrociniis, et magnis parva mineris
Falce recisurum simili te, si tibi regnum
Permittant homines. Si dives qui sapiens est,
Et sutor bonus et solus formosus et est rex,
Cur optas quod habes? "Non nosti quid pater," inquit,
"Chrysippus dicat: 'Sapiens crepidas sibi numquam
Nec soleas fecit, sutor tamen est sapiens.'" Qui?
"Ut, quamvis tacet Hermogenes, cantor tamen atque
Optimus est modulator; ut Alfenus vafer, omni
Abjecto instrumento artis clausaque taberna,
Sutor erat; sapiens operis sic optimus omnis
Est opifex solus, sic rex." Vellunt tibi barbam
Lascivi pueri; quos tu nisi fuste coërces,
Urgeris turba circum te stante, miserque
Rumperis et latras, magnorum maxime regum!
Ne longum faciam: dum tu quadrante lavatum
Rex ibis, neque te quisquam stipator ineptum
Praeter Crispinum sectabitur, et mihi dulces
Ignoscent, si quid peccaro stultus, amici,
Inque vicem illorum patiar delicta libenter,
Privatusque magis vivam te rege beatus.

## IV.

Eupolis atque Cratinus Aristophanesque poëtae,
Atque alii, quorum comoedia prisca virorum est,
Si quis erat dignus describi, quod malus ac fur,
Quod moechus foret aut sicarius aut alioqui
Famosus, multa cum libertate notabant.
Hinc omnis pendet Lucilius, hosce secutus
Mutatis tantum pedibus numerisque, facetus,

117 divum 128 quo 132 tonsor 3 aut

Emunctae naris, durus componere versus.
Nam fuit hoc vitiosus: in hora saepe ducentos,
Ut magnum, versus dictabat stans pede in uno;
Cum flueret lutulentus, erat quod tollere velles;
Garrulus atque piger scribendi ferre laborem,
Scribendi recte; nam ut multum, nil moror.—Ecce,
Crispinus minimo me provocat: "Accipe, si vis,
Accipiam tabulas; detur nobis locus, hora,
Custodes; videamus uter plus scribere possit."
"Di bene fecerunt, inopis me quodque pusilli
Finxerunt animi, raro et perpauca loquentis;
At tu conclusas hircinis follibus auras,
Usque laborantes dum ferrum molliat ignis,
Ut mavis, imitare." Beatus Fannius, ultro
Delatis capsis et imagine; cum mea nemo
Scripta legat, volgo recitare timentis ob hanc rem,
Quod sunt quos genus hoc minime juvat, utpote plures
Culpari dignos. Quemvis media elige turba:
Aut ob avaritiam aut misera ambitione laborat.
Hic nuptarum insanit amoribus, hic puerorum;
Hunc capit argenti splendor; stupet Albius aere;
Hic mutat merces surgente a sole ad eum quo
Vespertina tepet regio, quin per mala praeceps
Fertur, uti pulvis collectus turbine, ne quid
Summa deperdat metuens aut ampliet ut rem.
Omnes hi metuunt versus, odere poëtas.
'Foenum habet in cornu; longe fuge! dummodo risum
Excutiat sibi, non hic cuiquam parcet amico;
Et quodcumque semel chartis illeverit, omnes
Gestiet a furno redeuntes scire lacuque
Et pueros et anus." Agedum, pauca accipe contra.

Primum ego me illorum dederim quibus esse poëtas
Excerpam numero: neque enim concludere versum
Dixeris esse satis; neque si quis scribat, uti nos,
Sermoni propiora, putes hunc esse poëtam.

15 accipe iam 25 eripe, erue 26 ab avaritia *e coni.* 39 poetis 41 si qui 42 propriora

Ingenium cui sit, cui mens divinior atque os
Magna sonaturum, des nominis hujus honorem.
Idcirco quidam comoedia necne poëma
Esset quaesivere, quod acer spiritus ac vis
Nec verbis nec rebus inest, nisi quod pede certo
Differt sermoni, sermo merus. "At pater ardens
Saevit, quod meretrice nepos insanus amica
Filius uxorem grandi cum dote recuset,
Ebrius et (magnum quod dedecus) ambulet ante
Noctem cum facibus." Numquid Pomponius istis
Audiret leviora, pater si viveret? Ergo
Non satis est puris versum perscribere verbis,
Quem si dissolvas, quivis stomachetur eodem
Quo personatus pacto pater. His, ego quae nunc,
Olim quae scripsit Lucilius, eripias si
Tempora certa modosque, et quod prius ordine verbum est
Posterius facias, praeponens ultima primis,
Non, ut si solvas "*Postquam Discordia taetra*
*Belli ferratos postes portasque refregit,*"
Invenias etiam disjecti membra poëtae.

Hactenus haec: alias justum sit necne poëma,
Nunc illud tantum quaeram, meritone tibi sit
Suspectum genus hoc scribendi. Sulcius acer
Ambulat et Caprius, rauci male cumque libellis,
Magnus uterque timor latronibus; at bene si quis
Et vivat puris manibus, contemnat utrumque.
Ut sis tu similis Caeli Birrique latronum,
Non ego sum Capri neque Sulci: cur metuas me?
Nulla taberna meos habeat neque pila libellos,
Quis manus insudet volgi Hermogenisque Tigelli:
Nec recito cuiquam nisi amicis, idque coactus,
Non ubivis coramve quibuslibet. In medio qui
Scripta foro recitent sunt multi, quique lavantes:
Suave locus voci resonat conclusus. Inanes
Hoc juvat, haud illud quaerentes, num sine sensu,

49 insanit 60 tetra 70 sim 73 recitem 75 recitant

Tempore num faciant alieno. "Laedere gaudes,"
Inquis, "et hoc studio pravus facis." Unde petitum
Hoc in me jacis? Est auctor quis denique eorum
Vixi cum quibus? Absentem qui rodit amicum,
Qui non defendit, alio culpante, solutos
Qui captat risus hominum famamque dicacis,
Fingere qui non visa potest, commissa tacere
Qui nequit, hic niger est, hunc tu, Romane, caveto.
Saepe tribus lectis videas cenare quaternos,
E quibus unus amet quavis aspergere cunctos
Praeter eum qui praebet aquam; post hunc quoque potus,
Condita cum verax aperit praecordia Liber.
Hic tibi comis et urbanus liberque videtur,
Infesto nigris. Ego si risi, quod ineptus
Pastillos Rufillus olet, Gargonius hircum,
Lividus et mordax videor tibi? Mentio si qua
De Capitolini furtis injecta Petilli
Te coram fuerit, defendas, ut tuus est mos:
"Me Capitolinus convictore usus amicoque
A puero est, causaque mea permulta rogatus
Fecit, et incolumis laetor quod vivit in urbe;
Sed tamen admiror, quo pacto judicium illud
Fugerit." Hic nigrae sucus lolliginis, haec est
Aerugo mera. Quod vitium procul afore chartis,
Atque animo prius, ut si quid promittere de me
Possum aliud, vere promitto. Liberius si
Dixero quid, si forte jocosius, hoc mihi juris
Cum venia dabis: insuevit pater optimus hoc me,
Ut fugerem exemplis vitiorum quaeque notando.
Cum me hortaretur, parce, frugaliter atque
Viverem uti contentus eo quod mi ipse parasset:
"Nonne vides Albi ut male vivat filius utque
Baius inops? Magnum documentum ne patriam rem
Perdere quis velit." A turpi meretricis amore
Cum deterreret: "Scetani dissimilis sis."
Ne sequerer moechas, concessa cum venere uti

79 inquit 86 caenare 87 imus 87 avet Ω 87 adspergere 100 succus 100 loliginis 109 atque 110 Barrus, Barus 111 at

Possem: "Deprensi non bella est fama Treboni,"
Aiebat. "Sapiens, vitatu quidque petitu
Sit melius, causas reddet tibi; mi satis est, si
Traditum ab antiquis morem servare tuamque,
Dum custodis eges, vitam famamque tueri
Incolumem possum; simul ac duraverit aetas
Membra animumque tuum, nabis sine cortice." Sic me
Formabat puerum dictis; et sive jubebat
Ut facerem quid: "Habes auctorem, quo facias hoc,"—
Unum ex judicibus selectis objiciebat;—
Sive vetabat: "An hoc inhonestum et inutile factum
Necne sit addubites, flagret rumore malo cum
Hic atque ille?" Avidos vicinum funus et aegros
Exanimat, mortisque metu sibi parcere cogit,
Sic teneros animos aliena opprobria saepe
Absterrent vitiis. Ex hoc ego sanus ab illis,
Perniciem quaecumque ferunt, mediocribus et quis
Ignoscas vitiis teneor; fortassis et istinc
Largiter abstulerit longa aetas, liber amicus,
Consilium proprium: neque enim, cum lectulus aut me
Porticus excepit, desum mihi. "Rectius hoc est!"
"Hoc faciens vivam melius!" "Sic dulcis amicis
Occurram!" "Hoc quidam non belle; numquid ego illi
Imprudens olim faciam simile?" Haec ego mecum
Compressis agito labris; ubi quid datur oti,
Illudo chartis. Hoc est mediocribus illis
Ex vitiis unum; cui si concedere nolis,
Multa poëtarum veniet manus auxilio quae
Sit mihi, (nam multo plures sumus,) ac veluti te
Judaei cogemus in hanc concedere turbam.

## V.

Egressum magna me excepit Aricia Roma
Hospitio modico; rhetor comes Heliodorus,

119 possim 123 electis 124 factu 132 abstulerint 139 includo
141 veniat 1 accepit

Graecorum longe doctissimus; inde Forum Appi,
Differtum nautis cauponibus atque malignis.
Hoc iter ignavi divisimus, altius ac nos
Praecinctis unum; minus est gravis Appia tardis.
Hic ego propter aquam, quod erat deterrima, ventri
Indico bellum, cenantes haud animo aequo
Exspectans comites. Jam nox inducere terris
Umbras et caelo diffundere signa parabat;
Tum pueri nautis, pueris convicia nautae
Ingerere: "Huc appelle!" "Trecentos inseris!" "Ohe,
Jam satis est!" Dum aes exigitur, dum mula ligatur,
Tota abit hora. Mali culices ranaeque palustres
Avertunt somnos, absentem ut cantat amicam
Multa prolutus vappa nauta atque viator
Certatim. Tandem fessus dormire viator
Incipit, ac missae pastum retinacula mulae
Nauta piger saxo religat stertitque supinus.
Jamque dies aderat, nil cum procedere lintrem
Sentimus, donec cerebrosus prosilit unus
Ac mulae nautaeque caput lumbosque saligno
Fuste dolat; quarta vix demum exponimur hora.
Ora manusque tua lavimus, Feronia, lympha.
Milia tum pransi tria repimus, atque subimus
Impositum saxis late candentibus Anxur.
Huc venturus erat Maecenas, optimus atque
Cocceius, missi magnis de rebus uterque
Legati, aversos soliti componere amicos.
Hic oculis ego nigra meis collyria lippus
Illinere. Interea Maecenas advenit atque
Cocceius, Capitoque simul Fonteius, ad unguem
Factus homo, Antoni, non ut magis alter, amicus.
Fundos Aufidio Lusco praetore libenter
Linquimus, insani ridentes praemia scribae,
Praetextam et latum clavum prunaeque vatillum.
In Mamurrarum lassi deinde urbe manemus,
Murena praebente domum, Capitone culinam.

3 linguae 6 nimis 7 teterrima 11 convitia 15 ut *omit.*
20 nil tum 24 lavimur *e coni.* 25 repsimus
26 late saxis 36 batillum

Postera lux oritur multo gratissima; namque
Plotius et Varius Sinuessae Vergiliusque
Occurrunt, animae, quales neque candidiores
Terra tulit, neque quis me sit devinctior alter.
O qui complexus et gaudia quanta fuerunt!
Nil ego contulerim jucundo sanus amico.
Proxima Campano ponti quae villula, tectum
Praebuit, et parochi, quae debent, ligna salemque.
Hinc muli Capuae clitellas tempore ponunt.
Lusum it Maecenas, dormitum ego Vergiliusque;
Namque pila lippis inimicum et ludere crudis.
Hinc nos Cocceii recipit plenissima villa,
Quae super est Caudi cauponas. Nunc mihi paucis
Sarmenti scurrae pugnam Messique Cicirri,
Musa, velim memores, et quo patre natus uterque
Contulerit lites. Messi clarum genus Osci;
Sarmenti domina exstat: ab his majoribus orti
Ad pugnam venere. Prior Sarmentus: "Equi te
Esse feri similem dico." Ridemus, et ipse
Messius "Accipio," caput et movet. "O, tua cornu
Ni foret exsecto frons," inquit, "quid faceres, cum
Sic mutilus miniteris?" At illi foeda cicatrix
Setosam laevi frontem turpaverat oris.
Campanúm in morbum, in faciem permulta jocatus,
Pastorem saltaret uti Cyclopa rogabat;
Nil illi larva aut tragicis opus esse cothurnis.
Multa Cicirrus ad haec: Donasset jamne catenam
Ex voto Laribus, quaerebat; scriba quod esset,
Nilo deterius dominae jus esse: rogabat
Denique, cur umquam fugisset, cui satis una
Farris libra foret, gracili sic tamque pusillo.
Prorsus jucunde cenam producimus illam.
Tendimus hinc recta Beneventum, ubi sedulus hospes
Paene macros arsit dum turdos versat in igni;
Nam vaga per veterem dilapso flamma culinam
Volcano summum properabat lambere tectum.

40 Virgilius 47 hic 50 Coccei 60 minitaris
67 nullo, nihilo, *ordine mutato* deterius nihilo 70 produximus
72 arsit macros 73 delapso

Convivas avidos cenam servosque timentes
Tum rapere, atque omnes restinguere velle videres.
Incipit ex illo montes Apulia notos
Ostentare mihi, quos torret Atabulus, et quos
Numquam erepsemus, nisi nos vicina Trivici
Villa recepisset, lacrimoso non sine fumo,
Udos cum foliis ramos urente camino.
Quattuor hinc rapimur viginti et milia rhedis,
Mansuri oppidulo quod versu dicere non est,
Signis perfacile est: venit vilissima rerum
Hic aqua; sed panis longe pulcherrimus, ultra
Callidus ut soleat humeris portare viator:
Nam Canusi lapidosus, aquae non ditior urna
Qui locus a forti Diomede est conditus olim.
Flentibus hinc Varius discedit maestus amicis.
Inde Rubos fessi pervenimus, utpote longum
Carpentes iter et factum corruptius imbri.
Postera tempestas melior, via pejor ad usque
Bari moenia piscosi; dein Gnatia Lymphis
Iratis exstructa dedit risusque jocosque,
Dum flamma sine tura liquescere limine sacro
Persuadere cupit. Credat Judaeus Apella,
Non ego: namque deos didici securum agere aevum,
Nec, si quid miri faciat natura, deos id
Tristes ex alto caeli demittere tecto.
Brundisium longae finis chartaeque viaeque est.

## VI.

Non quia, Maecenas, Lydorum quicquid Etruscos
Incoluit fines, nemo generosior est te,
Nec quod avus tibi maternus fuit atque paternus,
Olim qui magnis legionibus imperitarent,
Ut plerique solent, naso suspendis adunco
Ignotos, ut me libertino patre natum.
Cum referre negas quali sit quisque parente

75 caenam 82 redis 89 hic 89 discessit 93 Barri 93 dehinc 93 Nymphis 95 thura 98 mirificiat 100 Brundusium 4 imperitarint 5 acuto 6 aut me

Natus, dum ingenuus, persuades hoc tibi vere,
Ante potestatem Tulli atque ignobile regnum
Multos saepe viros nullis majoribus ortos
Et vixisse probos, amplis et honoribus auctos;
Contra Laevinum, Valeri genus, unde superbus
Tarquinius regno pulsus fugit, unius assis
Non umquam pretio pluris licuisse, notante
Judice, quo nosti, populo, qui stultus honores
Saepe dat indignis et famae servit ineptus,
Qui stupet in titulis et imaginibus. Quid oportet
Nos facere, a volgo longe longeque remotos?
Namque esto, populus Laevino mallet honorem
Quam Decio mandare novo, censorque moveret
Appius, ingenuo si non essem patre natus:
Vel merito, quoniam in propria non pelle quiessem.

Sed fulgente trahit constrictos Gloria curru
Non minus ignotos generosis. Quo tibi, Tilli,
Sumere depositum clavum fierique tribuno?
Invidia accrevit, privato quae minor esset.
Nam ut quisque insanus nigris medium impediit crus
Pellibus, et latum demisit pectore clavum,
Audit continuo "Quis homo hic est? quo patre natus?"
Ut, si qui aegrotet quo morbo Barrus, haberi
Et cupiat formosus, eat quacumque, puellis
Injiciat curam quaerendi singula, quali
Sit facie, sura, quali pede, dente, capillo;
Sic qui promittit, cives, urbem sibi curae,
Imperium fore et Italiam, delubra deorum,
Quo patre sit natus, num ignota matre inhonestus,
Omnes mortales curare et quaerere cogit.
"Tune, Syri, Damae, aut Dionysi filius, audes
Dejicere e saxo cives aut tradere Cadmo?"
"At Novius collega gradu post me sedet uno;
Namque est ille, pater quod erat meus." "Hoc tibi Paulus

13 fuit 15 quem nosti 18 lateque 25 tribunum
29 est hic, hic et, hic aut 31 ut 35 et delubra 37 cogat
39 de 41 Paullus

Et Messalla videris? At hic, si plostra ducenta
Concurrantque foro tria funera, magna sonabit
Cornua quod vincatque tubas; saltem tenet hoc nos."

Nunc ad me redeo libertino patre natum,
Quem rodunt omnes libertino patre natum,
Nunc, quia sim tibi, Maecenas, convictor; at olim,
Quod mihi pareret legio Romana tribuno.
Dissimile hoc illi est; quia non, ut forsit honorem
Jure mihi invideat quivis, ita te quoque amicum,
Praesertim cautum dignos assumere, prava
Ambitione procul. Felicem dicere non hoc
Me possim, casu quod te sortitus amicum;
Nulla etenim mihi te fors obtulit: optimus olim
Vergilius, post hunc Varius dixere quid essem.
Ut veni coram, singultim pauca locutus,
(Infans namque pudor prohibebat plura profari,)
Non ego me claro natum patre, non ego circum
Me Satureiano vectari rura caballo,
Sed, quod eram, narro. Respondes, ut tuus est mos,
Pauca: abeo; et revocas nono post mense jubesque
Esse in amicorum numero. Magnum hoc ego duco,
Quod placui tibi, qui turpi secernis honestum,
Non patre praeclaro, sed vita et pectore puro.

Atqui si vitiis mediocribus ac mea paucis
Mendosa est natura, alioqui recta,—velut si
Egregio inspersos reprehendas corpore naevos,—
Si neque avaritiam neque sordes nec mala lustra
Objiciet vere quisquam mihi, purus et insons
(Ut me collaudem) si et vivo carus amicis,
Causa fuit pater his, qui, macro pauper agello,
Noluit in Flavi ludum me mittere, magni
Quo pueri magnis e centurionibus orti,
Laevo suspensi loculos tabulamque lacerto,

47 sum 49 forsan 53 possum 66 alioquin 67 insparsos 67 reprendas
68 ac mala, aut mala ('aut' *debetur Acroni manuscripto ap. Bentl. et editioni Venet.* 1490. — O.) 73 et

Ibant octonis referentes Idibus aera,
Sed puerum est ausus Romam portare, docendum
Artes quas doceat quivis eques atque senator
Semet prognatos. Vestem servosque sequentes,
In magno ut populo, si qui vidisset, avita
Ex re praeberi sumptus mihi crederet illos.
Ipse mihi custos incorruptissimus omnes
Circum doctores aderat. Quid multa? Pudicum,
Qui primus virtutis honos, servavit ab omni
Non solum facto, verum opprobrio quoque turpi;
Nec timuit sibi ne vitio quis verteret, olim
Si praeco parvas aut, ut fuit ipse, coactor
Mercedes sequerer; neque ego essem questus: at hoc nunc
Laus illi debetur et a me gratia major.
Nil me paeniteat sanum patris hujus, eoque
Non, ut magna dolo factum negat esse suo pars,
Quod non ingenuos habeat clarosque parentes,
Sic me defendam. Longe mea discrepat istis
Et vox et ratio: nam si natura juberet
A certis annis aevum remeare peractum,
Atque alios legere ad fastum quoscumque parentes
Optaret sibi quisque, meis contentus, honestos
Fascibus et sellis nollem mihi sumere, demens
Judicio volgi, sanus fortasse tuo, quod
Nollem onus haud umquam solitus portare molestum.
Nam mihi continuo major quaerenda foret res,
Atque salutandi plures; ducendus et unus
Et comes alter, uti ne solus rusve peregreve
Exirem; plures calones atque caballi
Pascendi, ducenda petorrita. Nunc mihi curto
Ire licet mulo vel si libet usque Tarentum,
Mantica cui lumbos onere ulceret atque eques armos:
Objiciet nemo sordes mihi quas tibi, Tilli,
Cum Tiburte via praetorem quinque sequuntur
Te pueri, lasanum portantes oenophorumque.
Hoc ego commodius quam tu, praeclare senator,

79 quis 83 servabat 87 ad hoc, ad haec, ob hoc 96 honustos
98 vulgi 102 peregre aut 107 Tulli 108 secuntur

Milibus atque aliis vivo. Quacumque libido est,
Incedo solus; percontor quanti olus ac far;
Fallacem Circum vespertinumque pererro
Saepe Forum; adsisto divinis; inde domum me
Ad porri et ciceris refero laganique catinum.
Cena ministratur pueris tribus, et lapis albus
Pocula cum cyatho duo sustinet; adstat echinus
Vilis, cum patera guttus, Campana supellex.
Deinde eo dormitum, non sollicitus, mihi quod cras
Surgendum sit mane, obeundus Marsya, qui se
Voltum ferre negat Noviorum posse minoris.
Ad quartam jaceo; post hanc vagor; aut ego, lecto
Aut scripto quod me tacitum juvet, unguor olivo,
Non quo fraudatis immundus Natta lucernis.
Ast ubi me fessum sol acrior ire lavatum
Admonuit, fugio Campum lusumque trigonem.
Pransus non avide, quantum interpellet inani
Ventre diem durare, domesticus otior. Haec est
Vita solutorum misera ambitione gravique;
His me consolor victurum suavius ac si
Quaestor avus pater atque meus patruusque fuisset.

## VII.

Proscripti Regis Rupili pus atque venenum
Hybrida quo pacto sit Persius ultus, opinor
Omnibus et lippis notum et tonsoribus esse.
Persius hic permagna negotia dives habebat
Clazomenis, etiam lites cum Rege molestas,
Durus homo, atque odio qui posset vincere Regem,
Confidens tumidusque, adeo sermonis amari,
Sisennas, Barros ut equis praecurreret albis.
Ad Regem redeo. Postquam nihil inter utrumque
Convenit, (hoc etenim sunt omnes jure molesti,
Quo fortes, quibus adversum bellum incidit. Inter
Hectora Priamiden animosum atque inter Achillem

112 holus 115 lachani 117 cyatho mihi 117 astat 117 echino 123 iuvat 123 ungor 126 fugio rabiosi tempora signi 130 victurus 131 fuissent 7 ,tumidus,

Ira fuit capitalis, ut ultima divideret mors,
Non aliam ob causam nisi quod virtus in utroque
Summa fuit: duo si discordia vexet inertes,
Aut si disparibus bellum incidat, ut Diomedi
Cum Lycio Glauco, discedat pigrior, ultro
Muneribus missis:) Bruto praetore tenente
Ditem Asiam, Rupili et Persi par pugnat, uti non
Compositum melius cum Bitho Bacchius. In jus
Acres procurrunt, magnum spectaculum uterque.
Persius exponit causam; ridetur ab omni
Conventu; laudat Brutum laudatque cohortem:
Solem Asiae Brutum appellat, stellasque salubres
Appellat comites, excepto Rege; canem illum,
Invisum agricolis sidus, venisse. Ruebat,
Flumen ut hibernum, fertur quo rara securis.
Tum Praenestinus salso multoque fluenti
Expressa arbusto regerit convicia, durus
Vindemiator et invictus, cui saepe viator
Cessisset, magna compellans voce cuculum.
At Graecus, postquam est Italo perfusus aceto,
Persius exclamat: "Per magnos, Brute, deos te
Oro, qui reges consuêris tollere, cur non
Hunc Regem jugulas? Operum hoc, mihi crede, tuorum est."

## VIII.

Olim truncus eram ficulnus, inutile lignum,
Cum faber, incertus scamnum faceretne Priapum,
Maluit esse deum. Deus inde ego, furum aviumque
Maxima formido; nam fures dextra coërcet
Obscenoque ruber porrectus ab inguine palus;
Ast importunas volucres in vertice arundo
Terret fixa vetatque novis considere in hortis.
Huc prius angustis ejecta cadavera cellis
Conservus vili portanda locabat in arca;
Hoc miserae plebi stabat commune sepulchrum,

15 verset 17 pulchrior 20 compositus 21 concurrunt 28 multumque 31 cucullum *codices plurimi* 7 fissa *e coni.*

Pantolabo scurrae Nomentanoque nepoti:
Mille pedes in fronte, trecentos cippus in agrum
Hic dabat, 'heredes monumentum ne sequeretur.'
Nunc licet Esquiliis habitare salubribus atque
Aggere in aprico spatiari, quo modo tristes
Albis informem spectabant ossibus agrum;
Cum mihi non tantum furesque feraeque, suëtae
Hunc vexare locum, curae sunt atque labori,
Quantum carminibus quae versant atque venenis
Humanos animos. Has nullo perdere possum
Nec prohibere modo, simul ac vaga luna decorum
Protulit os, quin ossa legant herbasque nocentes.
Vidi egomet nigra succinctam vadere palla
Canidiam pedibus nudis passoque capillo,
Cum Sagana majore ululantem. Pallor utrasque
Fecerat horrendas aspectu. Scalpere terram
Unguibus et pullam divellere mordicus agnam
Coeperunt; cruor in fossam confusus, ut inde
Manes elicerent, animas responsa daturas.
Lanea et effigies erat, altera cerea: major
Lanea, quae poenis compesceret inferiorem;
Cerea suppliciter stabat, servilibus, ut quae
Jam peritura, modis. Hecaten vocat altera, saevam
Altera Tisiphonen; serpentes atque videres
Infernas errare canes, Lunamque rubentem,
Ne foret his testis, post magna latere sepulchra.
Mentior at si quid, merdis caput inquiner albis
Corvorum, atque in me veniat mictum atque cacatum
Julius et fragilis Pediatia furque Voranus.
Singula quid memorem? quo pacto alterna loquentes
Umbrae cum Sagana resonarent triste et acutum,
Utque lupi barbam variae cum dente colubrae
Abdiderint furtim terris, et imagine cerea
Largior arserit ignis, et ut non testis inultus
Horruerim voces Furiarum et facta duarum:
Nam, displosa sonat quantum vesica, pepedi
Diffissa nate ficus: at illae currere in urbem;

18 sint 19 vexant 38 veniant 38 minctum
41 resonarint *B. cant.*

Canidiae dentes, altum Saganae caliendrum
Excidere, atque herbas atque incantata lacertis
Vincula, cum magno risuque jocoque videres.

## IX.

Ibam forte via Sacra, sicut meus est mos,
Nescio quid meditans nugarum, totus in illis:
Accurrit quidam notus mihi nomine tantum,
Arreptaque manu, "Quid agis, dulcissime rerum?"
"Suaviter, ut nunc est," inquam, "et cupio omnia quae vis."
Cum assectaretur, "Num quid vis?" occupo. At ille
"Noris nos" inquit; "docti sumus." Hic ego "Pluris
Hoc" inquam "mihi eris." Misere discedere quaerens,
Ire modo ocius, interdum consistere, in aurem
Dicere nescio quid puero, cum sudor ad imos
Manaret talos. "O te, Bolane, cerebri
Felicem!" aiebam tacitus; cum quidlibet ille
Garriret, vicos, urbem laudaret. Ut illi
Nil respondebam, "Misere cupis" inquit "abire;
Jamdudum video; sed nil agis; usque tenebo;
Persequar: hinc quo nunc iter est tibi?" "Nil opus est te
Circumagi; quendam volo visere non tibi notum;
Trans Tiberim longe cubat is, prope Caesaris hortos."
"Nil habeo quod agam, et non sum piger; usque sequar te."
Demitto auriculas, ut iniquae mentis asellus,
Cum gravius dorso subiit onus. Incipit ille:
"Si bene me novi, non Viscum pluris amicum,
Non Varium facies; nam quis me scribere plures
Aut citius possit versus? quis membra movere
Mollius? Invideat quod et Hermogenes, ego canto."
Interpellandi locus hic erat: "Est tibi mater,
Cognati, quis te salvo est opus?"—"Haud mihi quisquam.

3 occurrit 16 prosequar 16 *alii distinguunt* persequar hinc . . . . tibi.
27 quibus est te salvo opus *unus Blandinius*

Omnes composui."—"Felices! Nunc ego resto.
Confice; namque instat fatum mihi triste, Sabella
Quod puero cecinit divina mota anus urna:
'*Hunc neque dira venena, nec hosticus auferet ensis,*
*Nec laterum dolor aut tussis, nec tarda podagra;*
*Garrulus hunc quando consumet cumque; loquaces,*
*Si sapiat, vitet, simul atque adoleverit aetas.*'"

Ventum erat ad Vestae, quarta jam parte diei
Praeterita, et casu tunc respondere vadato
Debebat; quod ni fecisset, perdere litem.
"Si me amas," inquit, "paulum hic ades." "Inteream, si
Aut valeo stare aut novi civilia jura;
Et propero quo scis." "Dubius sum quid faciam," inquit,
"Tene relinquam an rem." "Me, sodes." "Non faciam", ille,
Et praecedere coepit. Ego, ut contendere durum est
Cum victore, sequor. "Maecenas quomodo tecum?"
Hinc repetit; "paucorum hominum et mentis bene sanae;
Nemo dexterius fortuna est usus. Haberes
Magnum adjutorem, posset qui ferre secundas,
Hunc hominem velles si tradere; dispeream, ni
Summôsses omnes." "Non isto vivimus illic,
Quo tu rere, modo; domus hac nec purior ulla est
Nec magis his aliena malis; nil mi officit," inquam,
"Ditior hic aut est quia doctior; est locus uni
Cuique suus." "Magnum narras, vix credibile!" "Atqui
Sic habet." "Accendis, quare cupiam magis illi
Proximus esse." "Velis tantummodo: quae tua virtus,
Expugnabis; et est qui vinci possit, eoque
Difficiles aditus primos habet." "Haud mihi deero:
Muneribus servos corrumpam; non, hodie si
Exclusus fuero, desistam; tempora quaeram,
Occurram in triviis, deducam. Nil sine magno
Vita labore dedit mortalibus." Haec dum agit, ecce
Fuscus Aristius occurrit, mihi carus, et illum

30 cecinit puero 36 vadatus 38 huc 48 vivitur
50 officit umquam 60 ait

Qui pulchre nosset. Consistimus. "Unde venis?"
"Quo tendis?" rogat et respondet. Vellere coepi
Et prensare manu lentissima brachia, nutans,
Distorquens oculos, ut me eriperet. Male salsus
Ridens dissimulare; meum jecur urere bilis.
"Certe nescio quid secreto velle loqui te
Aiebas mecum." "Memini bene, sed meliore
Tempore dicam; hodie tricesima sabbata: vin' tu
Curtis Judaeis oppedere?" "Nulla mihi," inquam,
"Religio est." "At mi; sum paulo infirmior, unus
Multorum. Ignosces; alias loquar." Huncine solem
Tam nigrum surrexe mihi! Fugit improbus ac me
Sub cultro linquit. Casu venit obvius illi
Adversarius, et "Quo tu turpissime?" magna
Inclamat voce, et "Licet antestari?" Ego vero
Oppono auriculam. Rapit in jus; clamor utrimque,
Undique concursur. Sic me servavit Apollo.

## X.

*Lucili, quam sis mendosus, teste Catone,*
*Defensore tuo, pervincam, qui male factos*
*Emendare parat versus; hoc lenius ille,*
*Est quo vir melior, longe subtilior illo,*
*Qui multum puer et loris et funibus udis*
*Exoratus, ut esset opem qui ferre poetis*
*Antiquis posset contra fastidia nostra,*
*Grammaticorum equitum doctissimus. Ut redeam illuc:*

Nempe incomposito dixi pede currere versus
Lucili. Quis tam Lucili fautor inepte est
Ut non hoc fateatur? At idem, quod sale multo
Urbem defricuit, charta laudatur eadem.
Nec tamen, hoc tribuens, dederim quoque cetera; nam sic
Et Laberi mimos ut pulchra poëmata mirer.
Ergo non satis est risu diducere rictum
Auditoris; (et est quaedam tamen hic quoque virtus;)

64 pressare 72 huncccine 76 exclamat
6 exhortatus, excoriatus *e conj.* 2 inepti

Est brevitate opus, ut currat sententia neu se
Impediat verbis lassas onerantibus aures;
Et sermone opus est modo tristi, saepe jocoso,
Defendente vicem modo rhetoris atque poëtae,
Interdum urbani, parcentis viribus atque
Extenuantis eas consulto. Ridiculum acri
Fortius et melius magnas plerumque secat res.
Illi, scripta quibus comoedia prisca viris est,
Hoc stabant, hoc sunt imitandi; quos neque pulcher
Hermogenes umquam legit, neque simius iste
Nil praeter Calvum et doctus cantare Catullum.
"At magnum fecit, quod verbis Graeca Latinis
Miscuit." O seri studiorum! quine putetis
Difficile et mirum, Rhodio quod Pitholeonti
Contigit? "At sermo lingua concinnus utraque
Suavior, ut Chio nota si commixta Falerni est."
Cum versus facias, te ipsum percontor, an et cum
Dura tibi peragenda rei sit causa Petilli?
Scilicet oblitus patriaeque patrisque Latini,
Cum Pedius causas exsudet Publicola atque
Corvinus, patriis intermiscere petita
Verba foris malis, Canusini more bilinguis?
Atque ego cum Graecos facerem, natus mare citra,
Versiculos, vetuit me tali voce Quirinus,
Post mediam noctem visus, cum somnia vera:
"In silvam non ligna feras insanius, ac si
Magnas Graecorum malis implere catervas."

Turgidus Alpinus jugulat dum Memnona, dumque
Defingit Rheni luteum caput, haec ego ludo,
Quae neque in aede sonent certantia judice Tarpa,
Nec redeant iterum atque iterum spectanda theatris.
Arguta meretrice potes Davoque Chremeta
Eludente senem comis garrire libellos
Unus vivorum, Fundani; Pollio regum
Facta canit pede ter percusso; forte epos acer,
Ut nemo, Varius ducit; molle atque facetum

21 putatis 27 patrisque, Latine 28 Poplicola *editores vulgo* 31 atqui 37 diffingit 43 fata 44 dicit

Vergilio annuerunt gaudentes rure Camenae.
Hoc erat, experto frustra Varrone Atacino
Atque quibusdam aliis, melius quod scribere possem,
Inventore minor; neque ego illi detrahere ausim
Haerentem capiti cum multa laude coronam.

At dixi fluere hunc lutulentum, saepe ferentem
Plura quidem tollenda relinquendis. Age, quaeso,
Tu nihil in magno doctus reprehendis Homero?
Nil comis tragici mutat Lucilius Acci?
Non ridet versus Enni gravitate minores,
Cum de se loquitur non ut majore reprensis?
Quid vetat et nosmet Lucili scripta legentes
Quaerere, num illius, num rerum dura negarit
Versiculos natura magis factos et euntes
Mollius, ac si quis, pedibus quid claudere senis,
Hoc tantum contentus, amet scripsisse ducentos
Ante cibum versus, totidem cenatus; Etrusci
Quale fuit Cassi rapido ferventius amni
Ingenium, capsis quem fama est esse librisque
Ambustum propriis. Fuerit Lucilius, inquam,
Comis et urbanus, fuerit limatior idem
Quam rudis et Graecis intacti carminis auctor,
Quamque poëtarum seniorum turba; sed ille,
Si foret hoc nostrum fato dilatus in aevum,
Detereret sibi multa, recideret omne quod ultra
Perfectum traheretur, et in versu faciendo
Saepe caput scaberet, vivos et roderet ungues.

Saepe stilum vertas, iterum quae digna legi sint
Scripturus, neque te ut miretur turba labores,
Contentus paucis lectoribus. An tua demens
Vilibus in ludis dictari carmina malis?
Non ego; nam *satis est equitem mihi plaudere*, ut audax,
Contemptis aliis, explosa Arbuscula dixit.
Men' moveat cimex Pantilius, aut cruciet quod

45 annuerant, annuerint 50 dixti *R. coni.* 51 quaero 52 reprendis
68 dilapsus, delapsus, delatus 71 caput foderet
78 crucier *editores nonnulli*

Vellicet absentem Demetrius, aut quod ineptus
Fannius Hermogenis laedat conviva Tigelli?
Plotius et Varius, Maecenas Vergiliusque,
Valgius, et probet haec Octavius, optimus atque
Fuscus, et haec utinam Viscorum laudet uterque!
Ambitione relegata te dicere possum,
Pollio, te, Messalla, tuo cum fratre, simulque
Vos, Bibule et Servi, simul his te, candide Furni,
Complures alios, doctos ego quos et amicos
Prudens praetereo; quibus haec, sunt qualiacumque,
Arridere velim, doliturus si placeant spe
Deterius nostra. Demetri, teque, Tigelli,
Discipularum inter jubeo plorare cathedras.
I, puer, atque meo citus haec subscribe libello.

86 Bibule *Muretus e coni., N. H., B.: codices* Bibuli 88 sint 91 discipulorum.

Q. HORATI FLACCI

# SATIRARVM

## LIBER SECVNDVS

---

### I.

*Horat.* Sunt quibus in satira videor nimis acer et ultra
Legem tendere opus; sine nervis altera, quicquid
Composui, pars esse putat, similesque meorum
Mille die versus deduci posse. Trebati,
Quid faciam praescribe. *Trebat.* Quiescas. *Horat.* Ne faciam, inquis,
Omnino versus? *Trebat.* Aio. *Horat.* Peream male, si non
Optimum erat; verum nequeo dormire. *Trebat.* Ter uncti
Transnanto Tiberim, somno quibus est opus alto,
Irriguumque mero sub noctem corpus habento.
Aut, si tantus amor scribendi te rapit, aude
Caesaris invicti res dicere, multa laborum
Praemia laturus. *Horat.* Cupidum, pater optime, vires
Deficiunt: neque enim quivis horrentia pilis
Agmina nec fracta pereuntes cuspide Gallos
Aut labentis equo describat volnera Parthi.
*Trebat.* Attamen et justum poteras et scribere fortem,
Scipiadam ut sapiens Lucilius. *Horat.* Haud mihi deero,
Cum res ipsa feret. Nisi dextro tempore, Flacci
Verba per attentam non ibunt Caesaris aurem,
Cui male si palpere, recalcitrat undique tutus.

**1 videar 10 capit 15 describit, describet 20 palpare 20 recalcitret**

*Trebat.* Quanto rectius hoc, quam tristi laedere versu
*Pantolabum scurram Nomentanumque nepotem,*
Cum sibi quisque timet, quamquam est intactus, et odit!

*Horat.* Quid faciam? Saltat Milonius, ut semel icto
Accessit fervor capiti numerusque lucernis;
Castor gaudet equis, ovo prognatus eodem
Pugnis; quot capitum vivunt, totidem studiorum
Milia: me pedibus delectat claudere verba
Lucili ritu, nostrûm melioris utroque.
Ille velut fidis arcana sodalibus olim
Credebat libris, neque, si male cesserat, usquam
Decurrens alio, neque si bene; quo fit ut omnis
Votiva pateat veluti descripta tabella
Vita senis. Sequor hunc, Lucanus an Apulus anceps:
Nam Venusinus arat finem sub utrumque colonus,
Missus ad hoc, pulsis, vetus est ut fama, Sabellis,
Quo ne per vacuum Romano incurreret hostis,
Sive quod Apula gens seu quod Lucania bellum
Incuteret violenta. Sed hic stilus haud petet ultro
Quemquam animantem, et me veluti custodiet ensis
Vagina tectus; quem cur destringere coner,
Tutus ab infestis latronibus? O pater et rex
Juppiter, ut pereat positum robigine telum,
Nec quisquam noceat cupido mihi pacis! At ille
Qui me commôrit, ('melius non tangere!' clamo,)
Flebit, et insignis tota cantabitur urbe.
Cervius iratus leges minitatur et urnam,
Canidia Albuci quibus est inimica venenum,
Grande malum Turius, si quid se judice certes.
Ut quo quisque valet suspectos terreat, utque
Imperet hoc natura potens, sic collige mecum:
Dente lupus, cornu taurus petit: unde nisi intus
Monstratum? Scaevae vivacem crede nepoti
Matrem; nil faciet sceleris pia dextera: mirum,
Ut neque calce lupus quemquam neque dente petit bos:
Sed mala tollet anum vitiato melle cicuta.

31 gesserat 31 umquam 34 Appulus 38 Appula 39 petit
41 distringere 43 rubigine 48 Albuti 49 si quis . . certet

Ne longum faciam: seu me tranquilla senectus
Exspectat seu Mors atris circumvolat alis,
Dives, inops, Romae, seu fors ita jusserit, exul,
Quisquis erit vitae, scribam, color. *Trebat.* O puer, ut sis
Vitalis metuo, et majorum ne quis amicus
Frigore te feriat. *Horat.* Quid, cum est Lucilius ausus
Primus in hunc operis componere carmina morem,
Detrahere et pellem, nitidus qua quisque per ora
Cederet, introrsum turpis, num Laelius aut qui
Duxit ab oppressa meritum Carthagine nomen,
Ingenio offensi, aut laeso doluere Metello
Famosisque Lupo cooperto versibus? Atqui
Primores populi arripuit populumque tributim,
Scilicet uni aequus virtuti atque ejus amicis.
Quin ubi se a volgo et scaena in secreta remôrant
Virtus Scipiadae et mitis sapientia Laeli,
Nugari cum illo et discincti ludere, donec
Decoqueretur olus, soliti. Quicquid sum ego, quamvis
Infra Lucili censum ingeniumque, tamen me
Cum magnis vixisse invita fatebitur usque
Invidia, et, fragili quaerens illidere dentem,
Offendet solido,—nisi quid tu, docte Trebati,
Dissentis. *Trebat.* Equidem nihil hinc diffindere possum.
Sed tamen ut monitus caveas, ne forte negoti
Incutiat tibi quid sanctarum inscitia legum:
Si mala condiderit in quem quis carmina, jus est
Judiciumque. *Horat.* Esto, si quis mala; sed bona si quis
Judice condiderit laudatus Caesare? si quis
Opprobriis dignum latraverit, integer ipse?
*Trebat.* Solventur risu tabulae, tu missus abibis.

## II.

Quae virtus et quanta, boni, sit vivere parvo,
(Nec meus hic sermo est, sed quae praecepit Ofellus
Rusticus, abnormis sapiens, crassaque Minerva,)
Discite, non inter lances mensasque nitentes,

59 luserit *pauci* 65 et qui 71 scena 79 diffingere 84 laudatur 85 laceraverit 1 bonis 2 quem 2 Ofella *c coni.* 3 abnormi

Cum stupet insanis acies fulgoribus et cum
Acclinis falsis animus meliora recusat,
Verum hic impransi mecum disquirite. Cur hoc?
Dicam, si potero. Male verum examinat omnis
Corruptus judex. Leporem sectatus equove
Lassus ab indomito, vel, si Romana fatigat
Militia adsuetum graecari, seu pila velox,
Molliter austerum studio fallente laborem,
Seu te discus agit, pete cedentem aëra disco;
Cum labor extuderit fastidia, siccus, inanis
Sperne cibum vilem; nisi Hymettia mella Falerno
Ne biberis diluta. Foris est promus, et atrum
Defendens pisces hiemat mare: cum sale panis
Latrantem stomachum bene leniet. Unde putas aut
Qui partum? Non in caro nidore voluptas
Summa, sed in te ipso est. Tu pulmentaria quaere
Sudando; pinguem vitiis albumque neque ostrea
Nec scarus aut poterit peregrina juvare lagois.
Vix tamen eripiam, posito pavone, velis quin
Hoc potius quam gallina tergere palatum,
Corruptus vanis rerum, quia veneat auro
Rara avis, et picta pandat spectacula cauda;
Tamquam ad rem attineat quicquam. Num vesceris ista
Quam laudas pluma? Cocto num adest honor idem?
Carne tamen quamvis distat nihil hac magis illa,
Imparibus formis deceptum te patet. Esto:
Unde datum sentis, lupus hic Tiberinus an alto
Captus hiet? pontesne inter jactatus an amnis
Ostia sub Tusci? Laudas, insane, trilibrem
Mullum, in singula quem minuas pulmenta necesse est.
Ducit te species, video: quo pertinet ergo
Proceros odisse lupos? Quia scilicet illis
Majorem natura modum dedit, his breve pondus.
Jejunus raro stomachus volgaria temnit.
"Porrectum magno magnum spectare catino
Vellem," ait Harpyiis gula digna rapacibus. At vos

14 extulerit 21 viciis 23 tandem 29 nil 29 illam
30 petere 35 quid 38 tempnit

Praesentes, Austri, coquite horum obsonia! Quamquam
Putet aper rhombusque recens, mala copia quando
Aegrum sollicitat stomachum, cum rapula plenus
Atque acidas mavult inulas. Necdum omnis abacta
Pauperies epulis regum; nam vilibus ovis
Nigrisque est oleis hodie locus. Haud ita pridem
Galloni praeconis erat acipensere mensa
Infamis. Quid? tunc rhombos minus aequor alebat?
Tutus erat rhombus, tutoque ciconia nido,
Donec vos auctor docuit praetorius. Ergo
Si quis nunc mergos suaves edixerit assos,
Parebit pravi docilis Romana juventus.

Sordidus a tenui victu distabit, Ofello
Judice; nam frustra vitium vitaveris illud,
Si te alio pravum detorseris. Avidienus,
Cui Canis ex vero ductum cognomen adhaeret,
Quinquennes oleas est et silvestria corna,
Ac nisi mutatum parcit defundere vinum, et
Cujus odorem olei nequeas perferre, (licebit
Ille repotia, natales, aliosve dierum
Festos albatus celebret,) cornu ipse bilibri
Caulibus instillat, veteris non parcus aceti.
Quali igitur victu sapiens utetur, et horum
Utrum imitabitur? Hac urget lupus, hac canis, aiunt.
Mundus erit, qua non offendat sordibus, atque
In neutram partem cultus miser. Hic neque servis,
Albuci senis exemplo, dum munia didit,
Saevus erit; nec sic ut simplex Naevius unctam
Convivis praebebit aquam: vitium hoc quoque magnum.

Accipe nunc victus tenuis quae quantaque secum
Afferat. In primis valeas bene: nam variae res
Ut noceant homini, credas, memor illius escae
Quae simplex olim tibi sederit; at simul assis

41 quamvis 47 accipensere 48 aequora alebant 53 distabat
56 dictum 58 diffundere 64 angit 65 qui 65 offendit
65 sordidus 69 praebebat 71 imprimis 73 ac

Miscueris elixa, simul conchylia turdis,
Dulcia se in bilem vertent, stomachoque tumultum
Lenta feret pituita. Vides ut pallidus omnis
Cena desurgat dubia? Quin corpus onustum
Hesternis vitiis animum quoque praegravat una,
Atque affigit humo divinae particulam aurae.
Alter, ubi dicto citius curata sopori
Membra dedit, vegetus praescripta ad munia surgit.
Hic tamen ad melius poterit transcurrere quondam,
Sive diem festum rediens advexerit annus,
Seu recreare volet tenuatum corpus, ubique
Accedent anni et tractari mollius aetas
Imbecilla volet; tibi quidnam accedet ad istam,
Quam puer et validus praesumis, mollitiem, seu
Dura valetudo inciderit seu tarda senectus?
Rancidum aprum antiqui laudabant, non quia nasus
Illis nullus erat, sed, credo, hac mente, quod hospes
Tardius adveniens vitiatum commodius quam
Integrum edax dominus consumeret. Hos utinam inter
Heroas natum tellus me prima tulisset!
Das aliquid famae, quae carmine gratior aurem
Occupat humanam? Grandes rhombi patinaeque
Grande ferunt una cum damno dedecus; adde
Iratum patruum, vicinos, te tibi iniquum
Et frustra mortis cupidum, cum deerit egenti
As, laquei pretium. "Jure," inquit, "Trausius istis
Jurgatur verbis; ego vectigalia magna
Divitiasque habeo tribus amplas regibus." Ergo
Quod superat non est melius quo insumere possis?
Cur eget indignus quisquam te divite? Quare
Templa ruunt antiqua deûm? Cur, improbe, carae
Non aliquid patriae tanto emetiris acervo?
Uni nimirum recte tibi semper erunt res,
O magnus posthac inimicis risus! Uterne
Ad casus dubios fidet sibi certius? hic qui
Pluribus adsuerit mentem corpusque superbum,

77 caena 79 affligit 83 adduxerit 95 occupet 99 aes
99 inquis *perpauci* 106 rectae 106 eunt *e coni*

An qui contentus parvo metuensque futuri
In pace, ut sapiens, aptarit idonea bello?

Quo magis his credas, puer hunc ego parvus Ofellum
Integris opibus novi non latius usum
Quam nunc accisis. Videas metato in agello
Cum pecore et gnatis fortem mercede colonum,
"Non ego," narrantem, "temere edi luce profesta
Quicquam praeter olus fumosae cum pede pernae.
Ac mihi seu longum post tempus venerat hospes,
Sive operum vacuo gratus conviva per imbrem
Vicinus, bene erat non piscibus urbe petitis,
Sed pullo atque haedo; tum pensilis uva secundas
Et nux ornabat mensas cum duplice ficu.
Post hoc ludus erat culpa potare magistra,
Ac venerata Ceres, ita culmo surgeret alto,
Explicuit vino contractae seria frontis.
Saeviat atque novos moveat Fortuna tumultus:
Quantum hinc imminuet? Quanto aut ego parcius aut vos,
O pueri, nituistis, ut huc novus incola venit?
Nam propriae telluris herum natura neque illum
Nec me nec quemquam statuit: nos expulit ille;
Illum aut nequities aut vafri inscitia juris,
Postremum expellet certe vivacior heres.
Nunc ager Umbreni sub nomine, nuper Ofelli
Dictus, erit nulli proprius, sed cedet in usum
Nunc mihi, nunc alii. Quocirca vivite fortes,
Fortiaque adversis opponite pectora rebus."

## III.

*Damasippus.* Sic raro scribis, ut toto non quater anno
Membranam poscas, scriptorum quaeque retexens,
Iratus tibi, quod, vini somnique benignus,
Nil dignum sermone canas. Quid fiet? At ipsis

118 at 124 ut *pauci* 127 quantum 128 vixistis *pauci* 128 veni 132 postremo 134 erat 134 cedit, cedere 1 si 1 scribis tu *M. coni., R.,* scribes 4 ab

Saturnalibus huc fugisti. Sobrius ergo
Dic aliquid dignum promissis! Incipe! Nil est.
Culpantur frustra calami, immeritusque laborat
Iratis natus paries dis atque poëtis.
Atqui voltus erat multa et praeclara minantis,
Si vacuum tepido cepisset villula tecto.
Quorsum pertinuit stipare Platona Menandro,
Eupolin, Archilochum, comites educere tantos?
Invidiam placare paras virtute relicta?
Contemnere, miser! Vitanda est improba Siren
Desidia, aut quicquid vita meliore parasti
Ponendum aequo animo. *Horat.* Di te, Damasippe, deaeque
Verum ob consilium donent tonsore. Sed unde
Tam bene me nosti? *Dam.* Postquam omnis res mea Janum
Ad medium fracta est, aliena negotia curo,
Excussus propriis. Olim nam quaerere amabam,
Quo vafer ille pedes lavisset Sisyphus aere,
Quid sculptum infabre, quid fusum durius esset;
Callidus huic signo ponebam milia centum;
Hortos egregiasque domos mercarier unus
Cum lucro noram; unde frequentia Mercuriale
Imposuere mihi cognomen compita. *Horat.* Novi,
Et miror morbi purgatum te illius. *Dam.* Atqui
Emovit veterem mire novus, ut solet, in cor
Trajecto lateris miseri capitisve dolore,
Ut lethargicus hic cum fit pugil et medicum urget.
*Horat.* Dum ne quid simile huic, esto ut libet. *Dam.* O bone, ne te
Frustrere; insanis et tu, stultique prope omnes,
Si quid Stertinius veri crepat, unde ego mira
Descripsi docilis praecepta haec, tempore quo me
Solatus jussit sapientem pascere barbam
Atque a Fabricio non tristem ponte reverti.
Nam, male re gesta, cum vellem mittere operto
Me capite in flumen, dexter stetit et "Cave faxis

5 esto 22 scalptum 29 capitisque 33 verum

Te quicquam indignum! Pudor" inquit "te malus angit.
Insanos qui inter vereare insanus haberi.
Primum nam inquiram quid sit *furere:* hoc si erit in te
Solo, nil verbi, pereas quin fortiter, addam.
Quem mala stultitia et quemcumque inscitia veri
Caecum agit, *insanum* Chrysippi porticus et grex
Autumat. Haec populos, haec magnos formula reges,
Excepto sapiente, tenet. Nunc accipe quare
Desipiant omnes aeque ac tu, qui tibi nomen
*Insano* posuere. Velut silvis, ubi passim
Palantes error certo de tramite pellit,
Ille sinistrorsum, hic dextrorsum abit: unus utrique
Error, sed variis illudit partibus: hoc te
Crede modo insanum, nihilo ut sapientior ille,
Qui te deridet, caudam trahat. Est genus unum
Stultitiae nihilum metuenda timentis, ut ignes,
Ut rupes fluviosque in campo obstare queratur;
Alterum et huic varum et nihilo sapientius ignes
Per medios fluviosque ruentis: clamet amica
Mater, honesta soror cum cognatis, pater, uxor,
"Hic fossa est ingens, hic rupes maxima! serva!"
Non magis audierit quam Fusius ebrius olim,
Cum Ilionam edormit, Catienis mille ducentis
"*Mater, te appello!*" clamantibus. Huic ego volgus
Errori similem cunctum insanire docebo.
Insanit veteres statuas Damasippus emendo:
Integer est mentis Damasippi creditor? Esto!
"Accipe quod numquam reddas mihi," si tibi dicam,
Tune insanus eris si acceperis? an magis excors
Rejecta praeda, quam praesens Mercurius fert?
Scribe decem a Nerio; non est satis: adde Cicutae
Nodosi tabulas centum, mille adde catenas:
Effugiet tamen haec sceleratus vincula Proteus.
Cum rapies in jus malis ridentem alienis,
Fiet aper, modo avis, modo saxum, et, cum volet, arbor.
Si male rem gerere insani est, contra bene sani,

**39** urget **48** insani **50** utrisque **56** varium **60** Fufius
**62** vulgum **69** a *omit.* **72** iura

Putidius multo cerebrum est, mihi crede, Perelli,
Dictantis quod tu numquam rescribere possis.

Audire atque togam jubeo componere, quisquis
Ambitione mala aut argenti pallet amore,
Quisquis luxuria tristive superstitione
Aut alio mentis morbo calet; huc propius me,
Dum doceo insanire omnes, vos ordine adite.

Danda est ellebori multo pars maxima avaris;
Nescio an Anticyram ratio illis destinet omnem.
Heredes Staberi summam incidere sepulchro,
Ni sic fecissent, gladiatorum dare centum
Damnati populo paria atque epulum arbitrio Arri,
Frumenti quantum metit Africa. "Sive ego prave
Seu recte hoc volui, ne sis patruus mihi." Credo
Hoc Staberi prudentem animum vidisse. Quid ergo
Sensit, cum summam patrimoni insculpere saxo
Heredes voluit? Quoad vixit, credidit ingens
Pauperiem vitium et cavit nihil acrius, ut, si
Forte minus locuples uno quadrante perisset,
Ipse videretur sibi nequior: omnis enim res,
Virtus, fama, decus, divina humanaque pulchris
Divitiis parent; quas qui construxerit, ille
Clarus erit, fortis, justus. 'Sapiensne?' Etiam, et rex,
Et quicquid volet. Hoc, veluti virtute paratum,
Speravit magnae laudi fore. Quid simile isti
Graecus Aristippus? qui servos projicere aurum
In media jussit Libya, quia tardius irent
Propter onus segnes. Uter est insanior horum? —
Nil agit exemplum, litem quod lite resolvit.
Si quis emat citharas, emptas comportet in unum,
Nec studio citharae nec Musae deditus ulli,
Si scalpra et formas non sutor, nautica vela
Aversus mercaturis, delirus et amens
Undique dicatur merito. Qui discrepat istis

75 Perilli 93 periret 96 contraxerit 97 sapiensque
107 adversus 108 quid 108 iste

Qui nummos aurumque recondit, nescius uti
Compositis, metuensque velut contingere sacrum?
Si quis ad ingentem frumenti semper acervum
Porrectus vigilet cum longo fuste, neque illinc
Audeat esuriens dominus contingere granum,
Ac potius foliis parcus vescatur amaris;
Si positis intus Chii veterisque Falerni
Mille cadis — nihil est, tercentum milibus — acre
Potet acetum; age, si et stramentis incubet, unde-
Octoginta annos natus, cui stragula vestis,
Blattarum ac tinearum epulae, putrescat in arca:
Nimirum insanus paucis videatur, eo quod
Maxima pars hominum morbo jactatur eodem.
Filius aut etiam haec libertus ut ebibat heres,
Dis inimice senex, custodis? Ne tibi desit?
Quantulum enim summae curtabit quisque dierum,
Unguere si caules oleo meliore caputque
Coeperis impexa foedum porrigine? Quare,
Si quidvis satis est, perjuras, surripis, aufers
Undique? Tun' sanus? Populum si caedere saxis
Incipias servosve tuos quos aere pararis,
Insanum te omnes pueri clamentque puellae:
Cum laqueo uxorem interimis matremque veneno,
Incolumi capite es? 'Quid enim?' Neque tu hoc facis Argis,
Nec ferro ut demens genetricem occidis Orestes.
An tu reris eum occisa insanisse parente,
Ac non ante malis dementem actum Furiis quam
In matris jugulo ferrum tepefecit acutum?
Quin, ex quo est habitus male tutae mentis Orestes,
Nil sane fecit quod tu reprehendere possis:
Non Pyladen ferro violare ausus ve sororem
Electram, tantum maledicit utrique, vocando
Hanc Furiam, hunc aliud, jussit quod splendida bilis.
Pauper Opimius argenti positi intus et auri,
Qui Veientanum festis potare diebus
Campana solitus trulla vappamque profestis,

116 trecentum 117 incubet udis *e coni.* 128 tum 129 servosque 133 genitricem 133 occidit 134 at

Quondam lethargo grandi est oppressus, ut heres
Jam circum loculos et claves laetus ovansque
Curreret. Hunc medicus multum celer atque fidelis
Excitat hoc pacto: mensam poni jubet atque
Effundi saccos nummorum, accedere plures
Ad numerandum: hominem sic erigit. Addit et illud,
"Ni tua custodis, avidus jam haec auferet heres."
"Men' vivo?" "Ut vivas, igitur, vigila: hoc age." "Quid vis?"
"Deficient inopem venae te, ni cibus atque
Ingens accedit stomacho fultura ruenti.
Tu cessas? Agedum, sume hoc ptisanarium oryzae."
"Quanti emptae?" "Parvo." "Quanti, ergo?" "Octussibus." "Eheu!
Quid refert, morbo an furtis pereamque rapinis?"

Quisnam igitur sanus? Qui non stultus. Quid avarus?
Stultus et insanus. Quid, si quis non sit avarus,
Continuo sanus? Minime. Cur, Stoïce? Dicam.
Non est cardiacus (Craterum dixisse putato)
Hic aeger: recte est igitur surgetque? Negabit,
Quod latus aut renes morbo temptentur acuto.
Non est perjurus neque sordidus; immolet aequis
Hic porcum Laribus: verum ambitiosus et audax;
Naviget Anticyram. Quid enim differt, barathrone
Dones quicquid habes, an numquam utare paratis?
Servius Oppidius Canusi duo praedia, dives
Antiquo censu, gnatis divisse duobus
Fertur, et hoc moriens pueris dixisse vocatis
Ad lectum: "Postquam te talos, Aule, nucesque
Ferre sinu laxo, donare et ludere vidi,
Te, Tiberi, numerare, cavis abscondere tristem,
Extimui ne vos ageret vesania discors,
Tu Nomentanum, tu ne sequerere Cicutam.
Quare per divos oratus uterque Penates,

154 accedat 157 pereamve 163 temptantur, tententur
170 haec *pauci*

Tu cave ne minuas, tu ne majus facias id
Quod satis esse putat pater et natura coërcet.
Praeterea ne vos titillet Gloria, jure
Jurando obstringam ambo: uter aedilis fueritve
Vestrum praetor, is intestabilis et sacer esto.
In cicere atque faba bona tu perdasque lupinis,
Latus ut in Circo spatiere et aëneus ut stes,
Nudus agris, nudus nummis, insane, paternis?
Scilicet ut plausus, quos fert Agrippa, feras tu,
Astuta ingenuum volpes imitata leonem!"—
"Ne quis humasse velit Ajacem, Atrida, vetas cur?"
"Rex sum." "Nil ultra quaero plebeius." "Et aequam
Rem imperito; ac si cui videor non justus, inulto
Dicere quod sentit permitto." "Maxime regum,
Di tibi dent capta classem redducere Troja!
Ergo consulere et mox respondere licebit?"
"Consule." "Cur Ajax, heros ab Achille secundus,
Putescit, totiens servatis clarus Achivis?
Gaudeat ut populus Priami Priamusque inhumato,
Per quem tot juvenes patrio caruere sepulchro?"
"Mille ovium insanus morti dedit, inclutum Ulixen
Et Menelaum una mecum se occidere clamans."
"Tu, cum pro vitula statuis dulcem Aulide natam
Ante aras, spargisque mola caput, improbe, salsa,
Rectum animi servas?"—"Quorsum?"—"Insanus quid enim Ajax
Fecit, cum stravit ferro pecus? Abstinuit vim
Uxore et gnato; mala multa precatus Atridis,
Non ille aut Teucrum aut ipsum violavit Ulixen."
"Verum ego, ut haerentes adverso litore naves
Eriperem, prudens placavi sanguine divos."
"Nempe tuo, furiose." "Meo, sed non furiosus."
Qui species alias veris scelerisque tumultu
Permixtas capiet, commotus habebitur, atque
Stultitiane erret nihilum distabit an ira.
Ajax immeritos cum occidit desipit agnos:

183 aut aeneus 191 reducere, deducere 194 putrescit
197 inclitum 201 quorsum insanus? quid 208 veri
211 cum immeritos, inmeritos dum

Cum prudens scelus ob titulos admittis inanes,
Stas animo, et purum est vitio tibi, cum tumidum est, cor?
Si quis lectica nitidam gestare amet agnam,
Huic vestem, ut gnatae, paret, ancillas paret, aurum,
Rufam aut Pusillam appellet, fortique marito
Destinet uxorem, interdicto huic omne adimat jus
Praetor, et ad sanos abeat tutela propinquos.
Quid? si quis gnatam pro muta devovet agna,
Integer est animi? Ne dixeris. Ergo ubi prava
Stultitia, hic summa est insania; qui sceleratus,
Et furiosus erit; quem cepit vitrea fama,
Hunc circumtonuit gaudens Bellona cruentis.

Nunc age, luxuriam et Nomentanum arripe mecum:
Vincet enim stultos ratio insanire nepotes.
Hic simul accepit patrimoni mille talenta,
Edicit, piscator uti, pomarius, auceps,
Unguentarius, ac Tusci turba impia vici,
Cum scurris fartor, cum Velabro omne macellum,
Mane domum veniant. Quid tum? Venere frequentes.
Verba facit leno: "Quicquid mihi, quicquid et horum
Cuique domi est, id crede tuum, et vel nunc pete vel cras."
Accipe quid contra juvenis responderit aequus:
"In nive Lucana dormis ocreatus, ut aprum
Cenem ego; tu pisces hiberno ex aequore verris.
Segnis ego, indignus qui tantum possideam: aufer!
Sume tibi decies; tibi tantundem; tibi triplex,
Unde uxor media currit de nocte vocata."
Filius Aesopi detractam ex aure Metellae,
Scilicet ut decies solidum absorberet, aceto
Diluit insignem bacam: qui sanior ac si
Illud idem in rapidum flumen jaceretve cloacam?
Quinti progenies Arri, par nobile fratrum,
Nequitia et nugis pravorum et amore gemellum,

212 committis 225 vincit 235 caenem 235 vellis
240 exsorberet 241 baccam *editores, non codices*

Luscinias soliti impenso prandere coëmptas,
Quorsum abeant? Sanin' creta, an carbone notandi?

Aedificare casas, plostello adjungere mures,
Ludere par impar, equitare in arundine longa,
Si quem delectet barbatum, amentia verset.
Si puerilius his ratio esse evincet amare,
Nec quicquam differre utrumne in pulvere, trimus
Quale prius, ludas opus, an meretricis amore
Sollicitus plores, quaero, faciasne quod olim
Mutatus Polemon? ponas insignia morbi,
Fasciolas, cubital, focalia, potus ut ille
Dicitur ex collo furtim carpsisse coronas,
Postquam est impransi correptus voce magistri?
Porrigis irato puero cum poma, recusat:
"Sume, catelle!" negat; si non des, optet: amator
Exclusus qui distat, agit ubi secum eat an non,
Quo rediturus erat non arcessitus, et haeret
Invisis foribus? "Nec nunc, cum me vocat ultro,
Accedam? an potius mediter finire dolores?
Exclusit; revocat: redeam? Non, si obsecret." Ecce
Servus, non paulo sapientior: "O here, quae res
Nec modum habet neque consilium, ratione modoque
Tractari non volt. In amore haec sunt mala, bellum,
Pax rursum: haec si quis tempestatis prope ritu
Mobilia et caeca fluitantia sorte laboret
Reddere certa sibi, nihilo plus explicet ac si
Insanire paret certa ratione modoque."
Quid? cum, Picenis excerpens semina pomis,
Gaudes si cameram percusti forte, penes te es?
Quid? cum balba feris annoso verba palato,
Aedificante casas qui sanior? Adde cruorem
Stultitiae, atque ignem gladio scrutare. Modo, inquam,
Hellade percussa Marius cum praecipitat se,
Cerritus fuit? an commotae crimine mentis
Absolves hominem, et sceleris damnabis eundem,
Ex more imponens cognata vocabula rebus?

246 sani ut, sani 247 plaustello 250 sic 255 cubitale
259 optat 261 accersitus 262 invisus 262 ne 262 vocet
277 *alii distinguunt* scrutare modo, inquam.

Libertinus erat, qui circum compita siccus
Lautis mane senex manibus currebat et "Unum"
("Quid tam magnum?" addens), "unum me surpite morti,
Dis etenim facile est!" orabat; sanus utrisque
Auribus atque oculis; mentem, nisi litigiosus,
Exciperet dominus cum venderet. Hoc quoque volgus
Chrysippus ponit fecunda in gente Meneni.
"Juppiter, ingentes qui das adimisque dolores,"
Mater ait pueri menses jam quinque cubantis,
"Frigida si puerum quartana reliquerit, illo
Mane die, quo tu indicis jejunia, nudus
In Tiberi stabit." Casus medicusve levarit
Aegrum ex praecipiti: mater delira necabit
In gelida fixum ripa febrimque reducet.
Quone malo mentem concussa? Timore deorum."—
Haec mihi Stertinius, sapientum octavus, amico
Arma dedit, posthac ne compellarer inultus.
Dixerit insanum qui me, totidem audiet, atque
Respicere ignoto discet pendentia tergo.

*Horat.* Stoice, post damnum sic vendas omnia pluris,
Qua me stultitia, quoniam non est genus unum,
Insanire putas? Ego nam videor mihi sanus.
*Dam.* Quid? caput abscissum manibus cum portat Agave
Gnati infelicis, sibi tum furiosa videtur?
*Horat.* Stultum me fateor, (liceat concedere veris,)
Atque etiam insanum; tantum hoc edissere, quo me
Aegrotare putes animi vitio? *Dam.* Accipe: primum
Aedificas, hoc est, longos imitaris, ab imo
Ad summum totus moduli bipedalis; et idem
Corpore majorem rides Turbonis in armis
Spiritum et incessum: qui ridiculus minus illo?
An quodcumque facit Maecenas, te quoque verum est,
Tantum dissimilem, et tanto certare minorem?

283 quiddam 292 medicusque 295 percussa 300 dampnum
301 quam me stultitiam *e coni.* 303 abscisum
303 demens cum 313 tanto dissimilem

Absentis ranae pullis vituli pede pressis,
Unus ubi effugit, matri denarrat, ut ingens
Belua cognatos eliserit. Illa rogare:
"Quantane? num tantum," sufflans se, "magna fuisset?"
"Major dimidio." "Num tantum?" Cum magis atque
Se magis inflaret, "Non, si te ruperis," inquit,
"Par eris." Haec a te non multum abludit imago.
Adde poëmata nunc, hoc est, oleum adde camino;
Quae si quis sanus fecit, sanus facis et tu.
Non dico horrendam rabiem — *Horat.* Jam desine! — *Dam.* Cultum
Majorem censu — *Horat.* Teneas, Damasippe, tuis te.
O major tandem parcas, insane, minori!

## IV.

*Horat.* Unde et quo Catius? *Cat.* Non est mihi tempus aventi
Ponere signa novis praeceptis, qualia vincant
Pythagoran Anytique reum doctumque Platona.
*Horat.* Peccatum fateor, cum te sic tempore laevo
Interpellârim; sed des veniam bonus, oro.
Quod si interciderit tibi nunc aliquid, repetes mox,
Sive est naturae hoc sive artis, mirus utroque.
*Cat.* Quin id erat curae, quo pacto cuncta tenerem,
Utpote res tenues, tenui sermone peractas.
*Horat.* Ede hominis nomen, simul et, Romanus an hospes.
*Cat.* Ipsa memor praecepta canam, celabitur auctor.

Longa quibus facies ovis erit, illa memento,
Ut suci melioris et ut magis alba rotundis,
Ponere; namque marem cohibent callosa vitellum.
Caule suburbano qui siccis crevit in agris
Dulcior; irriguo nihil est elutius horto.
Si vespertinus subito te oppresserit hospes,
Ne gallina malum responset dura palato,

318 tanto 322 facit, et sanus facies tu 2 vincunt, vincent 11 ipse 13 alma *e coni.*

Doctus eris vivam mixto mersare Falerno;
Hoc teneram faciet. Pratensibus optima fungis
Natura est; aliis male creditur. Ille salubres
Aestates peraget, qui nigris prandia moris
Finiet, ante gravem quae legerit arbore solem.
Aufidius forti miscebat mella Falerno,
Mendose, quoniam vacuis committere venis
Nil nisi lene decet; leni praecordia mulso
Prolueris melius. Si dura morabitur alvus,
Mitulus et viles pellent obstantia conchae
Et lapathi brevis herba, sed albo non sine Coo.
Lubrica nascentes implent conchylia lunae;
Sed non omne mare est generosae fertile testae;
Murice Baiano melior Lucrina peloris,
Ostrea Circeiis, Miseno oriuntur echini,
Pectinibus patulis jactat se molle Tarentum.

Nec sibi cenarum quivis temere arroget artem,
Non prius exacta tenui ratione saporum;
Nec satis est cara pisces averrere mensa
Ignarum quibus est jus aptius et quibus assis
Languidus in cubitum jam se conviva reponet.
Umber et iligna nutritus glande rotundas
Curvat aper lances carnem vitantis inertem;
Nam Laurens malus est, ulvis et arundine pinguis.
Vinea submittit capreas non semper edules.
Fecundae leporis sapiens sectabitur armos.
Piscibus atque avibus quae natura et foret aetas,
Ante meum nulli patuit quaesita palatum.
Sunt quorum ingenium nova tantum crustula promit.
Nequaquam satis in re una consumere curam,
Ut si quis solum hoc, mala ne sint vina, laboret,
Quali perfundat pisces securus olivo.
Massica si caelo supponas vina sereno,
Nocturna, si quid crassi est, tenuabitur aura,
Et decedet odor nervis inimicus; at illa
Integrum perdunt lino vitiata saporem.

37 avertere 39 reponit 41 curvet 42 harundine
44 fecundi 51 suppones

Surrentina vafer qui miscet faece Falerna
Vina, columbino limum bene colligit ovo,
Quatenus ima petit volvens aliena vitellus.
Tostis marcentem squillis recreabis et Afra
Potorem cochlea: nam lactuca innatat acri
Post vinum stomacho; perna magis ac magis hillis
Flagitat immorsus refici; quin omnia malit,
Quaecumque immundis fervent allata popinis.
Est operae pretium duplicis pernoscere juris
Naturam. Simplex e dulci constat olivo,
Quod pingui miscere mero muriaque decebit,
Non alia quam qua Byzantia putuit orca.
Hoc ubi confusum sectis inferbuit herbis
Corycioque croco sparsum stetit, insuper addes
Pressa Venafranae quod baca remisit olivae.
Picenis cedunt pomis Tiburtia suco;
Nam facie praestant. Venucula convenit ollis;
Rectius Albanam fumo duraveris uvam.
Hanc ego cum malis, ego faecem primus et allec,
Primus et invenior piper album cum sale nigro
Incretum puris circumposuisse catillis.
Immane est vitium dare milia terna macello
Angustoque vagos pisces urgere catino.
Magna movet stomacho fastidia, seu puer unctis
Tractavit calicem manibus, dum furta ligurrit,
Sive gravis veteri craterae limus adhaesit.
Vilibus in scopis, in mappis, in scobe quantus
Consistit sumptus? Neglectis, flagitium ingens.
Ten' lapides varios lutulenta radere palma
Et Tyrias dare circum inluta toralia vestes,
Oblitum, quanto curam sumptumque minorem
Haec habeant, tanto reprehendi justius illis
Quae nisi divitibus nequeant contingere mensis?

*Horat.* Docte Cati, per amicitiam divosque rogatus,
Ducere me auditum, perges quocumque, memento.

57 quatinus 57 petat 61 in morsus 69 bacca 70 succo
73 halec *F.*, *J.* 78 movent 78 stomachum 79 frusta
79 ligurit 84 illota 87 nequeunt

Nam quamvis memori referas mihi pectore cuncta,
Non tamen interpres tantundem juveris. Adde
Voltum habitumque hominis, quem tu vidisse beatus
Non magni pendis, quia contigit; at mihi cura
Non mediocris inest, fontes ut adire remotos
Atque haurire queam vitae praecepta beatae.

## V.

*Ulixes.* Hoc quoque, Tiresia, praeter narrata petenti
Responde, quibus amissas reparare queam res
Artibus atque modis. Quid rides? *Tiresias.* Jamne doloso
Non satis est Ithacam revehi patriosque penates
Aspicere? *Ulix.* O nulli quicquam mentite, vides ut
Nudus inopsque domum redeam, te vate; neque illic
Aut apotheca procis intacta est aut pecus; atqui
Et genus et virtus, nisi cum re, vilior alga est.

*Tir.* Quando pauperiem, missis ambagibus, horres,
Accipe qua ratione queas ditescere. Turdus
Sive aliud privum dabitur tibi, devolet illuc
Res ubi magna nitet domino sene; dulcia poma
Et quoscumque feret cultus tibi fundus honores,
Ante Larem gustet venerabilior Lare dives;
Qui quamvis perjurus erit, sine gente, cruentus
Sanguine fraterno, fugitivus, ne tamen illi
Tu comes exterior, si postulet, ire recuses.
*Ulix.* Utne tegam spurco Damae latus? Haud ita Trojae
Me gessi, certans semper melioribus. *Tir.* Ergo
Pauper eris. *Ulix.* Fortem hoc animum tolerare jubebo;
Et quondam majora tuli. Tu protinus, unde
Divitias aerisque ruam dic, augur, acervos.
*Tir.* Dixi equidem et dico: captes astutus ubique
Testamenta senum, neu, si vafer unus et alter

90 referas memori 3 dolose *pauci* 18 visne 18 haut
22 eruam *glossema*

Insidiatorem praeroso fugerit hamo,
Aut spem deponas aut artem illusus omittas.
Magna minorve foro si res certabitur olim,
Vivet uter locuples sine gnatis, improbus, ultro
Qui meliorem audax vocet in jus, illius esto
Defensor; fama civem causaque priorem
Sperne, domi si gnatus erit fecundave conjunx.
"Quinte," puta, aut "Publi," (gaudent praenomine molles
Auriculae) "tibi me virtus tua fecit amicum;
Jus anceps novi, causas defendere possum;
Eripiet quivis oculos citius mihi, quam te
Contemptum cassa nuce pauperet; haec mea cura est,
Ne quid tu perdas, neu sis jocus." Ire domum atque
Pelliculam curare jube; fi cognitor ipse.
Persta atque obdura, seu *rubra Canicula findet*
*Infantes statuas*, seu pingui tentus omaso
Furius *hibernas cana nive conspuet Alpes.*
"Nonne vides," aliquis cubito stantem prope tangens
Inquiet, "ut patiens! ut amicis aptus! ut acer!"
Plures adnabunt thunni et cetaria crescent.

Si cui praeterea validus male filius in re
Praeclara sublatus aletur, ne manifestum
Caelibis obsequium nudet te, leniter in spem
Adrepe officiosus, ut et scribare secundus
Heres, et, si quis casus puerum egerit Orco,
In vacuum venias: perraro haec alea fallit.
Qui testamentum tradet tibi cumque legendum,
Abnuere et tabulas a te removere memento,
Sic tamen, ut limis rapias, quid prima secundo
Cera velit versu; solus multisne coheres,
Veloci percurre oculo. Plerumque recoctus
Scriba ex quinqueviro corvum deludet hiantem,
Captatorque dabit risus Nasica Corano.
*Ulix.* Num furis? an prudens ludis me obscura canendo?
*Tir.* O Laërtiade, quicquid dicam aut erit aut non:

36 quassa 38 sis 53 limus 56 deludit

Divinare etenim magnus mihi donat Apollo.
*Ulix.* Quid tamen ista velit sibi fabula, si licet, ede.
*Tir.* Tempore quo juvenis Parthis horrendus, ab alto
Demissum genus Aenea, tellure marique
Magnus erit, forti nubet procera Corano
Filia Nasicae, metuentis reddere soldum.
Tum gener hoc faciet: tabulas socero dabit atque
Ut legat orabit; multum Nasica negatas
Accipiet tandem et tacitus leget, invenietque
Nil sibi legatum praeter plorare suisque.

Illud ad haec jubeo: mulier si forte dolosa
Libertusve senem delirum temperet, illis
Accedas socius; laudes, lauderis ut absens;
Adjuvat hoc quoque, sed vincit longe prius ipsum
Expugnare caput. Scribet mala carmina vecors:
Laudato. Scortator erit: cave te roget; ultro
Penelopam facilis potiori trade. *Ulix.* Putasne?
Perduci poterit tam frugi tamque pudica,
Quam nequiere proci recto depellere cursu?
*Tir.* Venit enim, magnum donandi parca, juventus,
Nec tantum veneris, quantum studiosa culinae.
Sic tibi Penelope frugi est, quae si semel uno
De sene gustarit tecum partita lucellum,
Ut canis a corio numquam absterrebitur uncto.

Me sene quod dicam factum est: anus improba Thebis
Ex testamento sic est elata: cadaver
Unctum oleo largo nudis humeris tulit heres,
Scilicet elabi si posset mortua; credo,
Quod nimium institerat viventi. Cautus adito,
Neu desis operae, neve immoderatus abundes.
Difficilem et morosum offendet garrulus; ultra
Non etiam sileas; Davus sis comicus, atque
Stes capite obstipo, multum similis metuenti.
Obsequio grassare; mone, si increbuit aura,
Cautus uti velet carum caput; extrahe turba

73 vincet 74 scribit 76 Penelopem 83 exterrebitur
87 elabi sic, ut labi sic 90 offendes *B. coni.* 90 ultro
90 *distinguunt alii* garrulus ultra (*uel* ultro); 93 increpuit

Oppositis humeris; aurem substringe loquaci.
Importunus amat laudari; donec "Ohe jam!"
Ad caelum manibus sublatis dixerit, urge,
Crescentem tumidis infla sermonibus utrem.

Cum te servitio longo curaque levârit,
Et certum vigilans, QUARTAE SIT PARTIS ULIXES,
Audieris, HERES: "Ergo nunc Dama sodalis
Nusquam est? Unde mihi tam fortem tamque fidelem?"
Sparge subinde, et, si paulum potes, illacrimare: est
Gaudia prodentem voltum celare. Sepulchrum
Permissum arbitrio sine sordibus exstrue; funus
Egregie factum laudet vicinia. Si quis
Forte coheredum senior male tussiet, huic tu
Dic, ex parte tua seu fundi sive domus sit
Emptor, gaudentem nummo te addicere.—Sed me
Imperiosa trahit Proserpina: vive valeque!

## VI.

Hoc erat in votis: modus agri non ita magnus,
Hortus ubi et tecto vicinus jugis aquae fons
Et paulum silvae super his foret. Auctius atque
Di melius fecere. Bene est. Nil amplius oro,
Maia nate, nisi ut propria haec mihi munera faxis.
Si neque majorem feci ratione mala rem,
Nec sum facturus vitio culpave minorem;
Si veneror stultus nihil horum: "O si angulus ille
Proximus accedat, qui nunc denormat agellum!
O si urnam argenti fors quae mihi monstret, ut illi,
Thesauro invento qui mercennarius agrum
Illum ipsum mercatus aravit, dives amico
Hercule!" si quod adest gratum juvat, hac prece te oro:
Pingue pecus domino facias et cetera praeter
Ingenium, utque soles, custos mihi maximus adsis!

Ergo ubi me in montes et in arcem ex urbe removi,
Quid prius illustrem satiris Musaque pedestri?

100 esto *pauci* 103 est *omittunt pauci* 103 inlacrima; e re est *e coni.*
106 laudat 7 culpaque 10 qua 11 mercenarius

Nec mala me ambitio perdit nec plumbeus Auster
Autumnusque gravis, Libitinae quaestus acerbae.
Matutine pater, seu Jane libentius audis,
Unde homines operum primos vitaeque labores
Instituunt, (sic dis placitum,) tu carminis esto
Principium. Romae sponsorem me rapis. "Eia,
Ne prior officio quisquam respondeat, urge!"
Sive Aquilo radit terras seu bruma nivalem
Interiore diem gyro trahit, ire necesse est.
Postmodo, quod mi obsit clare certumque locuto,
Luctandum in turba et facienda injuria tardis.
"Quid vis, insane, et quas res agis?" improbus urget
Iratis precibus; "tu pulses omne quod obstat,
Ad Maecenatem memori si mente recurras?"
Hoc juvat et melli est, non mentiar. At simul atras
Ventum est Esquilias, aliena negotia centum
Per caput et circa saliunt latus. "Ante secundam
Roscius orabat sibi adesses ad Puteal cras."
"De re communi scribae magna atque nova te
Orabant hodie meminisses, Quinte, reverti."
"Imprimat his, cura, Maecenas signa tabellis."
Dixeris, "Experiar:" "Si vis, potes," addit et instat.

Septimus octavo propior jam fugerit annus,
Ex quo Maecenas me coepit habere suorum
In numero; dumtaxat ad hoc, quem tollere reda
Vellet iter faciens, et cui concredere nugas
Hoc genus: "Hora quota est?"—"Threx est Gallina
Syro par?"—
"Matutina parum cautos jam frigora mordent;"—
Et quae rimosa bene deponuntur in aure.
Per totum hoc tempus subjectior in diem et horam
Invidiae noster. Ludos spectaverat una,
Luserat in Campo: "Fortunae filius!" omnes.
Frigidus a Rostris manat per compita rumor:
Quicumque obvius est, me consulit: "O bone, (nam te

29 quid tibi vis 29 agis *omittunt* 32 mentior 42 rheda
44 Thrax, Thraex 48 *distinguunt alii* invidiae. Noster
48 spectaverit 49 luserit

Scire, deos quoniam propius contingis, oportet,)
Numquid de Dacis audisti?" "Nil equidem." "Ut tu
Semper eris derisor!" "At omnes di exagitent me,
Si quicquam." "Quid, militibus promissa Triquetra
Praedia Caesar, an est Itala tellure daturus?"
Jurantem me scire nihil mirantur, ut unum
Scilicet egregii mortalem altique silenti.

Perditur haec inter misero lux non sine votis:
O rus, quando ego te aspiciam? quandoque licebit
Nunc veterum libris, nunc somno et inertibus horis
Ducere sollicitae jucunda oblivia vitae?
O quando faba Pythagorae cognata simulque
Uncta satis pingui ponentur oluscula lardo?
O noctes cenaeque deum! quibus ipse meique
Ante Larem proprium vescor vernasque procaces
Pasco libatis dapibus. Prout cuique libido est,
Siccat inaequales calices conviva, solutus
Legibus insanis, seu quis capit acria fortis
Pocula, seu modicis uvescit laetius. Ergo
Sermo oritur, non de villis domibusve alienis,
Nec male necne Lepos saltet; sed quod magis ad nos
Pertinet et nescire malum est agitamus: utrumne
Divitiis homines an sint virtute beati;
Quidve ad amicitias, usus rectumne, trahat nos;
Et quae sit natura boni, summumque quid ejus.

Cervius haec inter vicinus garrit aniles
Ex re fabellas. Si quis nam laudat Arelli
Sollicitas ignarus opes, sic incipit: "Olim
Rusticus urbanum murem mus paupere fertur
Accepisse cavo, veterem vetus hospes amicum,
Asper et attentus quaesitis, ut tamen artum
Solveret hospitiis animum. Quid multa? neque ille
Sepositi ciceris nec longae invidit avenae,
Aridum et ore ferens acinum semesaque lardi
Frusta dedit, cupiens varia fastidia cena

57 miratur 62 iocunda 70 humescit 78 nam si quis 83 illi

Vincere tangentis male singula dente superbo;
Cum pater ipse domus palea porrectus in horna
Esset ador loliumque, dapis meliora relinquens.
Tandem urbanus ad hunc: 'Quid te juvat,' inquit, 'amice,
Praerupti nemoris patientem vivere dorso?
Vis tu homines urbemque feris praeponere silvis?
Carpe viam, mihi crede, comes, terrestria quando
Mortales animas vivunt sortita, neque ulla est
Aut magno aut parvo leti fuga: quo, bone, circa,
Dum licet, in rebus jucundis vive beatus,
Vive memor quam sis aevi brevis.' Haec ubi dicta
Agrestem pepulere, domo levis exsilit; inde
Ambo propositum peragunt iter, urbis aventes
Moenia nocturni subrepere. Jamque tenebat
Nox medium caeli spatium, cum ponit uterque
In locuplete domo vestigia, rubro ubi cocco
Tincta super lectos canderet vestis eburnos,
Multaque de magna superessent fercula cena,
Quae procul exstructis inerant hesterna canistris.
Ergo, ubi purpurea porrectum in veste locavit
Agrestem, veluti succinctus cursitat hospes
Continuatque dapes, nec non verniliter ipsis
Fungitur officiis, praelambens omne quod affert.
Ille cubans gaudet mutata sorte bonisque
Rebus agit laetum convivam, cum subito ingens
Valvarum strepitus lectis excussit utrumque.
Currere per totum pavidi conclave, magisque
Exanimes trepidare, simul domus alta Molossis
Personuit canibus. Tum rusticus 'Haud mihi vita
Est opus hac,' ait, 'et valeas; me silva cavusque
Tutus ab insidiis tenui solabitur ervo.'"

## VII.

*Dav.* Jamdudum ausculto, et cupiens tibi dicere servus
Pauca, reformido. *Herus.* Davusne? *Dav.* Ita, Davus, amicum

109 praelibens 110 valeat *editores quidam*

Mancipium domino et frugi, quod sit satis, hoc est,
Ut vitale putes. *Her.* Age, libertate Decembri,
Quando ita majores voluerunt, utere ; narra.

*Dav.* Pars hominum vitiis gaudet constanter et urget
Propositum ; pars multa natat, modo recta capessens,
Interdum pravis obnoxia. Saepe notatus
Cum tribus anellis, modo laeva Priscus inani,
Vixit inaequalis, clavum ut mutaret in horas,
Aedibus ex magnis subito se conderet, unde
Mundior exiret vix libertinus honeste ;
Jam moechus Romae, jam mallet doctus Athenis
Vivere, Vertumnis, quotquot sunt, natus iniquis.
Scurra Volanerius, postquam illi justa cheragra
Contudit articulos, qui pro se tolleret atque
Mitteret in phimum talos, mercede diurna
Conductum pavit ; quanto constantior isdem
In vitiis, tanto levius miser ac prior illo,
Qui jam contento, jam laxo fune laborat.
*Her.* Non dices hodie, quorsum haec tam putida tendant,
Furcifer ? *Dav.* Ad te, inquam. *Her.* Quo pacto, pessime ? *Dav.* Laudas
Fortunam et mores antiquae plebis, et idem,
Si quis ad illa deus subito te agat, usque recuses,
Aut quia non sentis, quod clamas, rectius esse,
Aut quia non firmus rectum defendis, et haeres
Nequiquam coeno cupiens evellere plantam.
Romae rus optas ; absentem rusticus urbem
Tollis ad astra levis. Si nusquam es forte vocatus
Ad cenam, laudas securum olus, ac, velut usquam
Vinctus eas, ita te felicem dicis amasque
Quod nusquam tibi sit potandum. Jusserit ad se
Maecenas serum sub lumina prima venire
Convivam : "Nemon' oleum fert ocius ? Ecquis
Audit ?" cum magno blateras clamore fugisque.
Mulvius et scurrae, tibi non referenda precati,
Discedunt. "Etenim fateor me," dixerit ille,

**13 doctor 15 chiragra 18 idem 19 ille 20 tam contento quam 27 nequicquam 34 feret 35 furisque**

"Duci ventre levem, nasum nidore supinor,
Imbecillus, iners, si quid vis, adde, popino.
Tu, cum sis quod ego et fortassis nequior, ultro
Insectere velut melior, verbisque decoris
Obvolvas vitium?" Quid, si me stultior ipso
Quingentis empto drachmis deprenderis? Aufer
Me voltu terrere; manum stomachumque teneto,
Dum quae Crispini docuit me janitor edo.
  Te conjunx aliena capit, meretricula Davum.
Tu cum projectis insignibus, anulo equestri
Romanoque habitu, prodis ex judice Dama
Turpis, odoratum caput obscurante lacerna,
Non es quod simulas? Metuens induceris, atque
Altercante libidinibus tremis ossa pavore.
Quid refert, uri virgis ferroque necari
Auctoratus eas, an turpi clausus in arca,
Quo te demisit peccati conscia herilis,
Contractum genibus tangas caput? Estne marito
Matronae peccantis in ambo justa potestas?
Cum te formidet mulier neque credat amanti,
Ibis sub furcam prudens, dominoque furenti
Committes rem omnem et vitam et cum corpore famam.
Evasti: credo metues doctusque cavebis:
Quaeres quando iterum paveas, iterumque perire
Possis, o totiens servus! Quae belua ruptis,
Cum semel effugit, reddit se prava catenis?
"Non sum moechus," ais. Neque ego, hercule, fur, ubi vasa
Praetereo sapiens argentea. Tolle periclum,
Jam vaga prosiliet frenis natura remotis.
Tune mihi dominus, rerum imperiis hominumque
Tot tantisque minor, quem ter vindicta quaterque
Imposita haud umquam misera formidine privet?
Adde super, dictis quod non levius valeat: nam,
Sive vicarius est qui servo paret, uti mos
Vester ait, seu conservus, tibi quid sum ego? Nempe
Tu, mihi qui imperitas, alii servis miser, atque

42 ipse 47 annulo 56 ambos 60 doctus metuensque 69 privat 70 supradictis 70 *distinguunt alii* super dictis, 72 agit 73 aliis

Duceris, ut nervis alienis mobile lignum.
Quisnam igitur liber? Sapiens, sibi qui imperiosus,
Quem neque pauperies, neque mors, neque vincula terrent,
Responsare cupidinibus, contemnere honores
Fortis, et in se ipso totus, teres, atque rotundus,
Externi ne quid valeat per leve morari,
In quem manca ruit semper fortuna. Potesne
Ex his ut proprium quid noscere? Quinque talenta
Poscit te mulier, vexat foribusque repulsum
Perfundit gelida, rursus vocat: eripe turpi
Colla jugo; "Liber, liber sum," dic age! Non quis;
Urget enim dominus mentem non lenis, et acres
Subjectat lasso stimulos, versatque negantem.
Vel cum Pausiaca torpes, insane, tabella,
Qui peccas minus atque ego, cum Fulvi Rutubaeque
Aut Pacideiani contento poplite miror
Proelia rubrica picta aut carbone, velut si
Re vera pugnent, feriant, vitentque moventes
Arma viri? Nequam et cessator Davus; at ipse
Subtilis veterum judex et callidus audis.
Nil ego, si ducor libo fumante: tibi ingens
Virtus atque animus cenis responsat opimis?
Obsequium ventris mihi perniciosius est cur?
Tergo plector enim. Qui tu impunitior illa,
Quae parvo sumi nequeunt, obsonia captas?
Nempe inamarescunt epulae sine fine petitae,
Illusique pedes vitiosum ferre recusant
Corpus. An hic peccat, sub noctem qui puer uvam
Furtiva mutat strigili; qui praedia vendit,
Nil servile, gulae parens, habet? Adde, quod idem
Non horam tecum esse potes, non otia recte
Ponere, teque ipsum vitas, fugitivus et erro,
Jam vino quaerens, jam somno fallere curam:
Frustra: nam comes atra premit sequiturque fugacem.

*Her.* Unde mihi lapidem? *Dav.* Quorsum est opus? *Her.* Unde sagittas?

75 sibique 105 ut erro

*Dav.* Aut insanit homo, aut versus facit. *Her.* Ocius hinc te
Ni rapis, accedes opera agro nona Sabino!

## VIII.

*Horat.* Ut Nasidieni juvit te cena beati?
Nam mihi quaerenti convivam dictus here illic
De medio potare die. *Fundan.* Sic, ut mihi numquam
In vita fuerit melius. *Hor.* Da, si grave non est,
Quae prima iratum ventrem placaverit esca.
*Fund.* In primis Lucanus aper; leni fuit Austro
Captus, ut aiebat cenae pater; acria circum
Rapula, lactucae, radices, qualia lassum
Pervellunt stomachum, siser, allec, faecula Coa.
His ubi sublatis puer alte cinctus acernam
Gausape purpureo mensam pertersit, et alter
Sublegit quodcumque jaceret inutile quodque
Posset cenantes offendere, ut Attica virgo
Cum sacris Cereris procedit fuscus Hydaspes,
Caecuba vina ferens, Alcon Chium maris expers.
Hic herus: "Albanum, Maecenas, sive Falernum
Te magis appositis delectat, habemus utrumque."
*Hor.* Divitias miseras! Sed quis cenantibus una,
Fundani, pulchre fuerit tibi, nosse laboro.
*Fund.* Summus ego, et prope me Viscus Thurinus, et infra,
Si memini, Varius; cum Servilio Balatrone
Vibidius, quas Maecenas adduxerat umbras;
Nomentanus erat super ipsum, Porcius infra,
Ridiculus totas simul absorbere placentas.
Nomentanus ad hoc, qui, si quid forte lateret,
Indice monstraret digito: nam cetera turba,
Nos, inquam, cenamus aves, conchylia, pisces,
Longe dissimilem noto celantia sucum;
Ut vel continuo patuit, cum passeris atque

2 heri 4 dic 5 pacaverit 9 hallec 22 quos 24 semel 24 obsorbere 27 conchilia 28 succum

Ingustata mihi porrexerat ilia rhombi.
Post hoc me docuit melimela rubere minorem
Ad lunam delecta. Quid hoc intersit, ab ipso
Audieris melius. Tum Vibidius Balatroni,
"Nos nisi damnose bibimus, moriemur inulti;"
Et calices poscit majores. Vertere pallor
Tum parochi faciem, nil sic metuentis ut acres
Potores, vel quod male dicunt liberius vel
Fervida quod subtile exsurdant vina palatum.
Invertunt Allifanis vinaria tota
Vibidius Balatroque, secutis omnibus; imi
Convivae lecti nihilum nocuere lagenis.

Affertur squillas inter murena natantes
In patina porrecta. Sub hoc herus "Haec gravida," inquit,
"Capta est, deterior post partum carne futura
His mixtum jus est: oleo quod prima Venafri
Pressit cella; garo de sucis piscis Hiberi;
Vino quinquenni, verum citra mare nato,
Dum coquitur — cocto Chium sic convenit, ut non
Hoc magis ullum aliud; — pipere albo, non sine aceto,
Quod Methymnaeam vitio mutaverit uvam.
Erucas virides, inulas ego primus amaras
Monstravi incoquere; inlutos Curtillus echinos,
Ut melius muria quod testa marina remittat."
Interea suspensa graves aulaea ruinas
In patinam fecere, trahentia pulveris atri
Quantum non Aquilo Campanis excitat agris.
Nos majus veriti, postquam nihil esse pericli
Sensimus, erigimur: Rufus posito capite, ut si
Filius immaturus obisset, flere. Quis esset
Finis, ni sapiens sic Nomentanus amicum
Tolleret: "Heu, Fortuna, quis est crudelior in nos
Te deus? Ut semper gaudes illudere rebus
Humanis!" Varius mappa compescere risum
Vix poterat. Balatro suspendens omnia naso,

30 porrexerit 31 haec 34 moriamur 40 imis 42 muraena
53 quo, quam 53 remittit

"Haec est condicio vivendi," aiebat, "eoque
Responsura tuo numquam est par fama labori.
Tene, ut ego accipiar laute, torquerier omni
Sollicitudine districtum, ne panis adustus,
Ne male conditum jus apponatur, ut omnes
Praecincti recte pueri comptique ministrent!
Adde hos praeterea casus, aulaea ruant si,
Ut modo; si patinam pede lapsus frangat agaso.
Sed convivatoris, uti ducis, ingenium res
Adversae nudare solent, celare secundae."
Nasidienus ad haec: "Tibi di quaecumque preceris
Commoda dent! Ita vir bonus es convivaque comis:"
Et soleas poscit. Tum in lecto quoque videres
Stridere secreta divisos aure susurros.

*Hor.* Nullos his mallem ludos spectasse; sed illa
Redde, age, quae deinceps risisti. *Fund.* Vibidius dum
Quaerit de pueris, num sit quoque fracta lagena,
Quod sibi poscenti non dantur pocula, dumque
Ridetur fictis rerum Balatrone secundo,
Nasidiene, redis mutatae frontis, ut arte
Emendaturus fortunam; deinde secuti
Mazonomo pueri magno discerpta ferentes
Membra gruis sparsi sale multo, non sine farre,
Pinguibus et ficis pastum jecur anseris albae,
Et leporum avolsos, ut multo suavius, armos,
Quam si cum lumbis quis edit. Tum pectore adusto
Vidimus et merulas poni et sine clune palumbes,
Suaves res, si non causas narraret earum et
Naturas dominus; quem nos sic fugimus ulti,
Ut nihil omnino gustaremus, velut illis
Canidia afflâsset pejor serpentibus Afris.

65 conditio 67 ten ego ut 68 destrictum 69 nec 75 precaris
81 lagoena 82 dentur 88 albi 90 edat 95 atris

Q. HORATI FLACCI

# EPISTVLARVM

## LIBER PRIMVS

---

### I.

Prima dicte mihi, summa dicende Camena,
Spectatum satis et donatum jam rude quaeris,
Maecenas, iterum antiquo me includere ludo.
Non eadem est aetas, non mens. Veianius, armis
Herculis ad postem fixis, latet abditus agro,
Ne populum extrema totiens exoret arena.
Est mihi purgatam crebro qui personet aurem:
"Solve senescentem mature sanus equum, ne
Peccet ad extremum ridendus et ilia ducat!"
Nunc itaque et versus et cetera ludicra pono;
Quid verum atque decens, curo et rogo, et omnis in hoc sum;
Condo et compono quae mox depromere possim.
Ac ne forte roges quo me duce, quo lare tuter:
Nullius addictus jurare in verba magistri,
Quo me cumque rapit tempestas, deferor hospes.
Nunc agilis fio et mersor civilibus undis,
Virtutis verae custos rigidusque satelles;
Nunc in Aristippi furtim praecepta relabor,
Et mihi res, non me rebus, subjungere conor.
Longa dies ut opus debentibus, ut piger annus
Pupillis quos dura premit custodia matrum,

20 *sic G.*

Sic mihi tarda fluunt ingrataque tempora, quae spem
Consiliumque morantur agendi gnaviter id quod
Aeque pauperibus prodest, locupletibus aeque,
Aeque neglectum pueris senibusque nocebit.

Restat ut his ego me ipse regam solerque elementis.
Non possis oculo quantum contendere Lynceus,
Non tamen idcirco contemnas lippus inungi;
Nec, quia desperes invicti membra Glyconis,
Nodosa corpus nolis prohibere cheragra.
Est quadam prodire tenus, si non datur ultra.
Fervet avaritia miseroque cupidine pectus:
Sunt verba et voces, quibus hunc lenire dolorem
Possis et magnam morbi deponere partem.
Laudis amore tumes: sunt certa piacula, quae te
Ter pure lecto poterunt recreare libello.
Invidus, iracundus, iners, vinosus, amator,
Nemo adeo ferus est ut non mitescere possit,
Si modo culturae patientem commodet aurem.
Virtus est vitium fugere, et sapientia prima
Stultitia caruisse. Vides quae maxima credis
Esse mala, exiguum censum turpemque repulsam,
Quanto devites animi capitisque labore;
Impiger extremos curris mercator ad Indos,
Per mare pauperiem fugiens, per saxa, per ignes:
Ne cures ea, quae stulte miraris et optas,
Discere, et audire, et meliori credere non vis?
Quis circum pagos et circum compita pugnax
Magna coronari contemnat Olympia, cui spes,
Cui sit condicio dulcis sine pulvere palmae?
Vilius argentum est auro, virtutibus aurum.

"O cives, cives, quaerenda pecunia primum est;
Virtus post nummos." Haec Janus summus ab imo
Prodocet, haec recinunt juvenes dictata senesque,
Laevo suspensi loculos tabulamque lacerto.
Est animus tibi, sunt mores et lingua fidesque,

23 naviter 31 quodam 50 conditio 56, 57 *inverso ordine*

Sed quadringentis sex septem milia desunt:
Plebs eris. At pueri ludentes, "Rex eris," aiunt,
"Si recte facies." Hic murus aëneus esto,
Nil conscire sibi, nulla pallescere culpa.
Roscia, dic sodes, melior lex, an puerorum est
Nenia, quae regnum recte facientibus offert,
Et maribus Curiis et decantata Camillis?
Isne tibi melius suadet qui rem facias, rem,
Si possis, recte, si non, quocumque modo rem,
Ut propius spectes lacrimosa poëmata Pupi,
An qui Fortunae te responsare superbae
Liberum et erectum praesens hortatur et aptat?
Quod si me populus Romanus forte roget, cur
Non, ut porticibus, sic judiciis fruar isdem,
Nec sequar aut fugiam quae diligit ipse vel odit,
Olim quod volpes aegroto cauta leoni
Respondit referam: "Quia me vestigia terrent,
Omnia te adversum spectantia, nulla retrorsum."
Belua multorum es capitum. Nam quid sequar aut quem?
Pars hominum gestit conducere publica; sunt qui
Crustis et pomis viduas venentur avaras,
Excipiantque senes, quos in vivaria mittant;
Multis occulto crescit res fenore. Verum
Esto aliis alios rebus studiisque teneri:
Idem eadem possunt horam durare probantes?
"Nullus in orbe sinus Bais praelucet amoenis"
Si dixit dives, lacus et mare sentit amorem
Festinantis heri; cui si vitiosa libido
Fecerit auspicium, "Cras ferramenta Teanum
Tolletis, fabri." Lectus genialis in aula est:
Nil ait esse prius, melius nil caelibe vita:
Si non est, jurat bene solis esse maritis.
Quo teneam voltus mutantem Protea nodo?
Quid pauper? Ride: mutat cenacula, lectos,
Balnea, tonsores, conducto navigio aeque
Nauseat ac locuples quem ducit priva triremis.

57 si 57 desint 77 frustis 82 Baiis

Si curatus inaequali tonsore capillos
Occurri, rides; si forte subucula pexae
Trita subest tunicae vel si toga dissidet impar,
Rides: quid, mea cum pugnat sententia secum,
Quod petiit spernit, repetit quod nuper omisit,
Aestuat et vitae disconvenit ordine toto,
Diruit, aedificat, mutat quadrata rotundis?
Insanire putas sollemnia me neque rides,
Nec medici credis nec curatoris egere
A praetore dati, rerum tutela mearum
Cum sis et prave sectum stomacheris ob unguem
De te pendentis, te respicientis amici.
Ad summam: sapiens uno minor est Jove, dives,
Liber, honoratus, pulcher, rex denique regum,
Praecipue sanus, nisi cum pituita molesta est.

## II.

Trojani belli scriptorem, Maxime Lolli,
Dum tu declamas Romae, Praeneste relegi;
Qui quid sit pulchrum, quid turpe, quid utile, quid non,
Planius ac melius Chrysippo et Crantore dicit.
Cur ita crediderim, nisi quid te detinet, audi.
Fabula, qua Paridis propter narratur amorem
Graecia Barbariae lento collisa duello,
Stultorum regum et populorum continet aestus.
Antenor censet belli praecidere causam:
Quid Paris? Ut salvus regnet vivatque beatus
Cogi posse negat. Nestor componere lites
Inter Peliden festinat et inter Atriden;
Hunc amor, ira quidem communiter urit utrumque.
Quicquid delirant reges, plectuntur Achivi.
Seditione, dolis, scelere atque libidine et ira,
Iliacos intra muros peccatur et extra.
Rursus, quid virtus et quid sapientia possit,
Utile proposuit nobis exemplar Ulixen;
Qui, domitor Trojae, multorum providus urbes

94 occurro 4 plenius 5 distinet 10 quod

Et mores hominum inspexit, latumque per aequor,
Dum sibi, dum sociis reditum parat, aspera multa
Pertulit, adversis rerum immersabilis undis.
Sirenum voces et Circae pocula nosti;
Quae si cum sociis stultus cupidusque bibisset,
Sub domina meretrice fuisset turpis et excors,
Vixisset canis immundus vel amica luto sus.

Nos numerus sumus et fruges consumere nati,
Sponsi Penelopae, nebulones, Alcinoique
In cute curanda plus aequo operata juventus,
Cui pulchrum fuit in medios dormire dies, et
Ad strepitum citharae cessatum ducere curam.
Ut jugulent homines, surgunt de nocte latrones:
Ut te ipsum serves, non expergisceris? Atqui,
Si noles sanus, curres hydropicus; et ni
Posces ante diem librum cum lumine, si non
Intendes animum studiis et rebus honestis,
Invidia vel amore vigil torquebere. Nam cur
Quae laedunt oculos festinas demere, si quid
Est animum, differs curandi tempus in annum?
Dimidium facti qui coepit habet; sapere aude;
Incipe. Qui recte vivendi prorogat horam,
Rusticus exspectat dum defluat amnis; at ille
Labitur et labetur, in omne volubilis aevum.

Quaeritur argentum puerisque beata creandis
Uxor, et incultae pacantur vomere silvae:
Quod satis est cui contingit, nihil amplius optet.
Non domus et fundus, non aeris acervus et auri
Aegroto domini deduxit corpore febres,
Non animo curas. Valeat possessor oportet,
Si comportatis rebus bene cogitat uti.
Qui cupit aut metuit, juvat illum sic domus et res
Ut lippum pictae tabulae, fomenta podagram,
Auriculas citharae collecta sorde dolentes.
Sincerum est nisi vas, quodcumque infundis acescit.

31 ducere somnum 32 hominem 34 nolis 38 oculum
41 vivendi qui recte 46 contigit 46 is nihil, hic nihil *Lambinus*
48 deducit 48 febrem

Sperne voluptates; nocet empta dolore voluptas.
Semper avarus eget: certum voto pete finem.
Invidus alterius macrescit rebus opimis;
Invidia Siculi non invenere tyranni
Majus tormentum. Qui non moderabitur irae,
Infectum volet esse dolor quod suaserit et mens,
Dum poenas odio per vim festinat inulto.
Ira furor brevis est: animum rege, qui nisi paret,
Imperat; hunc frenis, hunc tu compesce catena.
Fingit equum tenera docilem cervice magister
Ire viam, qua monstret eques; venaticus, ex quo
Tempore cervinam pellem latravit in aula,
Militat in silvis catulus. Nunc adbibe puro
Pectore verba, puer, nunc te melioribus offer.
Quo semel est imbuta recens servabit odorem
Testa diu. Quod si cessas, aut strenuus anteis,
Nec tardum opperior nec praecedentibus insto.

## III.

Juli Flore, quibus terrarum militet oris
Claudius Augusti privignus, scire laboro.
Thracane vos Hebrusque nivali compede vinctus,
An freta vicinas inter currentia turres,
An pingues Asiae campi collesque morantur?
Quid studiosa cohors operum struit? Hoc quoque curo.
Quis sibi res gestas Augusti scribere sumit?
Bella quis et paces longum diffundit in aevum?
Quid Titius, Romana brevi venturus in ora?
Pindarici fontis qui non expalluit haustus,
Fastidire lacus et rivos ausus apertos.
Ut valet? ut meminit nostri? Fidibusne Latinis
Thebanos aptare modos studet auspice Musa,
An tragica desaevit et ampullatur in arte?
Quid mihi Celsus agit? monitus, multumque monendus,
Privatas ut quaerat opes, et tangere vitet
Scripta Palatinus quaecumque recepit Apollo,

63 catenis 65 quam 65 monstrat 67 adhibe 4 terras
6 haec *Lambinus, Cruquius*

Ne, si forte suas repetitum venerit olim
Grex avium plumas, moveat cornicula risum
Furtivis nudata coloribus. Ipse quid audes?
Quae circum volitas agilis thyma? Non tibi parvum
Ingenium, non incultum est et turpiter hirtum:
Seu linguam causis acuis, seu civica jura
Respondere paras, seu condis amabile carmen,
Prima feres hederae victricis praemia. Quod si
Frigida curarum fomenta relinquere posses,
Quo te caelestis sapientia duceret, ires.
Hoc opus, hoc studium parvi properemus et ampli,
Si patriae volumus, si nobis vivere cari.
Debes hoc etiam rescribere, sit tibi curae,
Quantae conveniat, Munatius. An male sarta
Gratia nequiquam coit, et rescinditur?—At vos
Seu calidus sanguis seu rerum inscitia vexat
Indomita cervice feros, ubicumque locorum
Vivitis, indigni fraternum rumpere foedus,
Pascitur in vestrum reditum votiva juvenca.

## IV.

Albi, nostrorum sermonum candide judex,
Quid nunc te dicam facere in regione Pedana?
Scribere quod Cassi Parmensis opuscula vincat,
An tacitum silvas inter reptare salubres,
Curantem quicquid dignum sapiente bonoque est?
Non tu corpus eras sine pectore. Di tibi formam,
Di tibi divitias dederunt artemque fruendi.
Quid voveat dulci nutricula majus alumno,
Qui sapere et fari possit quae sentiat, et cui
Gratia, fama, valetudo contingat abunde,
Et mundus victus non deficiente crumena?
Inter spem curamque, timores inter et iras,
Omnem crede diem tibi diluxisse supremum:
Grata superveniet, quae non sperabitur, hora.

22 nec turpiter 30 si 32 neqüicquam 32 ac
33 heu calidus sanguis heu 7 divicias 7 dederant 9 quam sapere
9 ut possit *Lambinus, Cruquius* 10 valitudo

Me pinguem et nitidum bene curata cute vises,
Cum ridere voles Epicuri de grege porcum.

## V.

Si potes Archiacis conviva recumbere lectis,
Nec modica cenare times olus omne patella,
Supremo te sole domi, Torquate, manebo.
Vina bibes iterum Tauro diffusa palustres
Inter Minturnas Sinuessanumque Petrinum.
Si melius quid habes, arcesse, vel imperium fer:
Iamdudum splendet focus et tibi munda supellex.
Mitte leves spes et certamina divitiarum
Et Moschi causam: cras nato Caesare festus
Dat veniam somnumque dies; impune licebit
Aestivam sermone benigno tendere noctem.
Quo mihi fortunam, si non conceditur uti?
Parcus ob heredis curam nimiumque severus
Assidet insano: potare et spargere flores
Incipiam, patiarque vel inconsultus haberi.
Quid non ebrietas designat? Operta recludit,
Spes iubet esse ratas, ad proelia trudit inertem,
Sollicitis animis onus eximit, addocet artes.
Fecundi calices quem non fecere disertum?
Contracta quem non in paupertate solutum?
Haec ego procurare et idoneus imperor et non
Invitus, ne turpe toral, ne sordida mappa
Corruget nares, ne non et cantharus et lanx
Ostendat tibi te, ne fidos inter amicos
Sit qui dicta foras eliminet. Ut coëat par
Iungaturque pari, Butram tibi Septiciumque,
Et nisi cena prior potiorque puella Sabinum
Detinet, assumam. Locus est et pluribus umbris:
Sed nimis arta premunt olidae convivia caprae.
Tu quotus esse velis rescribe, et, rebus omissis,
Atria servantem postico falle clientem.

6 sin 6 accerse 11 festivam 11 extendere
12 fortuna, fortunas *e coni.*, fortunae *e coni.* 16 dissignat 17 inermem
25, 26 *distinguunt alii* eliminet, ut . . . pari. 26 Septimiumque

## VI.

Nil admirari prope res est una, Numici,
Solaque, quae possit facere et servare beatum.
Hunc solem et stellas et decedentia certis
Tempora momentis sunt qui formidine nulla
Imbuti spectent: quid censes munera terrae?
Quid maris extremos Arabas ditantis et Indos?
Ludicra quid, plausus, et amici dona Quiritis?
Quo spectanda modo, quo sensu credis et ore?
Qui timet his adversa, fere miratur eodem
Quo cupiens pacto; pavor est utrobique molestus;
Improvisa simul species exterret utrumque.
Gaudeat an doleat, cupiat metuatne, quid ad rem,
Si, quicquid vidit melius pejusve sua spe,
Defixis oculis animoque et corpore torpet?
Insani sapiens nomen ferat, aequus iniqui,
Ultra quam satis est virtutem si petat ipsam.
I nunc, argentum et marmor vetus aeraque et artes
Suspice, cum gemmis Tyrios mirare colores;
Gaude quod spectant oculi te mille loquentem;
Gnavus mane forum et vespertinus pete tectum,
Ne plus frumenti dotalibus emetat agris
Mutus, et (indignum, quod sit pejoribus ortus)
Hic tibi sit potius quam tu mirabilis illi.
Quicquid sub terra est, in apricum proferet aetas;
Defodiet condetque nitentia. Cum bene notum
Porticus Agrippae et via te conspexerit Appi,
Ire tamen restat Numa quo devenit et Ancus.

Si latus aut renes morbo temptantur acuto,
Quaere fugam morbi. Vis recte vivere: quis non?
Si virtus hoc una potest dare, fortis omissis
Hoc age deliciis. Virtutem verba putas ut
Lucum ligna: cave ne portus occupet alter,
Ne Cibyratica, ne Bithyna negotia perdas;
Mille talenta rotundentur, totidem altera, porro et

5 spectant 8 cordis 16 petet, petit 22 Mucius 28 tentantur 31 putes 31 et 34 et *omit.*

Tertia succedant, et quae pars quadret acervum.
Scilicet uxorem cum dote fidemque et amicos
Et genus et formam regina Pecunia donat,
Ac bene nummatum decorat Suadela Venusque.
Mancipiis locuples eget aeris Cappadocum rex:
Ne fueris hic tu. Chlamydes Lucullus, ut aiunt,
Si posset centum scaenae praebere rogatus,
"Qui possum tot?" ait; "tamen et quaeram, et quot habebo
Mittam:" post paulo scribit, sibi milia quinque
Esse domi chlamydum, partem vel tolleret omnes.
Exilis domus est ubi non et multa supersunt
Et dominum fallunt et prosunt furibus. Ergo,
Si res sola potest facere et servare beatum,
Hoc primus repetas opus, hoc postremus omittas.
Si fortunatum species et gratia praestat,
Mercemur servum qui dictet nomina, laevum
Qui fodicet latus et cogat trans pondera dextram
Porrigere. "Hic multum in Fabia valet, ille Velina;
Cui libet hic fasces dabit, eripietque curule
Cui volet importunus ebur." *Frater*, *Pater*, adde;
Ut cuique est aetas, ita quemque facetus adopta.
Si bene qui cenat bene vivit: lucet, eamus
Quo ducit gula; piscemur, venemur, ut olim
Gargilius, qui mane plagas, venabula, servos
Differtum transire forum populumque jubebat,
Unus ut e multis populo spectante referret
Emptum mulus aprum. Crudi tumidique lavemur,
Quid deceat, quid non, obliti, Caerite cera
Digni, remigium vitiosum Ithacensis Ulixei,
Cui potior patria fuit interdicta voluptas.
Si, Mimnermus uti censet, sine amore jocisque
Nil est jucundum, vivas in amore jocisque.
Vive, vale! Si quid novisti rectius istis,
Candidus imperti; si non, his utere mecum.

35 quadrat 41 scenae 50 *in fine* saevum, servum *R. e coni.* 51 fodiet, fodiat 53 is fasces 57 ducet 68 si nil

## VII.

Quinque dies tibi pollicitus me rure futurum,
Sextilem totum mendax desideror. Atqui
Si me vivere vis sanum recteque valentem,
Quam mihi das aegro, dabis aegrotare timenti,
Maecenas, veniam, dum ficus prima calorque
Designatorem decorat lictoribus atris,
Dum pueris omnis pater et matercula pallet,
Officiosaque sedulitas et opella forensis
Adducit febres et testamenta resignat.
Quod si bruma nives Albanis illinet agris,
Ad mare descendet vates tuus et sibi parcet
Contractusque leget; te, dulcis amice, reviset
Cum Zephyris, si concedes, et hirundine prima.

Non, quo more piris vesci Calaber jubet hospes,
Tu me fecisti locupletem. "Vescere sodes!"
"Jam satis est." "At tu quantum vis tolle." "Benigne."
"Non invisa feres pueris munuscula parvis."
"Tam teneor dono, quam si dimittar onustus."
"Ut libet; haec porcis hodie comedenda relinques."
Prodigus et stultus donat quae spernit et odit;
Haec seges ingratos tulit et feret omnibus annis.
Vir bonus et sapiens dignis ait esse paratus,
Nec tamen ignorat quid distent aera lupinis.
Dignum praestabo me etiam pro laude merentis.
Quod si me noles usquam discedere, reddes
Forte latus, nigros angusta fronte capillos,
Reddes dulce loqui, reddes ridere decorum, et
Inter vina fugam Cinarae maerere protervae.
Forte per angustam tenuis volpecula rimam
Repserat in cumeram frumenti, pastaque rursus
Ire foras pleno tendebat corpore frustra;
Cui mustela procul "Si vis" ait "effugere istinc,

3 vis recteque videre valentem 5 colorque 6 dissignatorem
18 honustus 19 relinquis 22 paratum 29 nitedula *e conj.*

Macra cavum repetes artum, quem macra subisti."
Hac ego si compellor imagine, cuncta resigno;
Nec somnum plebis laudo satur altilium, nec
Otia divitiis Arabum liberrima muto.
Saepe verecundum laudasti, rexque paterque
Audisti coram, nec verbo parcius absens;
Inspice si possum donata reponere laetus.

Haud male Telemachus, proles patientis Ulixei:
"Non est aptus equis Ithace locus, ut neque planis
Porrectus spatiis nec multae prodigus herbae;
Atride, magis apta tibi tua dona relinquam."
Parvum parva decent; mihi jam non regia Roma,
Sed vacuum Tibur placet aut imbelle Tarentum.
Strenuus et fortis causisque Philippus agendis
Clarus, ab officiis octavam circiter horam
Dum redit, atque Foro nimium distare Carinas
Jam grandis natu queritur, conspexit, ut aiunt,
Adrasum quendam vacua tonsoris in umbra
Cultello proprios purgantem leniter ungues.
"Demetri,"—puer hic non laeve jussa Philippi
Accipiebat—"abi, quaere et refer, unde domo, quis,
Cujus fortunae, quo sit patre, quove patrono."
It, redit et narrat, Volteium nomine Menam,
Praeconem, tenui censu, sine crimine, notum
Et properare loco et cessare, et quaerere et uti,
Gaudentem parvisque sodalibus et lare certo
Et ludis et post decisa negotia Campo.
"Scitari libet ex ipso quodcumque refers; dic
Ad cenam veniat." Non sane credere Mena,
Mirari secum tacitus. Quid multa? "Benigne,"
Respondet. "Negat ille mihi?" "Negat improbus, et te
Neglegit aut horret." Volteium mane Philippus
Vilia vendentem tunicato scruta popello
Occupat, et salvere jubet prior. Ille Philippo

33 quod 38 nec laudo 50 abrasum 51 resecantem leniter
55 Vulteium 60 quaecumque 63 neget ille

Excusare laborem et mercennaria vincla,
Quod non mane domum venisset, denique quod non
Providisset eum. "Sic ignovisse putato
Me tibi, si cenas hodie mecum." "Ut libet." "Ergo
Post nonam venies; nunc i, rem strenuus auge!"
Ut ventum ad cenam est, dicenda tacenda locutus
Tandem dormitum dimittitur. Hic ubi saepe
Occultum visus decurrere piscis ad hamum,
Mane cliens et jam certus conviva, jubetur
Rura suburbana indictis comes ire Latinis.
Impositus mannis arvum caelumque Sabinum
Non cessat laudare. Videt ridetque Philippus,
Et sibi dum requiem, dum risus undique quaerit,
Dum septem donat sestertia, mutua septem
Promittit, persuadet uti mercetur agellum.
Mercatur. Ne te longis ambagibus ultra
Quam satis est morer, ex nitido fit rusticus, atque
Sulcos et vineta crepat mera; praeparat ulmos,
Immoritur studiis, et amore senescit habendi.
Verum ubi oves furto, morbo periere capellae,
Spem mentita seges, bos est enectus arando,
Offensus damnis media de nocte caballum
Arripit iratusque Philippi tendit ad aedes.
Quem simul aspexit scabrum intonsumque Philippus,
"Durus," ait, "Voltei, nimis attentusque videris
Esse mihi." "Pol me miserum, patrone, vocares,
Si velles," inquit, "verum mihi ponere nomen!
Quod te per Genium dextramque deosque Penates
Obsecro et obtestor, vitae me redde priori."
Qui semel aspexit quantum dimissa petitis
Praestent, mature redeat repetatque relicta.
Metiri se quemque suo modulo ac pede verum est.

## VIII.

Celso gaudere et bene rem gerere Albinovano
Musa rogata refer, comiti scribaeque Neronis.

67 mercenaria 93 dicere 96 simul 96 adspexit

Si quaeret quid agam, dic multa et pulchra minantem
Vivere nec recte nec suaviter; haud quia grando
Contuderit vites oleamque momorderit aestus,
Nec quia longinquis armentum aegrotet in agris,
Sed quia mente minus validus quam corpore toto
Nil audire velim, nil discere, quod levet aegrum;
Fidis offendar medicis, irascar amicis,
Cur me funesto properent arcere veterno;
Quae nocuere sequar, fugiam quae profore credam;
Romae Tibur amem ventosus, Tibure Romam.
Post haec, ut valeat, quo pacto rem gerat et se,
Ut placeat juveni, percontare, utque cohorti.
Si dicet "Recte," primum gaudere, subinde
Praeceptum auriculis hoc instillare memento:
"Ut tu fortunam, sic nos te, Celse, feremus."

## IX.

Septimius, Claudi, nimirum intellegit unus
Quanti me facias; nam cum rogat et prece cogit,
Scilicet ut tibi se laudare et tradere coner,
Dignum mente domoque legentis honesta Neronis,
Munere cum fungi propioris censet amici,
Quid possim videt ac novit me valdius ipso.
Multa quidem dixi cur excusatus abirem;
Sed timui mea ne finxisse minora putarer,
Dissimulator opis propriae, mihi commodus uni.
Sic ego, majoris fugiens opprobria culpae,
Frontis ad urbanae descendi praemia. Quod si
Depositum laudas ob amici jussa pudorem,
Scribe tui gregis hunc, et fortem crede bonumque.

## X.

Urbis amatorem Fuscum salvere jubemus
Ruris amatores, hac in re scilicet una
Multum dissimiles, at cetera paene gemelli

3 quaerit 5 oleamve 12 venturus 1 intelligit, intellegat
3 ad 3 caetera

Fraternis animis; quicquid negat alter, et alter;
Annuimus pariter, vetuli notique columbi.
Tu nidum servas; ego laudo ruris amoeni
Rivos et musco circumlita saxa nemusque.
Quid quaeris? Vivo et regno, simul ista reliqui
Quae vos ad caelum fertis rumore secundo,
Utque sacerdotis fugitivus liba recuso;
Pane egeo jam mellitis potiore placentis.
Vivere naturae si convenienter oportet,
Ponendaeque domo quaerenda est area primum,
Novistine locum potiorem rure beato?
Est ubi plus tepeant hiemes, ubi gratior aura
Leniat et rabiem Canis et momenta Leonis,
Cum semel accepit Solem furibundus acutum?
Est ubi divellat somnos minus invida cura?
Deterius Libycis olet aut nitet herba lapillis?
Purior in vicis aqua tendit rumpere plumbum,
Quam quae per pronum trepidat cum murmure rivum?
Nempe inter varias nutritur silva columnas,
Laudaturque domus longos quae prospicit agros.
Naturam expellas furca, tamen usque recurret,
Et mala perrumpet furtim fastidia victrix.

Non, qui Sidonio contendere callidus ostro
Nescit Aquinatem potantia vellera fucum,
Certius accipiet damnum propiusve medullis,
Quam qui non poterit vero distinguere falsum.
Quem res plus nimio delectavere secundae,
Mutatae quatient. Si quid mirabere, pones
Invitus. Fuge magna: licet sub paupere tecto
Reges et regum vita praecurrere amicos.
Cervus equum pugna melior communibus herbis
Pellebat, donec minor in certamine longo
Imploravit opes hominis frenumque recepit;
Sed postquam victor violens discessit ab hoste,
Non equitem dorso, non frenum depulit ore.
Sic qui pauperiem veritus potiore metallis

9 effertis 18 depellat 24 expelles 25 fastigia, vestigia 28 propiusque

Libertate caret, dominum vehit improbus atque
Serviet aeternum, quia parvo nesciet uti.
Cui non conveniet sua res, ut calceus olim,
Si pede major erit, subvertet, si minor, uret.

Laetus sorte tua vives sapienter, Aristi,
Nec me dimittes incastigatum, ubi plura
Cogere quam satis est ac non cessare videbor.
Imperat aut servit collecta pecunia cuique,
Tortum digna sequi potius quam ducere funem.
Haec tibi dictabam post fanum putre Vacunae,
Excepto quod non simul esses, cetera laetus.

## XI.

Quid tibi visa Chios, Bullati, notaque Lesbos,
Quid concinna Samos, quid Croesi regia Sardis,
Smyrna quid et Colophon? Majora minorave fama?
Cunctane prae campo et Tiberino flumine sordent?
An venit in votum Attalicis ex urbibus una,
An Lebedum laudas odio maris atque viarum?
Scis Lebedus quid sit; Gabiis desertior atque
Fidenis vicus; tamen illic vivere vellem,
Oblitusque meorum obliviscendus et illis
Neptunum procul e terra spectare furentem.
Sed neque qui Capua Romam petit, imbre lutoque
Aspersus, volet in caupona vivere; nec qui
Frigus collegit, furnos et balnea laudat
Ut fortunatam plene praestantia vitam;
Nec, si te validus jactaverit Auster in alto,
Idcirco navem trans Aegaeum mare vendas.
Incolumi Rhodos et Mytilene pulchra facit, quod
Paenula solstitio, campestre nivalibus auris,
Per brumam Tiberis, Sextili mense caminus.
Dum licet ac voltum servat Fortuna benignum,
Romae laudetur Samos et Chios et Rhodos absens.
Tu quamcumque deus tibi fortunaverit horam

40 vehet    43 urget    3 minorane    10 ex

Grata sume manu, neu dulcia differ in annum,
Ut, quocumque loco fueris, vixisse libenter
Te dicas; nam si ratio et prudentia curas,
Non locus effusi late maris arbiter aufert,
Caelum, non animum, mutant, qui trans mare currunt.
Strenua nos exercet inertia; navibus atque
Quadrigis petimus bene vivere. Quod petis, hic est,
Est Ulubris, animus si te non deficit aequus.

## XII.

Fructibus Agrippae Siculis, quos colligis, Icci,
Si recte frueris, non est ut copia major
Ab Jove donari possit tibi. Tolle querellas;
Pauper enim non est, cui rerum suppetit usus.
Si ventri bene, si lateri est pedibusque tuis, nil
Divitiae poterunt regales addere majus.
Si forte, in medio positorum abstemius, herbis
Vivis et urtica, sic vives protinus ut te
Confestim liquidus Fortunae rivus inauret;
Vel quia naturam mutare pecunia nescit,
Vel quia cuncta putas una virtute minora.
Miramur, si Democriti pecus edit agellos
Cultaque, dum peregre est animus sine corpore velox;
Cum tu inter scabiem tantam et contagia lucri
Nil parvum sapias et adhuc sublimia cures:
Quae mare compescant causae, quid temperet annum,
Stellae sponte sua jussaene vagentur et errent,
Quid premat obscurum lunae, quid proferat orbem,
Quid velit et possit rerum concordia discors,
Empedocles an Stertinium deliret acumen?
Verum, seu pisces seu porrum et caepe trucidas,
Utere Pompeio Grospho, et, si quid petet, ultro
Defer; nil Grosphus nisi verum orabit et aequum.
Vilis amicorum est annona, bonis ubi quid deest.
Ne tamen ignores quo sit Romana loco res:
Cantaber Agrippae, Claudi virtute Neronis

24 tu 3 querelas 24 de'st *cod. Bland. antiquissimus*

Armenius cecidit; jus imperiumque Phraates
Caesaris accepit genibus minor; aurea fruges
Italiae pleno defundit Copia cornu.

## XIII.

Ut proficiscentem docui te saepe diuque,
Augusto reddes signata volumina, Vini,
Si validus, si laetus erit, si denique poscet;
Ne studio nostri pecces, odiumque libellis
Sedulus importes opera vehemente minister.
Si te forte meae gravis uret sarcina chartae,
Abjicito potius quam, quo perferre juberis,
Clitellas ferus impingas, Asinaeque paternum
Cognomen vertas in risum et fabula fias.
Viribus uteris per clivos, flumina, lamas;
Victor propositi simul ac perveneris illuc,
Sic positum servabis onus, ne forte sub ala
Fasciculum portes librorum, ut rusticus agnum,
Ut vinosa glomus furtivae Pyrrhia lanae,
Ut cum pileolo soleas conviva tribulis.
Ne volgo narres te sudavisse ferendo
Carmina, quae possint oculos auresque morari
Caesaris; oratus multa prece, nitere porro.
Vade, vale, cave ne titubes mandataque frangas.

## XIV.

Vilice silvarum et mihi me reddentis agelli,
Quem tu fastidis, habitatum quinque focis et
Quinque bonos solitum Variam dimittere patres,
Certemus, spinas animone ego fortius an tu
Evellas agro, et melior sit Horatius an res.
Me quamvis Lamiae pietas et cura moratur,
Fratrem maerentis, rapto de fratre dolentis
Insolabiliter, tamen istuc mens animusque
Fert et amat spatiis obstantia rumpere claustra.

27 Prahates 29 defudit 2 Vinni Ω Vinius *tituli lapidum*
14 glomos 16 nec 1 villice 6 moretur

Rure ego viventem, tu dicis in urbe beatum:
Cui placet alterius, sua nimirum est odio sors.
Stultus uterque locum immeritum causatur inique:
In culpa est animus, qui se non effugit umquam.
Tu mediastinus tacita prece rura petebas,
Nunc urbem et ludos et balnea vilicus optas;
Me constare mihi scis, et discedere tristem,
Quandocumque trahunt invisa negotia Romam.
Non eadem miramur; eo disconvenit inter
Meque et te: nam, quae deserta et inhospita tesqua
Credis, amoena vocat mecum qui sentit, et odit
Quae tu pulchra putas. Fornix tibi et uncta popina
Incutiunt urbis desiderium, video, et quod
Angulus iste feret piper et tus ocius uva,
Nec vicina subest vinum praebere taberna
Quae possit tibi, nec meretrix tibicina, cujus
Ad strepitum salias terrae gravis: et tamen urges
Jampridem non tacta ligonibus arva, bovemque
Disjunctum curas et strictis frondibus exples;
Addit opus pigro rivus, si decidit imber,
Multa mole docendus aprico parcere prato.

Nunc age, quid nostrum concentum dividat, audi.
Quem tenues decuere togae nitidique capilli,
Quem scis immunem Cinarae placuisse rapaci,
Quem bibulum liquidi media de luce Falerni,
Cena brevis juvat et prope rivum somnus in herba;
Nec lusisse pudet, sed non incidere ludum.
Non istic obliquo oculo mea commoda quisquam
Limat, non odio obscuro morsuque venenat;
Rident vicini glebas et saxa moventem.
Cum servis urbana diaria rodere mavis;
Horum tu in numerum voto ruis: invidet usum
Lignorum et pecoris tibi calo argutus et horti.
Optat ephippia bos piger, optat arare caballus.
Quam scit uterque, libens, censebo, exerceat artem.

**11** res **19** qua **19** tesca **21** vocas **23** thus **40** cibaria

## XV.

Quae sit hiemps Veliae, quod caelum, Vala, Salerni,
Quorum hominum regio et qualis via, (nam mihi Baias
Musa supervacuas Antonius, et tamen illis
Me facit invisum, gelida cum perluor unda
Per medium frigus. Sane murteta relinqui,
Dictaque cessantem nervis elidere morbum
Sulphura contemni, vicus gemit, invidus aegris,
Qui caput et stomachum supponere fontibus audent
Clusinis Gabiosque petunt et frigida rura.
Mutandus locus est, et deversoria nota
Praeteragendus equus. "Quo tendis? Non mihi Cumas
Est iter aut Baias," laeva stomachosus habena
Dicet eques; sed equi frenato est auris in ore;)
Major utrum populum frumenti copia pascat,
Collectosne bibant imbres puteosne perennes
Jugis aquae, (nam vina nihil moror illius orae:
Rure meo possum quidvis perferre patique;
Ad mare cum veni, generosum et lene requiro,
Quod curas abigat, quod cum spe divite manet
In venas animumque meum, quod verba ministret,
Quod me Lucanae juvenem commendet amicae:)
Tractus uter plures lepores, uter educet apros,
Utra magis pisces et echinos aequora celent,
Pinguis ut inde domum possim Phaeaxque reverti,
Scribere te nobis, tibi nos accredere par est.

Maenius, ut, rebus maternis atque paternis
Fortiter absumptis, urbanus coepit haberi,
Scurra vagus, non qui certum praesepe teneret,
Impransus non qui civem dinosceret hoste,
Quaelibet in quemvis opprobria fingere saevus,
Pernicies et tempestas barathrumque macelli,
Quicquid quaesierat, ventri donabat avaro.
Hic, ubi nequitiae fautoribus et timidis nil
Aut paulum abstulerat, patinas coenabat omasi

1 hiems 5 reliqui 7 sulfura 10 diversoria 13 equis
16 dulcis aquae 17 possim 18 venio 29 dignosceret

Vilis et agninae, tribus ursis quod satis esset;
Scilicet ut ventres lamna candente nepotum
Diceret urendos correctus Bestius. Idem,
Quicquid erat nactus praedae majoris, ubi omne
Verterat in fumum et cinerem, "Non hercule miror,"
Aiebat, "si qui comedunt bona, cum sit obeso
Nil melius turdo, nil volva pulchrius ampla."
Nimirum hic ego sum; nam tuta et parvula laudo,
Cum res deficiunt, satis inter vilia fortis;
Verum ubi quid melius contingit et unctius, idem
Vos sapere et solos aio bene vivere, quorum
Conspicitur nitidis fundata pecunia villis.

## XVI.

Ne perconteris, fundus meus, optime Quinti,
Arvo pascat herum an bacis opulentet olivae,
Pomisne, an pratis, an amicta vitibus ulmo,
Scribetur tibi forma loquaciter et situs agri.
Continui montes, ni dissocientur opaca
Valle, sed ut veniens dextrum latus aspiciat Sol,
Laevum discedens curru fugiente vaporet.
Temperiem laudes. Quid, si rubicunda benigni
Corna vepres et pruna ferant? si quercus et ilex
Multa fruge pecus, multa dominum juvet umbra?
Dicas adductum propius frondere Tarentum.
Fons etiam rivo dare nomen idoneus, ut nec
Frigidior Thracam nec purior ambiat Hebrus,
Infirmo capiti fluit utilis, utilis alvo.
Hae latebrae dulces, etiam, si credis, amoenae,
Incolumem tibi me praestant Septembribus horis.

Tu recte vivis, si curas esse quod audis.
Jactamus jampridem omnis te Roma beatum;
Sed vereor ne cui de te plus quam tibi credas,

35 agnini 37 correptus, corrector *Lambinus* 41 vulva 1 Quincti 2 baccis 3 et pratis 5 si 7 descendens 8 benigne, benignae 9 ferent, ferunt *e coni.* 9 et quercus 10 iuvat 14 aptus et utilis 15 et, iam si

Neve putes alium sapiente bonoque beatum,
Neu, si te populus sanum recteque valentem
Dictitet, occultam febrem sub tempus edendi
Dissimules, donec manibus tremor incidat unctis.
Stultorum incurata pudor malus ulcera celat.
Si quis bella tibi terra pugnata marique
Dicat et his verbis vacuas permulceat aures:
"Tene magis salvum populus velit an populum tu,
Servet in ambiguo, qui consulit et tibi et urbi,
Juppiter;" Augusti laudes agnoscere possis:
Cum pateris sapiens emendatusque vocari,
Respondesne tuo, dic sodes, nomine? "Nempe
Vir bonus et prudens dici delector ego ac tu."
Qui dedit hoc hodie, cras, si volet, auferet, ut si
Detulerit fasces indigno, detrahet idem.
"Pone, meum est:" inquit. Pono tristisque recedo.
Idem si clamet furem, neget esse pudicum,
Contendat laqueo collum pressisse paternum,
Mordear opprobriis falsis mutemque colores?
Falsus honor juvat et mendax infamia terret
Quem nisi mendosum et mendacem? "Vir bonus est quis?"
"Qui consulta patrum, qui leges juraque servat,
Quo multae magnaeque secantur judice lites,
Quo res sponsore et quo causae teste tenentur."
Sed videt hunc omnis domus et vicinia tota
Introrsum turpem, speciosum pelle decora.
"Nec furtum feci nec fugi," si mihi dicat
Servus, "Habes pretium, loris non ureris," aio.
"Non hominem occidi:" "Non pasces in cruce corvos."
"Sum bonus et frugi:" renuit negitatque Sabellus:
"Cautus enim metuit foveam lupus, accipiterque
Suspectos laqueos, et opertum miluus hamum.
Oderunt peccare boni virtutis amore;
Tu nihil admittes in te formidine poenae:
Sit spes fallendi, miscebis sacra profanis.

29 possis? 30 cupias 34 detrahit 40 et medicandum 43 responsore 45 introrsus 46 dicit 49 negat atque 51 milvius

Nam de mille fabae modiis cum surripis unum,
Damnum est, non facinus, mihi pacto lenius isto."
Vir bonus, omne forum quem spectat et omne tribunal,
Quandocumque deos vel porco vel bove placat,
"Jane pater!" clare, clare cum dixit "Apollo!"
Labra movet metuens audiri: "Pulchra Laverna,
Da mihi fallere, da justo sanctoque videri,
Noctem peccatis et fraudibus objice nubem!"
Quî melior servo, qui liberior sit avarus,
In triviis fixum cum se demittit ob assem,
Non video; nam qui cupiet, metuet quoque; porro,
Qui metuens vivet, liber mihi non erit umquam.
Perdidit arma, locum virtutis deseruit, qui
Semper in augenda festinat et obruitur re.
Vendere cum possis captivum, occidere noli:
Serviet utiliter: sine pascat durus aretque,
Naviget ac mediis hiemet mercator in undis,
Annonae prosit, portet frumenta penusque.

Vir bonus et sapiens audebit dicere: "Pentheu,
Rector Thebarum, quid me perferre patique
Indignum coges?" "Adimam bona." "Nempe pecus, rem,
Lectos, argentum: tollas licet." "In manicis et
Compedibus saevo te sub custode tenebo."
"Ipse deus, simul atque volam, me solvet." Opinor
Hoc sentit: "Moriar." Mors ultima linea rerum est.

## XVII.

Quamvis, Scaeva, satis per te tibi consulis, et scis
Quo tandem pacto deceat majoribus uti,
Disce, docendus adhuc quae censet amiculus, ut si
Caecus iter monstrare velit; tamen aspice si quid
Et nos, quod cures proprium fecisse, loquamur.

Si te grata quies et primam somnus in horam

61 iustum sanctumque 63 quo..quo 64 dimittit 66 vivit

Delectat, si te pulvis strepitusque rotarum,
Si laedit caupona, Ferentinum ire jubebo;
Nam neque divitibus contingunt gaudia solis,
Nec vixit male, qui natus moriensque fefellit.
Si prodesse tuis pauloque benignius ipsum
Te tractare voles, accedes siccus ad unctum.
*Diog.* "Si pranderet olus patienter, regibus uti
Nollet Aristippus." *Arist.* "Si sciret regibus uti,
Fastidiret olus, qui me notat." Utrius horum
Verba probes et facta, doce, vel junior audi
Cur sit Aristippi potior sententia. Namque
Mordacem Cynicum sic eludebat, ut aiunt:
"Scurror ego ipse mihi, populo tu; rectius hoc et
Splendidius multo est. Equus ut me portet, alat rex,
Officium facio: tu poscis vilia rerum,
Dante minor, quamvis fers te nullius egentem."
Omnis Aristippum decuit color et status et res,
Temptantem majora, fere praesentibus aequum.
Contra, quem duplici panno patientia velat,
Mirabor, vitae via si conversa decebit.
Alter purpureum non exspectabit amictum,
Quidlibet indutus celeberrima per loca vadet,
Personamque feret non inconcinnus utramque;
Alter Mileti textam cane pejus et angui
Vitabit chlamydem, morietur frigore, si non
Rettuleris pannum. Refer et sine vivat ineptus!
Res gerere et captos ostendere civibus hostes
Attingit solium Jovis et caelestia temptat:
Principibus placuisse viris non ultima laus est.
Non cuivis homini contingit adire Corinthum.
Sedit, qui timuit ne non succederet. Esto!
Quid qui pervenit, fecitne viriliter? Atqui
Hic est aut nusquam, quod quaerimus. Hic onus horret,
Ut parvis animis et parvo corpore majus:
Hic subit et perfert. Aut virtus nomen inane est,
Aut decus et pretium recte petit experiens vir.
    Coram rege sua de paupertate tacentes

8 laedet, laedat    21 vilia, verum    30 angue    31 vitavit
34 tentat    43 suo

Plus poscente ferent; distat sumasne pudenter
An rapias. Atqui rerum caput hoc erat, hic fons.
" Indotata mihi soror est, paupercula mater,
Et fundus nec vendibilis nec pascere firmus,"
Qui dicit, clamat " Victum date." Succinit alter
" Et mihi dividuo findetur munere quadra."
Sed tacitus pasci si posset corvus, haberet
Plus dapis, et rixae multo minus invidiaeque.
Brundisium comes aut Surrentum ductus amoenum,
Qui queritur salebras et acerbum frigus et imbres,
Aut cistam effractam et subducta viatica plorat,
Nota refert meretricis acumina, saepe catellam,
Saepe periscelidem raptam sibi flentis, uti mox
Nulla fides damnis verisque doloribus adsit.
Nec semel irrisus triviis attollere curat
Fracto crure planum, licet illi plurima manet
Lacrima, per sanctum juratus dicat Osirim:
" Credite, non ludo; crudeles, tollite claudum!"
" Quaere peregrinum," vicinia rauca reclamat.

## XVIII.

Si bene te novi, metues, liberrime Lolli,
Scurrantis speciem praebere, professus amicum.
Ut matrona meretrici dispar erit atque
Discolor, infido scurrae distabit amicus.
Est huic diversum vitio vitium prope majus,
Asperitas agrestis et inconcinna gravisque,
Quae se commendat tonsa cute, dentibus atris,
Dum volt libertas dici mera veraque virtus.
Virtus est medium vitiorum et utrimque reductum.
Alter, in obsequium plus aequo pronus et imi
Derisor lecti, sic nutum divitis horret,
Sic iterat voces et verba cadentia tollit,
Ut puerum saevo credas dictata magistro
Reddere, vel partes mimum tractare secundas;
Alter rixatur de lana saepe caprina,

15 rixatus

Propugnat nugis armatus: "Scilicet ut non
Sit mihi prima fides, et vere quod placet ut non
Acriter elatrem! Pretium aetas altera sordet."
Ambigitur quid enim? Castor sciat an Dolichos plus;
Brundisium Minuci melius via ducat an Appi.
Quem damnosa Venus, quem praeceps alea nudat,
Gloria quem supra vires et vestit et unguit,
Quem tenet argenti sitis importuna famesque,
Quem paupertatis pudor et fuga, dives amicus
Saepe decem vitiis instructior odit et horret,
Aut, si non odit, regit, ac veluti pia mater
Plus quam se sapere et virtutibus esse priorem
Volt, et ait prope vera: "Meae (contendere noli!)
Stultitiam patiuntur opes; tibi parvula res est:
Arta decet sanum comitem toga; desine mecum
Certare." Eutrapelus cuicumque nocere volebat
Vestimenta dabat pretiosa: beatus enim jam
Cum pulchris tunicis sumet nova consilia et spes,
Dormiet in lucem, scorto postponet honestum
Officium, nummos alienos pascet, ad imum
Threx erit aut olitoris aget mercede caballum.
Arcanum neque tu scrutaberis illius umquam,
Commissumque teges et vino tortus et ira.
Nec tua laudabis studia aut aliena reprendes,
Nec, cum venari volet ille, poëmata panges.
Gratia sic fratrum geminorum, Amphionis atque
Zethi, dissiluit, donec suspecta severo
Conticuit lyra. Fraternis cessisse putatur
Moribus Amphion: tu cede potentis amici
Lenibus imperiis, quotiensque educet in agros
Aetolis onerata plagis jumenta canesque,
Surge et inhumanae senium depone Camenae,
Cenes ut pariter pulmenta laboribus empta;
Romanis sollemne viris opus, utile famae
Vitaeque et membris, praesertim cum valeas et
Vel cursu superare canem vel viribus aprum
Possis. Adde, virilia quod speciosius arma

**22 ungit 28 agit 35 numos 36 Thrax 37 ullius 40 pangas 45 quotiesque**

Non est qui tractet: scis, quo clamore coronae
Proelia sustineas campestria; denique saevam
Militiam puer et Cantabrica bella tulisti
Sub duce qui templis Parthorum signa refigit
Nunc, et, si quid abest, Italis adjudicat armis.
Ac, (ne te retrahas et inexcusabilis absis,)
Quamvis nil extra numerum fecisse modumque
Curas, interdum nugaris rure paterno;
Partitur lintres exercitus; Actia pugna
Te duce per pueros hostili more refertur;
Adversarius est frater, lacus Hadria, donec
Alterutrum velox Victoria fronde coronet.
Consentire suis studiis qui crediderit te,
Fautor utroque tuum laudabit pollice ludum.
Protinus ut moneam, (si quid monitoris eges tu,)
Quid de quoque viro et cui dicas, saepe videto.
Percontatorem fugito, nam garrulus idem est,
Nec retinent patulae commissa fideliter aures,
Et semel emissum volat irrevocabile verbum.
Qualem commendes etiam atque etiam aspice, ne mox
Incutiant aliena tibi peccata pudorem.
Fallimur et quondam non dignum tradimus: ergo
Quem sua culpa premet, deceptus omitte tueri,
Ut penitus notum, si temptent crimina, serves
Tuterisque tuo fidentem praesidio: qui
Dente Theonino cum circumroditur, ecquid
Ad te post paulo ventura pericula sentis?
Nam tua res agitur, paries cum proximus ardet,
Et neglecta solent incendia sumere vires.
Dulcis inexpertis cultura potentis amici:
Expertus metuit. Tu, dum tua navis in alto est,
Hoc age, ne mutata retrorsum te ferat aura.
Oderunt hilarem tristes, tristemque jocosi,
Sedatum celeres, agilem navumque remissi;
Potores [bibuli media de nocte Falerni
Oderunt] porrecta negantem pocula, quamvis
Nocturnos jures te formidare tepores.

58 abstes *Bentleius* 83 metuet 86 gnavumque 89 vapores

Deme supercilio nubem; plerumque modestus
Occupat obscuri speciem, taciturnus acerbi.

Inter cuncta leges et percontabere doctos,
Qua ratione queas traducere leniter aevum;
Num te semper inops agitet vexetque cupido,
Num pavor et rerum mediocriter utilium spes;
Virtutem doctrina paret, naturane donet;
Quid minuat curas, quid te tibi reddat amicum;
Quid pure tranquillet, honos an dulce lucellum,
An secretum iter et fallentis semita vitae.
Me quotiens reficit gelidus Digentia rivus,
Quem Mandela bibit, rugosus frigore pagus,
Quid sentire putas? quid credis, amice, precari?
Sit mihi quod nunc est, etiam minus; et mihi vivam
Quod superest aevi, si quid superesse volunt di;
Sit bona librorum et provisae frugis in annum
Copia, neu fluitem dubiae spe pendulus horae!
Sed satis est orare Jovem quae ponit et aufert:
Det vitam, det opes; aequum mi animum ipse parabo.

## XIX.

Prisco si credis, Maecenas docte, Cratino,
Nulla placere diu nec vivere carmina possunt
Quae scribuntur aquae potoribus. Ut male sanos
Ascripsit Liber Satyris Faunisque poëtas,
Vina fere dulces oluerunt mane Camenae.
Laudibus arguitur vini vinosus Homerus;
Ennius ipse pater numquam nisi potus ad arma
Prosiluit dicenda. "Forum putealque Libonis
Mandabo siccis, adimam cantare severis:"
Hoc simul edixi, non cessavere poëtae
Nocturno certare mero, putere diurno.
Quid, si quis voltu torvo ferus et pede nudo
Exiguaeque togae simulet textore Catonem,
Virtutemne repraesentet moresque Catonis?

94, 95 ne — ne, non — non   107 haec satis   107 Iovem qui   107 donat et   10 edixit

Rupit Iarbitam Timagenis aemula lingua,
Dum studet urbanus tenditque disertus haberi.
Decipit exemplar vitiis imitabile; quod si
Pallerem casu, biberent exsangue cuminum.
O imitatores, servum pecus, ut mihi saepe
Bilem, saepe jocum vestri movere tumultus!
Libera per vacuum posui vestigia princeps,
Non aliena meo pressi pede. Qui sibi fidit,
Dux regit examen. Parios ego primus iambos
Ostendi Latio, numeros animosque secutus
Archilochi, non res et agentia verba Lycamben.
Ac ne me foliis ideo brevioribus ornes,
Quod timui mutare modos et carminis artem,
Temperat Archilochi Musam pede mascula Sappho,
Temperat Alcaeus, sed rebus et ordine dispar,
Nec socerum quaerit quem versibus oblinat atris,
Nec sponsae laqueum famoso carmine nectit.
Hunc ego, non alio dictum prius ore, Latinus
Vulgavi fidicen; juvat immemorata ferentem
Ingenuis oculisque legi manibusque teneri.
Scire velis, mea cur ingratus opuscula lector
Laudet ametque domi, premat extra limen iniquus?
Non ego ventosae plebis suffragia venor
Impensis cenarum et tritae munere vestis;
Non ego, nobilium scriptorum auditor et ultor,
Grammaticas ambire tribus et pulpita dignor:
Hinc illae lacrimae. "Spissis indigna theatris
Scripta pudet recitare et nugis addere pondus,"
Si dixi: "Rides," ait, "et Jovis auribus ista
Servas; fidis enim manare poëtica mella
Te solum, tibi pulcher." Ad haec ego naribus uti
Formido, et, luctantis acuto ne secer ungui,
"Displicet iste locus," clamo, et diludia posco.
Ludus enim genuit trepidum certamen et iram,
Ira truces inimicitias et funebre bellum.

15 coena 22 fidet 23 reget 32 Latinis 39 adiutor 46 ungue

## XX.

Vertumnum Janumque, liber, spectare videris,
Scilicet ut prostes Sosiorum pumice mundus.
Odisti claves et grata sigilla pudico;
Paucis ostendi gemis et communia laudas,
Non ita nutritus. Fuge, quo descendere gestis.
Non erit emisso reditus tibi. "Quid miser egi?
Quid volui?" dices, ubi quis te laeserit; et scis
In breve te cogi, cum plenus languet amator.
Quod si non odio peccantis desipit augur,
Carus eris Romae, donec te deserat aetas;
Contrectatus ubi manibus sordescere volgi
Coeperis, aut tineas pasces taciturnus inertes,
Aut fugies Uticam, aut vinctus mitteris Ilerdam.
Ridebit monitor non exauditus, ut ille,
Qui male parentem in rupes protrusit asellum
Iratus: quis enim invitum servare laboret?
Hoc quoque te manet, ut pueros elementa docentem
Occupet extremis in vicis balba senectus.

Cum tibi sol tepidus plures admoverit aures,
Me, libertino natum patre et in tenui re,
Majores pennas nido extendisse loqueris,
Ut, quantum generi demas, virtutibus addas;
Me primis urbis belli placuisse domique;
Corporis exigui, praecanum, solibus aptum,
Irasci celerem, tamen ut placabilis essem.
Forte meum si quis te percontabitur aevum,
Me quater undenos sciat implevisse Decembres,
Collegam Lepidum quo duxit Lollius anno.

7 quid Ω, qui 10 deseret 13 unctus 26 percunctabitur

Q. HORATI FLACCI

# EPISTVLARVM

## LIBER SECVNDVS

---

### I.

Cum tot sustineas et tanta negotia solus,
Res Italas armis tuteris, moribus ornes,
Legibus emendes, in publica commoda peccem,
Si longo sermone morer tua tempora, Caesar.
Romulus et Liber pater et cum Castore Pollux,
Post ingentia facta deorum in templa recepti,
Dum terras hominumque colunt genus, aspera bella
Componunt, agros assignant, oppida condunt,
Ploravere suis non respondere favorem
Speratum meritis. Diram qui contudit hydram
Notaque fatali portenta labore subegit,
Comperit invidiam supremo fine domari.
Urit enim fulgore suo, qui praegravat artes
Infra se positas; exstinctus amabitur idem.
Praesenti tibi maturos largimur honores,
Jurandasque tuum per nomen ponimus aras,
Nil oriturum alias, nil ortum tale fatentes.
Sed tuus hic populus, sapiens et justus in uno,
Te nostris ducibus, te Grais anteferendo,
Cetera nequaquam simili ratione modoque
Aestimat, et, nisi quae terris semota suisque
Temporibus defuncta videt, fastidit et odit,
Sic fautor veterum, ut tabulas peccare vetantes,

7 cum 16 numen 17 nihil ortum 19 Graiis

Quas bis quinque viri sanxerunt, foedera regum
Vel Gabiis vel cum rigidis aequata Sabinis,
Pontificum libros, annosa volumina vatum,
Dictitet Albano Musas in monte locutas.
Si, quia Graecorum sunt antiquissima quaeque
Scripta vel optima, Romani pensantur eadem
Scriptores trutina, non est quod multa loquamur:
Nil intra est oleam, nil extra est in nuce duri;
Venimus ad summum fortunae; pingimus atque
Psallimus et luctamur Achivis doctius unctis.
Si meliora dies, ut vina, poëmata reddit,
Scire velim chartis pretium quotus arroget annus.
Scriptor abhinc annos centum qui decidit, inter
Perfectos veteresque referri debet, an inter
Viles atque novos? Excludat jurgia finis!
"Est vetus atque probus, centum qui perficit annos."
Quid, qui deperiit minor uno mense vel anno,
Inter quos referendus erit? veteresne poëtas,
An quos et praesens et postera respuat aetas?
"Iste quidem veteres inter ponetur honeste,
Qui vel mense brevi vel toto est junior anno."
Utor permisso, caudaeque pilos ut equinae
Paulatim vello et demo unum, demo etiam unum,
Dum cadat, elusus ratione ruentis acervi,
Qui redit in fastos et virtutem aestimat annis,
Miraturque nihil nisi quod Libitina sacravit.
Ennius, et sapiens et fortis et alter Homerus,
Ut critici dicunt, leviter curare videtur
Quo promissa cadant et somnia Pythagorea.
Naevius in manibus non est et mentibus haeret
Paene recens? Adeo sanctum est vetus omne poëma.
Ambigitur quotiens uter utro sit prior, aufert
Pacuvius docti famam senis, Accius alti,
Dicitur Afrani toga convenisse Menandro,
Plautus ad exemplar Siculi properare Epicharmi,
Vincere Caecilius gravitate, Terentius arte.
Hos ediscit et hos arto stipata theatro

28 Graiorum 29 pensentur 37 veteresne 42 respuit, respuet
46 et item 47 cadet 56 Attius

Spectat Roma potens; habet hos numeratque poëtas
Ad nostrum tempus Livi scriptoris ab aevo.
Interdum volgus rectum videt, est ubi peccat.
Si veteres ita miratur laudatque poëtas
Ut nihil anteferat, nihil illis comparet, errat;
Si quaedam nimis antique, si pleraque dure
Dicere credit eos, ignave multa fatetur,
Et sapit et mecum facit et Jove judicat aequo.
Non equidem insector delendave carmina Livi
Esse reor, memini quae plagosum mihi parvo
Orbilium dictare; sed emendata videri
Pulchraque et exactis minimum distantia miror;
Inter quae verbum emicuit si forte decorum, et
Si versus paulo concinnior unus et alter,
Injuste totum ducit venditque poëma.
Indignor quicquam reprehendi, non quia crasse
Compositum illepideve putetur, sed quia nuper;
Nec veniam antiquis, sed honorem et praemia posci.
Recte necne crocum floresque perambulet Attae
Fabula si dubitem, clament periisse pudorem
Cuncti paene patres, ea cum reprehendere coner
Quae gravis Aesopus, quae doctus Roscius egit:
Vel quia nil rectum, nisi quod placuit sibi, ducunt,
Vel quia turpe putant parere minoribus, et quae
Imberbes didicere, senes perdenda fateri.
Jam Saliare Numae carmen qui laudat, et illud,
Quod mecum ignorat, solus volt scire videri,
Ingeniis non ille favet plauditque sepultis,
Nostra sed impugnat, nos nostraque lividus odit.
Quod si tam Graecis novitas invisa fuisset
Quam nobis, quid nunc esset vetus? aut quid haberet
Quod legeret tereretque viritim publicus usus?

Ut primum positis nugari Graecia bellis
Coepit et in vitium fortuna labier aequa,
Nunc athletarum studiis, nunc arsit equorum,
Marmoris aut eboris fabros aut aeris amavit,

61 muneratque 67 cedit 69 delendaque 73 et *omit.* 77 inlepideque 92 Quiritum *e coni.*

Suspendit picta voltum mentemque tabella,
Nunc tibicinibus, nunc est gavisa tragoedis;
Sub nutrice puella velut si luderet infans,
Quod cupide petiit, mature plena reliquit.
Quid placet aut odio est, quod non mutabile credas?
Hoc paces habuere bonae ventique secundi.
Romae dulce diu fuit et sollemne reclusa
Mane domo vigilare, clienti promere jura,
Cautos nominibus rectis expendere nummos,
Majores audire, minori dicere, per quae
Crescere res posset, minui damnosa libido.
Mutavit mentem populus levis, et calet uno
Scribendi studio; pueri patresque severi,
Fronde comas vincti, cenant et carmina dictant.
Ipse ego, qui nullos me affirmo scribere versus,
Invenior Parthis mendacior, et prius orto
Sole vigil calamum et chartas et scrinia posco.
Navem agere ignarus navis timet; abrotonum aegro
Non audet, nisi qui didicit, dare; quod medicorum est
Promittunt medici; tractant fabrilia fabri:
Scribimus indocti doctique poëmata passim.
Hic error tamen et levis haec insania quantas
Virtutes habeat, sic collige: vatis avarus
Non temere est animus; versus amat, hoc studet unum;
Detrimenta, fugas servorum, incendia ridet;
Non fraudem socio puerove incogitat ullam
Pupillo; vivit siliquis et pane secundo;
Militiae quamquam piger et malus, utilis urbi,
Si das hoc, parvis quoque rebus magna juvari.
Os tenerum pueri balbumque poëta figurat,
Torquet ab obscenis jam nunc sermonibus aurem,
Mox etiam pectus praeceptis format amicis,
Asperitatis et invidiae corrector et irae;
Recte facta refert, orientia tempora notis
Instruit exemplis, inopem solatur et aegrum.
Castis cum pueris ignara puella mariti
Disceret unde preces, vatem ni Musa dedisset?

114 navim 114 habrotonum 124 urbi est

Poscit opem chorus et praesentia numina sentit,
Caelestes implorat aquas docta prece blandus,
Avertit morbos, metuenda pericula pellit,
Impetrat et pacem et locupletem frugibus annum.
Carmine di superi placantur, carmine Manes.

Agricolae prisci, fortes, parvoque beati,
Condita post frumenta levantes tempore festo
Corpus et ipsum animum spe finis dura ferentem,
Cum sociis operum, pueris et conjuge fida,
Tellurem porco, Silvanum lacte piabant,
Floribus et vino Genium memorem brevis aevi.
Fescennina per hunc inventa licentia morem
Versibus alternis opprobria rustica fudit,
Libertasque recurrentes accepta per annos
Lusit amabiliter, donec jam saevus apertam
In rabiem coepit verti jocus et per honestas
Ire domos impune minax. Doluere cruento
Dente lacessiti; fuit intactis quoque cura
Condicione super communi; quin etiam lex
Poenaque lata, malo quae nollet carmine quemquam
Describi; vertere modum, formidine fustis
Ad bene dicendum delectandumque redacti.

Graecia capta ferum victorem cepit, et artes
Intulit agresti Latio; sic horridus ille
Defluxit numerus Saturnius, et grave virus
Munditiae pepulere; sed in longum tamen aevum
Manserunt hodieque manent vestigia ruris.
Serus enim Graecis admovit acumina chartis,
Et post Punica bella quietus quaerere coepit
Quid Sophocles et Thespis et Aeschylus utile ferrent.
Temptavit quoque rem, si digne vertere posset,
Et placuit sibi, natura sublimis et acer;
Nam spirat tragicum satis et feliciter audet,
Sed turpem putat inscite metuitque lituram.
Creditur, ex medio quia res arcessit, habere

142 et pueris 143 porca 167 in scriptis

Sudoris minimum, sed habet comoedia tanto
Plus oneris quanto veniae minus. Aspice, Plautus
Quo pacto partes tutetur amantis ephebi,
Ut patris attenti, lenonis ut insidiosi;
Quantus sit Dossennus edacibus in parasitis,
Quam non adstricto percurrat pulpita socco;
Gestit enim nummum in loculos demittere, post hoc
Securus cadat an recto stet fabula talo.
Quem tulit ad scaenam ventoso Gloria curru,
Exanimat lentus spectator, sedulus inflat:
Sic leve, sic parvum est, animum quod laudis avarum
Subruit aut reficit. Valeat res ludicra, si me
Palma negata macrum, donata reducit opimum.
Saepe etiam audacem fugat hoc terretque poëtam,
Quod numero plures, virtute et honore minores,
Indocti stolidique, et depugnare parati
Si discordet eques, media inter carmina poscunt
Aut ursum aut pugiles: his nam plebecula gaudet.
Verum equitis quoque jam migravit ab aure voluptas
Omnis ad incertos oculos et gaudia vana.
Quattuor aut plures aulaea premuntur in horas,
Dum fugiunt equitum turmae peditumque catervae;
Mox trahitur manibus regum fortuna retortis,
Esseda festinant, pilenta, petorrita, naves,
Captivum portatur ebur, captiva Corinthus.
Si foret in terris, rideret Democritus, seu
Diversum confusa genus panthera camelo,
Sive elephas albus volgi converteret ora;
Spectaret populum ludis attentius ipsis,
Ut sibi praebentem mimo spectacula plura;
Scriptores autem narrare putaret asello
Fabellam surdo. Nam quae pervincere voces
Evaluere sonum, referunt quem nostra theatra?
Garganum mugire putes nemus aut mare Tuscum,
Tanto cum strepitu ludi spectantur et artes
Divitiaeque peregrinae, quibus oblitus actor
Cum stetit in scaena, concurrit dextera laevae.
Dixit adhuc aliquid? "Nil sane." Quid placet ergo?

175 dimittere 178 instat 186 plaudet, plaudit 196 elephans

"Lana Tarentino violas imitata veneno."
Ac ne forte putes me, quae facere ipse recusem,
Cum recte tractent alii, laudare maligne:
Ille per extentum funem mihi posse videtur
Ire poëta, meum qui pectus inaniter angit,
Irritat, mulcet, falsis terroribus implet,
Ut magus, et modo me Thebis, modo ponit Athenis.

Verum age, et his, qui se lectori credere malunt
Quam spectatoris fastidia ferre superbi,
Curam redde brevem, si munus Apolline dignum
Vis complere libris et vatibus addere calcar,
Ut studio majore petant Helicona virentem.
Multa quidem nobis facimus mala saepe poëtae,
(Ut vineta egomet caedam mea,) cum tibi librum
Sollicito damus aut fesso; cum laedimur, unum
Si quis amicorum est ausus reprehendere versum;
Cum loca jam recitata revolvimus irrevocati;
Cum lamentamur non apparere labores
Nostros et tenui deducta poëmata filo;
Cum speramus eo rem venturam, ut, simul atque
Carmina rescieris nos fingere, commodus ultro
Arcessas, et egere vetes, et scribere cogas.
Sed tamen est operae pretium cognoscere, quales
Aedituos habeat belli spectata domique
Virtus, indigno non committenda poëtae.
Gratus Alexandro regi Magno fuit ille
Choerilus, incultis qui versibus et male natis
Rettulit acceptos, regale nomisma, Philippos.
Sed veluti tractata notam labemque remittunt
Atramenta, fere scriptores carmine foedo
Splendida facta linunt. Idem rex ille, poëma
Qui tam ridiculum tam care prodigus emit,
Edicto vetuit ne quis se praeter Apellen
Pingeret, aut alius Lysippo duceret aera
Fortis Alexandri voltum simulantia. Quod si
Judicium subtile videndis artibus illud
Ad libros et ad haec Musarum dona vocares,

216 curam impende 228 accersas 234 numisma 239 Apellem

Boeotum in crasso jurares aëre natum.
At neque dedecorant tua de se judicia atque
Munera, quae multa dantis cum laude tulerunt
Dilecti tibi Vergilius Variusque poëtae;
Nec magis expressi voltus per aënea signa,
Quam per vatis opus mores animique virorum
Clarorum apparent. Nec sermones ego mallem
Repentes per humum quam res componere gestas,
Terrarumque situs et flumina dicere, et arces
Montibus impositas, et barbara regna, tuisque
Auspiciis totum confecta duella per orbem,
Claustraque custodem pacis cohibentia Janum,
Et formidatam Parthis te principe Romam,
Si quantum cuperem possem quoque; sed neque parvum
Carmen majestas recipit tua, nec meus audet
Rem temptare pudor, quam vires ferre recusent.
Sedulitas autem stulte, quem diligit, urget,
Praecipue cum se numeris commendat et arte:
Discit enim citius meminitque libentius illud
Quod quis deridet, quam quod probat et veneratur.
Nil moror officium quod me gravat, ac neque ficto
In pejus voltu proponi cereus usquam,
Nec prave factis decorari versibus opto,
Ne rubeam pingui donatus munere, et una
Cum scriptore meo, capsa porrectus aperta,
Deferar in vicum vendentem tus et odores
Et piper et quicquid chartis amicitur ineptis.

## II.

Flore, bono claroque fidelis amice Neroni,
Si quis forte velit puerum tibi vendere natum
Tibure vel Gabiis, et tecum sic agat: " Hic, et
Candidus et talos a vertice pulcher ad imos,
Fiet eritque tuus nummorum milibus octo,
Verna ministeriis ad nutus aptus heriles,
Litterulis Graecis imbutus, idoneus arti
Cuilibet: argilla quidvis imitaberis uda:

259 recusant 268 operta 269 thus 270 inemptis
3 hic est 8 imitabitur

Quin etiam canet, indoctum, sed dulce bibenti:
Multa fidem promissa levant, ubi plenius aequo
Laudat venales, qui volt extrudere, merces.
Res urget me nulla; meo sum pauper in aere.
Nemo hoc mangonum faceret tibi; non temere a me
Quivis ferret idem. Semel hic cessavit, et, ut fit,
In scalis latuit metuens pendentis habenae:"—
Des nummos, excepta nihil te si fuga laedat,
Ille ferat pretium poenae securus, opinor;
Prudens emisti vitiosum; dicta tibi est lex:
Insequeris tamen hunc et lite moraris iniqua?
Dixi me pigrum proficiscenti tibi, dixi
Talibus officiis prope mancum, ne mea saevus
Jurgares ad te quod epistula nulla rediret.
Quid tum profeci, mecum facientia jura
Si tamen attemptas? Quereris super hoc etiam, quod
Exspectata tibi non mittam carmina mendax.
Luculli miles collecta viatica multis
Aerumnis, lassus dum noctu stertit, ad assem
Perdiderat: post hoc vehemens lupus et sibi et hosti
Iratus pariter, jejunis dentibus acer,
Praesidium regale loco dejecit, ut aiunt,
Summe munito et multarum divite rerum.
Clarus ob id factum donis ornatur honestis,
Accipit et bis dena super sestertia nummum.
Forte sub hoc tempus castellum evertere praetor
Nescio quod cupiens hortari coepit eundem
Verbis, quae timido quoque possent addere mentem:
"I, bone, quo virtus tua te vocat, i pede fausto,
Grandia laturus meritorum praemia!—quid stas?"
Post haec ille catus, quantumvis rusticus, "Ibit,
Ibit eo, quo vis, qui zonam perdidit," inquit.
Romae nutriri mihi contigit, atque doceri
Iratus Grais quantum nocuisset Achilles.
Adjecere bonae paulo plus artis Athenae,
Scilicet ut possem curvo dinoscere rectum,
Atque inter silvas Academi quaerere verum.

11 excludere 16 laedit 22 epistola 22 veniret 23 tunc
24 attentas 32 opimis 42 Graiis 44 vellem 44 dignoscere

Dura sed emovere loco me tempora grato,
Civilisque rudem belli tulit aestus in arma
Caesaris Augusti non responsura lacertis.
Unde simul primum me dimisere Philippi,
Decisis humilem pennis inopemque paterni
Et laris et fundi, paupertas impulit audax,
Ut versus facerem: sed quod non desit habentem
Quae poterunt umquam satis expurgare cicutae,
Ni melius dormire putem quam scribere versus?

Singula de nobis anni praedantur euntes;
Eripuere jocos, venerem, convivia, ludum;
Tendunt extorquere poëmata: quid faciam vis?
Denique non omnes eadem mirantur amantque:
Carmine tu gaudes, hic delectatur ïambis,
Ille Bioneis sermonibus et sale nigro.
Tres mihi convivae prope dissentire videntur,
Poscentes vario multum diversa palato.
Quid dem? quid non dem? renuis tu quod jubet alter;
Quod petis, id sane est invisum acidumque duobus.

Praeter caetera, me Romaene poëmata censes
Scribere posse, inter tot curas totque labores?
Hic sponsum vocat, hic auditum scripta relictis
Omnibus officiis; cubat hic in colle Quirini,
Hic extremo in Aventino, visendus uterque:
Intervalla vides humane commoda. "Verum
Purae sunt plateae, nihil ut meditantibus obstet."
Festinat calidus mulis gerulisque redemptor,
Torquet nunc lapidem nunc ingens machina tignum,
Tristia robustis luctantur funera plaustris,
Hac rabiosa fugit canis, hac lutulenta ruit sus:
I nunc, et versus tecum meditare canoros!
Scriptorum chorus omnis amat nemus et fugit urbem,
Rite cliens Bacchi somno gaudentis et umbra:
Tu me inter strepitus nocturnos atque diurnos
Vis canere et contracta sequi vestigia vatum?

46 amovere 57 faciamus 70 commoda rerum 77 urbes 80 contacta

Ingenium, sibi quod vacuas desumpsit Athenas,
Et studiis annos septem dedit, insenuitque
Libris et curis, statua taciturnius exit
Plerumque et risu populum quatit: hic ego rerum
Fluctibus in mediis et tempestatibus urbis
Verba lyrae motura sonum connectere digner?

Frater erat Romae consulti rhetor, ut alter
Alterius sermone meros audiret honores,
Gracchus ut hic illi, foret huic ut Mucius ille.
Qui minus argutos vexat furor iste poëtas?
Carmina compono, hic elegos. "Mirabile visu
Caelatumque novem Musis opus!" Aspice primum,
Quanto cum fastu, quanto molimine circum-
Spectemus vacuam Romanis vatibus aedem:
Mox etiam, si forte vacas, sequere et procul audi,
Quid ferat et quare sibi nectat uterque coronam.
Caedimur et totidem plagis consumimus hostem
Lento Samnites ad lumina prima duello.
Discedo Alcaeus puncto illius; ille meo quis?
Quis nisi Callimachus? Si plus adposcere visus,
Fit Mimnermus et optivo cognomine crescit.
Multu fero, ut placem genus irritabile vatum,
Cum scribo et supplex populi suffragia capto;
Idem, finitis studiis et mente recepta,
Obturem patulas impune legentibus aures.

Ridentur mala qui componunt carmina; verum
Gaudent scribentes et se venerantur, et ultro,
Si taceas, laudant quicquid scripsere beati.
At qui legitimum cupiet fecisse poëma,
Cum tabulis animum censoris sumet honesti;
Audebit, quaecumque parum splendoris habebunt
Et sine pondere erunt et honore indigna ferentur,
Verba movere loco, quamvis invita recedant
Et versentur adhuc intra penetralia Vestae;
Obscurata diu populo bonus eruet atque

82 ut 86 coner 89 hic ut Mucius illi 95 vacat 112 feruntur

Proferet in lucem speciosa vocabula rerum,
Quae priscis memorata Catonibus atque Cethegis
Nunc situs informis premit et deserta vetustas;
Adsciscet nova, quae genitor produxerit usus.
Vemens et liquidus puroque simillimus amni
Fundet opes Latiumque beabit divite lingua;
Luxuriantia compescet, nimis aspera sano
Levabit cultu, virtute carentia tollet,
Ludentis speciem dabit et torquebitur, ut qui
Nunc Satyrum, nunc agrestem Cyclopa movetur.
Praetulerim scriptor delirus inersque videri,
Dum mea delectent mala me vel denique fallant,
Quam sapere et ringi? Fuit haud ignobilis Argis,
Qui se credebat miros audire tragoedos,
In vacuo laetus sessor plausorque theatro;
Cetera qui vitae servaret munia recto
More, bonus sane vicinus, amabilis hospes,
Comis in uxorem, posset qui ignoscere servis
Et signo laeso non insanire lagenae,
Posset qui rupem et puteum vitare patentem.
Hic ubi cognatorum opibus curisque refectus
Expulit elleboro morbum bilemque meraco,
Et redit ad sese, "Pol, me occidistis, amici,
Non servastis," ait, "cui sic extorta voluptas
Et demptus per vim mentis gratissimus error."

Nimirum sapere est abjectis utile nugis,
Et tempestivum pueris concedere ludum,
Ac non verba sequi fidibus modulanda Latinis,
Sed verae numerosque modosque ediscere vitae.
Quocirca mecum loquor haec tacitusque recordor:
"Si tibi nulla sitim finiret copia lymphae,
Narrares medicis; quod quanto plura parasti
Tanto plura cupis, nulline faterier audes?
Si volnus tibi monstrata radice vel herba
Non fieret levius, fugeres radice vel herba
Proficiente nihil curarier; audieras, cui

120 vehemens 137 helleboro 139 sit

Rem di donarent, illi decedere pravam
Stultitiam; et, cum sis nihilo sapientior ex quo
Plenior es, tamen uteris monitoribus isdem?
At si divitiae prudentem reddere possent,
Si cupidum timidumque minus te, nempe ruberes
Viveret in terris te si quis avarior uno.
Si proprium est quod quis libra mercatus et aere est,
Quaedam, si credis consultis, mancipat usus;
Qui te pascit ager, tuus est, et vilicus Orbi,
Cum segetes occat tibi mox frumenta daturas,
Te dominum sentit. Das nummos, accipis uvam,
Pullos, ova, cadum temeti: nempe modo isto
Paulatim mercaris agrum, fortasse trecentis
Aut etiam supra nummorum milibus emptum.
Quid refert vives numerato nuper an olim?
Emptor Aricini quondam Veientis et arvi
Emptum cenat olus, quamvis aliter putat; emptis
Sub noctem gelidam lignis calefactat aënum;
Sed vocat usque suum, qua populus adsita certis
Limitibus vicina refugit jurgia; tamquam
Sit proprium quicquam, puncto quod mobilis horae
Nunc prece, nunc pretio, nunc vi, nunc morte suprema
Permutet dominos et cedat in altera jura.
Sic quia perpetuus nulli datur usus, et heres
Heredem alterius velut unda supervenit undam,
Quid vici prosunt aut horrea? quidve Calabris
Saltibus adjecti Lucani, si metit Orcus
Grandia cum parvis, non exorabilis auro?
Gemmas, marmor, ebur, Tyrrhena sigilla, tabellas,
Argentum, vestes Gaetulo murice tinctas,
Sunt qui non habeant, est qui non curat habere.
Cur alter fratrum cessare et ludere et ungui
Praeferat Herodis palmetis pinguibus, alter
Dives et importunus ad umbram lucis ab ortu
Silvestrem flammis et ferro mitiget agrum,

154 rationibus
153 quod quis libra mercatur et aere, quicquid libra mercamur et aere
160 villicus 161 daturus
163 modo sto (=*isto*) Lachm. ad Lucret. iii. 954
173 sorte *editores quidam* 183 ungi

Scit Genius, natale comes qui temperat astrum,
Naturae deus humanae, mortalis in unum
Quodque caput, voltu mutabilis, albus et ater.
Utar et ex modico, quantum res poscet, acervo
Tollam, nec metuam quid de me judicet heres,
Quod non plura datis invenerit; et tamen idem
Scire volam quantum simplex hilarisque nepoti
Discrepet, et quantum discordet parcus avaro.
Distat enim, spargas tua prodigus, an neque sumptum
Invitus facias neque plura parare labores,
Ac potius, puer ut festis Quinquatribus olim,
Exiguo gratoque fruaris tempore raptim.
Pauperies immunda domus procul absit: ego, utrum
Nave ferar magna an parva, ferar unus et idem.
Non agimur tumidis velis aquilone secundo;
Non tamen adversis aetatem ducimus austris,
Viribus, ingenio, specie, virtute, loco, re,
Extremi primorum, extremis usque priores.
Non es avarus: abi. Quid, cetera jam simul isto
Cum vitio fugere? Caret tibi pectus inani
Ambitione? Caret mortis formidine et ira?
Somnia, terrores magicos, miracula, sagas,
Nocturnos lemures portentaque Thessala rides?
Natales grate numeras? Ignoscis amicis?
Lenior et melior fis accedente senecta?
Quid te exempta levat spinis de pluribus una?
Vivere si recte nescis, decede peritis.
Lusisti satis, edisti satis atque bibisti:
Tempus abire tibi est, ne potum largius aequo
Rideat et pulset lasciva decentius aetas."

199 procul procul, domo procul, domu procul, modo procul *e coni.*, modo ut procul *e coni.*
206 fuge: rite 212 iuvat 216 licentius

Q. HORATI FLACCI

# DE ARTE POETICA

## LIBER,

### SIVE EPISTVLA AD PISONES

---

Humano capiti cervicem pictor equinam
Jungere si velit, et varias inducere plumas
Undique collatis membris, ut turpiter atrum
Desinat in piscem mulier formosa superne,
Spectatum admissi risum teneatis, amici?
Credite, Pisones, isti tabulae fore librum
Persimilem, cujus, velut aegri somnia, vanae
Fingentur species, ut nec pes nec caput uni
Reddatur formae. "Pictoribus atque poëtis
Quidlibet audendi semper fuit aequa potestas."
Scimus, et hanc veniam petimusque damusque vicissim;
Sed non ut placidis coëant immitia, non ut
Serpentes avibus geminentur, tigribus agni.
  Inceptis gravibus plerumque et magna professis
Purpureus, late qui splendeat, unus et alter
Assuitur pannus, cum lucus et ara Dianae
Et properantis aquae per amoenos ambitus agros,
Aut flumen Rhenum, aut pluvius describitur arcus;
Sed nunc non erat his locus. Et fortasse cupressum
Scis simulare: quid hoc, si fractis enatat exspes
Navibus, aere dato qui pingitur? Amphora coepit
Institui; currente rota cur urceus exit?
  Denique sit quidvis simplex duntaxat et unum.

8 finguntur  16 adsuitur  23 quod vis  23 dumtaxat

Maxima pars vatum, pater et juvenes patre digni,
Decipimur specie recti: brevis esse laboro,
Obscurus fio; sectantem levia nervi
Deficiunt animique; professus grandia turget;
Serpit humi tutus nimium timidusque procellae;
Qui variare cupit rem prodigialiter unam,
Delphinum silvis appingit, fluctibus aprum:
In vitium ducit culpae fuga, si caret arte.

Aemilium circa ludum faber unus et ungues
Exprimet et molles imitabitur aere capillos,
Infelix operis summa, quia ponere totum
Nesciet. Hunc ego me, si quid componere curem,
Non magis esse velim, quam naso vivere pravo,
Spectandum nigris oculis nigroque capillo.

Sumite materiam vestris, qui scribitis, aequam
Viribus, et versate diu quid ferre recusent,
Quid valeant humeri. Cui lecta potenter erit res,
Nec facundia deseret hunc nec lucidus ordo.

Ordinis haec virtus erit et venus, aut ego fallor,
Ut jam nunc dicat jam nunc debentia dici,
Pleraque differat et praesens in tempus omittat.

In verbis etiam tenuis cautusque serendis,
Hoc amet, hoc spernat promissi carminis auctor.
Dixeris egregie, notum si callida verbum
Reddiderit junctura novum. Si forte necesse est
Indiciis monstrare recentibus abdita rerum,
Fingere cinctutis non exaudita Cethegis
Continget, dabiturque licentia sumpta pudenter;
Et nova fictaque nuper habebunt verba fidem, si
Graeco fonte cadent, parce detorta. Quid autem
Caecilio Plautoque dabit Romanus ademptum

26 lenia 29 rem, prodigialiter una (una *e coni.*) 32 imus 42 haud ego *uersus* 45, 46 *inuerso ordine exhibent libri plurimi* 49 rerum et 53 cadant

Vergilio Varioque? Ego cur, acquirere pauca
Si possum, invideor, cum lingua Catonis et Enni
Sermonem patrium ditaverit et nova rerum
Nomina protulerit? Licuit semperque licebit
Signatum praesente nota producere nomen.
Ut silvae foliis pronos mutantur in annos,
Prima cadunt: ita verborum vetus interit aetas,
Et juvenum ritu florent modo nata vigentque.
Debemur morti nos nostraque. Sive receptus
Terra Neptunus classes aquilonibus arcet,
Regis opus, sterilisve diu palus aptaque remis
Vicinas urbes alit et grave sentit aratrum,
Seu cursum mutavit iniquum frugibus amnis,
Doctus iter melius, mortalia facta peribunt:
Nedum sermonum stet honos et gratia vivax.
Multa renascentur quae jam cecidere, cadentque
Quae nunc sunt in honore vocabula, si volet usus,
Quem penes arbitrium est et jus et norma loquendi.

Res gestae regumque ducumque et tristia bella
Quo scribi possent numero, monstravit Homerus.
Versibus impariter junctis querimonia primum,
Post etiam inclusa est voti sententia compos:
Quis tamen exiguos elegos emiserit auctor,
Grammatici certant, et adhuc sub judice lis est.
Archilochum proprio rabies armavit iambo;
Hunc socci cepere pedem grandesque cothurni,
Alternis aptum sermonibus, et populares
Vincentem strepitus, et natum rebus agendis.
Musa dedit fidibus divos puerosque deorum
Et pugilem victorem et equum certamine primum
Et juvenum curas et libera vina referre.

Descriptas servare vices operumque colores,
Cur ego, si nequeo ignoroque, poëta salutor?
Cur nescire pudens prave quam discere malo?
Versibus exponi tragicis res comica non volt;

59 procudere 62 virentque 63 debemus 65 sterilisque 72 vis

Indignatur item privatis ac prope socco
Dignis carminibus narrari cena Thyestae.
Singula quaeque locum teneant sortita decenter.
Interdum tamen et vocem comoedia tollit,
Iratusque Chremes tumido delitigat ore;
Et tragicus plerumque dolet sermone pedestri
Telephus et Peleus; cum pauper et exul, uterque
Projicit ampullas et sesquipedalia verba,
Si curat cor spectantis tetigisse querella.

Non satis est pulchra esse poëmata; dulcia sunto,
Et, quocumque volent, animum auditoris agunto.
Ut ridentibus arrident, ita flentibus adsunt
Humani voltus: si vis me flere, dolendum est
Primum ipsi tibi: tum tua me infortunia laedent,
Telephe vel Peleu; male si mandata loqueris,
Aut dormitabo aut ridebo. Tristia maestum
Voltum verba decent, iratum plena minarum,
Ludentem lasciva, severum seria dictu.
Format enim natura prius nos intus ad omnem
Fortunarum habitum; juvat, aut impellit ad iram,
Aut ad humum maerore gravi deducit et angit;
Post effert animi motus interprete lingua.
Si dicentis erunt fortunis absona dicta,
Romani tollent equites peditesque cachinnum.
Intererit multum divusne loquatur an heros,
Maturusne senex an adhuc florente juventa
Fervidus, et matrona potens an sedula nutrix,
Mercatorne vagus cultorne virentis agelli,
Colchus an Assyrius, Thebis nutritus an Argis.

Aut famam sequere, aut sibi convenientia finge.
Scriptor honoratum si forte reponis Achillem,
Impiger, iracundus, inexorabilis, acer,
Jura neget sibi nata, nihil non arroget armis.

92 decentem 95, 96 pedestri. Telephus 98 querela 100 volunt 101 adsint, adflent *e coni.* 103 tunc 114 Davusne 116 an matrona 117 vigentis 119, 120 finge, scriptor. 120 Homereum *e coni.*

Sit Medea ferox invictaque, flebilis Ino,
Perfidus Ixion, Io vaga, tristis Orestes.
Si quid inexpertum scaenae committis et audes
Personam formare novam, servetur ad imum
Qualis ab incepto processerit, et sibi constet.
Difficile est proprie communia dicere ; tuque
Rectius Iliacum carmen deducis in actus,
Quam si proferres ignota indictaque primus.
Publica materies privati juris erit, si
Non circa vilem patulumque moraberis orbem,
Nec verbo verbum curabis reddere fidus
Interpres, nec desilies imitator in artum,
Unde pedem proferre pudor vetet aut operis lex.
Nec sic incipies, ut scriptor cyclicus olim :
"*Fortunam Priami cantabo et nobile bellum.*"
Quid dignum tanto feret hic promissor hiatu?
Parturiunt montes, nascetur ridiculus mus.
Quanto rectius hic, qui nil molitur inepte :
"*Dic mihi, Musa, virum, captae post moenia Trojae*
*Qui mores hominum multorum vidit et urbes.*"
Non fumum ex fulgore, sed ex fumo dare lucem
Cogitat, ut speciosa dehinc miracula promat,
Antiphaten Scyllamque et cum Cyclope Charybdin.
Nec reditum Diomedis ab interitu Meleagri,
Nec gemino bellum Trojanum orditur ab ovo ;
Semper ad eventum festinat, et in medias res
Non secus ac notas auditorem rapit, et, quae
Desperat tractata nitescere posse, relinquit ;
Atque ita mentitur, sic veris falsa remiscet,
Primo ne medium, medio ne discrepet imum.

Tu, quid ego et populus mecum desideret, audi :
Si plausoris eges aulaea manentis et usque
Sessuri donec cantor "Vos plaudite" dicat,
Aetatis cujusque notandi sunt tibi mores,
Mobilibusque decor naturis dandus et annis.

**133 verbum verbo 134 arctum 136 ciclius 139 parturient 141 tempora 154 plosoris 157 nobilibusque 157 maturis**

Reddere qui voces jam scit puer et pede certo
Signat humum, gestit paribus colludere, et iram
Colligit ac ponit temere, et mutatur in horas.
Imberbus juvenis, tandem custode remoto,
Gaudet equis canibusque et aprici gramine campi,
Cereus in vitium flecti, monitoribus asper,
Utilium tardus provisor, prodigus aeris,
Sublimis cupidusque et amata relinquere pernix.
Conversis studiis aetas animusque virilis
Quaerit opes et amicitias, inservit honori,
Commisisse cavet quod mox mutare laboret.
Multa senem circumveniunt incommoda, vel quod
Quaerit et inventis miser abstinet ac timet uti,
Vel quod res omnes timide gelideque ministrat,
Dilator, spe longus, iners, avidusque futuri,
Difficilis, querulus, laudator temporis acti
Se puero, castigator censorque minorum.
Multa ferunt anni venientes commoda secum,
Multa recedentes adimunt. Ne forte seniles
Mandentur juveni partes pueroque viriles,
Semper in adjunctis aevoque morabimur aptis.

Aut agitur res in scaenis, aut acta refertur.
Segnius irritant animos demissa per aurem,
Quam quae sunt oculis subjecta fidelibus, et quae
Ipse sibi tradit spectator: non tamen intus
Digna geri promes in scaenam, multaque tolles
Ex oculis, quae mox narret facundia praesens.
Ne pueros coram populo Medea trucidet,
Aut humana palam coquat exta nefarius Atreus,
Aut in avem Procne vertatur, Cadmus in anguem.
Quodcumque ostendis mihi sic, incredulus odi.

Neve minor neu sit quinto productior actu
Fabula, quae posci volt et spectata reponi;

161 imberbis 172 lentus *e coni.* 172 pavidusque *e coni.* 178 morabitur 180 aures 185 nec 187 Progne 189 sit neu 190 spectanda

Nec deus intersit, nisi dignus vindice nodus
Inciderit ; nec quarta loqui persona laboret.

Actoris partes chorus officiumque virile
Defendat, neu quid medios intercinat actus
Quod non proposito conducat et haereat apte.
Ille bonis faveatque et consilietur amice,
Et regat iratos, et amet peccare timentes ;
Ille dapes laudet mensae brevis, ille salubrem
Justitiam legesque et apertis otia portis ;
Ille tegat commissa, deosque precetur et oret,
Ut redeat miseris, abeat Fortuna superbis.

Tibia non, ut nunc, orichalco vincta tubaeque
Aemula, sed tenuis simplexque, foramine pauco,
Aspirare et adesse choris erat utilis, atque
Nondum spissa nimis complere sedilia flatu ;
Quo sane populus numerabilis, utpote parvus,
Et frugi castusque verecundusque coïbat.
Postquam coepit agros extendere victor, et urbes
Latior amplecti murus, vinoque diurno
Placari Genius festis impune diebus,
Accessit numerisque modisque licentia major.
Indoctus quid enim saperet liberque laborum,
Rusticus urbano confusus, turpis honesto ?
Sic priscae motumque et luxuriem addidit arti
Tibicen, traxitque vagus per pulpita vestem ;
Sic etiam fidibus voces crevere severis,
Et tulit eloquium insolitum facundia praeceps,
Utiliumque sagax rerum et divina futuri
Sortilegis non discrepuit sententia Delphis.

Carmine qui tragico vilem certavit ob hircum,
Mox etiam agrestes Satyros nudavit, et asper
Incolumi gravitate jocum temptavit, eo quod
Illecebris erat et grata novitate morandus
Spectator, functusque sacris et potus et exlex.

196 amicis *e coni.* 197 pacare tumentes 202 iuncta 203 parvo 204 adspirare 222 tentavit

Verum ita risores, ita commendare dicaces
Conveniet Satyros, ita vertere seria ludo,
Ne, quicumque deus, quicumque adhibebitur heros,
Regali conspectus in auro nuper et ostro,
Migret in obscuras humili sermone tabernas,
Aut, dum vitat humum, nubes et inania captet.
Effutire leves indigna Tragoedia versus,
Ut festis matrona moveri jussa diebus,
Intererit Satyris paulum pudibunda protervis.
Non ego inornata et dominantia nomina solum
Verbaque, Pisones, Satyrorum scriptor amabo;
Nec sic enitar tragico differre colori,
Ut nihil intersit Davusne loquatur et audax
Pythias, emuncto lucrata Simone talentum,
An custos famulusque dei Silenus alumni.
Ex noto fictum carmen sequar, ut sibi quivis
Speret idem, sudet multum frustraque laboret
Ausus idem: tantum series juncturaque pollet,
Tantum de medio sumptis accedit honoris.
Silvis deducti caveant, me judice, Fauni,
Ne, velut innati triviis ac paene forenses,
Aut nimium teneris juvenentur versibus umquam,
Aut immunda crepent ignominiosaque dicta;
Offenduntur enim quibus est equus et pater et res,
Nec, si quid fricti ciceris probat et nucis emptor,
Aequis accipiunt animis donantve corona.

Syllaba longa brevi subjecta vocatur iambus,
Pes citus; unde etiam trimetris accrescere jussit
Nomen iambeis, cum senos redderet ictus
Primus ad extremum similis sibi: non ita pridem,
Tardior ut paulo graviorque veniret ad aures,
Spondeos stabiles in jura paterna recepit,
Commodus et patiens, non ut de sede secunda
Cederet aut quarta socialiter. Hic et in Acci
Nobilibus trimetris apparet rarus, et Enni
In scaenam missos cum magno pondere versus

226 conveniat 230 vitet 237 an audax 243 accedet 249 fracti 258 Atti *editores quidam* 260 magno cum

Aut operae celeris nimium curaque carentis
Aut ignoratae premit artis crimine turpi.
Non quivis videt immodulata poëmata judex,
Et data Romanis venia est indigna poëtis.
Idcircone vager scribamque licenter? an omnes
Visuros peccata putem mea, tutus et intra
Spem veniae cautus? Vitavi denique culpam,
Non laudem merui. Vos exemplaria Graeca
Nocturna versate manu, versate diurna.
At vestri proavi Plautinos et numeros et
Laudavere sales, nimium patienter utrumque,
Ne dicam stulte, mirati, si modo ego et vos
Scimus inurbanum lepido seponere dicto,
Legitimumque sonum digitis callemus et aure.

Ignotum tragicae genus invenisse Camenae
Dicitur, et plaustris vexisse poëmata Thespis,
Quae canerent agerentque peruncti faecibus ora.
Post hunc personae pallaeque repertor honestae
Aeschylus et modicis instravit pulpita tignis,
Et docuit magnumque loqui nitique cothurno.
Successit vetus his comoedia, non sine multa
Laude; sed in vitium libertas excidit et vim
Dignam lege regi; lex est accepta, chorusque
Turpiter obticuit sublato jure nocendi.
Nil intemptatum nostri liquere poëtae;
Nec minimum meruere decus vestigia Graeca
Ausi deserere et celebrare domestica facta,
Vel qui praetextas vel qui docuere togatas.
Nec virtute foret clarisve potentius armis,
Quam lingua Latium, si non offenderet unum
Quemque poëtarum limae labor et mora. Vos, o
Pompilius sanguis, carmen reprendite quod non
Multa dies et multa litura coërcuit atque
Perfectum deciens non castigavit ad unguem.

261 nimium celeris 265 ut omnes, at omnes 270 nostri
277 faecibus atris 285 intentatum 292 reprehendite
294 praesectum 294 decies

Ingenium misera quia fortunatius arte
Credit et excludit sanos Helicone poëtas
Democritus, bona pars non ungues ponere curat,
Non barbam, secreta petit loca, balnea vitat.
Nanciscetur enim pretium nomenque poëtae,
Si tribus Anticyris caput insanabile numquam
Tonsori Licino commiserit. O ego laevus,
Qui purgor bilem sub verni temporis horam!
Non alius faceret meliora poëmata. Verum
Nil tanti est. Ergo fungar vice cotis, acutum
Reddere quae ferrum valet, exsors ipsa secandi;
Munus et officium, nil scribens ipse, docebo,
Unde parentur opes, quid alat formetque poëtam,
Quid deceat, quid non, quo virtus, quo ferat error.

Scribendi recte sapere est et principium et fons.
Rem tibi Socraticae poterunt ostendere chartae,
Verbaque provisam rem non invita sequentur.
Qui didicit patriae quid debeat et quid amicis,
Quo sit amore parens, quo frater amandus et hospes,
Quod sit conscripti, quod judicis officium, quae
Partes in bellum missi ducis, ille profecto
Reddere personae scit convenientia cuique.
Respicere exemplar vitae morumque jubebo
Doctum imitatorem, et vivas hinc ducere voces.
Interdum speciosa locis morataque recte
Fabula nullius veneris, sine pondere et arte,
Valdius oblectat populum meliusque moratur,
Quam versus inopes rerum nugaeque canorae.

Grais ingenium, Grais dedit ore rotundo
Musa loqui, praeter laudem nullius avaris.
Romani pueri longis rationibus assem
Discunt in partes centum diducere. "Dicat
Filius Albini: Si de quincunce remota est
Uncia, quid superat? Poteras dixisse." "Triens." "Eu!

305 exors 311 sequuntur 314 quid... quid 318 veras *perpauci* 319 iocis 323 Graiis... Graiis 326 dicas *e coni.* 328 superet 328 poterat 328 hem

Rem poteris servare tuam. Redit uncia, quid fit?"
"Semis." At, haec animos aerugo et cura peculi
Cum semel imbuerit, speramus carmina fingi
Posse linenda cedro et levi servanda cupresso?

Aut prodesse volunt aut delectare poëtae,
Aut simul et jucunda et idonea dicere vitae.
Quicquid praecipies, esto brevis, ut cito dicta
Percipiant animi dociles teneantque fideles;
Omne supervacuum pleno de pectore manat.
Ficta voluptatis causa sint proxima veris;
Ne, quodcumque volet, poscat sibi fabula credi,
Neu pransae Lamiae vivum puerum extrahat alvo.
Centuriae seniorum agitant expertia frugis,
Celsi praetereunt austera poëmata Ramnes:
Omne tulit punctum qui miscuit utile dulci,
Lectorem delectando pariterque monendo.
Hic meret aera liber Sosiis, hic et mare transit,
Et longum noto scriptori prorogat aevum.

Sunt delicta tamen quibus ignovisse velimus;
Nam neque chorda sonum reddit quem volt manus et mens,
Poscentique gravem persaepe remittit acutum,
Nec semper feriet, quodcumque minabitur, arcus.
Verum ubi plura nitent in carmine, non ego paucis
Offendar maculis, quas aut incuria fudit
Aut humana parum cavit natura. Quid ergo est?
Ut scriptor si peccat idem librarius usque,
Quamvis est monitus, venia caret; ut citharoedus
Ridetur, chorda qui semper oberrat eadem:
Sic mihi, qui multum cessat, fit Choerilus ille,
Quem bis terve bonum cum risu miror; et idem
Indignor quandoque bonus dormitat Homerus.
Verum operi longo fas est obrepere somnum.
Ut pictura, poësis: erit quae, si propius stes,
Te capiat magis, et quaedam si longius abstes;

330 an  339 nec  339 velit  355 et  358 terque  360 opere in longo

Haec amat obscurum; volet haec sub luce videri,
Judicis argutum quae non formidat acumen;
Haec placuit semel, haec deciens repetita placebit.

O major juvenum, quamvis et voce paterna
Fingeris ad rectum et per te sapis, hoc tibi dictum
Tolle memor, certis medium et tolerabile rebus
Recte concedi: consultus juris et actor
Causarum mediocris abest virtute diserti
Messallae, nec scit quantum Cascellius Aulus,
Sed tamen in pretio est: mediocribus esse poëtis,
Non homines, non di, non concessere columnae.
Ut gratas inter mensas symphonia discors
Et crassum unguentum et Sardo cum melle papaver
Offendunt, poterat duci quia cena sine istis,
Sic animis natum inventumque poëma juvandis,
Si paulum summo decessit, vergit ad imum.
Ludere qui nescit, campestribus abstinet armis,
Indoctusque pilae discive trochive quiescit,
Ne spissae risum tollant impune coronae:
Qui nescit versus, tamen audet fingere. Quidni?
Liber, et ingenuus, praesertim census equestrem
Summam nummorum, vitioque remotus ab omni.

Tu nihil invita dices faciesve Minerva;
Id tibi judicium est, ea mens. Si quid tamen olim
Scripseris, in Maeci descendat judicis aures
Et patris et nostras, nonumque prematur in annum,
Membranis intus positis: delere licebit
Quod non edideris; nescit vox missa reverti.
Silvestres homines sacer interpresque deorum
Caedibus et victu foedo deterruit Orpheus,
Dictus ob hoc lenire tigres rabidosque leones;
Dictus et Amphion, Thebanae conditor urbis,
Saxa movere sono testudinis et prece blanda
Ducere quo vellet. Fuit haec sapientia quondam,
Publica privatis secernere, sacra profanis,

365 decies 371 Messalae 378 a summo discessit *Lambinus* 385 faciesque 394 arcis

Concubitu prohibere vago, dare jura maritis,
Oppida moliri, leges incidere ligno:
Sic honor et nomen divinis vatibus atque
Carminibus venit. Post hos insignis Homerus
Tyrtaeusque mares animos in Martia bella
Versibus exacuit; dictae per carmina sortes,
Et vitae monstrata via est; et gratia regum
Pieriis temptata modis; ludusque repertus,
Et longorum operum finis: ne forte pudori
Sit tibi Musa lyrae sollers et cantor Apollo!

Natura fieret laudabile carmen an arte,
Quaesitum est: ego nec studium sine divite vena,
Nec rude quid possit video ingenium; alterius sic
Altera poscit opem res et conjurat amice.
Qui studet optatam cursu contingere metam,
Multa tulit fecitque puer, sudavit et alsit,
Abstinuit venere et vino; qui Pythia cantat
Tibicen, didicit prius extimuitque magistrum.
Nunc satis est dixisse "Ego mira poëmata pango;
Occupet extremum scabies! mihi turpe relinqui est,
Et, quod non didici, sane nescire fateri."

Ut praeco, ad merces turbam qui cogit emendas,
Assentatores jubet ad lucrum ire poëta
Dives agris, dives positis in fenore nummis.
Si vero est unctum qui recte ponere possit,
Et spondere levi pro paupere, et eripere atris
Litibus implicitum, mirabor si sciet inter-
Noscere mendacem verumque beatus amicum.
Tu, seu donâris seu quid donare voles cui,
Nolito ad versus tibi factos ducere plenum
Laetitiae; clamabit enim "Pulchre! Bene! Recte!"
Pallescet super his, etiam stillabit amicis
Ex oculis rorem, saliet, tundet pede terram.
Ut, qui conducti plorant in funere, dicunt
Et faciunt prope plura dolentibus ex animo, sic

410 prosit 416 nec *codices pauci*, num, non 417 est *omit*, 421 foenore 423 artis 424 sciat

Derisor vero plus laudatore movetur.
Reges dicuntur multis urgere culullis
Et torquere mero quem perspexisse laborant,
An sit amicitia dignus: si carmina condes,
Numquam te fallant animi sub volpe latentes.
  Quintilio si quid recitares, "Corrige, sodes,
Hoc," aiebat, "et hoc." Melius te posse negares,
Bis terque expertum frustra, delere jubebat,
Et male tornatos incudi reddere versus.
Si defendere delictum quam vertere malles,
Nullum ultra verbum aut operam insumebat inanem,
Quin sine rivali teque et tua solus amares.
  Vir bonus et prudens versus reprehendet inertes,
Culpabit duros, incomptis allinet atrum
Traverso calamo signum, ambitiosa recidet
Ornamenta, parum claris lucem dare coget,
Arguet ambigue dictum, mutanda notabit,
Fiet Aristarchus; non dicet "Cur ego amicum
Offendam in nugis?" Hae nugae seria ducent
In mala derisum semel exceptumque sinistre.

  Ut mala quem scabies aut morbus regius urget
Aut fanaticus error et iracunda Diana,
Vesanum tetigisse timent fugiuntque poëtam
Qui sapiunt; agitant pueri incautique sequuntur.
Hic, dum sublimis versus ructatur et errat,
Si veluti merulis intentus decidit auceps
In puteum foveamve, licet "Succurrite" longum
Clamet, "Io cives!", non sit qui tollere curet.
Si curet quis opem ferre et demittere funem,
"Qui scis an prudens huc se projecerit, atque
Servari nolit?" dicam, Siculique poëtae
Narrabo interitum. Deus immortalis haberi
Dum cupit Empedocles, ardentem frigidus Aetnam
Insiluit. Sit jus liceatque perire poëtis;
Invitum qui servat, idem facit occidenti.

435 laborent 437 fallent 440 expertum? frustra: *Wakefield* 441 formatos *e coni.*, ter natos *coni. Bent.* 443 sumebat 446 adlinet 447 transverso 450 nec 456 secuntur 457 sublimes 462 deiecerit

Nec semel hoc fecit, nec, si retractus erit jam,
Fiet homo, et ponet famosae mortis amorem.
Nec satis apparet cur versus factitet, — utrum
Minxerit in patrios cineres, an triste bidental
Moverit incestus: certe furit, ac velut ursus,
Objectos caveae valuit si frangere clathros,
Indoctum doctumque fugat recitator acerbus;
Quem vero arripuit, tenet occiditque legendo,
Non missura cutem, nisi plena cruoris, hirudo.

470 dictitet

# ABBREVIATIONS.

ad loc., *on this passage.*
Am. ed., *American edition.*
A. U. C., *in the year of the city.*
B. C., *before Christ.*
cf., *compare.*
cod., *codex.*
comm., *commonly.*
conj., *conjecture.*
e. g., *for example.*
Gr., *Grammar* or *Grammars.*
H. *or* Hor., *Horace.*
i. e., *that is.*
Ind., *Index.*
in fine, *at the end.*
lit., *literally.*
MS., MSS., *manuscript, manuscripts.*
n., *note.*
p., pp., *page, pages.*
P. N., *Proper Names.*
pr., *pronounce* or *pronounced.*
q. v., *which see.*
sc., *understand, supply.*
sq. (*sing.*), sqq. (*pl.*), *and the following.*
tr., *translate, translates,* or *translation.*
v., *verse.*
V. R., *various reading* or *readings.*
A. P., *Ars Poetica.*
Carm., *Odes.*
Epp. *or* Epist., *Epistles.*
Epod., *Epodes.*
Od., *Odes.*
Sat., *Satires.*

## Grammars.

A., *Allen's.*
A. & S., *Andrews and Stoddard's.*
B., *Bullions and Morris's.*
H., *Harkness's.*
Kr., *Krüger's.*
M., *Madvig's.*
Z., *Zumpt's.*

## Editors and Commentators.

Acr., *Acron.*
A., *Anthon.*
B. *or* Bent., *Bentley.*
Br., *Braunhard.*
C., *Currie.*
D. *or* Dil., *Dillenburger.*
F., *Fea.*
G., *Gesner.*
H., *Heindorf.*
G. H., *G. Hermann.*
K. F. H., *K. F. Hermann.*
J., *Jahn.*
K., *Keller.*
Kr., *Krüger.*
Lach., *Lachmann.*
Lamb., *Lambin.*
L., *Lincoln.*
Mc., *Macleane.*
M., *Meineke.*
Mt., *Mitscherlich.*
N., *Nauck.*
Ob., *Obbarius.*
O., *Orelli.*
P., *Peerlkamp.*
Porph., *Porphyrion.*
R., *Ritter.*
S-J., *Schmid's Jahn.*
St., *Stallbaum.*
Y., *Yonge.*
Z., *Zumpt.*

---

Bl., Metrical translation in *Blackwood's Magazine,* 1868.
Con., Metrical translation by *Conington.*
Lex., *Andrews's Freund's* Lexicon.
M. M., *Max Müller.*

# NOTES.

## HORATI CARMINVM

### LIBER PRIMVS.

### Carm. I.—Ad Maecenatem. (725–736.)

This introductory ode serves both as a preface to the first three books, which were published together, and as a dedication to Horace's friend and patron Maecēnas.

ARGUMENT.—Maecēnas, my protector, my pride, various are the aims of men. One man delights in Olympic contests, another in the honors of the state, another in his well-filled barns. The farmer will not plough the seas, the merchant is restless on land. One loves his ease and his wine, another the camp and the din of war, while the huntsman braves all weathers for his sport. My glory is in the poet's ivy crown, my delight to retire to the groves with the nymphs and the satyrs, where my muse breathes the flute or strikes the lyre. If thou shalt rank me among the lyric choir, I shall lift my head to the skies.

**1. Maecenas**. See the Index of Proper Names.—**Atavis**. Abl. of *source*, after **edite** (from *edo*), a participle denoting birth. H. 425, 3, 1); A. & S. 246; B. 918; A. 54, VIII. *Atavis* here is a general term for *ancestors*. What is its proper or original meaning? (See Lex.)—**Regibus**, in apposition with **atavis**, and kindred in force to a relative clause (H. 363, 3), (*who were*) kings. Maecēnas belonged to the family of the Cilnii (an ancient and leading house at Arretium), which was descended from *Lucumones*, or princes of Etruria: (Carm. III. 29, 1, Sat. I. 6, 1, 2).

**2. Ō ēt**. A spondee. Interjections consisting only of a vowel (or of a vowel followed by *h*), cannot be elided; by elision the whole word would disappear in recitation.—The friendship of Maecēnas was a *protection* to Horace against the assaults of the envious and censorious, conferred upon him many solid advantages (as the gift of the Sabine farm), and was an *ornament* and an honor to him, from the social prestige attending an intimacy with the first gentleman of Rome.—Notice the alliteration in *dulce decus*, as in *dulce et decorum*, *dulces docta*, *dulci* *digne, desine dulcium, dulci distinet a domo, Dauniae defende decus,* etc., in subsequent odes. — Con. "The shield at once and glory of my life."

**3. Curriculo** (from *curro* as *vehiculum* from *veho*) = *curru,* "*with the car.*" A few commentators give the other possible translation, *in the race-course.* — **Olympicum.** N. suggests that the allusion here is not to the *Grecian* games, but to the imitations of them at Rome, instituted by Augustus. (See Suet. *Oct.* 45.)

**4, 5. Collegisse.** The tense need give us no trouble, for a literal translation of it is perfectly intelligible in English. The remembrance of the race is pleasant, as well as the race itself; and even during the race, the dust *has been raised,* before it is thought of. But Horace chose this form without any very subtile consideration of the sense, from the exigencies of his *metre,* which would not admit *colligere.* Notice the exact force of *collegisse,* — the *gathering together* or *collecting* the scattered atoms of dust into a cloud, as by a whirlwind. Cf. Sat. I. 4, 31. — **Juvat.** After *sunt qui* the subj. is ordinarily found. By the use of the indicative here, the poet represents the action as *particular* rather than *general,* and hence with *more liveliness and definiteness,* as if he had the very persons in his mind who are pleased by such contests. *Sunt quos* is here equivalent to *nonnullos,* (as *est qui* (v. 19)= *nonnemo, sunt quibus* (I. 7, 5)= *nonnullis*). Hence the construction is continued by *hunc* (7) and *illum* (9): sc. *juvat.* The indic. cannot be used after *negative* expressions, such as *nemo est qui.* — **Meta.** At each extremity of the *spina* (a low wall running lengthways down the centre of the race-course), were three conical pillars of wood, called **metae,** — *the goal.* "It was the mark of a skilful driver to turn the goal as closely as possible, which is implied in *fervidis evitata rotis.*" — **Fervidis,** *glowing.* — **Palma.** A palm-branch was given to the victors in the Grecian games, to be borne in the hand, in addition to the garland of olive, laurel, pine, or arsley (and sometimes of palm), for the head.

**6. Terrarum dominos,** in apposition with *deos.* Cf. Ovid. *Pont.* I. 9, 36: Terrarum dominos quam colis ipse deos. *T. dom.* is wrongly taken by D. and R. as the object of *evehit.* — **Evehit ad deos,** *transports to the gods;* i. e., makes them, applauded and proud, feel themselves great as the gods. — Notice how lively a picture Horace has given us by a few simple touches, — the chariot, the cloud of dust, the skilful turning of the goal, and the palm-branch given to the proud victor.

**7. Hunc.** sc. *juvat.* G. H., J., and Ob. supply here *evehit ad deos* as well as *juvat.* — **Mobilium,** *fickle.* Cf. *ventosae* plebis, Epp. I. 19, 37.

**8. Honoribus,** abl. of means (the Latin idiom being "raise *with honors*" where we should say *to honors*). The threefold honors are the curule aedileship, the praetorship, and the consulship.— **Certat tollere.** This use of *certo* with the infin. is almost exclusively confined to the poets. H. 553, V.; A. & S. 271, note 3; M. 389, obs. 2; B. 1160; A. 58, IV.; Z. 616.

**9. Illum,** sc. *juvat.* — **Horreo,** abl. of place, the prep. *in* (which would be expressed in prose) omitted by poetical license. H. 422, 1, 2); A. & S. 254, Rem. 3; B. 948; A. 55, III. 5.

**10, 11.** Libya, Sicily, and Egypt were the most fertile provinces of Rome.— The **area** was a raised floor on which the grain was threshed, under the open sky. After the wind had winnowed it, the floor was swept, and the grain was thus collected. — There seems to be a certain contempt for wealth and honors in the use of the words *pulverem, mobilium,* and *verritur.* — **Gaudentem,** sc. *aliquem* (one). — **Patrius** means *belonging to one's fathers, ancestral;* **paternus,** *belonging to one's father.*

**12. Attalicis condicionibus** (conditionibus), lit., *by Attalic offers,* i. e., by the most splendid offers,— the Attăli (kings of Pergamus), and especially Attălus II., Philadelphus, being famous for the munificence with which they rewarded artists who adorned their palace with pictures and statues, and for the liberal prices they paid for books.

**13–15.** The four proper names in these lines are introduced for the sake of *particularity* and consequent vivacity and picturesqueness. The specification of a particular kind of vessel, and of particular seas and winds, brings more definite images before the mind than would be presented had the poet confined himself to general terms. It suggests, moreover, whatever poetic associations belong to the names; "Cypria," for example, calls up "dreamy recollections of all the lovely myths about Cyprus." Apart from such local coloring, the most obvious interpretation is that given by Bl.: "You could not tempt him even to a short passage on board the best-built ship:" Cyprus being celebrated for shipbuilding, and the Myrtōan sea a short though rough passage. — **Fluctibus,** dative. H. 385, 5; A. & S. 223, Rem. 2, note, (*b*); B. 833, 3. "*Luctari, certare, decertare, contendere,* are used by the poets with the dat., after the manner of the Greek *μάχεσθαί τινι.*"

**16. Otium et oppidi rura sui,** generally tr. (as hendiadys) *the peaceful fields around his town.* In such cases, however, we must not lose sight of the twofold object. The merchant praises both the tranquillity (calm, freedom from care) of his native town, and the beautiful fields around it.

**18, 19. Pati.** Find in your grammar (by the index) the rule for the infinitive after adjectives.— **Massici,** sc. *vini.*

**20. Nec spernit,** litŏtês. — **Solido.** The business-hours constituted what was called the solid day. "Solidus signifies that which has no vacant part or space."

**21, 22.** Horace delights in pictures like this (especially attractive in a warm country like Italy), of taking rest under grateful shade and by the side of murmuring streams. — **Membra**, acc. of specification, with *stratus* (from *sterno*). — The **arbutus** (*arbutus unedo*, or strawberry-tree) is a beautiful shrub, and remarkable for the bright color of its evergreen leaves. — **Lene**, softly whispering, gently murmuring. — **Caput**, spring, "well-head." — **Sacrae**, *i. e.*, to the nymphs. "Shrines were usually built at the fountain-head of streams, dedicated to the nymphs that protected them."

**23.** The **lituus** or *clarion* was a bronze trumpet, curved at one extremity like an augur's staff. It was sharp or shrill in tone, and was used by the cavalry. The **tuba**, *trumpet*, was straight (as its name denotes) and of a deep tone, and used by the infantry. — **Lituo** (abl. governed by *permixtus*)= *litui sonitu*, a brief mode of expression common in all languages.

**24. Matribus.** "Dat. of the agent with the passive part. *detestata*." But notice that, while the abl. with *a* or *ab* denotes the agent directly and *simply*, the more subtile construction with the dat. marks the action rather as *affecting the interests* of the agent, or as *standing* to him *in a certain relation:* as here, *wars, to mothers a thing abhorred*, ("war, the detested of mothers," Bl.) There are a few cases, however, as Ep. I. 19, 3, where this original distinction between the dat. and the abl. with *ab* seems to have been lost sight of, as there is a natural tendency, in all languages, to the occasional disregard of distinctions so delicate.

**25. Detestata**, a deponent part. used passively, as *modulatus* (I. 32, 5), *metatus* (II. 15, 15), *abominatus* (Epod. 16, 8). "*Detestatus* is nowhere else used passively, except by the law-writers, who use it of one convicted by evidence." — **Sub Jove**, *under the open sky*, as *sub divo* (the latter word being derived from the same root as the Iov or Iû which in composition with *pater* makes Jupiter or Juppiter; compare *interdiu*). Ennius: *Aspice hoc sublime candens, quem invocant omnes Jovem.* The Romans often use Jupiter for the heavens or their phenomena.

**27. Catulis**, poetical dat. of the agent. See note on *matribus* (24). H. 388; A. & S. 225, II.; B. 844; A. 51, VIII. How do we know that *catulis* is not abl.? (H. 414, 5; A. & S. 248, I.; B. 878; A. 56, IV.)

**28. Teretes** (smooth, rounded), firmly twisted, *well-wrought;* some translate *tapering*, in allusion to the conical shape of the nets; **plagas**, *nets*, toils.

**29. Doctus** (like the Greek σοφός) is an epithet of poets, musicians, and men skilled in any art. — **Hederae.** The ivy was sacred to Bacchus, by whose inspiration poets were often fired.

**30. Dis,** abl. H. 412; A. & S. 245, II. 2; A. 54, VI.; M. 259, b.

**31.** The nymphs represent the sweet and graceful aspects of nature, the satyrs the wild and grotesque. — **Leves,** nimble-footed, lively.

**32. Populo,** abl. after a verb of separation. In the best prose, *secerno* is generally followed by the prep. *ab.* M. 261, obs. 3; Z. 468; A. & S. 251, Rem. 3; B. 916, 917; A. 54, VI. — "The **tibia**" (most conveniently tr. *flute*) "was a sort of flageolet. Used in the plural, as here, it has reference to two of these instruments played by one person. Their pitch was different, the low-pitched tibia being called 'dextra,' because it was held in the right hand, and the high-pitched 'sinistra,' because held in the left." Mc.

**33. Euterpe** (εὖ and τέρπω, "the well-pleasing") was said to have invented the *tibia,* and she especially presided over music; **Polyhymnia** (πολύς and ὕμνος, "rich in song," or the muse "of the sublime hymn") invented the lyre. In *tibias Euterpe,* Horace alludes to his lighter verses (as he does in *me gelidum — populo,* 30–32): in *me doctarum — superis* (29–30) and *Polyhymnia — barbiton* to his loftier strains.

**34. Lesbōum,** *Lesbian;* an allusion to Horace's great lyric models, the poets Alcaeus and Sappho, natives of the island of Lesbos. — **Tendere,** *to strike* (lit., stretch [the strings]). The *barbitos* (*-on*) was larger than the ordinary lyre.

**35. Quod si,** *and if.* Rarely used in poetry, but found in III. 1, 41; Epod. 2, 39. *Quod* is strictly acc. of specification, *in regard to which,* i. e., in regard to the matter in hand, or the general subject of our discourse, etc. The *conjunctive* quality of the relative appears in our translation *and.*— Nine of the lyric poets of Greece were recognized as pre-eminent in merit: they were Pindar, Alcaeus, Sappho, Stesichŏrus, Ibȳcus, Bacchylĭdes, Simonĭdes, Alcman (or Alcmaeon), and Anacrĕon. **Inseres.** This use of the fut. is modest. The poet awaits the judgment of his friend.

**36.** A literal translation gives best the force of this hyperbole. The poet means, I shall feel myself exalted to the skies, I shall be at the summit of my hopes.

*** Horace's odes can generally be divided into strophes of four lines each. This first ode, however, begins and ends with a distich, the first (1–2) containing the address to Maecēnas, the second (35–36) intimating the complete satisfaction which Horace will feel if his patron gives him a favorable judgment. This graceful dedication may possibly have been an afterthought; its omission would leave a complete ode of eight strophes (3–34), an appropriate introduction to the book.

## Carm. II. — Ad Caesarem. (723–732.)

Written probably A. U. C. 725, on the return of Augustus to Rome after the taking of Alexandria.

Argument. — Portents enough hath Jove sent upon the earth, making it fear that a new deluge was coming, as the Tiber, the unauthorized avenger of Ilia, rolled back from its mouth, threatening destruction to the city.

Our sons shall hear that citizens have whetted for each other the steel that should have smitten the enemy. What god shall we invoke to help us? What prayers shall move Vesta to pity? To whom shall Jove assign the task of wiping out our guilt? Come thou, Apollo; or thou, smiling Venus, with Mirth and Love thy companions; or thou, Mars, our founder, who hast too long sported with war; or do thou, son of Maia, put on the form of a man, and let us call thee the avenger of Julius Caesar; nor let our sins drive thee too soon away; here take thy triumphs; be thou our father and prince, and suffer not the Mede to go unpunished, whilst thou art our chief, O Caesar.

**1–20.** The prodigies here described are such as were said to have followed the death of Julius Caesar. Cf. Verg. *Georg.* i. 466–488, Ov. *Met.* xv. 782 sqq.

**1. Terris** (dat. by poetical usage) = *in terras.* H. 379, 5; A. & S. 225, IV. Rem. 2; B. 837; M. 251. It is always well, however, to consider a dative *as* a dative; and this is dat. of *disadvantage.*— **Nivis,** gen. of the whole, after an adv. of quantity. H. 396, III. 2, 4), (1); A. & S. 212, Rem. 4; B. 762; A. 50, II. 4. — The *sigmatism* in the repetition of *is* in the first two verses, has been censured by some critics, but is defended by N. as representing by its harsh sound "the unintermitted and inconceivable wrath of heaven: Cf. ἐν δίνῃσι βαθείῃσιν μεγάλῃσιν. *Il.* 21, 239." Some ears are too captious on such points. Lowell rightly commends Jeremy Taylor (in the well-known passage in his sermon on prayer, containing the image of the lark) for the "slidingly musical use he makes of the sibilants with which our language is unjustly taxed by those who can only make them hiss, not sing."

**2–4. Pater,** i. e., Jupiter, πατὴρ ἀνδρῶν τε θεῶν τε. — **Rubente,** *red* (from the reflection of the thunderbolt). The abl. in *-i,* the adjective form, would represent a permanent quality; the participial form, in *-e,* (used here) denotes a transient appearance. — **Arces,** i. e., the seven hills of Rome with their temples and the Capitol. Cf. Verg. *Georg.* 2, 535 (and the similar verse, *Aen.* 6, 783): *Septemque una sibi muro circumdedit arces.* — **Urbem,** i. e., Rome.

**5–8. Terruit,** containing the idea of inspiring *fear,* is followed by **ne,** *lest.* — **Saeculum Pyrrhae,** the deluge of Deucalion.— **Omne pecus,** *his whole flock* (especially his seals).— **Visere,** inf. (by a Greek construction) instead of the supine, or *ut* with the subj., to denote purpose. H. 553, V.; A. & S. 271, note 3; B. 1160; A. 58, IV.; M. 389, obs. 2.

**9-12. Summa,** *in the top of:* (by what familiar rule?)—**Ulmo,** poetical abl. of place. Rule for its gender? — The proper name for wood-pigeons is *palumbes,* but *columba* is the generic word. — **Superjecto,** sc. *terris.* — **Dammae** (damae), *gazelles.* Some tr. *chamois.*

**13-16.** Inundations of the Tiber, though not uncommon, were the objects of superstitious regard at Rome. — **Flavum.** The Tiber is of a muddy, yellow, or tawny color, from the sand washed down in its stream. In the sunshine, when seen at some distance, it gleams like gold. — **Litore Etrusco** (abl. after *retortis,* a verb of separation), *from the Etruscan shore,* i. e., from the right bank of the Tiber, where the high grounds descend directly into the stream. — **Dejectum,** former supine after a verb of motion, expressing the purpose of the motion. **Monumenta regis,** i. e., the palace of Numa, adjoining the temple of Vesta at the foot of the Palatine hill.

**17-20. Iliae.** See Index P. N. — **Nimium querenti** (on account of the assassination of Julius Caesar). — **Vagus,** i. e., straying from his proper channel, and spreading his waters over the city. — **Sinistra ripa,** poetical abl. of place. Rome was built chiefly on *the left bank* of the Tiber; that is, on the bank at your left hand as you sail *down* the stream. — **Jove.** The Capitoline Jupiter, the tutelar deity of Rome. — In **u-xorius amnis** the word flows over into the next verse, as the river over its banks: perhaps not without design; at any rate, it is picturesque. N.

**21-24. Juventus, rara vitio parentum, audiet cives acuisse ferrum** (*sc.* in cives *or* adversus cives): an allusion to the civil wars. **Cives** is strongly emphatic. — "**Audiet acuisse,** not 'shall hear them sharpen,' but 'shall hear of their having sharpened.'" — **Persae,** i. e., the Parthians. In Horace, the names Medi, Persae, and Parthi were equivalent. The Persae and Medi were included in the great Parthian empire. "The empire of the East had passed from the Medes to the Persians under Cyrus, and from them to the Parthians under Arsăces." **Melius perirent,** lit., *would better die;* an English writer would say, (as Mc. translates,) *by which it were better that the hostile Persians should die.* In *perirent* we have the *imperf.* instead of the *pluperf.* subjunctive for liveliness' sake. — **Pugnas,** (*our*) *battles,* the allusion being definite. — **Vitio,** ablative of cause. The havoc of the civil wars lessened the number of the youth.

**25-28. Vocent** and **fatigent,** each subj. in a question of hesitation and doubt, the doubt being in regard to what may most *properly* or *fitly* be done: "Whom shall the people invoke, for the safety of the sinking state?"—**Divôm** (a contraction of *divorum*), gen. after *quem*, a partitive word.—**Imperi** = *imperii*. See Grammar, on second declension of nouns.—**Rebus**, dat. of advantage (*rebus sustentandis*).—**Virgines sanctae**, the Vestal virgins.—**Minus audientem**, either *less attentive to* their prayers than before the murder of Caesar (who was Pontifex Maximus), or *too little attentive to*. The abl. governed by the comparative degree is here omitted. H. 444, 1; A. & S. 256, Rem. 9, (*a*); B. 902; A. 17, V. 1.—**Carmina**, more special than *prece*, refers to hymns or liturgical chants.

**29–32. Partes**, the office, the duty.—**Humeros**, acc. of specification. Apollo was to be clothed with a cloud, in order not to be seen by mortals. Apollo is first invoked, either as the guardian of the Caesars (especially of Augustus), or as the god of divination (*augur*), who could teach the Romans how to appease the anger of the gods. Virgil (Aen. 4, 376) follows Horace in giving Apollo the title *augur*.

**33–36.** Venus is called "goddess of Eryx," from Mount Eryx in Sicily, where she had a temple. As the mother of Aeneas, she is interested in the welfare of Rome and of the Julian gens.—**Ridens**, φιλομμειδὴς Ἀφροδίτη, *Iliad* 3, 424.—Circum quam.—**Jocus**, *Jest* or *Sport*, (Κῶμος). Genii of this kind are often represented as flitting around Venus, in works of art.—**Auctor** (sc. *generis*), *our founder*, i. e., Mars, father of Romulus and Remus.

**37–40. Ludo**, the sport of battle.—**Lēves**, polished. What would *lĕves* mean?—**Mauri peditis**, i. e., *of the unhorsed Moor*. The Roman soldier has slain the horse, and is now, stained with blood (*cruentum*), attacking the dismounted rider, who glares upon him with a fierce and undaunted look. The two verses (39, 40) give us a fine picture of desperate valor.—**Voltus** = *vultus*, which latter orthography had come into use as early as Quintilian's time. "The Romans had a difficulty in pronouncing *uu*, whether as a diphthong (e. g., as in *quum, equus*,"—hence often written *cum, ecus*); "or as used with a consonantal power given to the first letter. The same peculiarity held in the letter *i*; thus *abicere*, or else *abjecere*, is an older form than *abjicere*. On the other hand, where *i* came between two vowels, there was a doubling of the *i* in pronunciation." Y.

**41–44.** Sive (tu), ales filius almae Maiae, mutatâ figurâ, imitaris juvenem in terris.—**Filius**, nom. for voc.—Mercury, as *pacifer* and as the *interpres hominumque divomque*, is a god of reconciliation; he is also an expiator of crimes and an author of civilization: hence his identification with Augustus in this strain of refined flattery.—**Juvenem.** Augustus was forty years old; but a man was called *juvenis* and *adolescens* until old enough to be called *senex*. — **Ales**, in allusion to Mercury's winged cap and winged sandals.

**45–52. Redeas** (and the four following verbs), subj. in a wish or prayer. The phrase *serus in caelum redeas* was happily quoted by Webster when he welcomed Lafayette at Bunker Hill in 1825. — **Vitiis**, abl. of cause. — **Iniquum**, "iratum." — **Ocior**, *too early*. — **Tollat**, i. e., evehat in caelum. — **Triumphos**, governed by *ames*, which also governs *dici*. Others supply agas. The title of *Pater patriae* was given to Augustus A. U. C. 752, long after this ode was written; that of *Princeps* was given him in 726. *Pater* is to be taken here in a general sense, as *pater civium*, (cf. *pater urbium*, III. 24, 27); *princeps* as *princeps senatus*. — **Equitare**. The Parthian cavalry often made hostile incursions into the Roman province of Syria. — The name of **Caesar** is introduced abruptly, with great art, at the end, where that of Mercury might be expected.

⁂ The first six strophes of this ode (1–24) treat of the calamity, the last six (29–52) of the expiation; the middle strophe (25–28) contains the turning-point; the line *Hic ames dici pater atque princeps*, in the last strophe, the aim or final point of the whole.

## Carm. III. — Ad navem Vergili Athenas profecturi.

Addressed to the poet Virgil, on his departure for Greece, A. U. C. 735.

Argument. — We commit to thee Virgil, O thou ship! deliver him safe on the shores of Attica, and preserve him whom I love as my life; and may the skies and winds prosper thee. Hard and rash was the man who first tempted the sea and defied the winds. In what shape should he fear the approach of death, who unmoved could look on the monsters of the deep, and the swelling waves, and dangerous rocks? In vain did God separate lands, if man is to leap over the forbidden waters. So doth he ever rush into sin. Prometheus brought fire into the world, and with that theft came all manner of diseases; Daedălus soared on wings, and Hercules burst into hell. Deterred by naught, we would climb heaven itself; and our guilt suffers not Jove to lay aside his bolts.

**1–8. Sic, etc.** *Thus may the goddess*, etc., *guide thee*. — **Reddas** and **serves** follow as defining **sic**, and are to be translated absolutely, without supplying *ut*. The abruptness of the anacoluthon increases the effect. — **Diva**, i. e., Venus, who as *Venus Marina* or Εὔπλοια was invoked by navigators. — **Potens Cypri**, *who rules over Cyprus*. **Cypri** gov. by *potens*. H. 399, 2, (3); A. & S. 213, Rem. 1, (2); B. 767, 2; A. 50, III. 3. **Fratres Helenae**, Castor and Pollux, who "had among other appellations that of 'sailor-helpers.'" The actual stars are referred to (as appears from *lucida sidera*), and not "the fire of St. Elmo."— **Ventorum pater**, Aeŏlus.— **Aliis**, sc. *ventis*. — The **Iapyx** was a favorable wind for voyagers to Greece, as blowing from the N. W. — **Debes.** The ship *owes* Virgil to Horace and his friends; Virgil has been *intrusted* (**creditum**) to it as a loan or pledge.—**Reddas**, etc., *mayst thou deliver* (him) *safe on the Attic shores*. — **Finibus**, poetical abl. of place. Others make it dat. — **Animae dimidium meae.** Pythagoras defines a friend as *the half of one's soul.*

**9-16. Illi erat**, *he had. Oak and triple bronze* are symbols of hardihood, resolution, and indifference to danger; **robur** suggests a shield of oak-wood, as **aes triplex** a coat of mail. — Notice the expressive arrangement by which contrasted words are brought together, (*fragilem truci, pelago ratem*,) and *primus* is made emphatic by being placed at the end.— **Decertantem.** *De* in composition is intensive. R. says that it denotes here the eagerness for struggle and victory. — **Aquilonibus**, dative; which case is often used in the poets after verbs of fighting, contending. — Why are the **Hyades** called *tristes?* See Index of Proper Names. — **Hadriae.** H. 44, (2); A. & S. 42, 2; B. 53. — (Sive) volt ponere seu tollere. **Volt** = *vult*. — **Ponere.** As the wind could raise the waves by blowing, so it could *lay* them by **ceasing** to blow.

**17-20. Gradum**, *approach*, onward step; Death is personified. — **Siccis oculis**, *with dry eyes*, i. e., unmoved. The ancient poets use tears for symbols of sensibility and strong emotion; nor was it considered by them as unmanly to weep in times of danger — **Infames**, *ill-famed*, on account of the many shipwrecks at that point.

**22-28. Prudens** (pr(o)v(i)dens), *in his providence* (or foresight). — **Oceano dissociabili**, "by the estranging main." Matthew Arnold. *Dissociabilis* is used in an active signification. — **Audax omnia perpeti** = *audax ad omnia perpetienda*. To make the inf. depend upon the adj. is a poetical construction, borrowed from the Greeks. — **Vetitum nefas.** The addition of the adjective indicates that men do not sin from ignorance, but rush consciously into crime. D. — **Japeti genus**, i. e., Prometheus; (*genus* = *filius*.) — **Mala**, *mischievous*.

**32-40.** Order: Tardaque necessitas leti, semoti prius, corripuit gradum.—**Expertus** (est).— **Perrupit**, *broke* violently *through*, broke into. The "strepitus verborum" in this verse corresponds with the violence and might exhibited in the action. The final syl. of *perrupit* being in the *arsis*, is considered as *long*. — **Acheronta** (a part for the whole) = Hades.— **Herculeus**, adj. where we should say "of Hercules."— **Ardui.** H. 396, III.; 441; A. & S. 212, Rem. 3, note 3; B. 762; A. 50, II; 47, IV. — **Stultitia**, *in our folly*. — **Ponere**, *to lay aside*.

## Carm. IV. — Ad L. Sestium.

Various dates are assigned to this ode, from A. U. C. 715 to 732; the latter supposition being generally adopted.

Argument. — The winter is thawing; the spring is returning; the sailors are launching their ships; the herds quit their stalls and the ploughman his fireside; and the meadows are no longer white with frost. Venus and the Graces are leading the dance, and the Cyclōpes' forge is burning. Let us bind the head with myrtle or the earth's first flowers, and sacrifice a lamb or kid to Pan. Death calls on rich and poor alike. Life is short, O Sestius! and our hopes we must contract. The grave awaits thee; and when there, no more shalt thou preside at feasts.

**2–8. Machinae** (=*phalangae,* Caes. B. G.), rollers on which the ships were drawn down to the water, which had been hauled up on shore at the approach of winter. The launching of the ships at the opening of navigation on the first day of spring (VI. Id. Mart.) was an occasion of great rejoicing. — **Igni,** the fire built for warmth in winter. — **Choros ducit,** *leads the dances.* — **Imminente Luna,** *while the moon hangs overhead.* — **Nymphis,** dat. H. 385, 5. See A. & S. 222, 3, Rem. 6 (c); M. 243, obs. 4. — **Alterno — pedo.** They dance, keeping time, and striking the earth first with one foot and then with the other. The dance of Love with the Nymphs and the Graces, at the opening of the vernal season, expresses, in the language of ancient poetry, similar ideas to those in these verses from Tennyson's Locksley Hall: —

"In the Spring a fuller crimson comes upon the robin's breast;
In the Spring the wanton lapwing gets himself another crest;
In the Spring a livelier iris changes on the burnished dove;
In the Spring a young man's fancy lightly turns to thoughts of love."

**Decentes,** *comely,* lovely. — **Graves,** *laborious.* — **Ardens,** *glowing* with the reflection of the flames — **Urit,** lights up, fires. Vulcan superintends the Cyclōpes, in his workshop (*officinas*) under Aetna, while they forge thunderbolts for Jove to hurl in the coming summer.

**9–12. Nitidum** (with oil). It was the custom to anoint the hair and wear garlands upon the head at feasts. — **Agna,** sc. *sibi immolari,* (cf. III. 24, 57.) Abl. of means, or of "that with which the action of the verb is performed." Cf. Verg. *Ecl.* 3, 77.

**13–16. Pulsat,** *knocks at.* The Greeks and Romans often knocked at doors with their *feet* instead of their hands. "Plaut. *Most.* 2, 2, 23: *pulsando pedibus paene confregi hasce ambas* (fores)." — **Regum,** i. e., of the rich and great. — **Turres,** i. e., lofty houses. — **Beate,** perf. pass. part. of *beo,* lit., blessed; here, (as often,) blessed with wealth, opulent. **Summa** is the noun-substantive, not the adj. — **Inchoare** "always means *to begin* something in such a way as not to finish it." Mc. tr. to *enter upon;* N., *to give room to.*— **Longam,** i. e., "which looks far forward," "requires a long time to mature it." L. tr. *distant.* — **Jam** with the future = *soon.* It implies certainty. — **Premet** is taken with *nox,* while corresponding verbs are supplied with *manes* and *domus,* e. g., *circumvolitabunt* and *teget.* — **Fabulae,** appositive to **manes,** *and the shades, the fables;* a strong expression for *the fabled shades.*

**17. Exilis,** *bare,* poorly furnished with comforts, (as in Epp. I. 6, 45.) R. tr. *narrow,* as affording little room for the multitude of shades that throng in it; others tr. *tenanted by ghosts* (or by unsubstantial shades). Y., too freely, *joyless.* — **Plutonia,** *of Pluto.* Adjectives formed from proper names are often used in Latin where it would be more in accordance with *English* usage to employ the gen. — **Simul** = simul ac, *as soon as,* when once. — **Mearis** = *meaveris,* fut. perf.

**18.** Thou wilt not obtain by lot the sovereignty of the wine, i. e., *thou wilt not be chosen by the dice as the* (rex bibendi) *president of the feast.* "Non accipies per sortem regna vini." Acr. Cf. II. 7, 25. — **Talis,** *by the dice,* (with the *jactus Veneris.*)

## Carm. V.—Ad Pyrrham. (720-725.)

Argument.—What slender youth art thou toying with now, Pyrrha? He thinks, poor boy, it will always be thus with thee, and will timidly wonder when the tempest arises. I pity those who have not found thee out; for my part, I have escaped out of the storm, as the walls of the Sea-god show, whereon my dripping garments and the picture of my wreck are hung.

**1-8. Multa in rosa,** *on many a rose.*— **Urget,** *courts.* — **Pyrrha.** Not a real personage. The poem is simply a creation of Horace's fancy. The name (πυῤῥά) denotes auburn hair (*flavam comam*). — **Cui,** *for whom.* **Simplex munditiis,** *plain in thy elegance,* simple in thy elegance; "plain in thy neatness," Milton (in his translation of this ode). It is difficult to do justice to these two Latin words in English. They indicate elegance without pretension, — that union of elegance and simplicity which is the highest triumph in dress, as it is in every field of art. Cf. φιλοκαλοῦμεν μετ' εὐτελείας (Funeral Oration of Pericles): words which "express the good taste of the Athenians in avoiding the gaudy and lavish magnificence of barbaric ornament, and by the beauty of form and proportion exciting a purer and higher pleasure." Cf. also Isocr. *ad Demon.* § 27, (where see Sandys.) — **Fidem,** *of* (*broken*) *faith.* Supply *laesam,* suggested by *mutatos;* or we may translate simply, with L., "*of faith and changed gods complain.*" — **Mutatos,** i. e., no longer propitious. — The winds are called **black**, as obscuring the sun. — **Emirabitur.** The *e-* is intensive: *shall he wonder* (from the bottom of his heart) *at.* This is the only instance in which this word occurs in writers of the golden age. — **Insolens,** unaccustomed (to such treatment).

**9–16. Aurea,** "*all-gold*" (Milton), i. e., of priceless value, endowed with every perfection (in his imagination). "So Homer calls Venus χρυσέα frequently."—**Vacuam,** "*heart-free*" (from other loves).—**Aurae fallacis,** *the deceitful breeze.*—**Intemptata** (intentata), *untried* (i. e., before they have tried thee and proved thy coquetry). — **Nites,** i. e., *seemest lovely,* art attractive. — In what case are **tabula** and **votiva**? — Prove by scanning (H. 615, and Exc. 1; A. & S. 294, 1, and Exc.; B. 1471, and Exc. 1; A. 78, II. 5.) Men who escaped from a shipwreck often hung up in the temple of Neptune, or some other sea-god, (particularly in the temples of Isis,) a picture representing their wreck, and the clothes they escaped in. — **Maris** governed by **potenti.** H. 399, 2, (3); A. & S. 213, Rem. 1, (2); B. 765, 766, 767, 2d.; A. 50, III. 3.

## Carm. VI. — Ad M. Vipsanium Agrippam. (718–734.) 725?

ARGUMENT. — Varius shall sing in Homeric strain of thy victories by sea and land. My humble muse does not sing of these, of the wrath of Achilles, or the wanderings of Ulysses, or the fate of Pelops' house, nor will she disparage thy glories and Caesar's. Who can fitly sing of Mars, mail-clad, of Meriones, black with the dust of Troy, of Diomed, a match for gods? I sing but of feasts and of the mock battles of boys and girls.

**1–8. Scriberis.** Present or future? Prove by scanning, and thus finding the quantity of the *e.* — **Scribi** here means to be *celebrated in verse.* — **Vario,** abl. absolute with *alite. Scriberis a Vario* might have been expected; but instead of thus regularly and directly denoting the agent, Horace expresses himself indirectly, "*since Varius is a bird of Maeonian* (i. e. Homeric) *song:*" the abl. absol. denoting the *cause* of the fact stated in the principal clause *scriberis fortis et hostium victor.* For the construction cf. *inaequali tonsore,* Ep. I. 1, 94, and *judice Caesare,* Sat. II. 1, 84. R. takes *Vario* as dat. of the agent, and *alite* abl. by accommodation to the sense instead of the form, *Vario* being equivalent in meaning to *a Vario:* but this is forced. — Quamcumque rem. — **Nos,** i. e., I. — Neque conamur, etc.— **Gravem Pelidae stomachum,** *the destructive wrath of Peleus' son.* (Compare the first two lines of the Iliad.) — **Cedere,** infin. governed by the adj. **nescii.** The prose usage would require the gerund in the gen., *cedendi.* — **Duplicis,** *crafty,* double-dealing. There is a humorous depreciation (ταπεινῶσις) in the use of *stomachus* for *ira*, and in calling Ulysses *crafty* instead of *versatile* or *wise*.—**Ulixĕi** (pr. in four syllables) is a gen. of the second declension, from an ancient form, Ulixeus.—**Pelopis.** See *Pelops*, Index of Proper Names.—**Domum,** *house*, i. e., family or *line*.

**9-20. Tenues grandia,** *a humble (bard), lofty (themes)*; *tenues* agreeing with *nos*.—**Imbellis lyrae,** gov. by *potens*. Cf. *potens Cypri*, 3, 1. *Laudes eg.* **Caesaris et tuas.** In Latin, as in Greek, a possessive pronoun is often connected by a conjunction with the genitive of nouns, as being itself equivalent to the gen. of a personal pronoun.—**Tunica tect. adam.,** *clad in his adamantine tunic*, i. e., in his shirt of mail (χαλκεοθώρηξ, χαλκοχίτων). Adamantine is a poetic word for steel.—**Quis scripserit.** Subj. in a question of appeal.—**Superis parem.** By the aid of Athena, Diomēdes δαίμονι ἶσος wounded Venus (Iliad, V. 335) and Mars (846 sqq.).—Order: acrium in juvenes, **sectis** (tamen) **unguibus,** (*yet*) *with their nails pared*, so that they could do little damage. R., imagining a more serious combat, wrongly tr. *sectis* "cut sharp."—**Acrium** = acriter pugnantium.—(Sive) vacui (sumus), sive quid urimur (or if we "nurse a flame").—**Non praeter solitum leves,** i. e., trifling, according to my usual practice. Mc.

## Carm. VII.—Ad Munatium Plancum. (722, *O.*, 734, *R.*)

Argument.—Let others sing of the noble cities of Greece, and celebrate Athens and all its glories. For my part, I care not so much for Lacedæmon and Larissa as for Albunĕa's cave, the banks of Anio, and the woods and orchards of Tibur. The sky is not always dark, Plancus. Drown care in wine, whether in the camp or in Tibur's shades: as Teucer, though driven from his father's home, bound poplar on his head, and cheered his companions, saying: "Let us follow fortune, my friends, kinder than a father: despair not, while Teucer is your chief; Apollo has promised us another Salamis: drown care in wine, for to-morrow we will seek the deep once more."

**1-4. Laudabunt,** concessive fut., *others shall praise* (if they please). **Claram,** *bright*, sparkling, sunny, (with reference to its cloudless skies). Between what two seas (or gulfs) does **Corinth** stand?—**Baccho** and **Apolline,** abl. of cause with **insignes**: distinguished on account of Bacchus and Apollo, i. e., on account of the legends connecting these gods with those places.—Gender, number, and case (accusative) of **Tempe?**

**5-7. Sunt—olivam.** There are those whose single task it is to celebrate the city of chaste Pallas in unbroken song, and to gather a branch from every olive to entwine their brow (lit., to place before their brow an olive-branch plucked from every quarter).— **Intactae**, i. e., virgin. — **Palladis urbem**, i. e., Athens, named for Athena, and sacred to her. — **Perpetuo**, continuous, unbroken. — **Undique**, etc. I follow Orelli and others in understanding this passage as meaning, (in Y.'s words,) "the pride of others is, in a set poem to celebrate Athens (or Attica), and to gain an olive wreath from every part of it, i. e., from every legend, to gain poetic fame." Bentley, Con., and others explain it as implying a worn-out hackneyed subject, an olive-tree stripped of its leaves by every poet, "plucked on all hands." — **Olivam.** "The wreath for literary merit was properly of *ivy* (I. 1, 29). Here it is supposed to be of *olive*, as being conferred by Pallas," to whom the olive was sacred. Similarly the muse of the love-poet is crowned with myrtle (as sacred to Venus) in Ov. *A. A.* I. 1, 29.

**8-9. Plurimus**, *many a one.* — **In honorem**, *to the honor.* The acc. is proper, as denoting the end or purpose. R. and N. render plurimus in honorem, "he who is eagerly intent upon the celebration of Juno." **Aptum equis**, *ἱππόβατον.* The vale of Argos affords good pasture.

**10-13. Tam**, *so much.* — **Patiens**, *hardy*, patiently enduring. — **Percussit**, *has struck*, charmed. Perhaps historical (*struck*), and implying that Horace had visited these places. — **Domus**, the home, *the grotto.* — **Praeceps**, *headlong*, in allusion to the cascades.

**15-21. Albus.** This epithet is expressive of the *white*, fleecy clouds which accompany westerly or N. W. winds. Y., who cites *Iliad* 11, 306. — **Deterget.** Horace often prefers forms in *-eo.* So *tergēre, densentur.* — **Signis.** The standards, set up in the ground, in Roman camps, in front of the general's tent, were richly decorated with plates of gold or silver. — **Tenent, tenebit.** From the difference of the tenses, we may infer that Plancus was still in camp. — **Tiburis tui**, i. e., of thy villa at Tibur. — **Patrem.** Telămon.

**22-27. Lyaeo**, *with wine.* This name of Bacchus is very appropriate here, for it means the deliverer from care (λύειν). — **Populea.** The white poplar was sacred to Hercules, to whom, as *the Leader*, (Ἡρακλῆς ἡγεμών,) and as himself "far-wandering," Teucer, placing a poplar wreath around his brow, pours out a libation before he sets out on his new expedition. — **Quocumque**, separated by *tmesis.* — **Melior parente**, *kinder than my father.* — **Teucro duce, et auspice Teucro**, *with Teucer for your leader, and under the auspices of Teucer.* Abl. absolute. — **Auspice.** Horace puts into Teucer's mouth an expression derived from a Roman usage. A Roman commander-in-chief alone had the *auspicium*, i. e., the right of consulting the gods by the flight of birds, to see whether any proposed step met with their approval. If an *imperator* commanded in person, the war was said to be carried on under his *ductus* as well as his *auspicia;* otherwise only under his *auspicia*, his *legatus* being the *dux*. Thus *Tacit.* Ann. 2, 41: *recepta signa cum Varo amissa ductu Germanici auspiciis Tiberii.* Mc. and Z. Whitfield adapted this motto for the banner borne by the New England troops in the expedition against Louisburg: "Nil desperandum Christo duce et auspice Christo."

**28–32. Certus** (νημερτής), *unerring.* — **Ambiguam,** i. e., that cannot be distinguished from the old Salamis, on the island of that name: or, famous as the old, so that when the name "Salamis" is mentioned, it will not be known which of the two is meant. — **Tellure nova,** i. e., in the island of Cyprus. Poetical abl. of place. — Saepeque passi mecum pejora (i. e., mala majora). Cf. Verg. *Aen.* 1, 198, 199.— **Iterabimus,** *we will again traverse.*

⁂ Some editors and several of the best MSS. divide this ode into two, the second beginning at the 15th line. But no student of Pindar will complain that the connection between the different parts of this beautiful little poem is too obscure.

"For the supposed political reference of this ode, see *Merivale, Hist. Rome*, ch. xli. vol. iv. p. 595;" (p. 456, American edition.)

## Carm. VIII. — Ad Lydiam. (727?)

ARGUMENT. — Lydia, why art thou spoiling Sybaris thus, so that he shuns all manly exercises? He who was once so active, why does he no longer ride and swim and wrestle, and throw the quoit and javelin in the Campus Martius? Why does he hide himself with thee, like Achilles in woman's apparel?

**1–9.** The names **Lydia** and **Sybaris** both indicate luxury and effeminacy. (The characters are invented, not real).— **Properes** and **oderit,** subj. of dependent question. — **Amando,** *by loving* (*him*). — **Campum.** The Campus Martius, where the young men used to amuse themselves by games and warlike exercises. It lay fully exposed to the sun. — **Patiens,** (once) patient of, (once) able to endure.— **Militaris,** (*although*) *ripe* (or, of right age) *for military service.* The adj. is used adversatively. — **Aequales,** *his companions;* lit., those of the same age.— **Equitat,** i. e., does he take part in cavalry exercises. — **Gallica ora,** the mouths of Gallic steeds. The Gallic horses were very spirited, and highly esteemed for war. — **Tiberim tangere,** i. e., to swim.— **Olivam.** Before wrestling, the combatants used to rub their bodies over with oil, in order to render themselves more supple, and thus able to elude more easily the grasp of their opponents. Z. — **Sanguine viperino** = *quam sanguinem viperinum.* M. 304; A. & S. 256, Rem. 5; B. 898.

**10-16. Gestat** = *habet*. — **Armis**, i. e., the *discus* and the *jaculum*. — Nobilis saepe disco, saepe jaculo, trans finem expedito. — **Trans finem expedito**, *thrown beyond the mark*, or "beyond the point attained by any of the other players." **Expedito** belongs to *disco* as well as to *jaculo*. "The **discus** was a heavy circular plate of iron or lead, about a foot in diameter, and thrown like our *quoit* as a trial of strength or skill." — **Nobilis**, *famed*. — Achilles, *the son of the sea-goddess Thetis*, that he might not be sent to the Trojan war, was dressed as a female, and concealed by his mother among the daughters of Lycomēdes, king of the island of Scyros. Ulysses discovered him by a stratagem, and induced him to join the Grecian host. — **Sub — funera**, *just before the mournful slaughter at Troy*. On *sub*, see Z. 319; A. & S. 235, (2), Rem. 6. — **Cultus**, *attire*. — Proriperet (eum). — The Lycians, commanded by Sarpēdon and Glaucus, were the most powerful allies of the Trojans, and hence **Lycias** is used here for *Trojanas*. — **In** with **caedem**, *into*, with **catervas**, *against*.

## Carm. IX. — Ad Thaliarchum. (724-727.)

The beginning of this ode may have been suggested by Alcaeus, Frag. 34.

ARGUMENT. — Thou seest how Soracte stands out with snow, and the woods are bending with their burden, and the sharp frost hath frozen the streams. Heap logs on the fire, and draw thy best Sabine wine. Leave the rest to the gods, at whose bidding the fierce winds are still and the woods have rest. Ask not what is to come; enjoy the present day; let the dance be ours while we are young, the Campus Martius, the promenade, the happy talk of lovers, and the coy girl that likes to be caught.

**1-8.** In what case is *alta?* Determine by the metre. — **Stet**, *stands out*. Subj. in indirect question, after **ut**, *how*. — **Constiterint**, (from consisto,) *are congealed*. — **Acuto**, *sharp*, piercing, stinging. — **Dissolve frigus**, "*thaw the cold*." — **Quadrimum**, four years old, and therefore mellow, although the Sabine wine was cheap and ordinary. — **Sabina diota**, from a Sabine jar. **Diota**, a wine-jar with two handles.

**9-16. Cetera**, *all other things*. — **Simul** = simul ac, *as soon as*. — **Aequore**, *on the deep*. Poetical abl. of place. — **Fuge** = *noli*. The inf. *quaerere* is its object. — Quemcumque dierum. — **Dabit.** H. 475, 3; A. & S. 259, Rem. 4, (3). — **Lucro appone**, count as gain. "Set it down to good luck." Mc. — **Puer**, dum puer es. — **Tu** is familiar and kindly, and emphasizes the exhortation, as σύ γε in Greek. O.

**17-24. Virenti** (tibi), dat. of advantage after *abest*. H. 386, 2; A. & S. 224, Rem. 1; B. 817, 820; A. 51. — **Campus**, the Campus

Martius, with its games and exercises: especially resorted to in the forenoon. — **Areae,** "the open *squares,* where the young people used to meet and gossip:" "the resort of loungers in the afternoon."—**Sub noctem,** *at nightfall.* — **Repetantur.** Subj. of precept or mild command. **Composita hora,** *at an hour agreed upon.*— Nunc et (repetatur) gratus risus intimo ab angulo, proditor latentis puellae, (repetatur)que pignus, etc. "The girl hides in a corner, but betrays herself by laughing. When the seeker discovers her, he takes from her a pledge" or love-token, "either a bracelet or a ring, which she teasingly refuses to give." — **Lacertis** and **digito,** dat. after **dereptum.** — **Male pertinaci,** *roguishly* (or *mischievously*) *obstinate,* or *roguishly resisting.* Others tr. *male* "non admodum," feebly, none too earnestly, resisting: "not too pertinaciously coy."

## Carm. X. — Ad Mercurium.

ARGUMENT. — Mercury, thou who in their infancy didst tame the human race by the gifts of speech and gymnastic exercises, of thee will I sing, thou messenger of the gods, thou master of the lyre and prince of thieves. Why, while Apollo was threatening thee for stealing his cows, he turned and laughed to find his quiver gone. By thee Priam passed through the Grecian camp. Thou conductest souls to their last home, thou favorite of the gods above and gods below.

**1-8. Mercuri.** H. 45, 5, 2); A. & S. 52; B. 65; A. 10, 5. — **Cultus,** the habits, *manners.* — **Recentum,** of the newly created, i. e., of the first men. — **Voce,** *by* (the gift of) *language.* — **Decorae,** *graceful,* i. e. giving grace and symmetrical development to the body. — **More,** *by the institution,* introduction. — **Lyrae.** The infant Mercury made the lyre out of a shell of a tortoise by fitting strings to it.

"The babe was born at the first peep of day;
He began playing on the lyre at noon,
And the same evening did he steal away
Apollo's herds."— HOMER'S *Hymn to Hermes,* Shelley's Transl.

**Callidum condere** (= callidum ad condendum), inf. after adj., by a Greek construction. — **Quicquid placuit,** *whatever it has pleased thee* (so to hide). Others: whatever has struck thy fancy.— **Jocoso — furto,** *to hide in sportive theft.*

**9-20.** Order: Olim, dum Apollo terret te puerum minaci voce, nisi reddidisses boves, per dolum amotas, risit, viduus pharetra.— The story that Hermes jocosely removed the bow and arrows of Apollo at the very time that Apollo was scolding him for stealing his cows, is not found in Homer, and is probably from Alcaeus. — **Terret** (historical present) = *terrebat,* and hence may be followed by the pluperf. (*reddi-*

*disses*). — **Dum,** *while,* when expressing simultaneous coincident action, is properly followed by a present indic., without regard to the tense of the leading verb.— Priam's visit to the camp of Achilles, to ransom the body of Hector. (*Iliad* 24, 336 sqq.)— **Ilio,** neuter. Horace uses both the neut. *Ilion* and the fem. *Ilios.* — Priam is here appropriately called **dives,** on account of the rich gifts which he bore. — **Ignes,** *watch-fires.* **Trojae,** dat.— **Fefellit,** *eluded,* passed through without detection, (ἔλαθ' εἰσελθών Il. 24, 477.)—With his "caduceus" or *golden wand* (a present from Apollo), Mercury, as ψυχοπομπός, (usher of souls,) guides the souls of the dead to the lower world.— **Laetis sedibus,** i. e., in Elysium. Abl. **Reponis.** N. thinks that the force of the *re-* in this verb is "thou placest in their *destined* seats of rest," "their due abode." — **Levem,** *unsubstantial.* — **Deorum,** partitive genitive. — **Imis** = *inferis,* (Pluto and Proserpine). Mercury had functions both in heaven and Hades.

## Carm. XI. — Ad Leuconoen. (726-732.)

Argument. — Look not into the book of fate, Leucŏnŏë, nor consult the astrologers. How much better to be satisfied, whether we have yet many winters to see, or this be the last! Be wise, strain the wine, think of the shortness of life, and cut thy expectations short. Even while we speak, time flies. Live to-day; trust not to-morrow.

**1-4. Ne quaesieris, nec temptaris,** subj. in a negative exhortation or mild command. The perf. is a little stronger than the present would have been, "as *begone* in English is more expressive than *go.*" We should have expected *neu* or *ac ne* instead of *nec.* — **Scire nefas,** *it is forbidden us to know.* "Nefas" is whatever is contrary to the will of the gods. **Finem,** sc., *vitae.* — **Dederint,** subj. in indirect question. — **Temptaris** (tentaris) = temptaveris (tentaveris). — **Babylonios numeros,** i. e., the calculations of the Chaldēan astrologers, (*Chaldaeorum promissa,* Cic. *Tusc. Disp.* I., 40). "Swarms of impostors from the East pretended to tell fortunes and cast nativities at Rome. They were most successful in engaging the attention of women." — **Ut melius** (est), *how much better it is.* — Seu Juppiter tribuit plures hiemes, **seu** (**hanc**) **ultimam,** *or* (*this* winter) *as the last,* quae nunc, etc.

**5-8. Debilitat,** "breaks the force of," breaks (the waves of) the Tyrrhene sea. — **Oppositis pumicibus,** *on the crumbling-rocks opposed.* Abl. of means, although the English idiom prefers the prep. *on.* "By the term *pumicibus* are meant rocks corroded and eaten into caverns by the constant dashing of the waters." A. Cf. Whittier's

"Cliffs which hungry Ocean
Gnaws with his surges."

**Sapias, liques** (from *liquo*), **reseces**, subj. of exhortation. — Wine was clarified by being *strained* through a *saccus* or filter-bag, made of linen placed round a frame-work of osiers shaped like an inverted cone, or through a *colum*, a kind of metal sieve. Cf. Ev. Matth. 23, 24: *excolantes culicem.*— **Spatio brevi**, abl. absol. of cause, *since life is short.*— What is meant by *long hope?* — **Reseces**, cut off, i. e., do not indulge.— **Fugerit**, *will have fled*, will flee so speedily that we shall find it gone before we are aware. The fut. perf. expresses the rapidity and the certainty of the future action. — **Carpe diem**, *seize the day*, grasp it, make the most of it. Literally, *pluck the day*, as we pluck a flower whose beauty and fragrance we would enjoy.

## Carm. XII. De Laudibus Deorum atque Hominum. (729-732.)

Argument. — Whom wilt thou sing among gods or men, Clio? Whose name shall the echoes of the Muses' hills repeat? Whom, before the Almighty Father, who knows no equal or second? After him cometh Pallas, and then brave Liber, and the huntress Diana, and Phœbus the archer, and Hercules, and Leda's sons, before whose star the tempests fly. Then shall it be Romulus, or the peaceful Numa, or proud Tarquin, or Cato, who nobly died? Regulus and the Scauri, and Paulus, who gave up his great soul to the Carthaginian, gratefully I will sing, and Fabricius and Curius and Camillus, all trained for war in poverty's school. The fame of Marcellus grows like a tree, and the star of Julius is brighter than all stars. To thee, great Father, is given the care of Cæsar; share with him thy kingdom. Putting Parthians to flight, and subduing the nations of the East, he shall rule the world, as thy vicegerent, while thou shalt shake Olympus, and hurl thy bolts on the haunts of impiety.

**1-4.** The opening (*Quem — deum*) resembles the beginning of the second Olympic ode of Pindar.— **Acri**, *shrill.*— **Sumis celebrare** = suscipis celebrandum. Another instance of the concise use by the poets of the *infinitive* with verbs "which, in prose, would require *ut* with the subj., or a supine, or *ad* with a gerund, or some other construction." — **Clio.** Horace invokes the Muses without much discrimination; but Clio is not improperly invoked here, as the Muse of *history.* Mc. — **Jocosa imago** (sc. *vocis*), "*sportive echo.*" "Virgil gives the full expression, *Georg.* 4, 50: *Vocisque offensa resultat imago.*"

**5-9.** The three mountains named here were the chief seats of the Muses. — **Oris**, *borders*, skirts. — **Unde**, i. e., from Haemus.— **Vocalem**, *the tuneful.* — **Temere**, without order, pell-mell, "*in wild confusion;*" others, "involuntarily, without knowing why." — Insecutae (sunt). — **Materna**, *of his mother*, i. e., of the muse Callĭ-ŏ-pe.

**13-16. Parentis**, i. e., of Jupiter, with whose praises (*solitis laudibus*) the ancient poets were wont to begin their compositions. — **Mundum** = caelum cum sideribus. — **Horis**, *seasons.*

**17–20. Unde** = *ex quo.* — Nothing is *second* to Jupiter; no one stands on the same plane with him, or is to be numbered directly after him as following him in rank. All are below him; yet Pallas, (the personified wisdom of the father, sprung from his head,) though not second, is the *nearest.*

**22–28. Virgo,** i. e., Diana. — **Hunc,** Castor, **illum,** Pollux. Iliad, 3, 237: Κάστορά θ' ἱππόδαμον καὶ πὺξ ἀγαθὸν Πολυδεύκεα. The alliteration in the line *Castor equis, Pollux pugnis pugnare paratus* may help one to remember which was the horseman and which the boxer. — **Pugnis,** abl. pl. of *pugnus.* — **Simul** = *simul ac.* — **Alba stella.** The constellation of the twins is called **alba,** *clear,* both as bright in itself and as bringing on a clear sky. Cf. *albus Notus* 7, 15. R. wrongly takes the allusion here as being to the electric lights called St. Elmo's fire.

**29–36. Saxis,** abl. of separation. — **Quod sic voluere,** *for thus they* (Castor and Pollux) *have willed it.* — **Ponto,** poet. abl. of place. The wave falls back *in the sea.* Others, dat. = in pontum. — Dubito (utrum) prius post hos memorem Romulum, an quietum regnum Pompili, *etc.* — **Memorem,** indirect question. Where several questions are asked together, (whether direct or indirect,) *utrum* is sometimes omitted before the first. — **Tarquini.** Tarquinius Superbus. — **Catonis.** Cato Uticensis. It is to the credit of Augustus that Horace felt free to praise this sturdy republican. Cf. Od. II. 1, 24 and Verg. *Aen.* 8, 670.

**37–47. Animae prodigum.** Cf. Cic. *vitam profundere* pro patria, and *largitus est* patriae *suum sanguinem.* — **Superante Poeno,** *when the Carthaginian was conquering,* (at the battle of Cannae.) — **Insigni Camena** = in noble verse. — **Hunc,** i. e., Fabricius. — **Incomptis capillis,** abl. of description. The first barbers and hair-cutters in Rome came from Sicily in the year 300 B. C. Quintilian, in quoting this phrase, says *intonsis* by an error of memory. — **Bello,** dat. after *utilem.* O. takes it as abl., *in war.* — **Saeva,** *stern.* — How does *paupertas* differ in meaning from the English word *poverty?* — **Apto cum lare,** with a house proportioned to it. — **Occulto aevo,** *of unknown years,* already old, and to endure for ages. Others, as L., "in the imperceptible lapse of time." — **Marcelli.** Probably an allusion to the whole house; primarily to the great M. Claudius Marcellus, the conqueror of Syracuse, but also delicately suggesting the young Marcellus, son of Octavia and nephew of Augustus, — a new shoot on the old tree. — **Julium sidus,** *the star of Julius,* a reference to Julius Caesar, soon after whose death a comet appeared, which the people identified with his deified soul. "The heavens themselves blaze forth the death of princes.") O. remarks that there is no distinct mention made of Julius Caesar in Horace, except Od. I. 2, 44, and then without epithet, none in Propertius, and only in three places in Virgil (Ecl. 9, 47, Georg. 1, 466, Aen. 6, 790); as though they feared lest, in celebrating him, they should obscure the praises of Augustus. So Ovid (*Met.* 15, 750) says of Julius, that he has no greater glory than that he was Augustus's (adopted) father.

**51–60. Data,** sc. *est.* — **Secundo Caesare,** *with Caesar as thy second.* Abl. absolute. — **Egerit justo triumpho,** *shall have led along in just triumph.* Y. tr. *justo* "regular, full, complete." The conditions of a just or legitimate triumph, in the days of the republic, were as follows: 1. The war must have been a just one, and waged with foreigners; no triumph was allowed in a civil war. 2. Above 5000 of the enemy must have been slain in one battle: (Appian says it was in his time 10,000.) 3. By the victory the limits of the empire must have been enlarged.— **Subjectos — orae,** *lying under the sky of the East. Orae,* dative. — **Te minor,** etc. *Subject to thee, he shall rule with justice over the glad world.* Cf. III. 6, 5: *Romane, dis te minorem quod geris, imperas.* The reading *latum* (O., S-J., Mc., Y.) has been most frequently adopted by editors; but *laetum* (R., K., M., N.) is more significant, and has good MS. authority.— The chariot of Jupiter rolls heavily when he thunders.— **Parum castis,** i. e., *profaned.* — **Lucis,** especially the consecrated groves. Dative like *terris,* I. 2, 1.

*** The first three strophes of this ode serve as an introduction; the six following celebrate gods and heroes; while in the last three the grand purpose of the ode is reached in the united praises of Jove and Augustus.

## Carm. XIII. — Ad Lydiam.

Argument. — When, Lydia, thou praisest the beauty of Telĕphus, I burn with jealous ire. Think not that so impetuous a lover will be constant. Thrice happy they whom an unbroken union binds fast till death!

*** The names are probably fictitious, and the incidents imaginary.

**2–4. Cerea,** *wax-white,* the delicate color of the white wax of the ancients. Others, "smooth and round, as in wax figures." The idea of smoothness or glossy surface may well be associated, as A. suggests, with that of fair color. Bent. (followed by N.) adopts the old grammarian Flavius Caper's erroneous citation *lactea.* "The Romans wore their necks and arms bare, the tunic being so cut as to expose the throat and upper part of the chest, and having no sleeves." — **Telephi.** The repetition of the name shows how constantly Lydia is talking of him: "Telĕphus has such a rosy neck!" "Telĕphus has such waxen arms!" — **Difficili bile**, i. e., jealousy. Anger was called *splendida* or *vitrea bilis*, and melancholy *atra bilis* (μελαγχολία). The liver was regarded as the seat of the passions.

**5–8.** My feelings fluctuate, my color comes and goes. — **Manet.** The short final syllable *-et* is regarded as long through the arsis and caesura. The use of the disjunctives *nec* — *nec* justifies the singular number *manet*, which reading is found in the codex vetus Bernensis (n. 363), and adopted by Bent., F., Mc., K., N., Y. — Order: Quam penitus macerer lentis ignibus. Horace is fond of this cross-position of words; cf. 14, 5: *malus celeri saucius Africo.* N.

**10–16. Mero**, abl. of cause. — **Puer**, i. e., Telĕphus.— Impressit labris tuis notam **memorem**, *reminding thee of him*, or "as a memorial" of his passion. — **Non speres.** This more emphatic negative is used not unfrequently in prohibitive sentences instead of *ne*. Mc.— **Perpetuum,** *constant.* — **Quinta parte,** *with the quintessence.* Others, mathematically, understand that Venus has bestowed just one-fifth of her nectar upon Lydia!

**17–20.** The only true happiness of love is in the pure and lasting union of faithful hearts. — **Nec — die,** *nor shall any breach of their love* (**amor divolsus**, H. 580; A. & S. 274, Rem. 5; B. 1357; A. 72, 2) *by wretched wranglings part them before their last day.* Muretus and Bent. read *divolsos.*

## Carm. XIV. — Ad Rem Publicam. (717–725.)

Argument. — Thou art drifting again to sea, thou ship of state; oh! haste, and make for the harbor; oars lost, mast split, yards crippled, and rigging gone, how canst thou weather the storm? Thy sails are torn, thy gods are gone, and, noble hull though thou be, there is no strength in thy beauty. If thou be not fated to destruction, avoid the rocks, thou who wert but late my grief, and art now my anxious care.

*** An ode of Alcaeus (Fr. 18 Bergk) may have suggested to Horace the metaphors of this ode; the comparison, however, of the state to a ship, and of wars to storms, is frequent in Greek and Latin writers. — Written some time during the civil wars.

**2–10. Occupa,** *enter.* — **Nudum,** sc. *sit.* — **Gemant, possint.** These subjunctives (found in the best MSS.) are of indirect question after **ut,** *how.* The clause introduced by *ut* is the *object* of *vides.* — **Sine funibus,** *without cables* (with which they ungirded the ship. Cf. Act. Apost. 27, 17: *accingentes navem*). — **Carinae,** plural for sing., perhaps for poetic coloring and dignity. — **Imperiosius,** *the too violent, too lordly.*

Di. Poetic plural, or plural of generality: non di = nemo deorum. The image of the tutelar god was usually kept in a niche in the stern of a ship.—**Iterum** limits *pressa*.—**Voces.** Subjunctive of possibility.

**11-20.** Abundant and excellent ship-timber came from **Pontus**, on the Euxine.—*The daughter of a far-famed wood.* Pindar calls rain-showers *the children of the cloud.*—The sterns were painted within and without of different colors.—**Puppibus.** *Fido* governs either the dat. or abl.; here the abl., as denoting that *in which* the sailor does not confide.—*Do thou, unless thou owest sport to the winds, beware.*—(Tu), quae nuper (eras) mihi sollicitum taedium, (et quae) nunc (es) desiderium curaque non levis, vites aequora interfusa (inter) nitentes Cycladas. In the darkest part of the civil war, the state had been to Horace an object of *vexatious weariness*, or even disgust; now, that he sees hope in the midst of danger, it is an object of *fond affection and no small anxiety.*—**Non levis,** litŏtes.—**Nitentes.** The marble rocks of the Cyclădes gleam in the bright sunshine.—The seas which roll between these islands are conceived of as full of rocks and shoals.

## Carm. XV.—Nerei Vaticinium de excidio Troiae. (723-4.)

Argument.—Paris is carrying off Helen, when Nereus causes a calm, and thus prophesies their fate: "With dark omen art thou carrying home her whom Greece hath sworn to recover. Alas for the sweating horse and rider, and the deaths thou art bringing upon Troy! Pallas prepareth her arms and her fury. Under Venus's shelter, comb thy locks, and strike thy lyre, and hide thyself in thy chamber; but it shall not avail thee. Seest thou not Laertes' son, Nestor of Pylos, Teucer of Salamis, and Sthenelus the fighter and bold charioteer? Meriones too, and the son of Tydeus, from whom thou shalt flee panting, as the stag fleeth from the wolf,—thou, who didst boast better things to thy paramour? Achilles' wrath may put off the evil day, but the fire of the Greek shall consume the homes of Troy."

*** Some (as Weber and R.) suppose this ode "to contain an allusion to Antonius, who was ruined by his love for Cleopatra, as Paris was by his for Helen." It was probably, however, written simply as a play of fancy.

**1-12. Pastor.** See *Paris*, in Ind. P. N.—**Helenen.** Horace uses the Greek inflections in his odes, and the Latin (e. g. *Helenam*) in his iambic verses, satires, and epistles. Bent.—Notice the beauty of the juxtaposition of the contrasted words *perfidus hospitam*. It was especially *treacherous* in Paris to seduce his *hostess*.—Nereus obruit celeres ventos, *etc.*—**Mala avi,** *with evil auspices*.—Ducis (eam) domum, quam, *etc.*—**Multo milite,** *with many a soldier*.—**Quantus—sudor.** "To man and horse what steaming fray!" Matthews's *Metrical Trans.*

Bl.: "Ah! what death-sweat to war-horse and warrior!" **Adest,** *awaits.* — **Aegida,** (*her*) *breastplate.* "The *aegis* was properly the skin of the goat Amalthēa, the nurse of Zeus, which Zeus used as a shield or as a breastplate. The word is not confined in use to the original meaning, but is taken for a metal shield or breastplate worn by Zeus, Pallas, or Apollo. It had a Gorgon's head upon it."— **Currus,** plural of dignity.

**13–20. Nequiquam** = nequicquam or nequidquam. — Horace's description of **Paris** is drawn, not from Homer, who makes him brave, but from later writers who altered the Homeric characters. Mc. — **Grataque — divides,** *and divide, with thy peaceful lyre, songs pleasing to women;* or *divide for women, pleasing songs with thy peaceful lyre:* i. e., sing and play alternately.— **Feminis** probably limits both *divides* and *grata.* So O., Mc., Y. There is much dispute in regard to the meaning of *divides.* R. understands it of *assigning* to each of the women the songs to be sung by her; others, as L., of *distributing,* i. e., "singing now to one, now to another;" others, as N., simply of *playing,* "taking part" (μελίζειν). Y. cites Milton: "My muse with angels did divide to sing."—The **Cretan** arrows, bows, and archers were renowned. **Strepitum,** the noise of battle. — **Celerem sequi,** a Greek construction. "Swift in pursuit." — **Tamen,** i. e., notwithstanding the protection of Venus. — **Crines — collines,** i. e., thou shalt be slain, ὅτ' ἐν κονίῃσι μιγείης.

**22–36.** The gen. **gentis** (B., K., R., N.) is simpler than the dat. *genti* (O., S-R., Mc., Y.), and better supported by MSS. — **Non respicis,** *dost thou not see behind thee?* Lively poetic imagination. Cf. Verg. *Aen.* 8, 697.) — So **urgent,** *are pressing upon thee.* The repetition of *te* strengthens the whole; many editors and MSS., however, read *et.* — **Furit reperire** = *furit ut reperiat.* A Greek construction. — **Melior,** *braver.* Iliad. 4, 405. — Quem tu, **mollis** (*coward*), fugies, uti cervus, immemor graminis, (fugit) lupum visum in altera parte vallis. — **Sublimi anhelitu.** "'Panting heavily,' as the fleeing stag, *with its head raised in the air*" (**sublimi**). Mc. "With head in panting flight sublime." Mathews. — **Tuae.** The omission of the noun is significant and contemptuous. Supply some opprobrious word, as *paramour, leman.* **Diem.** The (final) day, the day (of destruction).— The wrath of Achilles (the subject of the Iliad), which postponed the fall of Troy, is here described as shared by all the soldiers of his fleet. — **Achilleï** from a nom. *Achilleüs,* as *Ulixei* from *Ulixeus.* — **Post certas hiemes,** *after the fixed number of winters.* — **Ignis.** This word is a trochee, while Horace everywhere else uses a spondee in the basis of a Glyconic verse;

but Greek usage justifies the irregularity. To avoid it, some editors (as K., Br., F., M.) read *Pergameas* instead of *Iliacas*, after Glareanus, who says that he has MS. authority; no one else, however, has seen this reading in the codices. Conjectural readings are *Dardanias* and *barbaricas*, either of which, O. says, should be preferred to *Pergameas*, if any change is to be made.

## Carm. XVI. — Palinodia. (725-727.)

ARGUMENT. — Lovely daughter of a lovely mother, destroy those beautiful verses how thou wilt. Cybĕle, Apollo, Liber, agitate not their votaries' hearts as anger does, which is stopped neither by sword, nor by waves, nor by fire, nor by thunder. When Promētheus was bidden to take a part from every animal to give to man, he implanted in our hearts the lion's fury. Wrath laid Thyestes low, and hath brought proud cities to the dust. Be appeased. In the sweet season of youth I was tempted by hot blood to write those rash verses. I would now lay aside all unkindness, if thou wilt but let me recall my libel, and give me back my heart.

⁂ Critics are not agreed whether this ode was or was not written on any real occasion.

**1.** An English nobleman gracefully applied this verse in a speech in the House of Lords, to America in her relation to England.

**2-8.** Pones quemcumque **modum** (*end*) voles (meis) criminosis iambis, whether with fire or water. — There is a dash of humor in the particularization of the Adriatic. — **Adytis**, poet. abl. of place. — **Incola**, *its* (the inmost shrine's) *Pythian indweller*, Apollo. — (R.: "'*Pytho's indweller*,' Pytho being an ancient name of Delphi.") — **Sic.** The only MS. authority for *si* (conjectured by Bentley, and adopted by F., M., J.) has been recently brought forward by Holder, in the Paris codex 10310 ($\pi$) *prima manu;* and even there it has been corrected to *sic.* — **Aera**, (*their*) *cymbals.*

**9-12. Irae**, sc. *mentem quatiunt.* — The best steel for sword-blades came from **Noricum** on the Danube. — **Nec — tumultu.** Some (as N., Mc.) understand this of the actual falling of the skies; (cf. *si fractus illabatur orbis*, III. 3, 7); but it is better to take it as a bold figure of the descent of Jupiter upon the earth, with thunder and lightnings. Observe the correspondence of the sound and sense in these words, in which we seem to hear the deep roll of the thunder, at first loud, and then gradually dying away in the distance. Br. tr.: "Nicht Zeus im Donner herabrollend."

**13-21.** The story of Prometheus adding a particle from every other animal to the clay of which he made man, is probably taken by Horace from some older source, although it is not found in any other extant author. Whether borrowed or original, Horace uses it in a sportive tone.— **Principi limo,** *to the elemental clay.* — **Vim,** *the rage.*— **Stomacho nostro,** "*in our breast.*" — **Ultimae,** *the original,* (the last when we trace back). O. — **Stetere** (from sisto) = *exstitēre.* It carries with it the idea of *fixedness* and certainty. — A plough was sometimes drawn by the victor over the ground previously occupied by the walls and buildings of a city which he had razed to the ground.

**22–28. Mentem** = *iram.* — **Celeres,** hasty, *impetuous.*— **Mitibus,** abl. of the instrument of exchange. M. 258, Obs. 2; Z. 456. Tr. with the preposition *for.* — **Dum** = *dummodo.* — **Animumque reddas,** *and give me back my soul* (restore my spirits and my peace of mind). Playful exaggeration.

## Carm. XVII.— Ad Tyndaridem. (725–727.)

Argument. — Tyndăris, often doth Pan leave Lycaeus to visit Lucretīlis, protecting my flocks from sun and wind; my goats go unharmed, when his sweet pipe sounds in the vale of Ustīca. The gods love me for my piety and my muse. Here Plenty awaits thee; here shalt thou retire from the heat, and sing of the loves of Penelŏpe and Circe for Ulysses. Here shalt thou quaff mild Lesbian wine in the shade, nor shall strife be mingled with the cup.

**1–8. Lucretilem — Lycaeo,** *exchanges Lycaeus for Lucretilis.* With **muto** (construed with the acc. and abl.) the accusative sometimes denotes what one *gives* and sometimes what one *takes* in exchange. For grammatical references, see *muto* in the Indices, and note on *mitibus,* Ode 16, 25. — **Capellis,** dat. of advantage. Cf. Verg. *Ecl.* 7, 47 : *solstitium pecori defendite.* — **Olentis uxores mariti,** *the wives of the strong-scented husband,* a sportive expression for *the she-goats.* — **Virides,** *green* (*with venom*).

**9–16. Martiales,** sacred to Mars. *Aen.* 9, 566: *Martius lupus.* — The **fistula** corresponded nearly to the Greek syrinx, and to what we call the Pandēan pipe. Mc. — **Usticae** limits both *valles* and *saxa.* — **Lēvia,** as shown by the metre. How does this differ in meaning from *lĕvia?* — **Dis — cordi,** two datives, one of the object to which, the other of the object for which. — **Hic,** i. e., on my farm. Order: Hic copia, opulenta honorum ruris, manabit tibi ad plenum (ex) benigno cornu. The *ruris honores* are flowers and fruits. — "The *cornu copiae,* so common in ancient works of art as a horn filled with fruits and flowers, was a symbol belonging properly to the goddess Fortuna, to whom it is said to have been presented by Hercules, who won it from the river-god Achelōus. It was the horn of Amalthea, the goat-nurse of Zeus, who gave it such virtue that it was always filled with anything the owner wished." Mc.

**18–28. Fide Teia,** *on the Teian lyre,* i. e., in a love-song like those of Anacreon of Teos. — **Laborantes in uno,** i. e., in love with the same man (Ulysses). — Circe is called **vitrea** (= splendida, formosa), "*crystal Circe,*" as a sea-goddess, from the glassy element which surrounds her. C., with singular inaptness, lugs in modern metaphors in his explanation "glassy, i. e., beautiful but frail." — **Lesbii,** sc. vini. — **Duces,** *thou shalt quaff.* A. — **Nec — proelia,** i. e., nor shall quarrels break out, as often at drinking-bouts. — **Suspecta,** *suspected* (*by him*) of unfaithfulness. — (**Tibi**) **male dispari,** (*on thee*) *by no means his match.* — **Incontinentes,** *impetuous.* — **Coronam.** The use of chaplets at feasts "is said to have originated from a belief that the leaves of certain plants, as the ivy, myrtle, and laurel, and certain flowers, as the violet and rose, possessed the power of dispersing the fumes and counteracting the noxious effects of wine." The intense love of everything *beautiful,* among the Greeks and Romans, sufficiently accounts for the preservation of so graceful a custom: costly floral decorations are the least censurable form of luxury. — **Immeritam,** "quae nihil commisit, cur discinderetur."

## Carm. XVIII. — Ad Quintilium Varum. (726?)

Argument. — The vine is the first tree thou shouldst plant, Varus, by the walls of Tibur. Hardships are only for the sober; wine drives away all cares. Who speaks of battles and poverty, when he is warm with wine? But that no man exceed the bounds of moderation, let him think of the bloody frays of the Centaurs and Lapĭthae, and of the Thracians, over their cups, when the appetite confounds right and wrong. I'll not rouse thee unbidden, beautiful Bassăreus, nor drag thy mysteries from their secret places. Silence the horn and drum, whose followers are self-love and vainglory and broken faith.

**1–13. Severis** (from *sero*), subj. in an exhortation: the perf. is more emphatic than the present would have been. — **Vines** were counted among *trees* by the Romans, on account of their size. — **Mite,** *genial.* — **Catili** substituted for **Catilli** for the sake of the metre. So Homer sometimes Ἀχιλεύς for Ἀχιλλεύς. — **Siccis,** *the abstemious.* — **Omnia dura,** not "all hard things," but *the deity has made all things hard for the abstemious.* — **Nam** is here placed after the first words in the sentence, like γάρ in Greek. — **Aliter,** *otherwise* (than by the use of wine). — **Te** supply *laudat.* — **Modici,** *temperate,* opposed to excess: approving the use, and not the abuse, of his gifts. — **Super mero,** *over their wine.* — "**Merum** denotes wine in its pure and most potent state, unmixed with water." — **Cum — avidi,** *when the greedy* (*of wine*) *distinguish between right and wrong by the slender line* (slight boundary, Y.) *of their lusts,*

i. e., by the slender distinction that lust so inflamed can draw. Mc. — **Candide,** *beautiful,* "ever fair and ever young." — **Quatiam,** etc. "I will not rouse thee against thy will, nor drag to light thy mysteries, hidden in leaves." There were sacred things contained in small chests, *cistae,* which were carried in the processions at the Dionysia, covered with the mingled leaves of vine and ivy. Mc. *Quatiam* would properly be used of the instruments of the Bacchantes, the *thyrsi* and *tympana.* Here it is transferred to the god himself. — **Tene,** *restrain.* — **Berecyntio.** The rites of Cybĕle nearly resembled those of Bacchus; hence they are often mentioned in connection, or contrast. Y.

## Carm. XIX. — De Glycera. (725–730.)

Argument. — My heart is recalled to love, which I thought I had put away for ever. I long for Glycĕra, fairer than marble, and the mischievous face so dangerous to look upon. With all her strength hath Venus come upon me, and bids me sing no more of idle themes, — the Scythian and the Parthian. Build me an altar, slaves; bring boughs and incense and wine, for I would soften the goddess with a victim.

**1–16. Mater,** Venus. — **Semelae.** Horace does not use the gen. in *es.* Düntzer. — **Puer,** Bacchus. — **Lasciva Licentia,** *sportive wantonness.* — The Parian marble is highly crystalline, and as you look at statues made of it, you seem to look into real flesh, — your eye is not thrown off as from an opaque, lifeless substance. It hardens on exposure to the air, and is the most durable of the ancient marbles; so that the works executed in it "retain, with all the delicate softness of wax, the mild lustre of their original polish." — **Protervitas,** *sauciness,* petulance, coquetry. — **Lubricus aspici,** i. e., *dangerous to look upon,* as slippery ground is dangerous to tread upon. — **Tota,** *with all her might.* — The **Parthians** had the habit of pretending to fly in battle, and, as the enemy pursued, shooting their arrows or throwing their darts at them from horseback. **Quae nihil attinent,** *things that concern me not,* things that are nothing to a man in love. — **Vivum caespitem.** An altar of this sort was enjoined upon the Israelites in the wilderness, in preference to any other. The word **verbena** was used for any boughs, herbs, or plants employed for crowning the altar or for sacred purposes. — **Tura.** The best MSS., K., R., N., and Wagner (on Virgil) prefer this orthography. The testimony of lapidary inscriptions, however, seems to favor *thura.* — **Veniet,** sc. Venus. — In what case are **mactata** and **hostia**? Prove by scanning.

## Carm. XX. — Ad Maecenatem. (726-735.)

ARGUMENT. — Thou shalt have some poor Sabine, Maecenas, bottled at that time when the echoes of the Vatican resounded thy praises. Thou drinkest Caecŭban and Calenian, but the vines of Falernum and Formiae are not for me.

1-12. The Sabine wine was sweet and palatable, but Horace calls it **vile**, *cheap*, (vin ordinaire,) in comparison with the costly wines which Maecenas drank at home. It was "a thin table-wine, of a reddish color, attaining its maturity in seven years." — The **cantharus** was a large, double-eared goblet or drinking-cup, sacred to Bacchus, said by some to have derived its name from its inventor, by others, from its being made to resemble a beetle (κάνθαρος). — Horace put up his Sabine wine *in a Greek earthen jar*, in order that it might imbibe some of the flavor of the rich Greek wine which the jar had formerly contained and with which it had become impregnated. — **Levi** (from *lino*) sc. pice: *I sealed*, lit., "I smeared." "The cork of the *testa* was covered with pitch or gypsum, after the wine was put into it. Horace would at the same time seal it with his own seal, and attach to it a label with the date (indicated generally by the names of the consuls for the current year). In saying that he did it with his own hand, he shows the pains he took to celebrate Maecenas's recovery." — **Datus** (*est*). — After a dangerous illness, on his first appearance in the theatre, Maecenas was received with a round of applause. The theatre must have been that of Pompeius, in the Campus Florae. — **Eques.** Like T. Pomponius Atticus, and like some illustrious commoners in England, Maecenas was contented with the equestrian rank, and would take no higher. — **Ut** with the subj. of result.— The Tiber is Maecenas's *ancestral river* as flowing from Etruria. — **Jocosa imago,** i. e., Echo. — **Vatĭcani.** — The proper quantity is *Vātĭcani*, but poets often allowed themselves liberties with the quantities of proper names. — The *Formian hills* by metonymy for the wines they produce. — **Temperant mea pocula,** *flavor my goblets*, are mixed in my goblets. It was the custom of the ancients to weaken their wine with water, the dilution varying from one part of wine and four of water, to two of wine and four or five of water, which last (Henderson says) seems to have been the favorite mixture.

## Carm. XXI.—Ad Chorum in Dianam et Apollinem. (726-732.)

Some festival in honor of Apollo and Diana seems to have suggested these verses, in which a chorus of boys and girls are called upon to sing the praises of these deities, and of their mother Latōna, and to beseech Apollo to turn the griefs of war, famine, and plague from Rome and her prince upon the heads of her enemies.

**2–15. Intonsum,** *with unshorn locks.* Apollo, like Bacchus, was endowed with eternal youth, and, like the Greek youths, wore his hair long. — **Jovi,** dat. of the agent with *dilectam.* — Vos (tollite laudibus eam [i. e. Dianam]) laetam fluviis, *etc.* — **Nemorum coma,** i. e., the leaves of the forests. — **Quaecumque** (**coma**), *whatever foliage.* — **Algido** and **silvis,** poet. abl. of place. — The woods of **Erymanthus** are *dark* or *dusky,* as consisting of firs, pines, and other evergreens; **Cragus** is *green,* as covered with beeches, oaks, and plane-trees. **Algidus** bore oaks and holm-oaks (*ilices*). The *ilex* has persistent leaves. — **Tempe.** Number and gender? — **Fraterna,** *his brother's,* (i. e. Mercury's).—**Hic,** i. e. Apollo.— **Persas** = Parthos. They and the **Britanni** mark the farthest limits of the empire on the east and the west.

## Carm. XXII.—Ad Aristium Fuscum. (724–730.)

Argument. — An honest man, Fuscus, may go unarmed along the burning shores of Africa, over the wild Caucăsus, or the fabulous East. As I wandered careless in the woods, singing of my Lalăge, a wolf, such as Apulia and Africa rear not, met me, and fled! Set me in the cold and stormy north, or in the burning and uninhabited tropic, still will I love my smiling, prattling Lalăge.

**1–3. Integer vitae,** (*the man*) *upright in life.* We can hardly do justice to the expression in translation. *Integer* implies the *wholeness* of character of a man of complete "integrity," *totus, teres, atque rotundus*; "he whose life hath no flaw." **Vitae** is gen. of respect or of nearer definition; in prose we should prefer the abl. **Sceleris** is also gen. of respect: in prose we should have the abl. of separation; (so Sat. 2, 3, 213: *purum vitio cor.* — "*Integer vitae* est qui nullo flagitio *semet* commaculavit, *sceleris purus* ille qui nihil facinoris *adversum alios* ausus est." — **Mauris** = Mauretanicis. — **Gravida** = plena.

**5–23.** Sive facturus (est) iter per Syrtes aestuosas, sive per inhospitalem Caucasum, vel (per ea) loca, quae, *etc.* — **Syrtes aestuosas,** *the sultry Syrtes,* i. e., the hot, sandy coast of the north of Africa, near the Syrtes. — **Fabulosus,** *storied,* rich in fables. — **Ultra terminum,** *beyond the boundary* (of my estate, farm). — **Curis expeditis,** poetical for curis *expeditus* or *solutus.* K. adopts the reading *expeditus.* "It is common in this measure for the middle and last syllables to have the same sound. Besides this verse, there will be found six instances in this one ode, verses, 3, 9, 14, 17, 18, and 22." — **Fugit.** Present or perfect? H. 651; A. & S. 284, Exc. 1; B. 1432; A. 78, III. 3.— **Inermem.** Composition? — **Quale portentum** = tale portentum quale, *such a monster as.* Demonstratives are often omitted in Latin, if they can be supplied from the relatives. — **Militaris,** *warlike,* producing brave soldiers. — **Aesculetis,** poet. abl. of place. The *aesculus* is the Tuscan oak, *Quercus esculus,* now "found especially in Tuscany, and furnishing acorns so sweet as to be much eaten by the peasantry." *Dr. Daubeny.* **Jubae tellus,** Mauretania and Numidia.— **Arida,** *parched.* (Do not tr. *arida nutrix* "the dry nurse.")— **Pigris,** *idle,* sluggish, i. e., unproductive. — **Quod latus mundi** = *quam plagam* vel *quam zonam.* Z. tr. *a quarter of the world, which.*— **Malus Juppiter,** *an unpropitious sky.*— **Urget,** broods heavily over. — **Dulce.** The "adverbial accusative," as it is ordinarily called; i. e., an adj. in the neuter acc. put for an adverb: a construction not uncommon in the poets, "especially with verbs which denote an intransitive and external, sensible action" (M. 302). Some scholars prefer to refer this idiom to the principle of *cognate* acc., supplying a noun from the verb: e. g., *dulce ridens,* "smiling a sweet (smile)."

*** There is in the metre of this ode a serious earnestness, attained also by the author of the well-known musical composition "Integer vitae." N.

## Carm. XXIII. — Ad Chloen. (733 ?)

ARGUMENT. — Thou fliest from me, Chloë, as a fawn that has lost its dam, and trembles at every breeze. I follow not as a wild beast, to tear thee. O cease from following thy mother, for 't is time to follow a husband.

**1–4. Hinnuleo.** A diminutive from *hinnus.* Some (not all) of the best MSS. give the reading **inuleo,** which is adopted by K. and R. — **Silüae** (silvae), a trisyllable, as Epod. 13, 2. So *dissolüo* Catul. 66, 38; *evolüisse* Ov. *Her.* 12, 4.

**5–12.** *For if either the approach of spring* (i. e., the early spring) *has rustled in the fluttering leaves, or,* etc. A bold expression, but perfectly intelligible. Bentley's conjecture (p. 34 V. R.), adopted by K., is needless, and entirely unsupported by the MSS. — **Dimovere,** *have parted.* — **Tremit,** she (i. e., the fawn) trembles. — **Atqui,** *and yet.* — **Frangere,** *to crush thee*; a poetical use of the infin. to denote a purpose. Wild beasts break the necks of their victims before they tear them. — **Tempestiva,** of the right age, *ripe for.*

## Carm. XXIV. — Ad Vergilium Maronem. (730 vel 731.)

ARGUMENT.— What bounds shall be set to our grief for one so dear? Teach us a mournful strain, Melpomĕne. Can it be that Quintilius, whose like Modesty, Justice, Fidelity, and Truth shall not behold again, has gone to his everlasting rest? Many good men mourn for him, but none more truly than thou, Virgil. In vain dost thou ask him back. 'T is hard to bear: but patience makes that lighter which no power can change.

**1–8.** In **desiderium** there is a mingled idea of *grief* and *longing* for an absent object. — **Sit,** *can there be.* Subj. in a question of appeal, to which a negative answer (*none*) is expected. — **Tam cari capitis,** i. e., *for a friend so dear.* "Caput" is a term of endearment, as Ἰσμήνης κάρα Soph. *Antig.* 1, Τευκρὲ, φίλη κεφαλή Hom. — **Praecipe,** *teach* (*me*). Lit., take up before me, lead me in singing, "lead off." — **Pater,** (*thy*) *father*, Jupiter. — **Ergo,** *Ah! then*, or, Can it be that? An exclamation of grief and surprise. — Cui quando Pudor, *etc.* — **Inveniet.** Horace frequently has the verb in the sing. number after several substantives.

**9–12.** **Bonis** and **nulli,** dat. after a verbal in *-bilis.* — **Tu — deos.** *In vain, in thy affection, dost thou ask the gods for Quintilius, alas not intrusted* (*to thee*) *on these terms* (viz. that thou shouldst ask them to give him back, after they had seen fit to take him). Others tr. **pius** "in thy piety" towards the gods, instead of thy love for Quintilius. Some connect *frustra pius;* and some tr. **non ita creditum** "not committed (by thee to their care) with this expectation (viz. that they should take him away)." Rule for **poscis** governing two accusatives?

**13–15.** The reading **Quid . . . Num** is that of the best MSS., and adopted by K., R., N. — **Blandius,** *more persuasively.* — **Arboribus,** dat. of the agent, after **auditam.** — **Vanae imagini,** *to the empty* (i. e., bodiless, incorporeal) *shade;* an allusion to the state of the inhabitants of the lower world, as described by Homer and Virgil. Z.

**16–20.** **Virga horrida,** *with his dread wand* (the caduceus. Cf. I. x. 18). — **Semel,** *once for all.* — **Non — recludere,** *not indulgent* (*enough*) *to unbar the fates for our prayers.* R. makes *precibus* depend upon *lenis, not indulgent enough to prayers, to unbar the fates.* — **Compulerit,** etc., *has driven to join* ("has gathered to") *the sable flock* (of the shades). **Gregi** dat. where in prose we should have *ad* or *in gregem.* — **Durum,** sc. *est.* — **Patientia,** *by endurance.* — **Nefas,** *impossible,* a thing forbidden by the gods. On the sentiment cf. Virgil's *Quidquid erit, superanda omnis fortuna ferendo est.* Donatus tells us that Virgil was accustomed to say "that no virtue was more useful for man than patience, and no fortune so hard that a brave man could not conquer it by wise endurance." Horace here "consoles Virgil with his own philosophy."

## Carm. XXV. — Ad Lydiam. (734–735?)

ARGUMENT. — Thy windows are no longer assailed and thy slumbers broken by saucy youths; thy door turns no more on its hinges; the serenade is silent. Now 't is thy turn, in some lone alley, on a dark night, with the winter wind blowing, and thy heart on fire with lust, to cry for low lovers.

**1-20. Junctas fenestras,** i. e., the closed shutters of the openings in the wall which admitted the light. — **Ictibus,** i. e., the strokes of stones and other missiles thrown against the windows.— **Multum,** *very.* — **Me tuo pereunte,** *while I, thy (lover), am dying.* Abl. absolute. — **Levis,** *despised.* — **Sub interlunia,** *in the intervals of the moon,* i. e., in dark nights when the moon does not shine. — Order: Quod laeta pubes gaudeat magis virenti hedera atque pulla myrto, dedicet aridas frondes, *etc.*— **Pulla,** *dark-green.*

## Carm. XXVI. — Ad Musas de Aelio Lamia. (724-729.)

ARGUMENT. — As the friend of the Muses should, I toss care to the winds, and mind not, as every one else does, the alarms of Tiridātes. Sweet Muse, weave a garland for my Lamĭa. All my honors, without thee, are naught; him shouldst thou with thy sisters consecrate with the lyre.

**1-11. Portare,** "*to waft them;*" inf. for the part. in -dus, *portanda.*— **Quis,** nom. *Who is feared (as) the king of the cold zone under the Bear.* Some take *quis* as dat. pl. (= *quibus, by whom*), Ob. most perversely as abl. — **Metuatur** and **terreat,** subj. in a dependent question (after *securus*).— **Securus** (*se* and *cura,* care-less), unanxious, unconcerned. — **Integris,** *pure.* — *O sweet (muse) of Pimplea.* **Pimplea** is used by Statius as the name of the Muse (as here) as well as of the fountain; and has ample MS. authority, although not found in most of the oldest codices.— **Mei honores,** *my songs in his honor.*— **Novis, Lesbio.** Horace was the foremost in naturalizing the metres of the Lesbian poets, Alcaeus and Sappho, in Rome. Cf. III. 30, 13. — **Plectro,** lit. the *quill* with which the lyre is struck, here put for the *lyre.* See n. II. 13, 27.

## Carm. XXVII. — Ad Sodales. (725-730.)

ARGUMENT. — Let barbarous Thracians fight over their wine. Stop your unhallowed noises, my friends, and let each lie quietly on his couch. What, am I to join you? Then let that boy tell me who has got his heart. Will he not? Then I drink not. Whoever it is, thou hast no cause to be ashamed. Here, whisper it in my ear. — Ah! poor boy, into what a Charybdis hast thou been drawn! What witch, what god, shall deliver thee? Pegăsus himself could not do it.

**1-8. Natis,** i. e., *made,* designed.— The **scyphus** was a large drinking-cup, sacred to Hercules, used both on festal occasions and in the celebration of sacred rites. — **Thracum,** sc. *mos.* — **Verecundum,** *the blushing.* — **Vino et lucernis,** poetical use of the dat. after *discrepat* instead of the abl. with *ab.* H. 385, 4; A. & S. 251, Rem. 3 and note; B. 829;

M. 247, obs. 3; Z. 469. *Wine and lights* indicate a nocturnal banquet. **Acinaces**, a short *dagger*, worn at the side. — **Immane quantum**, this phrase (lit. it is monstrous how much) is used parenthetically, and has the force of an adverb, *how vastly*. Were it the leading clause, we should have the subj. *discrepet* instead of the indic. — **Remanete**, remain *quiet* (*re*). — **Cubito presso**. The ancients reclined on couches, at table, resting on the left elbow.

**9–24. Voltis** = *vultis*. — **Severi**. Pliny names three kinds of the Falernian, the *austerum* (which Horace here calls *severum*), rough and dry, the *dulce*, sweet, and the *tenue*, thin. Falernian became fit for drinking in ten years, and might be used when twenty years old, or older, if of a good vintage. — **Dicat**, *etc.* (*Then*) *let the brother of Megilla, the Opuntian, tell.* — **Beatus** (sit). — **Cessat voluntas**, *is thy will reluctant?* Dost thou hesitate? — **Laborabas**. The imperfect is used here of an action already begun, but not until now apparent. In Greek, ἄρ' ἐπόνεις. R. The tense refers to the time when Horace asked him the name of his sweetheart, and he was hesitating to tell; or to all that time in which he was the slave of that passion, without the knowledge of his friend. O. — **Pegasus** briefly for Bellerophon with Pegăsus. **Chimaera** limits both *illigatum* and *expediet*.

## Carm. XXVIII. — Archytas. (717, 718.)

Among the various opinions as to the form and divisions of this ode, the simplest and most satisfactory is that which assigns the whole to one speaker, — the spirit of a shipwrecked man, moralizing upon death and asking for burial. He first addresses Archȳtas, near whose tomb the scene is laid; and he joins with him other worthies, whose wisdom and greatness had not saved them from the common lot. Then, seeing a seafaring man pass by, he calls upon him to cast dust upon his unburied body, in order that he may have rest.

Horace's own narrow escape from death by shipwreck (III. 4, 27) may have suggested to him this subject.

**1–16. Te** is emphatic, from its position: (*Even*) *thee.* — Parva munera exigui pulveris **cohibent**, *confine*, cover (in thy grave). — **Temptâsse**, *to have explored*; **percurrisse**, *to have traversed.* — **Morituro** agrees with **tibi**. — **Pelopis genitor**, Tantalus. — **Remotus in auras**, *though translated to the skies.* The part. is used adversatively. — **Tartara** used here for the lower world in general, not simply the place of the wicked. — **Iterum**, *again*; once as Euphorbos, and *a second time* as Pythagoras. — **Clipeo** — **testatus**, *having borne witness to the Trojan times by taking down his shield.* See **Panthoides**, Ind. P. N. — **Judice te**, *in thy judgment.* Abl. absolute. — **Non sordidus auctor**, *no mean authority.* — **Manet**, *awaits.* — **Calcanda** (est).

**19–36. Densere** is an older and poetic form of *densare.* — **Nullum — fugit,** *no life has cruel Proserpĭna scorned* (*to take*). Or take *caput* lit. as *head,* and *fugit* as *has passed by:* alluding to the notion that no one could die before Proserpĭna, or her minister Atrŏpos, had cut a lock of hair from his head. In animal sacrifices, the hair cut from the front, or between the horns, of the victims was regarded as the first offering. Cf. Verg. *Aen.* 4, 698 sqq. — **Fugit,** perfect, like the gnomic aorist in Greek, of a general truth. — **Devexi,** *of the setting.* — Capitī ĭnhŭmato, Hiatus. — **Plectantur, defluat,** subj. of wish. — **Unde** = *a quo,* i. e., *ab Jove,* O.; (vel *a quibus,* i. e., ab Jove et Neptuno). Others: unde = *undeunde.* — **Neglegis** (negligis) — **committere,** *dost thou make light of committing a crime that shall injure hereafter thy undeserving children?* **Te** abl. of origin after the perf. part. *natis.* — **Fors et** = *fortasse etiam* (Hand *Turs.* II. 711). R. takes **fors** here as = *infortunium.* — **Jura,** i. e., *penalty.* — **Vices,** *retribution.* — **Precibus inultis,** *with my prayers unavenged,* i. e., with my prayers for vengeance unheard. Abl. absol. of concomitant circumstance, or, as we say, of "the situation." — Three handfuls of dust were sufficient for burial, so far as the satisfaction of the gods was concerned. — **Licebit curras,** "it will be permitted thee to run on," thou mayst proceed on thy way.

## Carm. XXIX. — Ad Iccium. (727.)

Argument. — What, Iccius, after all, dost thou grudge the Arabs their wealth, and prepare chains for the princes of Sabaea and the fierce Mede? Which of the fair barbarians dost thou mean to bring home for thy slave, or what royal page for thy cup-bearer? Surely, rivers shall flow back to their mountains, and the Tiber turn again, if Iccius can desert his books to put on the breastplate.

**4–15. Regibus,** i. e., chiefs or Emirs. — **Quae virginum** = *quae virgo.* **Sponso necato,** i. e., whose betrothed thou hast slain. — Ex aula (regia). **Puer — aula,** *what royal page.* — **Montibus** (dative) = *ad montes.* — **Socraticam domum,** *the Socratic school,* especially Plato, Xenophon, and Aeschĭnes (the philosopher). — **Hiberis.** Spain, as well as Noricum, produced excellent iron.

## Carm. XXX. — Ad Venerem. (720–731.)

Argument. — Royal Venus, leave thy beloved Cyprus, and come, dwell in Glycĕra's temple. Let Love come with thee, and the Graces and Nymphs, and Youth, who is unlovely without thee, and Mercury too.

**4–8.** Transfer (te). — **Puer,** Cupid. — **Solutis — zonis.** "The oldest painters and sculptors represented the Graces clothed; afterwards it became the fashion to represent them nude; but the latest practice lay between the two, and they were painted and sculptured with loose, transparent drapery. Horace varies in his descriptions." Mc. — **Properentque Nymphae** for *Nymphaeque properent.* The poets often take such liberties in the position of conjunctions. — **Mercury** accompanies Venus as being the god of lively and entertaining conversation.

## Carm. XXXI. — Ad Apollinem. (726.)

In B. C. 28, Augustus dedicated a temple, with a public library attached, which he had built in honor of Apollo, on the Palatine Hill, to commemorate his victory at Actium. This ode contains Horace's modest prayer on the occasion.

ARGUMENT. — What asks the poet of Apollo? Not crops, or herds, or gold and ivory, or rich fields. Let those, who may, prune Calenian vines, and let rich merchants drink rich wine out of cups of gold, favorites of heaven, who traverse the deep in safety. My food is the olive, the chicory, and the mallow. Let me enjoy what I have, thou son of Lato, sound in body and mind, and let my age pass with honor and the lyre.

**1–20. Dedicatum,** i. e., *on the dedication of his shrine.* — **Liquorem** = *vinum.* — The subject of **premant** is *ii,* supplied as the antecedent of *quibus.* — **Syra — merce,** *received in barter for Syrian wares;* that is, for spices, perfumes, incense, and other articles, which came from or through Syria and the East. — **Leves,** *light,* i. e., easy of digestion. — Order: Latoë, dones mihi frui **paratis** (*what I have acquired*), **et valido** (*and in good health*), et, precor, integra cum mente, *etc.* Cf. Juvenal's celebrated line, *Orandum est ut sit mens sana in corpore sano.* — **Dones,** subj. of wish and prayer. — **Nec — carentem,** *and to spend an old age neither dishonored nor without the lyre.*

## Carm. XXXII. — Ad Lyram. (724–730.)

ARGUMENT. — I am asked to sing. If I have ever composed a song that shall not die, with thee, my lyre, come, help me to a Latin song, — thou, whom Alcaeus did first touch, who, in the field, or on the deep, still sang of Liber, the Muses, Venus and her son, and Lycus, with dark eyes and hair. Thou glory of Phoebus, welcome at the table of the gods, thou consoler of my toils, help me whenever I shall invoke thee.

**1–16. Si quid lusimus,** if I have sung any sportive strains. — Et (in) plures (annos). — **Lesbio civi,** i. e., Alcaeus. The term *civis* is well-chosen, as Alcaeus fought in the civil wars of his native island, and was prominent in political movements. Dat. of the agent with **modulate,** the part. of a deponent verb used passively. (The strict force, however, both of the dat. and of the dep. part. can be seen: "thou who first sang to the Lesbian citizen.") — **Ferox bello,** (*though*) *fierce in war.* **Illi.** The verb **haereo** is here followed by the dat. Horace also construes it with the abl. with *in*, and with the abl. alone. — **Mihi — vocanti,** *be propitious to me whenever in due form I invoke thee.*

## Carm. XXXIII. — Ad Albium Tibullum. (725–729.)

Argument. — Come, Albius, do not be drawling pitiful poetry upon Glycĕra, because she prefers a younger man. Pretty Lycōris loves Cyrus, Cyrus inclines to Pholŏë, who admires the vulgar sinner as the she-goat loves the wolf. Such are Love's diversions, bringing opposites under her yoke together. So it happened to me, — a tender heart was attached to me, while I could not free myself from the fetters of Myrtăle.

**1–16.** The phrase **plus nimio** modifies **memor.** — **Cur** (= quod, *because*), **fide laesa** (*her faith* to thee *being broken*), junior **praeniteat tibi** (i. e. in her eyes).—A *low forehead* was considered as a beauty, as looking youthful; the abundant hair of the young hanging over their foreheads. The women braided their hair accordingly, as is seen in some statues. **Adultero** = *amatore.* Abl. of means, cause, or occasion; tr. *with.* — **Visum** (est).— **Impares,** *ill-matched.* — **Melior Venus,** *a better passion.* **Fretis — sinus,** *more impetuous than the waves of the Adriatic, indenting into bays the coast of Calabria.*

## Carm. XXXIV. — Ad se Philosophantem. (727–731.)

In this ode, Horace shows the insufficiency of philosophy to supply the place of a religious faith. He had held the Epicurean notion that the gods exercise no care over human affairs; but, startled by the phenomenon of thunder in a cloudless sky, his heart was impressed with a sense of divine power, and he makes a manly recantation of his erroneous belief.

**1–16. Parcus,** niggardly, sparing in offerings; **infrequens,** infrequent in attendance on their worship. — **Insanientis sapientiae,** *an unwise wisdom,* an unphilosophical philosophy, i. e., the tenets of the Epicurēans. A good instance of *oxymōron.*— The *paths he had left,* to which Horace is forced *to return,* are those of the simple faith of his childhood, taught him by his pious father. —**Diespiter** = Jupiter. "The Latin *Ju* and *Jovi,* the Gr. Ζεύς, the Sanskrit *Dyaus* or *Dyu* (meaning both *sky* and *day*) point to a common root, signifying *bright.* These derivatives form a natural first term to express the idea of God — the *Author of light,* the *Lord of heaven.* In the *Vedas* the combination *Dyauspitar* (= 'Sky Father') is as frequent as Jupiter in Latin."

M. M., and Y. — **Nubila** is emphatic, contrasted with *per purum.*— **The Atlantēan bound** is generally supposed to mean Mount *Atlas,* regarded as *the* western *limit of the world.* R. understands it of the Happy Isles in the Atlantic. — **Valet — gaudet.** A confession of that divine providence and power which can put down the mighty and exalt them of low degree. Fortune (15) is here spoken of as the minister of Jupiter. **Valet** =*potest.* Valere with the inf. is never found in Cicero, but often in Lucretius and Virgil. — **Hinc,** *from one,* **hic,** *on another.* — **Apicem,** *the crown.* See Lex. — **Stridore** (of her wings). — **Sustulit,** perfect of a general truth. — **Posuisse.** See note on *collegisse,* i. 4, (p. 252.)

## Carm. XXXV. Ad Fortunam. (727.)

ARGUMENT. — Queen of Antium, all-powerful to exalt or to debase, the poor tenant cultivator worships thee, and the mariner on the deep. Thou art feared by the savage Dacian and nomad Scythian, by all cities and nations; yea, by proud Latium herself; by royal mothers trembling for their sons, and kings fearing for their crowns. Necessity, with her stern emblems, goes before thee. Hope and Fidelity go with thee, when thou leavest the house of prosperity, while false friends fall away. Preserve Caesar as he goeth to conquer Britain; preserve the fresh levies destined for the East! It repents us of our civil strife and impious crimes. Let the sword be recast, and whetted for the Scythian and the Arab.

**2–15. Praesens,** at hand, *ready,* able. — **Funeribus,** *into funerals.* Instrumental abl.; in prose, *in funera.* Horace may have thought (R. says) of the signal instance of Aemilius Paulus Macedonicus, the elder of whose two sons died five days before he celebrated his triumph, the younger three days after. — **Dominam,** (*as*) *the mistress.* — Te asper Dacus (metuit). — **Stantem columnam,** a figurative expression for public security and the stability of the government. — **Populus frequens,** *the thronging people.*— **Cessantes,** *the quiet* (*citizens*), good easy souls.

**17–40. Anteit,** two syllables. — **Saeva.** The inappropriate reading *serva,* found in some good MSS., is adopted by R. The emblems of Necessity here named mark the indissoluble and irrevocable character of her decrees. The *cl. trab.* used for fastening beams in houses, were of great size; "there is one preserved in the Museum at Florence, weighing fifty pounds, made of bronze." Both *wedges* and beam-nails are powerful in breaking through obstacles; wedge-shaped blocks were also driven into apertures to *tighten* the masonry. The iron *clamp* or *rivet* (**uncus**) was used for binding two blocks of stone together, a hole being drilled in each block, into which one of the two legs of the clamp was inserted and securely fastened by pouring *melted lead* around it. — The *white robe* of Faith is an emblem of innocence and sincerity. Comitem (se) abnegat. — **Mutata veste.** The Romans, when they fell into misfortune, used to lay aside the bright robe they commonly wore, and assumed one of a dingy color. Z. — **28.** (*Too*) *faithless to bear in common* (*with us*) *the yoke* (of adversity). — **Pudet** (nos). — **Unde,** *from what.* — **Diffingas,** *forge anew,* recast.

## Carm. XXXVI.—Ad Plotium Numidam. (718–730.)

Argument. — Let us sacrifice to the guardian gods of Numĭda, on his safe return from Spain; he is come to embrace his dear friends, but none more heartily than Lamia, in remembrance of their early days. Mark the fair day with a white mark; bring out the wine without stint; cease not the dance; let Bassus out-drink Damălis; bring the rose, the parsley, the lily, for our feast.

**5–20.** Dividit multa oscula caris sodalibus. — **Non alio rege,** *under the same king,* a familiar expression for *the same teacher,* (O., N., Mo., Y.) Others (Ob., D., R.), understanding it of boyish games, when they "played at counsellors and kings," tr. *with no other king than Lamia.* **Puertiae** = pueritiae. Syncŏpe. — **9.** The young Romans, upon coming of age, changed the *toga praetexta* for the *toga virilis.* This change, which was accompanied with marked rejoicing, might be made any time after the age of fifteen. — **Cressa,** adj. from *creta,* "chalk." A white mark, or white stone, distinguished lucky events or days. — Neu (sit) modus. — **Salium,** gen. plu. for *Saliorum.* Others make it an adj. = *Saliarem.* — **Multi meri,** gen. of description. "Damalis, great drinker (as she is)." — **Amystide,** *bumper.* — **Breve,** *short-lived.* — **Ambitiosior** (ambire), *clinging more closely.*

## Carm. XXXVII. — Ad Sodales. (724.)

A congratulatory ode, on occasion of the death of M. Antonius and Cleopatra (Y.); or a triumphal song upon the battle of Actium (Z).

Argument. — 'T is time to drink, to smite the earth, and set out a feast for the gods. We might not bring down the Caecŭban, while that mad queen was threatening Rome. But her fury is humbled, her fleet in flames; her drunken heart shook with fear when Caesar hunted her from Italy as a hawk pursues the dove or the hunter the hare, to chain the accursed monster. Yet she feared not the sword, nor fled to secret hiding-places, but chose to die, rather than be led in triumph by the conqueror.

**2–16. Saliaribus.** A Saliaric banquet is a rich banquet, fit for the Salii, the priests of Mars. The feasts of the Pontifices were proverbial for profusion. On great occasions a banquet was set out in place of a sacrifice, and images of the gods were placed upon couches, as for the purpose of eating. Mc. — **Tempus erat,** *it were time,* it is high time. "*Long since was it time.* Osborne." — **Antehac,** dissyllable by elision (*ant'ac*). — Nefas (erat). — **Regina,** Cleopatra. — **Dementes,** *mad,* i. e. conceived in madness. — **Contaminato,** etc., *with her polluted herd of men foul with lust;* an allusion to her eunuchs. — **Impotens** etc., *so violent* (so wild) *as to hope for anything.* **Impotens,** (ἀκρατής) signifies want of self-control, and hence violence.— **Lymphatam,** *panicstricken.* —**Mareotico** (vino.) — (Eam) volantem.

**21–32. Quae,** *but she.* — **Nec lat. reparavit oras,** *nor did she make for hidden shores.* More strictly, **reparavit** = did she gain in exchange (for those she had lost, i. e., for Egypt).— **Asperas serpentes,** *venomous asps.* Mc. — **Atrum,** deadly. — **Corpore,** instrumental abl. — **29.** (*All*) *the bolder when she had resolved upon death.* — **Del. morte.** abl. absolute. **30–32.** *In truth begrudging to the cruel Liburnian galleys that, robbed* (*of her crown*), *she should be borne away* (*in them*) *in haughty triumph, no tame-spirited woman!* — **Liburnis.** The Egyptians had enormously large and unwieldy vessels, the Romans small and light ones, like those of the Liburnian pirates. — **Privata deduci.** The nom. with the inf., by a Greek construction, instead of *se privatam;* the subject of the inf. being the same as that of the verb (or participle) *invidens* on which it depends. — **Triumpho,** modal abl.

## Carm. XXXVIII. — Ad puerum ministrum. (724–729.)

ARGUMENT. — I hate your Persian finery. Hunt not for late roses, boy; I care only for the myrtle, which equally becomes thee, the servant, and me, thy master.

**1–7. Apparatus.** Preparations for a feast, as costly perfumes, ointments, garlands, furniture, plate, hangings, etc. — **Philyra.** The inner bark of the lime-tree, or linden, was used for a lining on which flowers were sewed to form the richer kind of chaplets.— **Nihil — curo,** *I wish thee to take no trouble to add anything,* lit., busy, to labor for nothing additional. The subj. without *ut* here follows the verb *curo,* in a short and unambiguous sentence. M. 372, obs. 2 and 4; H. 493, 2; A. & S. 262, Rem. 4; B. 1204; A. 64, IV. — **Arta,** *close,* thick, *embowering.* The form is for *arcta,* the *c* being commonly rejected before *t,* as in *Lutatius* (= Luctatius), *autumnus* (from *auctus*), *quintus, tortus, fultus.* Y. and Munro, *Lucret.* I. 70.

# LIBER II.

## Carm. I. — Ad Asinium Pollionem. (724–727.)

ARGUMENT. — The civil wars, — a dangerous theme is thine, and treacherous is the ground thou treadest. Leave the tragic Muse for a while, and thou shalt return to her when thou hast finished the historian's task, O Pollio! advocate, senator, conqueror! Even now I seem to hear the trumpet and the clarion, the flashing of arms, and the voices of chiefs, and the whole world subdued but the stubborn heart of Cato. The gods of Africa have offered his victors' grandsons on the tomb of Jugurtha. What land, what waters, are not stained with our blood? But stay, my Muse, approach not such high themes.

**1–8.** *The commotion of the citizens which began in the consulship of Metellus. Motum,* and the accusatives in the next three lines, are governed by *tractas.* — **Ex** with the abl. gives the time of beginning: *from the time of.* In the consulship of Metellus and Afranius, B. C. 60, the first triumvirate (so called) was formed, by Caesar, Pompeius, and Crassus; and the origin of the civil war is traced by Horace to this event. The war did not break out, however, till ten years afterwards. **Vitia,** *(its) errors;* **modos,** its plans, measures, events. — *The sport of Fortune* denotes the various vicissitudes of the struggle, and especially the deaths of the two leaders, Caesar and Pompeius. — **Graves** = exitiabiles, *destructive.* The *destructive friendships of the chieftains:* an allusion to the "first triumvirate." — **Uncta,** *stained,* polluted. — **Cruoribus.** The force of the *plural* seems to be *with streams of blood,* "sanguine *saepe et multis locis* effuso." — In writing a history of the civil war, Pollio had undertaken *a work full of perilous hazard,* inasmuch as the passions and prejudices of the conflict had not subsided. **Opus** is appositive to the whole clause *Motum — tractas* (omitting v. 6), not simply to the object-accusatives.

**9–16.** Horace counsels Pollio to omit writing tragedies until he shall have finished his history; delicately flattering him by implying that if he ceases to write, the Muse of Tragedy herself will be absent from the theatres. — **Ordinaris** (= ordinaveris), *thou shalt have reduced to order,* i. e., shalt have described in order. — **Grande munus,** *thy lofty task.* — The **cothurnus** was a *buskin* or boot with a high sole, worn by the actors of tragedy, and hence used as a symbol of tragedy itself. It is called *Cecropian* because tragedy arose and was perfected in Athens, of which city Cecrops was the founder. — **Reis,** *defendants.*

Pollio was distinguished as an advocate. — **Consulenti curiae,** *to the senate* (lit. the senate-house) *deliberating in council.* — **Delmatico.** Pollio triumphed B. C. 39 (A. U. C. 715) over the Parthini, an Illyrian tribe living near Delmatia, after having taken Salonae, the Delmatic capital.

**17–28.** Pollio's graphic style transports his readers or hearers into the very scenes of war. Y. — The **cornu** was more curved than the **lituus** (on which see Note I. i. 23), being shaped very much like a C; it was strengthened by a cross-piece. With it the signal (*classicus*) was given. — **Perstringis,** i. e., *thou deafenest.* — **19, 20.** There may be an allusion here to the flight of Pompey's cavalry at Pharsalia, when they heard Caesar's terrible command, *Miles, faciem feri!* — **Audire,** etc., i. e., I hear them encouraging their troops and giving the word of command. — **Non indecoro,** litotes. — **Cuncta — Catonis,** *and the whole world subdued, except the invincible soul of Cato* (Uticensis. See Index P. N). Caesar, on his return to Rome, celebrated five triumphs, — over Gaul, Pontus, Alexandria, Africa, and Spain. On **Cato** cf. I. xii. 35. — **Juno.** On her friendship to the Carthaginians cf. Verg. *Aen.* 1, 15, 16. — **Cesserat,** (viz., after the Jugurthine war.) Its gods were supposed to leave a city when its fall was inevitable. Cf. *Aen.* 2, 351–2. — **Impotens,** *powerless* to aid. — **Victorum — Jugurthae,** *has, in retaliation* (**rettulit**), *offered up the grandsons of the victors to Jugurthae, as a sacrifice to his shade.* "Jugurtha is thought to be here referred to in compliment to the Jugurtha of Sallust, which had then recently appeared."

**29–40.** Quis campus, pinguior Latino **sanguine** (abl. of means or cause) non testatur, **sepulcris** (abl. of means), impia proelia (nostra)? **Hesperiae,** i. e., *Italian.* — **33. Qui,** interrogative *adj.* pronoun. — **Sed ne,** etc. After a noble strain of sublimity and pathos, Horace, whose constant habit is to pretend less than he accomplishes, checks his muse as over-forward. — **Ceae,** *the Caean* dirge, i. e., such elegies as were composed by Simonides of Ceos. — **Munera,** *the tasks.* — **Dionaeo,** i. e., *sacred to Venus* (the daughter of Diōne). — **Sub,** *in* and *under;* calling attention to the overhanging roof. — **Leviore plectro,** *of a lighter strain,* "abl. of quality, as iv. 2, 33."

## Carm. II. — Ad Sallustium Crispum. (725–730.)

Argument. — Silver hath no beauty while hid in the earth, Sallustius. Proculēius, for his generosity to his brethren, will live forever, and the man who rules the spirit of avarice is a greater king than if from Carthage to Gades were all his own. The dropsy grows and grows, till its cause is expelled. Phraātes, restored to his throne, is not happy; he only is a king and conqueror who looks on money with indifference.

1–13. **Color,** brilliancy, beauty. — **Terris,** poet. abl. of place.— **Lamnae** (= *laminae*), genitive. Properly a plate of gold or silver; here used (perhaps contemptuously) for *wealth.* — **Extento aevo,** abl. absolute of description. — **Proculeius** (Ind. P. N.) showed the affection of a father towards his brothers. — **Animi,** gen. of cause, in imitation of the Greek poets. — **Metuente solvi,** *unwilling* (lit. fearing) *to be relaxed* or loosened. — **Domando spiritum.** "He that ruleth his spirit is better than he that taketh a city." Cf. Milton *Par. Reg.* II. 466–7:

> "Yet he who reigns within himself, and rules
> Passions, desires, and fears, is more a king."

Uterque Poenus, etc., *and both the Carthaginians* (i. e. the inhabitants of old Carthage in Africa and of Carthago Nova in Spain) *were subject to* (*thee*) *alone.* — **Indulgens sibi,** *by self-indulgence.* The participle denotes the means or cause.

17–24. **Cyri solio,** *to the throne of Cyrus,* i. e., to what was in Horace's time the throne of Parthia. — The eighteenth verse is hypermeter, the *-um* at the end being elided before the vowel at the beginning of the next verse. The effect of the hypermeter (N. says) is to represent the numerousness of the *beati* as contrasted with the word *uni* (22). — **Populumque — vocibus,** *and teaches the populace to disuse false names.* — **Propriam,** *lasting.* — **Uni** (*to him*) *alone,* quisquis, etc. — **Inretorto,** *not turned back* (to gaze wistfully). — **Acervos,** sc. auri.

## Carm. III. — Ad Dellium. (724–730.)

Argument. — Be sober in prosperity or adversity, in sadness or in mirth. Where the trees interlace their branches, and the water ripples in the winding brook, bring wines and flowers and perfumes, while circumstances and youth permit, and life is our own. Soon thou must give up all to thine heir; rich and noble, or poor and humble, we must all come to one place in the end.

4–8. **Moriture,** *destined to die.*— **Bearis** = *beaveris.*— **Interiore nota etc.,** with (an inner, i. e.) a choice brand of old Falernian. The older wine was, of course, further in the cellar (*interiore*) than the new, which had been stored later. **Nota,** *stamp,* has reference to the *titulus* on the *amphora,* indicating the age and species of the wine.

9–28. **Quo** (9 and 11), *where.* It is followed by *huc* (13). In the V. R. (adopted by many editors) **quo** (9) is tr. "for what purpose," and **quid** (11), *why?* Our reading is preferred by K., R., St.— **Amant** attributes life and feeling and sentiment to the trees, taking pleasure in making a hospitable shade. — **Obliquo laborat trepidare rivo,** *struggles to haste, rippling, down its winding channel.* **Rivo,** poet. abl. of place. — **Breves,** *short-lived.* — **Flores** (for garlands or chaplets). — **Ferre jube,** *bid bring.* — **Res,** *circumstances.* — **Aetas,** i. e. youth. — **Sororum trium,** the Fates. — **Atra,** *black,* i. e., mysterious and deadly. **Saltibus,** abl. after a word of departure. — Order: Nil interest, **more-risne** (from *morari*) sub divo dives, natus ab prisco Inacho, an pauper et infima de gente. — **Cogimur** = compellimur. — **Urna,** *in the urn.* (Properly, abl. of means: but the English idiom would prefer *in.*) Order: Sors omnium versatur urnâ, exitura serius (aut) ocius, et impositura nos cumbae, in aeternum exilium. — The hypermeter (27) represents the uninterrupted duration of time. N. — **Cumbae,** (dat.) *in the boat* (of Charon). The Greek υ is generally represented in Latin by *y,* but *cumba* is supported by inscriptions.

## Carm. IV.—Ad Xanthiam Phoceum. (730.)

Argument. — Be not ashamed, Xanthias; heroes have loved their maids before thee,— Achilles his Brisëis, Ajax his Tecmessa, and Agamemnon his Cassandra. Doubtless thy Phyllis is of royal blood: one so faithful and loving and unselfish is no common maiden. — Nay, be not jealous of my praises; my eighth lustre is hastening to its close.

**2–24. Xanthia Phoceu,** *Xanthias the Phocian:* an ideal Greek name. H. 46, 3, 5); A. & S. 54, 5; B. 69; M. 38, 3. — **Prius,** *before* (*thee*). — **Insolentem,** *haughty.* Mt. tr. *not wont to be moved.* — **Niveo colore,** abl. of quality. — Forma captivae Tecmessae movit **dominum** (*her master*) Ajacem, *etc.*— **Arsit,** from *ardesco.*— **Virgine** (i. e. Cassandra). Abl. of cause, or source; tr. *for.* — **Barbarae,** i. e. *Trojan.* — **Thessalo** (*the Thessalian,* i. e. Achilles) **victore,** abl. absolute. — **Ademptus Hector,** *the removal of Hector.* H. 580; A. & S. 274, Rem. 5; B. 1357; A. 72, 2. — **Fessis,** *wearied* by the ten years' siege. — **Leviora tolli,** (lit. lighter to be raised, removed,) *easier to destroy.*— **Nescias an** (*thou canst not know but that*) = "very likely." In this and the following verses Horace speaks in sportive irony.— Certe, genus (ejus est) regium. **Penates iniquos,** the unkind Penates, i. e. *the unhappy fortunes of her house.*— **Fidelem** (sc. *aliquem*), *one so faithful.* — Suspicari (eum) cujus aetas, *etc.* — **Claudere,** *to close.* — **Octavum lustrum.** Like Thackeray in his song, Horace has "come to forty year."

## Carm. V. — Lalage. (724 ?)

Argument. — She's "o'er-young to marry yet."

**6–24. Fluviis,** poet. abl. of place. "The *plural* indicates, now in this stream, now in that." — Order: **Jam** (*soon*) tibi Autumnus **varius**

(*with his many hues*) distinguet lividos racemos purpureo colore.—**Mire — voltu,** *the distinction* (of sex), *obscured by his flowing hair and his doubtful* ("boyish-girlish") *face, would escape* (*even*) *thy keen-sighted guests, to their wonder.* R.

## Carm. VI. — Ad Septimium. (718–729.)

ARGUMENT. — Septimius, I would that I might end my days at Tibur, or, if that be forbidden me, at Tarentum. That spot I love above all others; there we ought to live together; and there thou shouldst lay my bones, and weep over them.

**1–12. Aditure,** *ready to go with me* (to Gades, etc., i. e., to the ends of the earth). — **Aestuat,** *tosses.* — **Argeo — colono,** *built for its Argive founder.* So N. Others would call it dat. of the agent. — **Senectae,** dat. — **Maris, viarum,** and **militiae** are best construed as genitives defining **modus.** So O. and N. Some editors take them with **lasso.** We may admit here, as in many places, a *double* construction.— **Unde,** i. e., from Tibur. — **Iniquae** (unfair), *unkind.* — **Pellitis,** *skin-clad,* (to protect their fleeces from brambles and from the rains.) O. Others, *fine-fleeced.* — **Petam,** subj. of wish, desire, hope. — **Phalanthe,** dat. of the agent.

**13–24.** Order: Ille angulus terrarum ridet mihi praeter omnes (sc. terrarum angulos). — **Ridet,** last syl. lengthened in arsis and by caesura. — **Hymetto,** i. e. *to* (*the honey of*) *Hymettus,* which is famed to this day for its aromatic richness. — **Certat,** *vies.* — **Baca** (bacca), *the berry,* i. e. the olive. — **Viridi Venafro,** *with green Venafrum* (green with olive-trees), i. e., with the olives of Venafrum. **Venafro,** dat. after a word of opposition, contest. — **Amicus.** Life and sentiment are attributed to the valley, which loves the god who causes its fertility. — **Fertili** (active), giving fertility, making productive. — The wine of **Aulon** was so good that it had little cause to envy the Falernian grapes. **Arces,** *hills.* — Ibi tu sparges **calentem favillam vatis amici** (*the warm ashes of thy poet-friend*) debitâ lacrimâ. **Debita,** *due* (to friendship). **Calentem,** still warm after cremation on the funeral-pile. "The practice of burning the dead, though known in older times, was not general among the Romans till towards the end of the republic."

## Carm. VII. — Ad Pompeium Varum. (718–725.)

ARGUMENT. — O Pompēius, my earliest friend and best, with whom I have served and sported full many a day, who hath sent thee back to us, a true citizen of Rome? We fought and fled together at Philippi; but while I was carried off by Mercury, the wave drew thee back into the stormy ocean of war. Come, then, pay thy vows unto Jove, and lay thy weary limbs under my laurel. Bring wine and ointment and garlands; choose a master of the feast; for I will revel like any Thracian, for joy that my friend hath returned.

**1–12. Tempus in ultimum,** *into extremest peril.* (So *tempus* frequently.) — **Bruto — duce,** abl. absol., *when Brutus was leader of the campaign.* — **Quiritem,** i. e. with the full rights of a Roman citizen.— **Pompei,** dissyllable. — **Prime,** chief, *foremost,* best beloved. — **Fregi,** "breviorem reddidi." — **Malobathro,** with oil of cassia or oil of cinnamon. O. — **Capillos,** acc. of specification. — **Sensi.** *Sentire* is often used when the obj. of the verb is something causing anxiety, sorrow, or loss. — **Relicta — parmula,** *having, none too bravely, left my little shield behind.* To throw away one's shield on the battle-field, and flee, was ordinarily held as very disgraceful; but when an army was completely routed, as the republicans were at Philippi, it was proper, in ancient as in modern times, for each soldier to save himself as he best could. Horace was guilty of no cowardice; and the term *non bene* is only a sportive expression. — **Fracta,** sc. est. — **Minaces,** *threatening* (i. e. brave) heroes; (like Shakespeare's "*frowning*" Mars.) — **Turpe solum,** "the ignoble dust."

**13–28.** With poetic fancy, Horace represents his flight as secured by the aid of Mercury, the guardian of poets (II. 17, 29). To render a man invisible by the covering of a cloud was a common device of the gods (in the ancient poets) when they would rescue him from danger. **In bellum** taken both with *resorbens* and *tulit.* O. — **Unda,** the tide of battle. — **Fretis aestuosis,** *with its boiling waves.* — **Oblivioso,** *forgetful;* used actively, "causing forgetfulness." — **Obligatam** (votis tuis), *thy votive.* — **Levia,** *polished* (in thy honor, O., by use, R.)— The **ciborium** was a large drinking-cup, shaped like the follicule or pod of the Egyptian bean (whence its name). — **Venus,** i. e. *jactus Venereus,* the best throw of the dice, in which each *talus* presented a different number, as (1, 3, 4, 6); the worst throw, *canis,* was when all four numbers came up the same. Cf. I. 4, 18. — **Furere,** *to play the madman.* — **Dulce — amico.** "O 't is sweet to fool, when friends come home again." Con.

## Carm. VIII. — Ad Varinen (Barinen *vulgo*).

To a faithless woman, complaining that, in spite of all her perjury, she continues more beautiful and captivating than ever.

**1. Juris pejerati,** *of perjury,* the converse of *jus jurandum,* "an oath." In these two phrases, the part. in *-dus* accords with the idea of something to be maintained: the *past part.* is required to express the breach of it. O., Y. — **Nocuisset.** The ancients believed that the gods often punished perjury by some mutilation or disfigurement of the person.— **Dente nigo,** abl. of quality, completing the predicate with *fieres;* **ungui** abl. of respect with *turpior.* — **Crederem,** *I should believe* (thy oaths). — **Publica cura,** i. e., the general admiration of all.— **Fallere,** i. e., to swear falsely by. — **Ridet.** "Jove laughs at lovers' perjuries." *Tibull.* 3, 6, 49. Cf. *Romeo and Juliet,* ii. 2. — **Minati.** The part. used adversatively: *although* having often threatened it. — **Aura,** a metaphor for *influence.* O. connects the term with the metaphor *juvencis* (21), and interprets it according to the usage in Verg. *Georg.* 3, 251; *Notas odor attulit auras.* Y.

## Carm. IX. — Ad Valgium. (724-735.)

Argument. — The rain does not always fall, nor the storms rage, nor the frost continue for ever, Valgius. But *thou* mournest for Mystes from morning till night. Nestor did not always weep for Antilŏchus, nor his parents and sisters for Troĭlus. Cease thy wailings, and let us sing of the triumphs of Augustus.

**1-24.** Allusions to the Caspian sea and to Armenia, perhaps because Rome, at this time, was full of the *nova tropaea* (18) and descriptions of the East. R., Y. — **Inaequales,** used actively, *roughening.* — **Aquilonibus laborant,** *fight with the north winds.* N. — **Viduantur,** *are bereft.* — **Urges,** etc. *Thou art always pursuing thy lost Mystes in mournful strains:* i. e., thou art always bewailing, in thy elegies, the loss of Mystes. — **Nec — Solem,** *nor when he* (Vesper) *flies the swift (-ascending) sun.* The same planet (Venus) is Vesper and Phosphor or Lucifer, according as it is evening or morning star. — **Rapidum.** Any one who has watched the rising of the sun in a cloudless horizon will understand this epithet. Mc. — **Ter aevo functus senex,** i. e. Nestor, who lived through three generations of men. — **Parentes, sorores,** (*his*) *parents,* (*his*) *Phrygian* (i. e. Trojan) *sisters* (Polyxĕna, Cassandra, Iliŏna, and others). — **Desine querellarum.** A Greek construction: gen. of separation, departure, cessation. In prose, *desinere* is followed by an accusative, ablative, or infinitive. — **Nova tropaea,** *the recent trophies* of Augustus; alluding to the successful operations of the Emperor against the Armenians and Parthians, B. C. 20, and to the repulse of the Gelōni, who had crossed the Danube and committed ravages in the Roman territories. — **Rigidum,** i. e. *the ice-clad.* — **Medumque flumen,** etc. *And how the Median* (i. e. Parthian) *river, added to the* (list of) *conquered nations, rolls humbler waves.* **Flumen,** the Euphrates. In allusion to the same event, (the recovery of the standards of Crassus from Phraates,) Virgil says (*Aen.* 8, 726): *Euphrates ibat jam mollior undis;* "an instance of the curiously frequent coincidence in expression and idea" of Virgil and Horace.— **Intraque — campis,** "and how the Gelōni ride up and down within the limits prescribed to them along their diminished plains."

## Carm. X. — Ad Licinium. (724–731.)

ARGUMENT. — The way to live, Licinius, is neither rashly to tempt nor cowardly to fear the storm. The golden mean secures a man at once from the pinching of poverty and the envy of wealth. The loftiest objects fall soonest and most heavily. In adversity or prosperity the wise man looks for change. Storms come and go. Bad times will not continue for ever. Apollo handles the lyre, as well as the bow. In adversity show thyself brave, in prosperity take in sail.

**1–12. Altum urgendo,** (lit., by pursuing (we may say *by tempting*) *the deep,*) i. e., by standing out to sea. — **Nimium — iniquum,** *by hugging too closely the unfriendly shore.* — **Auream mediocritatem,** *the golden mean;* ("golden," as to be preferred to all things.) Aristot. *Pol.* 4, 11. ὁ μέσος βίος βέλτιστος. — **Obsoleti,** *decayed,* "crazy." — **Sordibus,** *the squalor.* — **Invidenda,** i. e., exciting the envy of others. — **Saepius,** more frequently (than humble shrubs). — **Fulgura,** generally, flashes of lightning; here, *thunderbolts,* (as often in Virgil, Pliny, Tacitus, and others. *Bent.*) — "They that stand high have many blasts to shake them." Shakespeare.

**13–24. Infestis** (*sc.* rebus), *in adversity;* **secundis** (*sc.* rebus), *in prosperity.* Abl. absol. of time and circumstances. So editors generally. Yet N.'s interpretation is plausible: "hopes *for* adversity (*dat. of advantage*), fears *for* prosperity (*dat. of disadvantage*")— **Alteram,** the contrary, the opposite. — **Bene praeparatum,** *well trained* and steeled to bear whatever fate. — **Informes,** actively, the disfiguring; the uncouth. — **Idem,** *the same (power),* or *he also.* H. 451, 3; A. &. S. 207, Rem. 27, (*a*); B. 1034; A. 20 *in fine;* Z. 127; and especially M. 488. — **Male,** sc. est. — **Olim,** by-and-by. — **Quondam,** *sometimes.* — Apollo **suscitat** (*awakes*) tacentem Musam citharâ. — Apollo is not always stretching his bow, as a god of vengeance (cf. *Iliad* I. 43–52); sometimes, friendly and propitious, he awakes the song of the Muse.— **Idem,** *on the other hand, (thou); yet thou;* lit. (*thou*), *the same (person).* **Nimium** to be taken with **secundo.** — **Secundo,** *favorable.* Derived from *sequor.* Ventus secundus, "a wind that follows fast." See my note on Verg. *Aen.* I. 207. — On the sentiment of the fourth and sixth strophes, cf. Scott's hymn of Rebecca the Jewess, and Thackeray's lines:

> "Come wealth or want, come good or ill,
> Let young and old accept their part,
> And bow before the awful will,
> And bear it with an honest heart.
> Who misses, or who wins the prize —
> Go, lose or conquer as you can;
> But if you fail, or if you rise,
> Be each, pray God, a gentleman." — *The End of the Play.*

## Carm. XI. — Ad Quintium Hirpinum. (725–734.)

ARGUMENT. — Never mind what distant nations are about, nor trouble thyself for the wants of life, which needs but little: youth is going, and age approaching: the flowers and the moon are not always bright: why worry thyself for ever? Let us drink under the shade of yonder tree. Mix wine, boy, and bring Lyde to sing to us.

1–24. **Hirpine Quinti,** Quintius Hirpinus. The same inversion as in *Crispe Sallusti,* II. 2, 3.—**Divisus** agrees with **Scythes.**—**Nec — pauca,** *nor take anxious thought for the wants of a life* (**aevi**) *that asks few things.* ("Man wants but little here below.") — **Lēvis,** *smooth-faced, beardless.* **Aridâ** canitie pellente, *etc.* — **Honor,** *beauty.* — **11, 12.** *Why with plans for eternity dost thou weary thy mind, unequal (to such cares)?* — **Minorem,** lit. *too small for.* — **Sic temere,** *thus at ease,* or *thus carelessly.*— **Rosa,** i. e., with garlands of roses. — **Capillos,** acc. of specification. — **Ocius,** first; (*sooner* than the rest). — **Restinguet,** *will cool.* — **Devium — Lyden,** *Lyde, (that) retiring girl.* **Devium,** *dwelling apart.* The term **scortum** is used sportively. — **Maturet,** subj. after *dic,* with *ut* omitted; the construction being evident. M. 372, b. obs. 4. — Religata **comas** (*acc. of specification*) **in comptum nodum** (*into a graceful knot*). **More Laecaenae,** *in the manner of a Lacedaemonian woman.*

## Carm. XII. — Ad Maecenatem. (725 *vel* 726.)

ARGUMENT. — Do not ask me with my soft lyre to sing of bloody wars, of centaurs, and of giants; as for the triumphs of Caesar, Maecenas, thou couldst tell them better in prose than I in verse. My task is to sing of the beauty and faithfulness of Licymnia, who graces the dance and sports with the damsels on Diana's holiday. Wouldst thou, for all the wealth of the Orient, give a lock of Licymnia's hair, or one of her kisses?

1–12. **Nolis,** *do not wish.* — **Longa bella.** From A. U. C. 613 to 621. The six nouns in the accusative (1–7), from **bella** to **juvenes,** (including both,) are subjects of the infin. **aptari.** — The reading **durum** is given by the best MSS., and adopted by Bent., R., K., N. *Dirum* has little MS. authority, but is preferred by O. and others. — The *Sicilian sea* was *empurpled with Carthaginian blood* in four of the naval victories of the Romans in the first Punic war. — **Citharae,** sc. *meae.* — **Nimium,** i. e. *excited.* — **Herculea,** adj. where in English we more often use a genitive of the proper noun. —**Telluris juvenes,** i. e. the Giants. (See Index P. N., *Gigantes.*)—**Unde** = *a quibus.* Supply *exortum* or motum. **Periculum,** acc. by poetical license as the object of **contremuit,** which verb contains the idea of *pertimescere.* — **Tuque** (*but thou*) melius dices, *etc.* "If a negative proposition is followed by an affirmative, by which the same thought is expressed or continued, *que, et,* or *ac* is employed in Latin, where in English we use *but.*" M. 433, Obs. 2.— **Pedestribus,** *prose.* What is the *literal* meaning? Horace is the first Roman (of extant writers) to use this expression, in imitation of the Greek πεζὸς λόγος. O.— **Ductaque — minacium.** An allusion to the triple triumph (Delmatian, Actian, and Alexandrian) which Augustus celebrated on his return from the East in the month Sextilis A. U. C. 725.

**13–28.** Ordo : Musa voluit me dicere dulces cantus **dominae Licymniae** (*of the lady Licymnia*). — **Lucidum,** adj. in the acc. used adverbially, and qualifying *fulgentes.* — **Bene mutuis amoribus,** *in truly mutual loves.* Abl. of the respect in which, or, as N. says, of nearer definition. Compare with the *bene* the use of *bien* in French. — **Ferre pedem,** *to raise the foot.* — **Choris,** *in the dances* (in private houses). Abl. of mode, respect in which, or nearer definition; as is **joco** (18).— **Dare bracchia.** "Alluding to the movements of the dance, when those engaged in it either throw their arms around, or extend their arms to one another." — **Sacro die,** the 13th of August (Id. Sextil.).— **Celebris,** i. e., (with her temple) thronged with worshippers. — Num tu velis permutare, *etc.* What answer does *num* expect? — **Dum,** *as often as,* "ogni volta che." — Ad (tua) flagrantia oscula. — **Facili saevitia,** *with gentle cruelty,* i. e., with a cruelty easily overcome. Oxymoron.— **Gaudeat, occupet.** Subj. after a relative used adversatively : *which nevertheless she delights to have seized* (*from her*) *more than he who asks them, sometimes is the first* (φθάνοι ἂν) *to snatch.* Or *quae* may be taken = *talia quae.* Some editors read *occupat,* but *occupet* is best supported.

## Carm. XIII. — In Arborem, cujus casu paene oppressus fuerat. (724–733.)

Argument. — Whoever planted thee. thou tree, did so on an evil day, and with impious hand he reared thee. Parricide, guest-murder, — there is no crime he would not commit. No one can provide against all dangers. The sailor fears the sea, and nothing else; the soldier fears his enemy alone; but death comes often from an unexpected source. How nearly was I sent to the regions below, where all the shades wonder, Cerbĕrus listens, the Furies are charmed, and the damned suspend their labors, while Sappho and Alcaeus sing!

On the Kalends of March, probably 724, Horace narrowly escaped death by the fall of a tree on his Sabine farm: the occasion of this ode. The poet passes with great skill from a merely personal incident to general reflections, and a beautiful picture of the honor in which bards are held in the lower world.

**1–16.** Order: Ille et posuit te nefasto die, quicumque primum (te posuit), et produxit (te) sacrilegâ manu, etc. **Posuit,** *planted.*— **Nefasto die,** *on an evil day.* See Lex. for the strict meaning of the phrase.— **In** (3) with the accusative of the destined end. — **Pagi,** i. e. Mandela. **Et** (5), *even.* **Crediderim,** *I would believe.* Subj. of willingness, readiness. (Or, I could believe.) There is an *implied condition*: if I were told so.— **Fregisse cervicem,** i. e. strangled.— **Penetralia — hospitis.** The poet heaps up all the circumstances which could aggravate the crime of which he is ready to believe the planter of the tree guilty. He not only *murders,* but he murders *his guest,* protected by the sacred laws of hospitality; *at his very hearth-stone* (penetralia), under the images of the household gods; and stealthily, *in the night.* — **Venena Colcha,** an allusion to Medēa. — **Venena** and **nefas** are both governed by **tractavit. Triste lignum,** *sorry log.* — **Caducum,** *destined to fall.* — Man never takes precaution enough, in regard to what he should avoid, *from hour to hour.* — **Navita Poenus.** The Carthaginians, like their fathers the Phoenicians, were largely engaged in commerce. — Neque timet caeca fata **aliunde** (*from any other source*) **ultra** (*beyond*). — The last syl. of **timet** is held as long by caesura and arsis. This liberty is the more easily taken as the *e* is originally long, and only shortened by the sharp *t.* R. ad loc. et I. 3, 36. See Ritschl, *Proleg. in Plaut.* pp. 182 sqq. Although the vowel had ceased to be long in the popular pronunciation, yet Horace would find it occasionally long in the older poets, particularly Ennius. (Corssen *Krit. Beitr.* 562.)

**17–38. Miles,** sc. *Romanus* or *Italus.* Supply *perhorrescit.* — "The soldier dreads the swift flight of the Parthian," because the Parthians were in the habit of *feigning* flight, and then turning around unexpectedly to discharge their arrows upon their unsuspecting pursuers.— *The Parthian (fears) chains and an Italian prison.* (O., R., N.) **Robur** is taken by some commentators (D., Ob., Mc.) as meaning strength, *courage,* "hearts-of-oak." But the term *robur* was often applied to the *Tullianum* of Servius (Sallust. *Cat.* 55), the celebrated dungeon at Rome; and as *flight and arrows* complete one idea, so *chains and prison.*

**Quam paene vidimus**, *How nearly did I see*, or, how near I came to seeing. — **Furvae** (an old word, used especially as an epithet of the regions of death), *dusky*. — **Discretas** (from discerno), separated (from the abodes of the wicked). Cf. *Aen.* 8, 670: *secretosque pios*. There were three divisions of the "unseen world" (Hades): "1st. *Erebus*, the region of darkness and mourning; 2d. *Tartarus*, the place of punishment; and 3d. *Elysium*, the place of happiness. In the first Minos presided, in the second Rhadamanthus, in the third Aeăcus."— **Sappho**, accusative. *Complaining of the maids of her nation*, with jealousy of their transferring their affections to others.— **Plectro**. The *plectrum* was a small stick (gilt, ivory, or plain wood) with which the strings of the lyre were sometimes struck, instead of with the fingers. Mc.— **27, 28.** *The hardhips of the sea, the cruel hardships of exile, the hardships of war!*— **Pugnas — tyrannos**. Alcaeus had himself fought against the tyrants; the people hear no songs so willingly as those devoted to liberty and patriotism. — **Bibit aure**, *drink in with their ears*. — **Ubi**, *that there*. — Stupens illis carminibus. — **Belua centiceps**, i. e. Cerbĕrus. Horace himself elsewhere speaks of Cerbĕrus as *triceps* (three-headed), as he is generally represented. Hesiod calls him fifty-headed. An instance of the freedom with which the old poets modified as they pleased the material offered them in their mythology. — **Recreantur**, refresh themselves, *take rest*. — **Quin et**, *nay, even*.— **Laborum decipitur**, *is beguiled of his sufferings*. A Greek gen. of separation. The frequency of Greek constructions in the Roman poets is due in part to the fact that they made the Greek writers their models, and derived from them their ideas of poetic style.

## Carm. XIV.—Ad Postumum. (726–730.)

Argument. — Time is slipping away, Postŭmus, and piety will not retard the approach of age or death. No sacrifices will propitiate Pluto, who keeps even the giants Gerȳon and Titȳos beyond that stream which all must cross, even though we expose not ourselves to the dangers of war, the sea, and climate. Thou must leave home, wife, and all thou hast, and thine heir will squander what thou hast hoarded.

**2–12. Labuntur**. The lapse of time is compared to the gliding away of the waters of a river. — Rugis **et** senectae, indomitae**que** morti. *Et* connects two *similar* terms, making up one general idea, *que* adds something further. See M. 433. — **Trecenis, quotquot eunt dies, tauris**, *with three hundred bulls* (i. e., with three hecatombs) *for every day that passes*. So scholars generally. R., followed by Con., considers three hundred as said loosely for 365, and tr. *with* (*the sacrifice* *of) a bull every day in the year,* or, more literally, "with one bull on each of the three hundred (days), as many days as pass (in the year)." R. objects to the hyperbole in "three hecatombs daily" as too enormous; yet if you are going to use an hyperbole at all, you may as well use a plump one: "It's the first step that costs." O. defends the hyperbole by citing Liv. 22, 10: *bubus Jovi trecentis* fieri votum est. **Illacrimabilem,** *tearless,* unpitying. — **Ter amplum,** *the thrice-huge:* having three bodies, and they being great and strong ones. — **Tristi unda,** i. e. the Styx. — **Scilicet** (scire licet, "you may know"), *assuredly.* Sometimes (but not here) ironical: *forsooth.* — **Omnibus,** sc. *nobis.* — **Terrae munere,** *the bounty of the earth,* i. e., the fruits of the earth, especially grain.— *Enaviganda, which must be at last sailed over.* R. — **Reges,** *rich,* as generally in Horace. — **Coloni,** tenant-farmers.

16-28. **Corporibus,** dat. of object of interest and anxiety, after **metuemus.** Or we may have here one of those *double* constructions of which Horace is fond: shall we fear for our bodies the south-wind injurious (to them). — **Danai genus,** the family or *the daughters of Danăus.* — **Laboris,** gen. of the *penalty* with *damnatus.* A Greek construction.— **Te,** general, addressed to any reader. — **Cupressos.** The cypress was sacred to Pluto, and therefore placed around homes and funeral-piles as a sign of mourning, and planted around graves. The cypress *follows* its master, being planted at his tomb.— **Brevem,** *short-lived.* — **Caecuba,** sc. vina, *thy Caecuban wines.* The plural denotes the large store of wines he had. — **Dignior,** sc. *te.* — The wine itself is called *proud* (superbo), as if conscious of its costliness and delicacy. **Tinget pavimentum,** *shall stain the pavement,* i. e., shall be spilled upon it by the wasteful revellers. — *Better than the banquets of the pontiffs,* a concise expression for better than *the wine quaffed at* the banquets, *etc.* — **Superbo, potiore.** Asyndeton. The effect of the omission of the conjunction is to imply that *potiore* denotes the *cause* of *superbo:* proud, *as being* better.

## Carm. XV.— In sui Saeculi Luxuriam. (726-730.)

ARGUMENT. — The rich man's palaces and flower-gardens and ponds are occupying all our once fertile land. This was not the way of our ancestors, who had but little, while the state was rich; who dwelt in no spacious houses; whom the law bade content themselves with a turf-roofed cottage, and beautify the towns and temples with marble.

1-20. **Aratro,** *for the plough.* — **Moles,** *piles, structures.* — **Stagna,** especially fish-ponds. See Merivale's *Hist.* I. p. 84 (Am. ed.) — The

**plane-tree** is called *bachelor* or *unwedded* because the vine was not trained to it. The **elm,** on the contrary, was useful as supporting the vine. — **Narium,** a metaphor for perfumes, and for *fragrant flowers.* Cf. "nosegays." Some tr. **copia narium,** provision for the nostrils. **Olivetis,** poetical abl. of place. N. seems over-subtile in taking it as dative. — **Ictus,** sc. *solis.* — **Praescriptum** (est). — **Auspiciis,** *by the examples.* — **Commune,** *the public* property, (τὸ κοινόν, the treasury, public lands and buildings, etc.) — **14.** "No portico measured by private ten-foot rods" for *no private portico, measured by ten-foot rods.* The use of a large unit of measure indicates the large size of the portico. The emphasis is on *privatis ;* the *public* edifices were splendid, but the *private* were not pretentious. The nom. **decempeda** (Priscian says) is formed from the Greek acc. δεκάποδα. Other nominatives from Greek accusatives are *cratera, Ancona.* — **Excipiebat** (received the rays of, i. e.) *lay open to.* In such verandas the Romans sometimes took their meals in hot weather. With great good sense, they used rooms with a northern exposure in summer, and rooms *open to the sun all day* in cold weather. — **Fortuitum caespitem,** *the chance turf* for the walls and roofs of their cottages, or for rustic altars, etc. A far-fetched explanation is adopted by D., R., N., viz.: that the men of old were wont to lie, *wherever it chanced, on the turf,* exposed to the full heat of the sun, instead of walking in shady porticos. — **Oppida,** (especially the walls and temples.) — **Novo,** *with new-quarried.* O. Hand tr. "novel, and hence admired;" R. "new, as substituted for old."

## Carm. XVI. — Ad Pompeium Grosphum. (723–731.)

Argument. — For rest the sailor and the savage warrior pray alike, but wealth cannot buy it. Riches and power cannot remove care from the dwelling. The humble alone are free. Why do we aim at so much happiness in this short life, and run to foreign lands? We cannot *fly from ourselves* nor from care. We should be cheerful for the present, and not expect perfect happiness. One man lives many days, another has few. I may have opportunities of happiness which are denied to thee; and yet thou hast ample possessions, and I but an humble farm, a breath of the Grecian Muse, and a contempt for the vulgar.

**1–19.** Rule for the *two accusatives* in the first line? — **Patenti** = *alto, medio.* The abl. in *-i* is used adjectively. N. — **Prensus,** *overtaken* (by a storm). — **Simul** = *simul atque, as soon as.* — **Certa,** *clear.* — **Furiosa bello,** *bello,* abl. of limitation, or of nearer definition. — **Venale,** *to be bought.* — **Gemmis, purpura** (worn by monarchs), **auro:** symbols of splendor, power, and wealth. — **Summovet** is the proper word for the lictors calling upon the people to fall back before the consuls. — **Laqueata tecta,** *pannelled roofs;* or *fretted ceilings;* i. e. ceilings with sunken coffers, which were often richly carved and adorned with gold and ivory. — **11.** It is a fine image, — that of cares flitting, like bats or birds of ill omen, over the rich owner's head.— **13.** *(He) lives well upon a little, on whose frugal board,* etc.— **Paternum salinum.** "The poverty Horace praises is not without its own modest refinements. The board may be simple, but still it can display the old family salt-cellar, kept with religious care." — **17.** *Why do we, with stout* (confident, daring) *hearts, aim at so many things in a short life?* — **Mutamus,** *seek in exchange* (for our own).

**21–28. Aeratas,** *brazen-beaked.* — **Vitiosa,** *morbid.* — In verses 21–24 we have a vivid picture of Care's pursuing men on sea or to the battle. **In praesens,** *with reference to the present,* with the present. — **Quod ultra est,** *what lies beyond* (i. e. in the future). — **Oderit,** subj. in an exhortation, or subj. of possibility or propriety. — **Lento,** *quiet.* — **Ab omni parte,** *on every side.*

**29, 30.** Instances of men conspicuously fortunate, yet with a sad drawback to their happiness. — **Minuit,** *wasted away.* — **31–39. Negarit,** negaverit. Circum te, *etc.* — Hinnit' Apta. — **Apta** =*juncta.* — **Equa.** Mares were preferred for racing.— Garments *twice-dyed* in purple were particularly costly and admired. — **Spiritum tenuem,** *a slight inspiration.* (Some tr. **tenuem** *delicate, fine.*) — **Malignum,** *spiteful, envious.*

## Carm. XVII.—Ad Maecenatem. (728–734.)

ARGUMENT. — Why kill me with thy complaints? I cannot survive thee, Maecenas; one half of my life being gone, how should the other stay behind? I have sworn to die with thee, and the monsters of hell shall not separate us. Our star is one and the same. The star of Jove rescued thee from the adverse influence of Saturn on that day when thou wert received with acclamations in the theatre, and Faunus at the same time rescued me from death. Offer thy sacrifice and dedicate thy temple, and I will offer my unpretending lamb.

**1–16. Querellis** = querēlis. Horace had to listen to Maecenas's complaints of his illness with fever and sleeplessness, and his apprehensions of death, his fear of which was great. — **Amicum est** (φιλόν ἐστι) = placet, *it is agreeable.* — **Obire,** *sc.* diem supremum, *to die.* — Notice in gra*nde de*cus the repetition of the same sound, as in om*ne ne*fas, ani*mo mo*ventes, III. 4, 68. — **Maturior,** *a too early* stroke. — Altera (pars). *Neither equally dear (to myself), nor surviving entire.* — **Utramque ruinam,** *the fall* (death) *of us both.* — Parati carpere supremum iter

**comites,** (*as*) *companions.* — (14.) There is a general concurrence of the most judicious editors in giving the reading **Gyas**; but I am half inclined, with R., to follow the best MSS., and read **gigas**; the allusion will then be to Briareus or Aegaeon. — **Placitum,** sc. *est.*

**17-32.** Whatever the constellation under which I was born, whether Libra, Scorpio, or Capricornus, my star coincides with that of Maecenas, for our fortunes are one. — **Aspicit,** i. e. as the ruling star of my horoscope: "presides over my fate." — **Pars violentior,** *as the more potent part* (constellation) *of my nativity* (or horoscope; i. e. of the heavenly bodies in the ascendant at my birth). — **Capricornus** is called *the ruler of the western wave,* because its rising and setting were usually attended with storms in the Mediterranean. — "In astrology Libra, Jupiter, Venus, and Luna were deemed *favorable,* while Scorpios, Capricornus, Saturnus, and Mars were regarded as inauspicious." — **Nostrum,** gen. pl. — **Saturno — eripuit,** *shining in opposition to impious Saturn, rescued thee (from him). Impius* refers to Saturn's cruelty towards his children. **Laetum ter crepuit sonum,** *thrice raised the sound of joy.* See I. 20, 3, and note. — **Cerebro** governed by **illapsus.** — **Sustulerat,** *had slain.* The indicative in the apodosis (where we might have expected the subj. *sustulisset*) gives *liveliness* to the narration, and emphasizes the certainty with which his death would have followed the fall of the tree, had not Faunus interposed. It represents a thing (M. 348, c.) as if it had already occurred, in order to show *how near* it was to happening. — In the last three verses there is a graceful allusion to the difference between Maecenas and Horace in wealth. Each is to show his gratitude to the gods by offerings proportioned to his means.

## Carm. XVIII. — Ad Avarum. (726-730.)

Argument. — No gold in my roof, no marble in my hall, no palace have I, nor female clients to serve me; but I have honesty and understanding, and, though I be poor, I am courted by the rich: what more should I ask of the gods or my friend, content with my single Sabine estate? Days are passing on, and, though ready to drop into thy grave, thou art building and stretching thy borders, and tearing up the landmarks of thy client, and driving him from his home. But to what purpose? To Hades thou must go in the end: the earth opens to rich and poor; Prometheus the crafty, and Tantalus the proud, they cannot escape; and the poor man finds in death a release from his toils, whether he seek it or not.

**1-16. Ebur** is explained by Acr. and many editors as used for *eburneum* to agree with *lacunar.* Better R., who, translating it as a noun, understands it of ivory chairs and couches, and of panels or ornaments of ivory on the walls of the apartment,—perhaps also of ivory statues. **Lacunar.** A ceiling with coffers or sunken panels. See note on II. 16, 11. **Trabes,** *blocks,* beams, (i. e. the architrave) of white Hymettian marble.—The Numidian marble (*ultima recisas Africa*) was golden-yellow, and is now called *giallo antico.* Variety was affected in the marbles with which luxurious houses were adorned. "The white marble most esteemed by the Romans was obtained from Hymettus, Pentelicus, and Paros, and from Carrara (the *Lunense Italicum*); the yellow from Numidia and Libya, now called *giallo antico;* the green from Taenarus; the white with red veins and spots from Synnada and Mygdonia, and that with green veins and spots from Carystus." I was shown in the mineralogical museum of the *Collegio della Sapienza* at Rome a collection of *six hundred varieties* of marbles and other costly building-stones from the ruins of the ancient edifices of the city.—*And I have not, as a stranger-heir, taken possession of the palace of an Attălus.*—**Trahunt,** *weave.* Some tr. *trail,* as an allusion to the trailing robes of noble dames ἑλκεσίπεπλοι. Purple robes were very costly.—**Honestae,** *well-born.* The dignity of the *patron* is increased, by representing even his dependants (*clientae*) as of good birth.—**Fides,** *integrity,* good faith. Some tr. lyre.—*A kindly vein of genius.* The metaphor in **vena** is taken from mines of the precious metals.—**Me petit,** *seeks my company.*—**Amicum,** i. e. Maecenas.—**11–13.** Two instances of verbs of asking, etc., governing two accusatives.—**Unicis Sabinis** (praediis), *with my Sabine* (*farm*) *alone.*—**Pergunt interire,** *haste to wane.* L.

**17–40. Tu,** (i. e. any luxurious old man). Mc.—Thou art letting out contracts for the cutting of marble, (to ornament thy house, particularly in the way of wall-coating or floors.)—**Sub ipsum funus,** i. e. on the very verge of death.—**Bais** (Baiis), *at Baiae.*—**Summovere litora,** *to remove* (*push out*) *the shores,* i. e. to erect moles on which to build houses in the sea itself. The ruins of such substructions are still visible in the bay at Baiae.—**Parum—ripa,** *not rich enough with the shore of the main land.*—**Ripa** for *litore.*—*What that thou art always removing the neighboring landmarks,* i. e., *what* shall I say of this, *that,* etc. This crime was denounced by the Twelve Tables.—**Sordidos,** *squalid,* meanly clad.—*Yet no mansion awaits the rich lord more surely than* (*the one*) *destined* (*for him*) *in the bounds of Orcus.* **Fine,** poetically for **finibus,** (cf. *Atlanteusque finis,* i. 34, 11), *in the bounds,* i. e. *in the realm.* Poetical abl. of place. So R. Orelli also takes *destinatâ* as agreeing with *aulâ* understood, but translates "fine destinata" (*than that*) *bounded by the limits of Orcus.* Y., with the same construction as Orelli, tr. *than that determined by the end* (*or final power*) *of Orcus:* an unauthorized use of *fine*. Others, *than the destined limit of Orcus;* against which it is urged that *finis* is never fem. in the golden age, except in *quae finis* and *quam finem* (to avoid the repetition of the same vowel-sounds). Others still make *destinata* nom. agreeing with *aula:* "No destined hall awaits the rich lord more surely than the bounds of Orcus:" one of the objections to which is the combination of three adjectives with a single noun. The reading *sede* is found only in a few MSS., and (although adopted by B. and M.) is generally regarded as a gloss. — **Quid ultra tendis,** "why dost thou strive for more?" — **Aequa,** *impartial.* — **Recluditur,** passive as middle, (is opened,) *opens.* **Regum,** i. e. the wealthy and powerful. — **Pue-ris,** two syllables, by synærĕsis. — **Satelles Orci,** Charon. — **Promethea.** Horace alludes here to some legend which has not come down to us. — **Hic** refers to Orci. *He,* i. e. Orcus, or Pluto. — **Tantali genus,** i. e. Pelops, Atreus, Agamemnon, Orestes. R. understands it of Pelops alone, taking *genus* as the generic word used instead of the particular word *filium.* — **Levare** depends upon *vocatus,* and denotes the purpose. N. governs it by *audit.* — Vocatus atque **non vocatus, audit.** Oxymōron.

## Carm. XIX. — In Bacchum. (724?)

A hymn to Bacchus, almost dithyrambic in its enthusiasm.

ARGUMENT. — Among the far hills I saw Bacchus — O wonderful! — reciting, and the Nymphs learning, and the Satyrs all attention. Awe is fresh in my heart; the god is within me, and I am troubled with joy. O spare me, dread Liber! It is past, and I am free to sing of the Bacchanals; of fountains of wine and milk and honey; of Ariadne; of Pentheus and Lycurgus; how thou tamedst the waters of the East, and dost sport with the Thracian nymphs; how thou hurledst the giant from heaven, and how Cerberus did crouch to thee, and lick thy feet.

**1–17. Carmina,** *his* mystic *hymns.* — **Acutas,** *pointed.* — Lucretius also (IV. 582) calls the Satyrs *capripedes;* they are generally represented with human feet. — **Eu-oe** (εὐοῖ), two syllables. — **Turbidum,** adverbial accusative. So *dulce ridentem, inexpletum lacrimans* (Verg.) — **Gravi,** mighty, potent. — (9 sqq.) A sudden transition from the poet's agitation and terror at the sight of the god, to a calm and confidence in which he feels that he is permitted to sing the praises of the deity. **Pervicaces,** *persistent* in Bacchic fury and in the dance. — **Bacchus** (Dionȳsos) as the Nature-God caused streams of wine, milk, and honey to flow forth, at the stroke of the thyrsos held by his followers. — **Truncis,** abl. of source after **lapsa.** — **Iterare,** *to recount* (rather than *repeat*). **Beatae,** *beatified,* apotheosized. — **Conjugis,** i. e. Ariadne. **Honorem,**

*the ornament,* i. e. her *crown,* which is one of the constellations. — **Non leni** = *gravissima.* Litŏtes. — **Amnes.** It was said that when Bacchus crossed the *Hydaspes* and the *Orontes,* he caused their waves to flow back by touching them with his thyrsos, and crossed dry-shod. Supply with **mare barbarum** (i. e. the Indian ocean) *sedas* or *tranquillis.* **Uvidus,** "*bedewed with wine.*"

**20–32. Sine fraude,** *without injury* (to them,) i. e. to the Bistonĭdae. **Rhoetum.** Cf. Verg. *Georg.* 2, 456. The word *Rhoetus* seems to be preferred here on account of the repetition of the sound in *r*etorsisti.— **Parentis,** *of* (*thy*) *father,* Jupiter. — **Leonis.** The story of Bacchus taking the form of a lion in the battle with the giants, is from a source unknown to us. In the Homeric hymn, Bacchus assumes the form of a lion when he avenges himself upon the Tyrrhenian pirates.— (25–27). The four nouns in these lines are in the dative. — **Ferebaris,** *thou wert reported.* — *Yet thou wert* **at once** (**idem**) *the centre of peace and of war.* O. and N. tr. **medius** *the arbiter,* or *the agent;* D. and R., "equally adapted for," *between* peace and war, and equally ready to turn to one or the other. Mc. and Y. take *idem* as predicate: "Thou *wert the same* in the midst of (whether engaged in) peace or war." — **Insons,** *harmless,* without harming thee.— **Cornu.** The horn was a symbol of strength and power. R. takes it of *the horn of plenty,* borne in the hand in vase-pictures (see *E. Gerhard*) by Liber χθόνιος and μύστος. — **Atterens caudam** (sc. *tibi*). "There is a notion of tameness and pleasure in this action. 'As thou came he gently wagged his tail, as thou departed — (*tui*) *recedentis* — he licked thy feet.' *Ter-* is to turn or wag, and *atter* (adter) is to wag at or towards." — **Ore trilingui.** The poet ascribes to Cerberus three heads and three mouths. N. cites *Tibul.* iii. 4, 88: *cui tres sunt linguae tergeminumque caput.* R. agrees with Naeke, who says (Opuscul. I. p. 76) that "one mouth" is here denoted, "in which there are three tongues or a three-forked tongue." — **Pedes tetigitque crura** = *pedes cruraque tetigit.* **Que** is sometimes removed from the word to which it should belong, to some word common to both members of the sentence, usually the verb. So verse 28: pacis *eras mediusque* belli. M. 474., f.

## Carm. XX. — Ad Maecenatem. (730–735.)

In a sportive style, and yet with an underlying serious feeling, Horace predicts his immortality. According to Aristotle, the souls of poets on their death pass over into swans, which still possess the gift of song.

Argument.— On a fresh, strong wing shall I soar to heaven, far above envy and the world. Whom thou, dear Maecenas, delightest to honour, Styx hath no power to detain. Even now my plumage is springing, and I am ready to fly away and sing in distant places, and to teach barbarous nations. No wailings for me; away with the empty honours of a tomb.

1–24. **Tenui,** *slender.* — **Biformis,** i. e. at once swan and poet. — **Major invidia,** *superior to envy.*— **Sanguis,** i. e. the son. **Quem vocas** (ad te), *whom thou invitest,* or "whom thou callest for," i. e. whose society thou desirest. R., Con., Bl., and others, following Acr., take "dilecte" as the factitive object of vocas, *whom thou stylest "beloved."* P., thinking that Horace wrote this ode just after Maecenas's death and just before his own, tr. *quem vocas* "whom thou summonest" to join thee. — **Cruribus,** dat. of reference. As he passes from a larger form to a smaller, the skin contracts and becomes rough (*asperae*) and wrinkled. — **Superne** refers to his head and neck. — **13.** With K. and N., I follow some of the best MSS. in adopting **notior** instead of the usual reading *ocior.* Swiftness is not here in point, but fame. There are metrical difficulties, too, in the old reading, to avoid which Bentley proposed *tutior,* and others *doctior, cautior, laetior, audentior, ornatior:* gratuitous conjectures. — **Peritus,** *learned.* "During the last century of the republic, a love of literature was fostered in Spain. Sertorius did much to encourage it. Of Latin authors, Quintilian probably, Martial certainly, was a Spaniard. So was Hyginus, the librarian of the Palatine, and Columella, and Seneca, and Lucan." Some editors take *peritus* with all the proper names, interpreting it "these barbaric nations will become *versed in me.*" — Horace's anticipations of future fame have been more than realized. — **Inani funere,** *my empty funeral:* a funeral where there is no corpse.— **Naeniae,** *dirges.*— **Turpes,** i. e. *disfiguring* the countenance, breast, and garments.— **Supervacuos.** Horace is the first, of the writers who have come down to us, to use this word. Cicero always prefers supervacaneus. O.

---

# LIBER III.

---

## Carm. I. — Ad Chorum Virginum et Puerorum. (726–736.)

Argument. — The worldly I despise, but have new precepts for the young. Kings rule over their people, but are themselves the subjects of Jove. One may be richer, another nobler than his fellows, but all alike must die. No indulgence can get sleep for him who has a sword ever hanging over him, but sleep disdains not the dwellings of the poor He who is content with a little, fears not storm nor drought. The rich man builds him houses on the very waters, but anxiety follows him, go where he will. If, then, the luxuries of the wealthy cure not grief, why should I build me great houses, or seek to change my lot?

This and the five following Odes appear to have been written about B. C. 26, when Augustus was anxious to effect the social reformation of his subjects. The first stanza of this Ode is generally regarded as an introduction to the whole six.

1–24. **Profanum volgus,** *the uninitiated herd,* the vulgar rabble. — **Favete linguis** (εὐφημεῖτε), "*be propitious with your tongues:*" speak good words, or none at all; here rather the latter, *observe a religious silence.* A formula used by priests before performing a religious rite. Order: (Ego), Musarum sacerdos, canto virginibus puerisque carmina non prius audita. In **sacerdos** appears a little of Horace's conception of the sacredness of the office of a bard, — some recognition, perhaps, of the responsibilities which the gift of genius involves. — **Virginibus puerisque,** dat. of advantage. The moral precepts of this ode are especially adapted for the right training of the young, in whom alone lay Horace's hopes for better times.— Order: (Imperium) regum timendorum (est) **in proprios greges** (*over their own herds,* i. e. subjects). Homer calls kings *shepherds of the people;* a kindlier expression than calling the people the kings' *own* flocks and herds. — **Clari gigantēo triumpho,** *renowned for his triumph over the giants;* abl. of cause. — **Supercilio,** *with his brow.* A variation from the ordinary phrase, *by his nod.* Cf. Iliad. 1, 528; Catul. 64, 204; Verg. Aen. 9, 106. — **Est ut,** etc. It happens that one man marks out the rows of his vines by furrows drawn to greater length than another (**viro**), i. e. possesses wider domains. — One candidate (for the consulship) is *of nobler birth* (**generosior**), another *superior in character and reputation,* another has *a greater crowd of retainers.* **Campum,** the Campus Martius, in which the elections were held. — **Sortitur imos,** *determines the lot of the distinguished and the lowest; (her) capacious urn keeps every name in motion.* When a man's name was shaken out of the urn, he died. (II. iii. 25–28.) — **Destrictus ensis.** An allusion to the story of **Damocles** (see Index P. N.).— **Avium.** The wealthy Romans kept singing-birds "in aviaries within their houses. Their notes, and the sound of distant music, and the trickling of water, were among the artificial means for soothing the nerves and inducing sleep, practised by the luxurious." — The gen. **agrestium virorum** limits **domos.** O. prefers to take it with both *somnus* and *domos.*— **Tempe** is used here for any beautiful shady vale. What is its number and gender?

25–48. **Quod satis est,** (*only*) *a sufficiency.* — Vineae fundusque, *etc.,* non (sollicitant). — **Mendax,** *deceitful,* i. e. which disappoints his expectations. — **Culpante.** Horace represents the trees or vines, when reproached by their owner for their unfruitfulness, as throwing the blame upon the rains, droughts, or severe winters. — **Contracta,** etc. With bold hyperbole, Horace says the fishes feel that the sea has been made narrower by the structures whose foundations have been laid in the deep. — **Huc**, *hither*, i. e. into the sea. — **Caementa**, here large, unhewn stones, used for foundations. — **Frequens cum famulis**, i. e. "surrounded by many workmen and slaves."— **Terrae fastidiosus**, *discontented with the land.* — **Minae**, the stings of conscience. — The "*brazen-beaked trireme*" is the wealthy gentleman's private yacht. A fine picture, this, of the black phantom, **Care**, ascending the lofty tower of the sea-side villa, climbing the gang-board of the yacht after the proud lord, or mounting his horse behind him:

"Black Care sits by him in the bark,
Behind him, on the steed."

**Quod si**, *if, then.* — **Phrygius lapis**, i. e. the costly marble hewn near Synnada in Phrygia, a beautiful white with reddish spots, now called *paonazzetto*. The columns in the exquisite portico of the so-called Pantheon, in Rome, are of this marble. — *The use of purples brighter than a star*, i. e. of purple garments and coverings. By hyperbaton *clarior* is made to agree with *usus;* properly we should have had *clariorum* agreeing with *purpurarum*. Or we may take *purpurarum usus* as a *single term*, logically, (with which *clarior* agrees,) and equivalent to *purpurae quibus utimur*.— **Costum**, an Eastern aromatic plant, used for ointments. It is called Achaemenian from Achaemĕnes, the founder of the royal race of Persia. — **Invidendis postibus**, i. e. with door-posts built of costly marble, so as to excite the envy of passers-by. Abl. of description or quality, as is **novo ritu**, *in a new style* of architecture. "**Postes** were the jambs, columns, or pilasters that flanked the entrance-door."— **Moliar**, *shall I build with labor.* — Horace's little Sabine farm lay in a beautiful valley. **Valle**, abl. of instrument of exchange, or price. — **Operosiores**, i. e. which would increase my cares.

## Carm. II.—Ad Pubem Romanam. (726, 727.)

Argument. — Contentment is to be learned in arms and danger. To die for our country is glorious, and death pursues the coward. Virtue is superior to popular favor or rejection, and opens the way to the skies, and rises above the dull atmosphere of this world. Good faith, too, has its recompense, and I would not be the companion of the man who neglects it, lest I share his sure reward.

**1–16. Amice**, with a friendly mind, i. e. *contentedly*. The translation "as a friend" is perhaps a little too strong. — **Pauperiem**, *privation. Egestas* is the word for absolute want. — **Puer**, youth. The age at which military service began was seventeen. — **Robustus acri militia**, *grown hardy in stern military service*.— **Trepidis in rebus**, i. e. in danger. **Illum**, etc. *Ille* is used in pointing out (δεικτικῶς), "*yon*." The wife and daughter of the king, who is fighting below the city against the Romans, look down from the walls upon the battle. The *sponsus regius* is the son of an allied king, betrothed to the *adulta virgo*. Cf. the scenes in the Iliad 22; and 3, 154 sqq. — **Hosticus** is an ancient form for *hostilis*, as *genticus* for *gentilis*, *civicus* for *civilis*.— **Suspiret** = suspirans metuat. O. — **Ne**, i. e. sollicita ne. N. takes *ne* as introducing a wish as well as expressing anxiety, "that only not" like *μή*. Il. 21, 563. — **Tactu**, latter supine after *asperum*. — **Dulce — mori.** "Ja, süss und schön ist's, fallen für's Vaterland." — **Nec — tergo.** The back and hollow of the knees are exposed to the enemy by a fugitive. Z. Victors used to cut the hamstrings of fleeing enemies.

**17-32.** *Virtue, that knows no disgraceful repulse*, i. e. is always conscious, if ever it sustains a repulse, that it was unmerited, and therefore not disgraceful. Z. **Repulsa** is properly "a rejection when suing for office." Cato played ball in the Comitium on the same day that he was defeated as a candidate for praetor. — **Intaminatis.** This word is found only in this passage. — **Secures**, *the emblems of office*. Literally, *the axes* in the fasces borne before the magistrates. — **Arbitrio**, etc. *At the whim of the popular breeze*, i. e. of the fickle breath of popular favor. — **Immeritis mori** = *viris immortalitate dignis*. — **Negata via**, *by a path denied* (to others). — **Udam.** Alluding to the cloudy atmosphere "of this dim spot which men call earth." — **Est — silentio.** Augustus was fond of quoting part of a line of Simonides, from which this verse is taken: ἔστι καὶ σιγᾶς ἀκίνδυνον γέρας. — **Cereris sacrum.** Probably, rather than the Eleusinian mysteries, the similar rites naturalized at Rome. Cf. Cic. *Verr*. v. 72. Y.— **Qui volgarit** defines *is* understood, the subject of *sit*. **Volgarit** is subj. in a relative clause which is an essential part of the sentence *(is) sit*, etc., and *describes the character* of the kind of person referred to (*qui = talis ut is*).— **Solvat**, *sc.* de litore, *unmoor*. — **Deseruit**, *has lagged behind*, i. e. failed to overtake. The perfect (as *addidit*) in a general truth. — **Pede claudo**, (*although*) *with limping foot*.

## Carm. III. — Ad Caesarem Augustum. (727-733.)

ARGUMENT. — The upright man and firm no terrors can drive from his purpose. Through this virtue Pollux, Hercules, Augustus, Bacchus, have been translated to the skies; Romulus likewise, at the instance of Juno, who thus addressed the assembled gods: "Ilium hath paid the penalty of its founder's crime. That impious umpire and his foreign strumpet have overthrown it. But his beauty is gone; Priam's perjured house hath fallen. My wrath, then, I remit. Let Mars have his hated grandson; let him come among us: provided the seas roll between

Ilium and Rome, let the exiles reign where they will; but let the tomb of Priam and of Paris be the lair of beasts. From Gades to the Nile let Rome be feared, but let her learn to despise gold. Let her stretch her arms to the stormy North and the fiery East, but let her not dare to rebuild the walls of Troy. On an evil day would she rise again: thrice let her rise, thrice should she fall by the power of Jove's sister and spouse." But hold, my Muse, nor bring down such themes to the sportive lyre.

**1–16. Tenacem propositi,** (tenacious of, i. e.) *steadfast in* his purpose. — **Instantis,** menacing, *threatening.* — **Mente solida,** *from his* (solid, i. e.) *fixed resolution.* — **Dux,** etc. *The stormy ruler of the restless Adriatic.* A. — **Fulminantis Jovis,** of Jupiter when he launches his thunderbolts; not as a general expression, "of Jupiter the thunderer." — **Orbis,** the arch of heaven. — **Illabatur,** *should fall upon* (*him*). — **Hac arte,** *by this virtue* or quality, i. e. by *constancy* (justitia et tenacitas propositi). — **Enisus.** The preposition *e* gives the meaning of struggling *forward with earnestness.* — **Igneas,** i. e. *starry.* — Inter quos. — **Augustus.** This title was conferred on Octavianus B. C. 27. **Recumbens,** *reclining* (at table). — **Purpureo ore,** *with rosy lips* (tokens of his eternal youth).— **Merentem,** deserving (immortality). Cf. Ovid. *Trist.* 5. 3, 19: *Ipse quoque aetherias meritis invectus es arces, Qua non exiguo facta labore via est.* In his Indian journey, Bacchus spread over the world the precepts of civilization. The *tigers* represent the wildness which he tamed. — **Vexere** (to Olympus, the abode of the gods). — Romulus was said to have been snatched up to heaven in a chariot drawn by *the horses of* his father *Mars.* In his praises, Augustus, the *second founder* of Rome, is indirectly honored.

**17–42. Gratum.** All the gods favored Romulus. — **Consiliantibus,** deliberating (whether they should admit Romulus to heaven). — **Ilion,** acc., object of **vertit.** — **Judex,** i. e. Paris; alluding to the golden apple. **Mulier,** i. e. Helen. Notice the bitter contemptuousness of Juno's language. "She cannot forget the *spretae injuria formae.*"— **Ex quo** (tempore).— **Mihi** and **Minervae,** "dat. of the agent."— **Duce fraudulento,** Laomĕdon. N. takes it as used *generally,* "not exactly Laomedon nor yet Priam." — **Splendet** (in his beauty and his rich attire). — **Adulterae,** Helen; **hospes,** Paris. — **Hectoreis opibus,** *by the aid of Hector.* **Ductum,** *prolonged* (by the *dissensions* (**seditionibus**) of the gods). — **Resedit** from *resido.*— **Marti redonabo,** *etc.,* (lit. I will make a present of my wrath and my grandson, etc.,) i. e. *I will remit, for the sake of Mars, my grievous wrath, and* (*I will restore to him*) *my hated grandson* (i. e. I will allow Romulus to rejoin his father in heaven). Br. tr. *invisum nepotem* "my hate against my grandson. — **Dum** (= dummodo) *so long as.* — **Exules,** i. e. the Trojan founders of Rome. (Here of their descendants.) — **Stet.** *Let* (the Capitol) *stand.* Subj. in a permission.

**45–69. Late** modifies **horrenda.** — **Medius,** *intervening.* (The Mediterranean.) — **Cum** defines **sic.** — Fortior spernere aurum, *etc.*, **quam cogere,** etc., *than to gather it, with a hand snatching every sacred thing for profane uses.* — **Lege,** *condition.* — **Nimium pii,** *with too great filial affection.* It was said (Suet. *Jul. Caes.* 79) that Julius Caesar entertained a scheme of making Troy the capital of the empire. — **Avitae Trojae,** *of their ancestral Troy.* N. takes *avitae* strictly: "Troy was the *grandmother* and Alba Longa the *mother* of Rome;" but we must content ourselves with *ancestral* in English. — **Aeneus,** *brazen.* Metaphorically for *strong.* — **Ter pereat,** (apodosis,) *thrice shall it perish.*— **Argivis,** dat. of the agent. — **Non hoc,** etc. See note on II. i. 37, **sed ne,** etc. (p. 293).

## Carm. IV. — Ad Calliopen. (726 *R.*)

Argument. — Sing, Calliope, a lofty strain. Is it a dream, or am I wandering in the Muses' grove? A child, tired of play, I lay down to sleep on the Apulian hills. There doves made me a covering of leaves, and I slept safe, and men might well wonder how the gods were present with me. Yours am I, ye Muses. Because I love your fountains and your choir, I perished not when the battle was turned, nor by the accursed tree, nor in the Sicilian waters. Be ye with me, and I will visit remotest tribes unharmed. Ye refresh Augustus when he brings back his weary troops. Mild are your counsels, and in peace is your delight. We know how that bold band of giants struck terror into the heart of Jove; but what was their strength against the aegis of Pallas? 'T was that which drove them back, though Vulcan too, and Juno, and Apollo with his bow, were there. Brute force falls, self-destroyed: the gods detest violence, but tempered strength they promote.

**2–40. Longum.** This is the longest of Horace's odes.— Videor (mihi) audire, et errare, *etc.* — **Lucos,** *groves* (of the Muses). — **Fabulosae palumbes,** *the storied doves;* of which the poets told that they bore ambrosia to Jupiter, attended on Venus, *etc.* — In verse 10 I follow the *textus receptus,* with O., (who says "locus est sine dubio corruptus.") The variation of metre (Āpŭlo, Āpūliae) is not without parallels in the case of proper names (N. cites Homer's Ἆρες Ἄρες βροτολοιγέ); nor is there any difficulty in the apparent inconsistency of the prepositions *in* and *extra.* Voltur lies chiefly in Apulia, but partly in Lucania; so that Horace could wander beyond the threshold of his *nurse* (his native district; cf. Scott's "O Caledonia, stern and wild, Meet *nurse* for a poetic child") *Apulia,* and still be on the Apulian mountain. Conjectural emendations are numerous; but none has commended itself to general acceptance. — **Quod** (ut id) **foret,** *so that it was.* Others: *a thing which should be* wonderful, etc. — **Sabinos** (montes). — **Liquidae,** i. e. with clear air and bright skies. — **Palinurus.** Acr. conjectures that Horace narrowly escaped shipwreck off this promontory on his return from Macedonia; but this passage contains the only allusion which the poet makes to the fact. — The *Scythian river* is the *Tanais* or Don. — **Abdidit.** This word conveys an idea of the peace and seclusion enjoyed by the veterans in their retirement. — **Oppidis,** poet. abl. of place. It signifies the *coloniae* in which lands were granted to the veterans. — **Pierio,** etc. A metaphor, to denote the pleasure which Augustus took in the study of art and literature.

**41–80. Lene consilium.** (*Consilium,* trisyllable.) The Muses give mild counsels; i. e. the effect of intellectual culture upon rulers is to make them mild and merciful. — **Et dato gaudetis,** *and delight in it when given,* i. e. rejoice to see it adopted. — **Ut** (*how*) (ille, i. e. *Jupiter*) sustulerit, *etc.,* qui temperat, *etc.* The acc. with the inf. would simply state *the fact;* ut with the subj. refers to *the mode* in which it happened. **Caduco,** "*swift-descending.*" — **Tristia regna,** *the gloomy realms* (of Pluto). — **Juventus,** i. e. the giants. — **Fratres,** i. e. the Aloīdae. — **Opaco,** i. e. *frondoso.* — **Sed quid — ruentes,** i. e. what could brute force avail against heavenly wisdom? — **Statu,** posture, attitude. A gladiatorial term. — **Truncis,** abl. of instrument with **jaculator.** — **Aegida.** See p. 275, line 2. — **Hinc — Apollo.** See Clough's tr. (*Amours de Voyage,* I. viii.) — **Avidus,** *eager* (for the fray). — **Natalem silvam,** (the woods of Mount Cynthus, in Delos). — The poet dwells with evident pleasure upon the description of Apollo, the god of culture, and the patron of Augustus. — **Mole sua,** *by its own weight.* — **Temperatam,** (*rightly*) *governed.* — **In majus,** to greater (success), to greater (heights). — **Idem,** i. e. *on the other hand, they;* or *they also.* — Notice the *complosio* or immediate repetition of the same sounds, in om*ne ne*fas ani*mo mo*ventes. — **Moventes,** meditating, contriving. — **Injecta — suis,** *Earth grieves at being cast* (dolet injecta) *upon her own monsters* (i. e. the monsters to whom she herself gave birth). — **Partus,** *her offspring.* — **Impositam,** *placed upon* (Encelădus). — **Ales,** the vulture. — **Amatorem,** sc. *Proserpinae.*

## Carm. V. — In honorem Augusti. (727–734.)

ARGUMENT. — Jove is in heaven: Augustus shall be a god upon earth when he hath subdued the Briton and the Persian. What! can a Roman forget his glorious home and live a slave with the Mede? 'T was not thus Regulus acted, when he saw the ruin a coward's example would bring on those who should come after him, and he cried, "I have seen our standards hung on Punic walls; our freemen bound; their gates unbarred; their fields all tilled. Ye do but add ruin to shame: but virtue, like the former fair color of dyed wool, can never be restored. When the freed hind fights its captor, the prisoner released shall cope again with his foe, he who has cried for mercy and made peace for himself on the battle-field." Then, although he knew the cruel fate which was in store for him, he parted from his wife, his children, and his friends, and went away as calmly as a man would go to Venafrum or Tarentum, to rest after his labors in the city.

**1–25.** Regnare (in) caelo.—**Praesens,** with us, on earth.—**Milesne,** etc. Indignant question.—**Conjuge barbara maritus,** *the husband of a barbarian wife.* Abl. of description, where we might have expected the gen.—**Pro,** *alas for!*—The subject of **consenuit** is **Marsus** et **Apulus.** (These are named as two of the bravest tribes of the Italians.) **Anciliorum.** An anomalous gen. from *ancile.* The *ancilia* were twelve shields, of which, according to tradition, eleven were made by order of Numa, after the pattern of one found in his house and supposed to have come down from heaven, and undistinguishable from it. While the heaven-sent *ancile* was preserved, Rome, it was prophesied, should survive. Mc.—**Nominis** sc. *Romani.*—The **toga** was the national dress of the Romans.—**Jove** sc. *Capitolino;* (while the Capitol (Jove's temple) is safe.)—**Provida,** *far-seeing.*—**Dissentientis,** *refusing to assent.*—**Cond. foed.** (dative), the proposals of the Carthaginians for an exchange of prisoners and the conclusion of a peace.—**Exemplo trahentis,** *inferring from the precedent.*—The final syl. of **periret** is considered as long before the caesura.—**Portas** Carthaginis.—**Marte nostro** = a militibus nostris.—**Scilicet** (ironical), *forsooth.*

**30–53. Curat—deterioribus,** (nor does true valor, etc.) *care to be restored to degenerate (breasts).* "**Nec curat,** i. e. non vult, neque potest."—**Hic—miscuit,** "He" (the coward), "not knowing to what he ought to owe his life" (viz. to his own good sword), "*confounded peace with war,*" i. e. made peace for himself on the field of battle. Mc.—**Altior.** The abl. *ruinis* may be tr. either by *than* after the comparative degree (O., Mc.), or as abl. of *means* (R., N.); in the first case tr. *raised above,* in the second *exalted by.* Perhaps the first is the more poetical.—**Capitis minor,** one who had lost his civil rights; (in whatever way; here, by having been taken prisoner by the enemy.) Tr. *as no longer a citizen.*—**Labantes,** *wavering.*—**Consilio numquam alias dato,** *by advice never on any other occasion given.*—**Atqui sciebat,** *and yet he knew all the while.*—**Reditus,** pl. to avoid the recurrence of a final *m.* O. Others: "reditus = redeundi conatus."—**Longa,** *tedious.*

## Carm. VI. — Ad Romanos. (726.)

Argument. — On you will be visited your fathers' guilt, O Romans, unless ye shall restore the worship and acknowledge the sovereign power of the gods. Already have they afflicted our land; twice the Parthian hath checked our arms; the barbarian has well-nigh destroyed us in the midst of our strife, the age is so full of shameless adultery and lasciviousness. Not from such parents were born the conquerors of Pyrrhus, Antiŏchus, and Hannibal, the manly offspring of soldiers who had handled the plough and carried the fagot. So doth time spoil all things. Our fathers were not as their fathers, nor we as they; and our children shall be worse than ourselves.

**5–48. Dis — imperas,** *because thou bearest thyself as subject to the gods, thou holdest thy sway; from them* (N. "from this subjection") *arises* (sc. *oritur*) *every beginning, to them ascribe the issue.* **Principium** is here a trisyllable. *Principium huc,* pr. in scanning *principy'uc.* — **Praedam,** (*our*) *booty.* — **Torq. ex.,** *to their slender necklaces.* — **Dacus,** with Antonius; **Aethiops** (Aegyptius), with Cleopatra. — **15.** To which word does **hic** refer, to which **ille?** (Gram., *Index.*)— **Motus Ionicos,** i. e. voluptuous dances. — **De tenero ungui,** i. e. from early childhood. The Germans say, "von Kindesbeinen an." — **Sol ubi,** etc. There are not many poets who could incidentally have described in so few words, and so graphically, the hour of evening. Mc. — **Bobus** (43), dat. of advantage.— **Agens,** *bringing on.* — **Dies,** *time* (hence fem).— **Avis,** briefly for *avorum aetate.* — Four generations are spoken of in three short verses (46–48). "A constant decay and degeneracy of the world was an Epicurēan doctrine. *Lucret.* II. ad finem."

## Carm. VII. — Ad Asterien. (729 ?)

Argument. — Weep not, Asterie; Gyges is faithful, and will return with the spring, a rich man. He has been driven to Oricum, and is weeping with impatience for thee. Chloë, his hostess, is trying to seduce him, and frightens him with stories of rejected women's revenge. But he is deaf to her seductions. Beware in thy turn of Enipeus; shut thy doors and listen not to his songs.

**4–32. Fidei,** dissyllable. Some editors prefer the ancient form *fide.* **Post,** *after* (*the rising of*). Lamb. and R. prefer *after the setting.* — **Tuis ignibus** = *iisdem ignibus quibus tu ureris,* i. e. with the love of Gyges.— **Temptat,** *solicits* (*him*).—**Mulier,** Antēa (*Hom.* Il. 6, 155 sqq.) or Sthenoboea.— **Et,** *even.* — **Historias,** *tales,* legends, μύθους. — **Movet,** *brings forward,* calls up. Cf. Aen. 7, 641; Ov. *A. A.* 3, 651. — *The cliffs of Icărus,* for *the cliffs of the Icarian sea* (to which Icarus gave name). — **Flectere equum.** This was to wheel the horse round in a small circle. Mc.— **Martio,** *of the Campus Martius.* — The use of **neque** with the imper. for *neve* is confined to the poets. — Mane difficilis (ei) saepe vocanti te duram. The part. **vocanti** is used adversatively.

## Carm. VIII. — Ad Maecenatem. (725 *Lachmann.*)

Argument. — Wonderest thou, learned friend, what this sacrifice means on the Kalends of March, and I a bachelor? On this day I was delivered from death, and it shall be a holiday. Come, Maecenas, a hundred cups of my oldest wine to the health of thy friend. Away with anxiety. The Dacian has fallen, the Mede is divided against himself, the Cantabrian is in chains, and the Scythian has unstrung his bow. Be here the private gentleman: never mind the people; enjoy thyself and unbend.

**1–27.** The Matronalia, or feast of married persons in honor of Juno Lucina, was celebrated on the Kal. Mart. — **Velint,** *mean.* — Plena turis. — **Caespite vivo,** i. e. on an altar of green turf. — **Sermones,** *in the literature;* (N.: *in conversation.*) Acc. of the thing, retained with the pass. part. **doctus.** We find also the abl., as *doctus Graecis litteris.* **Utriusque linguae,** i. e. Greek and Latin. So the Germans say *in beiden Sprachen* when they mean *in German and French.* — **Album caprum.** White victims were offered to the *dii superi,* black to the *dii inferi.* The goat was sacrificed to Bacchus because it ate and destroyed the vines. — **Arboris.** See II. 13. — **Anno redeunte** (sc. *in se*) **festus,** *a holiday, as the year rolls round.* — **Amphorae,** dat. of reference after **dimovebit,** where we might have expected *ab amphora.* — **Fumum.** The amphorae were kept in the *apothēca* in the upper part of the house, to which the smoke from the bath had access, as this was thought to hasten the ripening of the wine and to improve its flavor, just as Madeira wine is improved by being kept in a warm temperature. The amphora being lined with pitch or plaster, and the cork being also covered with pitch, the smoke could not penetrate if these were properly attended to. Mc. — **Tullo.** L. Volcatius Tullus, cos. A. U. C. 688; so that the wine was fully thirty-seven years old.— **Amici sospitis,** *to the health of thy rescued friend.* — **In lucem,** *till the break of day.* — **Civiles curas.** After the battle of Actium, the supreme civil authority in Rome and Italy was intrusted to Maecenas. — **Sibi** limits **luctuosis,** and is to be supplied in thought with **dissidet.** — **25 Qua,** *in any respect.* — Many good MSS. give *et* at the end of verse 26; few *et* or *ac* at the end of verse 27.

## Carm. IX. — Carmen Amoebaeum.

An exquisitely graceful ode, in the form of a dialogue, showing the process of reconciliation between two lovers.

"Amants, que vos querelles
Sont aimables et belles!"

**1-22. Donec** = *dum.* — **Potior,** *more favored.* — **Alia,** abl. after **arsisti.** — **7.** *I, Lydia, of great renown.* — **Modos,** *measures, μέλη.* — **Metuam** fut., as well as *parcent.* — **Animae,** "my life," i. e. *my love,* puellae meae.— **Diductos,** *(us, though) parted.*— **Cogit,** *joins.*— **Lydiae,** dat. **Improbo,** violent, *ungovernable.*

## Carm. X. — Ad Lycen.

A serenade (παρακλαυσίθυρον) sung by a lover whose mistress refuses him admission.

**1-20. Tanain si biberes,** i. e. were Scythia thy dwelling-place. Cf. II. 20, 20 and IV. 15, 21. — **Me objicere,** etc., *thou wouldst grieve to expose me to the north winds* (**incolis**) *that have there their home.* — **Quo strepitu.** Abl. of mode, (circumstantial.) Supply *strepitu* with the second **quo** (before *nemus*). — **Nemus,** i. e. the *viridarium.* Shrubs and flowers were sometimes planted round the *impluvium* of a Roman house, but more largely in the *peristylium,* which was an open space at the back part of the house, surrounded by colonnades, and, like the impluvium, usually having a cistern or fountain in the middle. Mc. Cf. Epp. I. 10, 22. — **Ventis,** abl. of cause. — **Ut glaciet.** "It is easy to supply *vides* or *sentis,* or any other word more appropriate than *audis,* to the freezing of the snow. One verb of sense is often made to serve for two or three." R. and N. suggest, however, that sleet and crackling frost can be *heard* as well as seen. Tr. *how Jove, with his bright power* (= puro caelo) *freezes the snow as it lies.* — **10.** *Lest, while thy wheel is revolving, the rope may go backwards:* i. e. may slip on the pulley, and instead of drawing thee up, leave thee to descend the hill of fame. — **Tyrrhenus.** The morals of the Etruscans were corrupt. — **Tinctus viola,** *violet-colored;* but here, like the white or yellow violet. Verg. *Ecl.* 2, 47: *pallentes violas.*— **Pieria** = *Macedonica.*— **Pellice.** The better orthography of the nom. is *paelex.* — **Hoc latus,** *this side of mine.*

## Carm. XI. — Ad Testudinem. (726 *vel* 727.)

ARGUMENT. — Mercury, who didst teach Amphīon to move stones, and thou, lyre, once dumb, now welcome at feast and festival, tune me a strain to which even Lyde, though she be free as the young colt, must attend. Thou charmest tigers, woods, streams, and hell's bloody sentinel, and Ixīon, and Titȳos, and the daughters of Danăus. Let Lyde hear of their crime and punishment, and how one was merciful and spared her young husband's life, saying, "Rise up; begone, lest the sleep of death overtake thee. They have sprung upon their prey. My heart is not as their heart. I will do thee no harm. Let my father do with me as he will, yet go thou, while night and love protect thee. Farewell, and when I am gone, engrave a word of sorrow on my tomb."

**1–29. Te magistro,** abl. absolute. — **Nervis**, abl.— **Immanis janitor aulae,** *the fierce porter of the palace.* O. takes *immanis* with *aulae*, "vast." — **Furiale,** *fury-like.* — **19. Manet,** from *manare.* — **Quin et,** *Nay even.* — **Risit.** The poets are fond of using a verb in the *singular* with several nominatives. It calls attention to *each one* of the subjects. **Virginum,** i. e. the Danaides.— **Inane** like its opposite *plenus* is limited by the gen. — **Pereuntis,** running through, *running out.* — **Sub Orco,** *in the realm of Orcus* (the king of the lower world).

**30–52. Nam — majus,** *for what greater (crime) could they (have committed)?* — **31. Potuere,** they had the heart, *they could bring themselves.* **Una,** i. e. Hypermnestra. — **Face nuptiali,** *of the nuptial torch,* as we should say *of the bridal veil.* At ancient marriages the bride, escorted in the evening from her father's house to that of her husband, was preceded by a boy bearing a lighted torch. — **Splendide mendax,** *magnificently false.* A noble oxymŏron. Danaus had compelled all his daughters to promise that they would murder their husbands. Hypermnestra's breach of her engagement is praiseworthy, because a wicked promise is better broken than kept. — **Falle,** *elude,* escape. — **Sorores** (sc. *tuas*, to correspond with **socerum**), thy sisters-in-law. — **Singulos** = *suum quaeque maritum.*— **Clemens,** *in mercy,* in compassion. **Vel,** *if he please.* Derived from *volo.* — **Aurae**, viz. *per undas.* — **Et — querellam,** *and carve on a tombstone an epitaph in memory of me.*

## Carm. XII.—Ad Neobulen.

Argument. — Poor women! we must not love, we must not drown care in wine, or a cruel guardian scolds us to death. Alas, Neobūle! thou canst not spin nor work, for love of Hebrus, so beautiful as he bathes in the waters of Tiber, a horseman like Bellerŏphon, unsurpassed in the combat and the race, in piercing the flying deer or catching the lurking boar.

Upon the whole, I prefer to take this ode, with many recent editors, as a soliloquy. R. takes verses 5–16 as Neobule's quotation of her uncle's taunts; it is not unusual, however, to use the second person in an address to one's self. Some consider the whole ode as the address of the poet to Neobule.

**1–15. Miserarum,** sc. *sors* or *condicio.*— **Dare ludum,** *to give full play.* **Lavĕre,** an old form = *lavāre.* — **Metuentes,** *from fear of.* — Supply *aufert* with **puer**, and take **aufert** (7) with **nitor**. — **Unctos**, sc. *oleo*.— **Apertum**, sc. *campum*. — **Jaculari** depends upon **catus**.

## Carm. XIII. — Ad Fontem Bandusiae. (725 ?)

ARGUMENT. — Fair fountain of Bandusia, thou art worthy of my libation and of the kid that shall fall for thee to-morrow, and dye thy cold stream with his hot red blood. Thee the summer's heat pierceth not; cool is thy water to flocks and herds. Thou, too, shalt be placed among the fountains of fame, when I sing of the oak that hangs from the rock whence thy babbling waters leap.

**1–13.** Fons **Bandusiae,** as urbs *Romae,* gen. of nearer definition. N. **Mero, floribus.** He will pour the wine into the water, and throw garlands upon the stream.— **Inficiet,** *shall tinge*.— **Fies nobilium fontium.** A Greek construction; supply *unus* (Mc.), or take it simply as gen. of connection, belonging to. The *fontes nobiles* are such as Arethusa, Castalia, Dirce, Hippocrene, Pirene.

## Carm. XIV. — Ad Populum Romanum. (730.)

ARGUMENT.—Caesar is returning a conqueror from Spain, O ye people, he who but just went forth like Hercules to the field. Let his chaste wife and sister go forth to offer sacrifice with the matrons, while the young soldiers and their brides stand reverently by. I too will keep holiday; for I am safe while Augustus is lord of the world. Bring flowers, boy, and ointment, and my best old wine, and go bid Neæra come: if the churlish porter refuse thee, come away; I have no mind for strife, though I might not have borne as much in the heyday of my youth.

**1–28. Modo,** *of late*, just now. — **5. Mulier,** Livia. — **Justis operata sacris,** *sacrificing with due offerings:* (perhaps lit., *having busied herself* (and hence *being employed*) *with the fitting sacrifices*). **Sacris** is abl. *Operor* would take the dat. of the gods *to whom* the sacrifice is given.— **Soror,** Octavia.— **13.** Vere festus.— **Mihi** dat. of advantage with **eximet curas,** and not without influence on **festus.** — **Tumultum,** i. e. bellum. — The **Marsian** or *Social war,* A. U. C. 664, 665. The *Servile war,* led by **Spartacus,** A. U. C. 681–683.— **Qua** (sc. *ratione*) in any way, *by any means*. — **Fallere,** to escape the notice of, to escape. Horace humorously suggests that it is doubtful whether there is any old wine left in the cellars rummaged by Spartacus and his crew.— **Dic properet.** Subj. in oratio obliqua, where we should have the imperat. in *oratio recta*. — **Non ferrem,** more lively than *non tulissem*. **Plancus** was consul A. U. C. 712, the year of the battle of Philippi, when Horace was twenty-two years old.

## Carm. XV. — Ad Chloridem. (730–735.)

ARGUMENT. — Put a stop to thy intrigues, for thou art old and poor. What becometh thy daughter Pholŏe, becometh not thee, Chloris. Go spin; not for thee are music and flowers and wine.

**6–16. Et — candidis,** *and* to spread *a cloud over those fair stars.* — **Tympano.** The "tympanum" was a *tambourine,* played in all respects as now, and usually by women, who danced as they beat it. Mc.— **Poti,** passive part.

## Carm. XVI. — Ad Maecenatem. (730.)

ARGUMENT.— A stout prison and savage watch-dogs might have kept Danăë from harm; but Jove and Venus smiled, for they knew that the god need but change himself to gold, and the way would be clear before him. Gold penetrates through guards, through rocks; thereby fell the house of Amphiarăus, the Macedonian won cities, stern admirals are ensnared. And as it grows, the desire for more grows too. A high estate I dread. The more a man denies himself, the more the gods will give him. I fly from the rich to the contented, and am more independent than any poor rich man in the world. My stream, and my little wood, and my trusty field, are a happier portion than all Africa. I have not wealth, yet poverty doth not pinch me; and if I wanted more, thou, Maecenas, art ready to give it. My small income will go further by the restricting of my wants, than if I had all Lydia and Phrygia for my own. Who ask much, lack much. It is well with him who has enough.

**2–42. Robustae,** *oaken.* O. tr. *strong.* — **Munierant.** II. 17, 28, note. — **Adulteris** = *amatoribus.* — **Pavidum,** viz. on account of the oracle which foretold that the son of his daughter would slay him.— **Fore enim,** sc. *sciebant.* — **Pretium,** *a bribe.* — **Auguris Argivi,** Amphiarāus. — **Domus,** genus, familia.— **Urbium,** viz. Olynthus, Potidaea, Amphipolis, Pydna, etc. Cic. *ad Att.* I. 16: *Philippus omnia castella expugnari posse dicebat, in quae modo asellus onustus auro posset ascendere.*— **Vir Macedo,** Philip. So Demosthenes: Μακεδὼν ἀνήρ.— **Munera — duces.** Horace is thought to allude to Menas, who frequently changed sides in the war between Sextus Pompeius and the triumvirs.— **Nudus,** *unarmed;* or, as Mc. suggests, leaving everything behind me.— **Contemptae — rei,** *more brilliant as the master of a despised estate.* — **Arat.** The short final syllable is permitted here in consequence of the caesura and the arsis. **Fides,** promise, or rather, fidelity to its promise. — **Fulgentem — beatior,** *escape the notice of him who glitters in the rule of fertile Africa as happier in fortune* (viz. than his wealth and power). **Fallit — beatior** (λανθάνει ὀλβιωτέρα οὖσα τὸν κλῆρον) = *is* happier in lot (than his station) *without his knowing it.* The sing. **fallit** is used, after Horace's frequent custom, with the several nominatives **rivus, silva,** and **fides.** This interpretation is adopted by most scholars, (as O., D., N.) R.'s, however, *lässt sich denken: Escape the notice of him who glitters in authority, as richer* than the lot of fertile Africa, i. e. *than the province of fertile Africa:* "sors Africa = provincia Africa sorte accepta. Tacit. *Ann.* 3, 58 et 71." — **Laestrygonia,** i. e. Formian. — **Contracto cupidine,** by contracting my desires. — **Quam — continuem,** *than if were to extend the kingdom of Alyattes* (Lydia) *with the Mygdonian* (Phrygian) *fields.* **Alyattei,** a form of the second declension. — **Campis,** abl. of means.

## Carm. XVII. — Ad Aelium Lamiam. (730, 731.)

Argument. — Aelius, ennobled with the blood of Lamus, (for like all the Lamias thou derivest thy birth from him who founded Formiae and ruled on the banks of the Liris,) a storm is coming; get in the wood while it is dry: to-morrow the servants shall have holiday, and thou wilt do sacrifice to thy Genius.

**1–16.** Lamia was doubtless vain of his pedigree; Horace accordingly banters him good-humoredly by spending two stanzas out of four in giving him his proper ancestral designation. Con. — **Quando,** *since.* — **Hinc,** *from him.* — **Nepotum,** *of (their) descendants.* — **Fastos,** the family *records* and genealogies. — **Illo** substantively, **auctore** in apposition with **illo.** — **Late tyrannus,** "lord of a wide domain." — **Annosa.** According to the ancients, the crow lived during nine generations of men. Students may remember the *σχολαστικός* who bought a young crow, to see whether it would live so long as it was reported to. — **Genium curabis.** The Romans believed that every man had a *genius,* the inseparable companion of his life. It represented his spiritual identity, and the character of the genius was the character of the man. Mc. — **Cum** denotes here contemporaneousness. N. — **Operum solutis.** "Occasionally verbs of removal or separation have a gen. of the *whence* in old writers and in poetry."

## Carm. XVIII. — Ad Faunum. (724?)

Argument. — Faunus, come with mercy to my fields, and depart gentle to my young lambs, for I sacrifice and pour libations to thee, and the old altar smokes with incense, at the fall of the year. When thy Nones come round, the flocks sport in safety, the oxen are at rest, and the village is gay; the wood sheds its leaves, and the clown smites his enemy, the earth, in the dance.

**4–16.** It was usual to offer sacrifice to Faunus at the beginning of spring, though the Faunalia were not celebrated till the Nones of

December. From the allusion to the lambs (*parvis alumnis*, "the nurslings of the flock,") we may suppose that this ode was written in spring. Mc. — The wine-cup is called *the companion of Venus*, as is Jocus I. ii. 34. R. supplies *tibi* to explain *sodali*, and takes *craterae* as gen. — **Ter** expresses the triple time of the dance.

## Carm. XIX. — Ad Telephum. (725–730.)

Argument. — Talk not of Codrus, and Inăchus, and Trojan wars: tell us what we may get a cask of Chian for, who will give us bath and house-room, and at what hour we may dine to-day. A cup, boy, to the new moon, another to midnight, and a third to Murēna the augur; three and nine, or nine and three; the rapt poet loves the nine; more than three, the Graces forbid. Let us be mad: bring music, scatter roses, let old neighbor Lycus and his young ill-sorted bride hear our noise and envy us.

**1–12. Distet** (in time). — **Quotâ** sc. *horâ*. — Da (poculum) **lunae**. This genitive, and the two following, denote the persons or things *in whose honor* the cups are drunk. — *Tribus aut novem cyathis*, i. e. with three parts or nine parts *in twelve* (of wine; the complementary nine parts or three parts being of water). — A *sextarius* contained twelve *cyathi*. — **Commodis**, i. e. *full*.

## Carm. XX. — Ad Pyrrhum. (727–732.)

Argument. — As well rob the lioness of her whelps, Pyrrhus, as draw Nearchus away from that girl. She will rush to rescue her lover, and, like a coward and a thief, thou shalt quit the field after a hard-fought battle, in which he shall stand, his naked foot upon the palm of victory, the umpire of the fight.

**7–16. Grande — illi**, "a mighty struggle, whether the prize shall rather come to thee or her." — **Dentes acuit.** Properly said of the wild boar, here transferred to the lioness. — **Posuisse, recreare.** The perfect of a single action, the present of a repeated one. — **Qualis**, such as, i. e. *beautiful as*. — **Raptus**, etc., i. e. Ganymedes.

## Carm. XXI. — Ad Amphoram. (727 ?)

Argument. — Thou amphora, who wast filled at my birth, whether thy mission be one of sorrow or joy, of strife or love or sleep, come down, for Corvīnus would have my better wine. Learned though he be, he will not despise thee, for neither did old Cato. Thou dost soften the inflexible, and open the heart, and bring back hope, and give strength and courage to the humble. Liber, Venus, and the Graces shall keep thee company till the dawn of day.

4–22. **Pia,** *kindly,* having a *brotherly affection* for me, thy coeval. — **Quocumque lectum nomine,** *stored up* (O.; some tr. "gathered" — of the grapes) *with whatever power* ("quocumque effectu, sive quacumque potentia." R.) Some tr. *for whatever purpose.* — **Descende,** viz. from the *apothēca* in the upper part of the house. — **Narratur — virtus.** A distinguished senator of the United States, in the days of the giants, received the sobriquet of *Cato* from his party friends for his stern integrity. He was fond of his cups, but strong-headed. An opponent of his quoted these verses one day in the senate-chamber, saying that he had just met with them in his Horace, and had never understood before why the honorable gentleman was called Cato. — **Lene tormentum,** gentle torture, soft compulsion. — **Lyaeo,** abl. of means. — **Cornua,** courage, *confidence,* such as is possessed by the animals that have horns. — **22.** *And the Graces, slow to loose the bond that binds them.* They are usually grouped with their arms intertwined. Mc.

## Carm. XXII. — Ad Dianam. (725–732.)

Argument. — Diana, who protectest the mountains and woods, and deliverest women in labor, to thee I dedicate this pine, and will yearly offer thee the sacrifice of a boar.

4–8. **Triformis.** Diana was Luna in heaven, Diana on earth, and Hecăte in the under-world. Cf. Verg. *Aen.* 4, 511. — Imminens villae (meae, in Sabinis). — **Tua esto,** *be sacred to thee.* This ode was perhaps written as an inscription. — **Quam — donem** = *ut eam donem,* etc., so that I may joyfully, at the end of each year, give it, (in thy honor,) the blood, *etc.* — **Obliquum ictum.** "This expresses the way in which a boar strikes at an object with one of its projecting tusks, with which a wild hog has not rarely been known, when incautiously pursued, to rip open a horse's belly."

## Carm. XXIII. — Ad Phidylen. (730–732.)

Argument. — My humble Phidўle, lift thy hands to heaven, and bring the Lares but incense, fresh corn, and a sucking-pig, and they shall protect thy vines and fields and lambs. Herds and flocks, fed on Algĭdus or Alba, are for the pontifices: do thou but crown thy gods with rosemary and myrtle, for it is the clean hand, and not the costly sacrifice, that comes with acceptance to the altar.

1–20. **Supinas manus.** In prayer to the *superi,* the ancients held up their hands before them, with the palms open and *turned upwards* (supinas), as if to receive blessings.— The **Lares** were the glorified spirits of the ancestors of a family, worshipped with the Penates as gods of the household and the hearth. — **7. Aut** where we should say *nor.*— **Alumni,** as III. 18, 4, lambs and kids, "the nurslings of the flock." R. understands the word in both places as meaning *young trees.*— **Pomifero anno,** i. e. Autumn. **Anno,** *season;* whole for a part. — Victima, quae, **devota** (*destined for sacrifice*) pascitur, *etc. Among the oaks* a pig would feed, a heifer *on the grass.* — **Te — myrto,** *it does not at all belong to thee, crowning thy little gods* (i. e. the small images of the Lares) *with rosemary and brittle myrtle, to prove them with the slaughter of many sheep.* **Temptare,** to tempt, to prove them, i. e. to try whether one can persuade them to do what he wishes. Cf. *fatigare, lacessere deos* (I. 2, 26; II. 18, 12.) — **Immunis — mica.** *Immunis* seems to mean "free from the obligation of rendering sacrifice," and therefore, substantially, *innocent, pure.* Some take it as meaning *without an offering.* Tr. *If a pure hand has touched the altar,* (*not more persuasive with a costly victim,*) *it has appeased* (gnomic perf. of a general truth) *the estranged Penates with meal offered-in-piety and crackling salt.* Bent. and others make *sumptuosa hostiā* nom. to *mollivit;* and various other constructions have been proposed. The salted meal (*mola salsa*) was generally sprinkled on the head of a victim before it was slain, but it was deemed by itself an acceptable sacrifice for those who could not afford a greater.

## Carm. XXIV. — In Avaros. (725-726.)

Argument. — Let a man be as rich and extravagant as he may, yet, when Fate overtakes him, fear and death will seize him. The wandering tribes of the North — with their free plains and toils equally shared, where stepmothers are kind and wives are obedient and chaste, and where crime meets with its reward — are happier than we are. He who would gain a name for future times (for merit is only recognized after death), let him put a check upon the licentiousness of the age. Of what use is it to complain, if crime goes unpunished? Of what avail are *laws* without *morals?* We are running everywhere in quest of money, urged on by the shame of poverty. If we really repent, let us give our gold to the gods, or cast it into the sea, eradicate the seeds of avarice, and strengthen our minds with nobler pursuits. Our youth are idle: their fathers lay up wealth by fraud: yet, let riches increase as they will, they always fall short of men's desires.

**1-32. Intactis thesauris,** abl. after the comparative. — **Caementis.** The broken stone thrown into the water to form a foundation for buildings. Cf. III. 1, 35. — **Licet,** *although.* — Verse 4 is a vexed passage. Several of the best MSS. read *mare Ponticum,* which R. adopts; Lachmann conjectures *terrenum* and adopts *publicum* (cod. Blandin. antiquiss., and recently found by Y. in Harleian. E.), and he is followed by K., Y., and others. Three objections are urged against the *textus receptus;* the quantity of *Apulicum,* (a very weak objection, considering the liberties taken by the poets with the quantities of proper names;) the general use of *Apulus* (and not *Apulicus*) as the adj.; and the fact that the eastern shore of Italy was not resorted to for summer residence; which last is thus answered by Mc.: "This [allusion] applies to the bay on which Tarentum is situated, and there the Romans had handsome villas." *Terrenum* and *publicum* have to my ear something strange; and, like O., Mc., N., I think it safest to retain the old reading. **Figit.** Last syl. considered as long in arsis and by the caesura. — **Summis verticibus,** *in the summit of thy roofs* (ἀετώματα), in token of her power over thee and of her unalterable decrees. — **Nec — annua,** i. e. nor does it please them to till the soil longer than a year. Cf. Caesar's account of the Suevi, *B. G.* IV. 1. — **Defunctum vicarius,** *and him who has discharged his labor, a substitute, upon equal terms, relieves.* **Aequali sorte,** abl. of description, characteristic. — **Temperat** with dat., *is kind.* — **Adultero,** abl. of person *in* whom she does not trust.— **Et — castitas,** and *fast-bound* (certo foedere) *chastity, shrinking from any other man* (than the husband).— **Nefas,** a crime against heaven: if this consideration fails to deter any one from crime, the law of the land punishes him with death.— **Pater urbium** more than *pater patriae,* and nearly the same as *pater urbis et orbis.* N. — **Quatenus,** *since.* — **Invidi.** Envy makes men disparage others while they live, and disparage their survivors, by contrast, after their death.

**33–64. Querimoniae,** sc. *proficiunt.* — **Boreae,** dat.— **In Capitolium,** i. e. to the temple of Jupiter. — **Lapides** in connection with **gemmas** often means *pearls.* — **Inutile,** litotes. — **Bene,** i. e. *sincerely.* — **Ingenuus,** *well-born.* — The adj. **Graecus** is used with some contempt, in the same manner as the English and Germans often speak of *French* ways. Cf. Cic. *Tusc.* I. 35: *ineptum sane negotium et Graeculum.*— The **trochus** was a circle of brass or iron, frequently set round with rings or small bells, and driven like the modern hoop. — **Seu malis,** *or, if thou prefer.* — **Consortem socium,** *his partner in business.* — **Scilicet,** it is very true. — **Improbae,** monstrous; suggesting a mingled idea of *vast* or *measureless* and *wicked* or *flagitious.* **Improbus** is a very frequent epithet in the poets of anything immoderate or excessive. It is often a severe tax on one's English to translate it adequately.— **Tamen — rei,** *still* I know not what little sum (i. e. *some little sum or other,* je ne sais quoi) *is always wanting.* I follow N. and R. in taking **curtae rei** as gen. limiting **nescio quid.** Many scholars take it as dat.

## Carm. XXV. — Ad Bacchum. (724–726.)

Argument. — Bacchus, whither dost thou hurry me? In what woods or caves shall I sing of Caesar added to the gods, a new and noble strain, unheard before? As the sleepless Euiad looks out from the heights upon the sacred hills and rivers of Thrace, so do I love to wander by the river-side and in the silent grove. O thou lord of the Nymphs, no vulgar strain will I sing. I will follow thee, for the danger of thy company is sweet.

**2–20. In** governs both **nemora** and **specus.** — **Velox mente nova,** *winged by my new enthusiasm.* — **Quibus antris,** *in what grottos* (poet. abl. of place; N. "by what grottos," dative;) *shall I be heard as I strive to set the undying fame of Caesar among the stars and in the council of Jove.* — Dicam (aliquid) insigne, **recens,** *from fresh inspiration,* (accusative.) — **In jugis,** *on the hill-tops.* — **Stupet prospiciens,** *stands rapt as she looks out upon.* **Pede — lustratam,** *wandered-over by barbarian feet* (lit. foot). *Barbarian,* in the Greek sense, as Thracian and *foreign.* "The picture of the Euiad looking out with silent awe, through a moonlight winter's night, upon the quiet plains of Thrace, and drawing inspiration from contemplating the scenes that her deity frequents, is very beautiful." — **Ut mihi.** We have no other instance of *ut* following *secus,* which is usually followed by *ac.* O. thinks it justified by the analogy of *aeque ut* (I. 16, 7–9), *pariter ut, nec minus ut, perinde ut.* **Ut mihi devio libet,** *than I delight, as I wander,* to admire, etc. Y. follows Gessner and the older editors in putting a full stop after *Rhodopen,* and translating **Ut libet,** "How I delight!" — **Naiadum potens,** *lord of the Naiads.* — **Vertere** = *evertere.* — **Dulce — pampino,** *Sweet is the peril, O lord of the wine-press, binding my brows with green vine-leaves, to follow the god!* So R., Y. Most editors take *cingentem* with *deum.*

## Carm. XXVI. — Ad Venerem. (730–733.)

Argument. — Till now I have fought and won. Now I hang up my arms to Venus. Here, here hang my torches, my bars, and my bow. Yet, O thou queen of Cyprus and of Memphis, do but once lay thy rod upon the proud Chloe!

**1–12. Nuper** limits **vixi.** — **Militavi.** "Militiae species amor est." — **Marinae,** *sea-born.* — **Ponite,** sc. *o pueri.* — **Diva,** vocative. — **Sublimi,** *lifted high.* — Semel tange.

## Carm. XXVII. — Ad Galateam. (733.)

Argument. — Let the wicked go on their way with evil omens. I do but pray for thee that the storm may be averted. Be happy, go where thou wilt, and remember me, Galatēa. Fear not those idle omens: but see the rising storm: I know the dangers it portends. May they fall upon my enemy rather than on thee. It was thus Europa left her girlish task, and crossed the sea by night, but feared not, till she stood on the shore of Crete. Then, left alone in a strange land, awake to her real position, she cried out in anguish; till at last Venus came, with her son, and laughed mischievously, and said: "Cease thy wrath, when the monster shall come back to give thee thy revenge. What, knowest thou not that thou art the spouse of Jove? Away with sighs. Bear thy noble destiny, for one half the world shall take its name from thee."

**1–35. Parra,** perhaps the *owl;* otherwise tr. *lapwing, jay,* and *woodpecker.* — **Agro Lanuvino.** Lanuvium was on the right of the Appian Way, on which Galatea was to make her journey. — **Similis sagittae,** i. e. *shooting across* like an arrow. — **Oscines** aves were birds whose omens were taken from their note, as *praepetes* from their flight. — **Solis ab ortu.** Signs from the East were favorable. — **Licet** (per me). **Mavis** (esse felix). — **Pronus Orion.** Orion sets about the beginning of November. — **Ego** being expressed is emphatic. — **Novi.** Perhaps after the battle of Philippi. — **Medias fraudes,** *the dangers which surrounded her.* — **Palluit** (from *pallesco*) with the acc. *grew pale at.* — **Audax,** (just now so) bold. — **O — nomen,** *O name of daughter* which I have *abandoned!* O. Some take *filiae* as dat., "abandoned by thy daughter."

**37–73. Levis — culpae,** *one* death is (too) light (i. e. too mild a punishment) for the crime of virgins. — **An — vana,** *or does an empty phantom deceive (me) free from fault.* — Through the *ivory gate* of Sleep passed false dreams, through the horn gate dreams which were verified. Hom. *Odys.* 19, 562; Verg. *Aen.* 6, 894 sqq. — **Orcum moror,** *I keep Death waiting.* — **Tenerae — praedae,** "*and their young victim's blood runs dry.*" Mc. — **Sucus** (succus), i. e. freshness of beauty. Y. — **Speciosa,** (while yet) in my bloom. — **Vilis,** *base.* — **Acuta leto,** lit. sharp for death, *sharp to kill.* **Leto** (dat.) = *ad letum inferendum.* — **Nisi — pensum,** i. e. unless thou preferrest to spin at the command of a mistress. — **Esse nescis,** *thou knowst not how to be.* Others, (by a Greek construction,) "thou knowst not that thou art." R. and K. read *nescis?*

## Carm. XXVIII. — Ad Lyden. (724–732.)

Argument. — Lyde, bring out the best Caecŭban, and take wisdom by storm, for what can I do better on Neptune's holiday? The noon is past, make haste. Let us sing; I of Neptune and the Nereids, thou of Latona and Diana; both of us together of Venus; and we will not forget a song for Night.

**4–15. Munitaeque — sapientiae,** "lay siege to wisdom in her stronghold." — **Bibuli consulis.** This gen. marks the date of the vintage. Bibulus was cos. with Julius Caesar A. U. C. 695. — **Summo,** *at the end of.* — **Fulgentes.** See note on I. xiv. 19. — **15. Junctis oloribus,** *with* (drawn by) *swans yoked* (to her car).

## Carm. XXIX. — Ad Maecenatem. (725–735.)

ARGUMENT. — Come, Maecenas, the wine and oil and the flowers are ready. Stay not for ever gazing from a distance at the pleasant fields of Tibur, buried in the magnificence and the uproar, the wealth and the smoke, of Rome. The rich man often likes to sup at the poor man's table. The days of drought are come back; the shepherd seeks the shade, the flock the stream, not a breath is on the river-banks: but thou art distracting thyself with imaginary dangers. Heaven has wisely hidden the future, and does but smile at our fears. Live for the present; all else is like the stream, that now flows in peace, now is swollen to a flood, and sweeps all with it to the sea. He lives happy who lives to-day, and leaves to-morrow to Heaven, seeing that Jove himself cannot undo what is done. Fickle Fortune changes from day to day. If she stays with me, I am glad; if she flies, I am resigned. If the storm rages, I have no merchandise to fear for, and can put out into any sea with safety in my little bark.

**1–34. Tyrrhena,** etc. Cf. I. 1. — **Verso,** *broached,* lit. *turned* or tipped, so as to pour the wine. — **Capillis,** dat. — **Udum** refers to the rills watering the orchards of Tibur. — **Telegoni juga,** i. e. Tusculum.— **Fastidiosam,** *cloying.*— **Molem,** (lit. the pile,) *thy palace* (on the Esquiline hill). From its lofty tower Nero looked down upon the conflagration of Rome.— **Beatae,** *opulent.*— **12.** A fine characterization of a great capital. — **Sub lare** = *sub tecto.* — **Aulaeis,** *tapestries* forming a canopy overhead, or adorning the walls. **Ostro,** *purple* (*coverings* of the couches). — **Explicuere,** perf. of a general truth. — **Horridi,** *rough,* bristly. — **Trepidat,** *is solicitous.* — **Quod adest,** i. e. the present. — **Medio alveo,** in the middle of its bed, and therefore quietly.

**35–64. Etrusc'.** Hypermeter "corresponding to the notion of the wide, infinite sea." N., (who does at least full justice to hypermeters.)— **Una** = *secum.* — **Potens sui,** *master of himself.* "Lord of himself, though not of lands." — **Deget** sc. *vitam.* — **In diem,** *day by day.* — **Vixi,** *I have lived;* "I have done my duty, and enjoyed the blessings of life." **Quod — vexit,** *what once the flying hour has brought.* Con., R., N. Others: "vexit = avexit." — Laudo (eam) manentem. Pitt's quotation of this stanza in his lofty speech on resigning office, (modestly omitting the clause *et — involvo,*) is well known.— **Pacisci,** *to bargain.*— **Biremis scaphae,** a two-oared boat, (rowed by a single rower.) — *Pollux' twin-stars,* i. e. Castor and Pollux.

## Carm. XXX. — Ad Melpomenen. (730–736.)

This ode appears to have been written as an epilogue to the first three books.

ARGUMENT. — I have built myself a monument which storms shall not destroy, nor Time himself. I shall not die, but live in freshness of fame so long as the world endures. It will be said that I, a humble Apulian made great, was the first to fit the Grecian strain to the lyre of Italy. Put on the bay that thou hast earned, my Muse!

**3–16. Impotens** (sui), *violent,* raging. — **Possit,** subj. after the rel. *quod = tale ut id.* — **Virgine** sc. Vestali. Used collectively. On the ides of every month the Pontifex Maximus went up to the Capitol to offer sacrifices to Vesta, her six virgins walking silently in the procession, while boys sang hymns in honor of the goddess. — Dicar princeps deduxisse Aeolium **carmen** (*verse*) ad Italos modos.—**11.** "*Scant of water,*" an epithet belonging to the country, is applied by poetical license to the king.— **Populorum** gov. by *regnavit,* according to the Greek construction of verbs of ruling (being rulers of). — **Aeolium carmen,** i. e. such lyrics as were sung by Sappho and Alcaeus, who wrote in the Aeolic dialect. — **Delphica lauro,** i. e. "the laurel with which Apollo, whose chosen seat is Delphi, crowns poets." — **Volens,** *graciously.* — Compare with this ode the close of Ovid's Metamorphoses.

---

# LIBER IV.

It is said that Augustus wished Horace to publish another book of odes, in order that those he had written in honor of Drusus and Tiberius (4, 14) might appear in it. If so, he collected a few composed since, and some perhaps before, the publication of the three books. Most of them are written in a serious and noble style; a few of a lighter strain are interspersed.

## Carm. I. — Ad Venerem. (738–741.)

ARGUMENT. — Art thou at war with me again, Venus? Spare me, for I am old. Go to the young. Go to Paulus, for he is noble, handsome, clever. Give him the victory, and he will give thee in return a marble statue in a shrine of citron, with incense, music, and dancing, in his home by the Alban lake.

**6. Mollibus — imperiis,** *now intractable to thy soft commands.* "Adieu, gay loves, it is too late a day!" Clough's *Mari Magno.* — **9. In domum**

**commissabere** = *in domum ibis commissatum.* — **10. Ales,** etc. (winged with, i. e.) *drawn by the wings of thy brilliant* (**purpureis**) *swans.* — **13. Decens,** *graceful.* — **14. Pro,** *in the defence of.* **Non tacitus,** i. e. eloquent. Litotes. — **15. Centum artium,** *of a hundred accomplishments;* gen. of description, characteristic. — **17, 18. Et — aemuli,** *and when he has* (lit. shall have) *laughed (in triumph), more successful than the gifts of his profuse rival.* — **22. Duces,** *thou shalt inhale.*

## Carm. II. — Ad Iulum Antonium. (738–742.)

Argument. — Whoso would rival Pindar must expect the fate of Icărus. His numbers roll like a swollen river. His is the bay, whether he tune the dithyramb or sing of gods and heroes, of victors or of women bereaved. The swan of Dirce soars to the clouds. I am but as a bee, sipping the flowers of Tibur. Thou, Antonius, shalt sing of the triumphs of Caesar, greatest and best, and of the holiday rejoicings that hail his return: and I will add my small voice to thine: and we will all sing songs of triumph, and will sacrifice, thou with bulls and cows, I with a young heifer.

**1. Aemulari** with acc., *to rival* in a good sense. — **2. Iule,** dissyllable. — **Ceratis — pennis,** *poises himself on wings secured with wax by Daedalēan art.* — **3. Daturus nomina,** an allusion to Icărus. — **7. Profundo ore,** *with deep mouth.* Abl. of description. The image of a river is still retained. — **10. Nova verba.** In his dithyrambs, (sublime lyrics in honor of Bacchus,) Pindar forms many new words, which, long compounds, are whirled along by his impetuous verse as great rocks are carried down by a torrent: his measures, too, are free and bold, *lege solutis.* Z. — **13–16.** Allusions to Pindar's hymns and paeans in honor of the gods, and encomia on kings and heroes sprung from gods. **17–20.** The *epinicia,* odes of triumph for victors at the Grecian games, (to which class belong all Pindar's odes now extant,) are here alluded to. — **Caelestes,** *like gods.* — **Signis,** *statues.* — **21–24.** Dirges for the dead (θρῆνοι). — (Si)ve plorat juvenem raptum **flebili** (*weeping*) sponsae. **Aureos,** *golden;* pure, and worthy of all praise. — **25.** *A strong breeze lifts the swan of Dirce* (i. e. Pindar), *as often as he soars,* etc.

**33. Majore — plectro,** *a poet of sublimer song.* Abl. of quality. — **35. Per sacrum clivum** = *along the ascent of the Sacred Way.* — **39. In aurum priscum,** *to their pristine gold,* i. e. to the happiness of the golden age. — **45. Loquar,** fut. — **46. Sol,** i. e. *dies.* — **49.** I follow, with K., the reading of almost all the best MSS. Triumph itself is here addressed as a god. *And thee, as thou movest on, Ho, Triumph! more than once we will sing, Ho, Triumph! we, the whole state.* — **53. Te,** Antonium. Antonius is rich. — **54. Solvet,** *will free* (from my vows). —

**57. Fronte,** etc. The horns of the calf are like those of the moon when she is three days old. — **59. Niveus videri,** *snow-white to be seen.* A Greek construction.

## Carm. III. — Ad Melpomenen. (737, 738.)

ARGUMENT. — He on whom thou lookest at his birth, Melpomĕne, derives his fame, not from the games, nor from triumphs, but from the streams and woods of Tibur, inspiring him with Aeolian song. They have named me the tuner of the Roman lyre, and envy assaults me no longer as it did. To thee I owe this gift of pleasing, O Muse, who rulest the shell, and art able to give the music of the swan to the voiceless fish, if thou wilt: my inspiration is of thy bounty.

*⁎* This exquisitely beautiful ode was written after the production of the Carmen Saeculare, when Horace felt his fame assured.

**2. Nascentem,** *at his birth.* — **Videris.** The image here is taken from astrology. — **3. Labor,** *contest.* — **5, 6. Ducet victorem,** *shall conduct* ("ravish" Bl.) *to victory.* R., N. Others: *shall bring home victorious.* — **6. Deliis foliis,** i. e. with laurel. Why called *Delian?* — **8. Contuderit,** subj. after *quod* in a clause giving the reason as stated or thought by those who offer the triumph. — **10. Aquae,** i. e. the Anio. — **12. Fingent nobilem,** *shall make him* (i. e. shall so train and inspire him that he will become) *illustrious.* Z. — **17. Testudinis aureae dulcem strepitum,** "*the sweet clash of the golden shell.*" — **18. Temperas,** modulatest, *tunest.* — **21. Hoc** is defined by *quod monstror,* etc. — **23. Fidicen,** (*as*) *the minstrel.* Predicate nom. with *monstror.* — **24. Spiro,** *I breathe* (*the breath of song*), I breathe (poetic inspiration).

## Carm. IV. — Drusi Laudes. (739–742.)

ARGUMENT. — Like the young eagle just darting on its prey, or the young lion fresh from its dam, was Drusus when he met the rude Vindelĭci, and made them feel what hearts could do trained under the eye of Augustus. The brave beget the brave. The steer and the horse have the blood of their sires, and the eagle gives not birth to the dove. But *education* brings out the seeds of virtue. What Rome owes to the Nerones let the Metaurus witness, and the day which saw Hasdrubal defeated, and drove the clouds and the fierce African from Latium. Our strength grew and our gods returned from that day, and Hannibal was forced to cry, "As the deer might pursue the wolf, we are pursuing those we should fly. Like the shorn oak, they gain strength with every blow, as the Hydra or the monsters of Thebes. Sink them in the deep, they rise more glorious, and overthrow their victor in his strength. No more shall I send messengers of victory to Carthage; fallen, fallen are our hopes, and our fortune, for Hasdrubal is gone! The hand of a Claudius prospers, for Jove and his own sagacity deliver him from danger."

1. **Qualem**, etc. The apodosis of this long opening (which gains power as it proceeds) is to be found in the seventeenth verse. The best way to render it will be by changing the cases in **ministrum** and **juventas**: "as the thunderbolt's winged minister (i. e. the eagle) *one day* (**olim**) by youth and native strength from its nest is driven, and by the breezes of spring is fluttering taught," etc. Mc. — **4. In**, *in the case of*. —**Flavo**, *auburn-haired*. — **9. Paventem** (primo). — **10. Hostem**, (*as*) *an enemy*. — **13–16.** *Or as the roe, intent on glad pastures, away from* (having left) *the udder of her tawny mother, has seen a just-weaned lion, destined to die by his new tooth.* I follow N. and R. in taking *matris ab ubere* with *caprea*, not, as many do, with *leonem*. — **17.** (**Talem**) **videre**, etc. — **Raetis.** Bentley's correction for **Raeti**, the MSS. reading. — **18–22. Quibus — omnia.** These lines seem to be a satirical allusion either to some rival poem or to some prosy archaeological treatise of his own day upon the origin or customs of the Vindelici. We lose the point because we have lost the poem or the treatise. Bl.— **18, 19. Quibus — deductus**, *and whence their custom was derived* (*which*), etc. — **22. Fas**, *permitted* (*us*). — **24. Juvenis**, i. e. of Drusus. See Merivale, *Hist. Rome*, chap. 35, vol. iv.— **Revictae**, "*conquered in their turn.*" — **27, 28. Paternus, Nerones.** Augustus was the stepfather of Tiberius and Drusus, Tiberius Claudius Nero their father. Drusus was born three months after his mother Livia married Augustus.— **29. Fortibus et bonis**, abl. of origin.

**38. Metaurus** is declined adjectively. Cf. *flumen Rhenum*, *A. P.* 18. On the battle, see Arnold's *Hist. Rome*, chap. 46. — **Adorea**, *victory;* from *ador*, "corn," an allowance of it being anciently a frequent reward of public merit. — **40. Latio**, abl. after **fugatis**.— **Afer**, i. e. Hannibal.— **42. Ut**, *ever since*, or from the time when.— **43. Taedas**, *the pine-trees*.— **48. Deos — rectos**, *had their gods* (whose images had been thrown down) *again erect*. — **50. Cervi**, (*like*) *deer*. — **52. Fallere**, *to elude*. — **59. Ab ipso ferro**, *from the very steel*. — **63.** In the country of the **Colchians**, Jason sowed part of the teeth of the dragon which Cadmus had killed, from which, as from those sown at Thebes by Cadmus, armed men sprung up. — **65. Profundo**, poet. abl. of place. — **66. Integrum**, fresh, "*in all his strength.*"— **76.** *Carry safely through the sharp perils of war.* — I do not agree with O. and R. in making Hannibal's speech end with line 72.

## Carm. V.—Ad Augustum.

Argument.— Too long hast thou left us, our guardian; fulfil thy promise and return as the spring to gladden our hearts. As the mother for her absent son, so does Rome sigh for her Caesar. Our fields are at peace, the very sea is at rest, our morals are pure, our women are chaste, the law is strong, our enemies are silenced, each man lives in quiet and blesses thy name, as Greece that of Castor or Hercules. Long mayest thou be spared to bless us, is our prayer, both morning and evening.

*** Written after the German victories celebrated in the last ode, and probably not long before the return of Augustus in 741 from his three years' absence in Gaul and its neighboring nations.

**9.** Ut mater vocat (13) juvenem, etc. — **15. Icta,** *stricken.* — **19. Pacatum,** *i. e.* cleared of pirates. — **22. Mos et lex.** This is the combination required in III. 24, 35. O. — **23. Simili prole,** abl. of cause. **Simili,** i. e. resembling their husbands.— **24. Comes,** (*as its*) *companion.* **29. Condit,** *closes.* — **31, 32. Et — deum,** *and invites thee, as a god, to the second course.* "The *cena* of the Romans usually consisted of two courses,— the *mensa prima,* of different kinds of meat, and the *mensa secunda* or *altera,* of fruits and sweetmeats. The wine was set on the table with the dessert, and, before they began drinking, libations were poured out to the gods. This, by a decree of the senate, was done also in honor of Augustus, after the battle of Actium." A.— **38, 39. Integro die,** when the day is entire, when we have still the whole day before us.

## Carm. VI. — Ad Apollinem. (737.)

A kind of preface to the Carmen Saeculare. (See Notes, p. 345.)

ARGUMENT. — O thou, the punisher of Niobe and Titўos, and the slayer of Achilles, he who shook the walls of Troy was no match for thee, but fell under thy strength as the pine-tree laid low by the axe, or the cypress by the east wind. He would have taken Troy, not by guile but by cruel force, but that Jove had granted Aeneas to thy prayers and those of his dear Venus. O Apollo, support the honor of my Muse. My inspiration is his gift. Ye virgins and boys, keep time to my song, and sing of Apollo and Diana. O damsel! when a bride, thou shalt look back and say, "When the age brought back its festival, I sang the hymn, acceptable to the gods, that the poet Horace made."

**1.** According to Homer (*Il.* 24, 604) **Niobe** had six sons and six daughters; according to Ovid (*Met.* 6, 182), seven; still other numbers are given by different authors.— **Magnae,** proud, *boastful.* — **2. Raptor,** *the ravisher.* — **6. Filius** is appositive with *is* understood (referring to Achilles), the subject of *quateret.* — **9. Mordaci ferro,** *by the biting steel,* i. e. the sharp-cutting axe. — **13.** The wooden *horse* is called *Minerva's,* as built by her aid (σὺν 'Αθήνῃ (*Odys.* 8, 493), *divina Palladis arte,* (Aen. 2, 15). N.— **14. Sacra mentito,** feigning to be a votive offering.— **Male,** in an evil hour; unfortunately, unseasonably. It modifies *feriatos.*— **13-16. Ille non falleret,** *he* would not (like the crafty contrivers of the horse) *steal in* upon the Trojans, *etc.* — **17. Palam captis,** *to those taken in open warfare.* The reading *captis* is supported by the *best* MSS., and is satisfactory.— **19.** In **ureret** as in **falleret** the imperf. is used instead of the pluperf. for liveliness' sake. It brings the supposed action nearer to us. — Apollo is just, as the slayer of the cruel (**17–20**), and the friend of Rome, as saving her Trojan founders (**23**) from destruction by removing their terrible foe. — **Potiore alite,** *with more favorable auspices.* — **Ductos,** built; (lit. *drawn,* alluding to the furrow made by the plough marking their site.)

**27.** *Maintain the honor of the Daunian* (i. e. Apulian) *muse;* maintain the honor of my song. (Others, "of the Italian muse" in general.) As Horace had already written the Secular Hymn, his chief anxiety now is that it shall be successfully brought out at the great festival; to provide for which he invokes the aid of Apollo, the *teacher* (**25**) of the clear-voiced muses. — **28.** *Beardless* (lit. *smooth*-faced) *Agyieus.* Apollo is invoked as *god of the streets,* because the celebration is to be in the open air. — **29. Spiritum,** *inspiration.* — **31. Primae,** i. e. noble. **35, 36.** *Observe the Lesbian* (i. e. Sapphic) *measure, and the beat of my thumb* (with which he gave them the time).—**38. Rite,** *in due form,* according to ancient ritual. — **Face,** in her torch, i. e. in her light.— **39, 40. Celerem — menses,** *and swift to roll round the fast-descending months.*— **41.** *Soon, wedded, thou shalt say.* — **42.** *When the century brought back the festal days.*— **43. Reddidi,** *I sang* (at the festival. A formal word).— **Docilis,** *well-taught in.* — **41–44.** You shall boast, young ladies, in the midst of your families in future years, that you sang my hymn in the chorus at the great Centennial Games.

## Carm. VII. — Ad Torquatum. (737–741.)

ARGUMENT. — The winter is gone, and the spring is returning, with its green leaves, its gentler streams, and its Graces. The seasons change and remind us of our end; but the revolving year repairs its losses, while we go to the dust forever, and we know not when it will be. What thou dost enjoy, thyself, is so much taken from thy greedy heir. When thou art dead, Torquātus, thy family, thine eloquence, and thy piety will not restore thee to life, any more than the love of Diana could bring back Hippolȳtus, or the friendship of Theseus, Pirithŏus.

**2. Comae,** *their tresses,* (the foliage. I. 21, 5; IV. 3, 11).— **3. Mutat vices,** *undergoes her vicissitudes.* **Vices,** cognate acc. R. says, "*mutat = movitat.*" — **4. Praetereunt,** *flow within.* — **5. Gratia.** The sing. pictures *each* Grace, extending her hands to her sisters. — **6. Nuda.** This epithet reminds us of the genial warmth of the season. — **7. Annus,**

the (changing) year. — **9–12.** N. cites Goethe: Jahre folgen auf Jahre; dem Frühlinge reichet der Sommer, Und dem reichlichen Herbst traulich der Winter die Hand. — **11. Effuderit,** *has poured out,* (as from a full horn of plenty.) Autumn is personified. — **13–16.** With these exquisite lines — how strangely pathetic to the Christian reader! — cf. Catull. 5, 4–6:

> Soles occidere et redire possunt:
> Nobis, cum semel occidit brevis lux,
> Nox est perpetua una dormienda.

**13. Damna caelestia,** *their losses in the heavens.* If the moons wane, they wax again. So O., R., N. Some tr. *the losses of the seasons.* — **16. Pulvis et umbra,** *dust* (in the urn) *and a shade* (in Hades). — **17. Hodiernae summae,** *to the sum of to-day,* i. e. to the days we have already lived. — **19. Amico animo,** *to thy dear soul.* — **21. Splendida arbitria,** (*his*) *august decision.* — **27. Theseus** was brought up from Hades by Hercules (Virgil to the contrary, *Aen.* 6, 617), but could not bring his friend Pirithous with him.

## Carm. VIII. — Ad Censorinum. (739–741.)

Argument. — If I were rich in statues and pictures, I would give such to my friends, and the best to thee, Censorīnus. But I have none, and thou desirest not these. What I have I offer, — verses in which thou delightest. No monuments of marble, not their own mighty deeds, could ennoble the Scipios like the verses of Ennius. Thine own virtues must remain obscure but for the Muse. What would Aeăcus or Romulus have been without her? She raises men to the skies, as she did Hercules, the Tyndaridae, and Liber.

**2. Aera,** *bronzes,* especially Corinthian vases. — **3. Tripodas.** In the temple of Apollo at Delphi was a bronze altar on three legs, called from its form τρίπους. Imitations of this tripod were presented to the victors at the Pythian games. — **5. Ferres,** *wouldst thou receive.* — **Divite me** (abl. absol.) = *si dives essem.* It is the *protasis* in the sentence, of which **donarem,** etc. is the *apodosis.* — **Artium,** *works of art.* — **8. Ponere,** i. e. *to represent.* — **10. Res,** *fortune.* Thou art rich enough to own all the works of art thou desirest. — **Deliciarum,** *luxuries.* — **12. Et — muneris,** *and tell the value of the gift.* — **18** sqq. Clarius indicant laudes ejus (i. e. of Scipio Africanus the Elder), qui, *etc.* The burning of Carthage by the *Younger* Scipio *revived* the fame of the *Elder,* who made Hannibal flee from Italy. — **20. Calabrae Pierides,** i. e. the verse of Ennius. — **27. Divitibus** = *beatis.* — **29. Sic,** i. e. through the favor of the Muse.

## Carm. IX.—Ad Lollium. (738-742.)

ARGUMENT.—Think not that my verses will die: though Homer stands first among poets, Pindar, Simonĭdes, Alcaeus, Stesichŏrus, Anacreon, Sappho,—these all survive. Helen was not the first woman that loved; nor Ilium the only city that has been sacked; nor the heroes of the Iliad all that have fought; but the rest have been forgotten, because they have no poet to sing of them. Buried virtue is little better than buried dulness. I will not, therefore, let thy labors pass unsung, Lollius; thy sagacity and uprightness, thy mind free from avarice and secure from corruption. It is not the possessor of riches that is wealthy, but the man who knows how to use the gifts of Heaven, and to endure poverty, who hates corruption, and is ready to lay down his life for his country or his friends.

1. **Ne forte credas,** *that thou shouldst not perchance suppose.* Verses 5-12 give the *grounds* for not supposing that Horace's verses will die.—3. Horace is proud of having *introduced* lyric poetry among the Romans.—7. **Ceae,** i. e. of Simonides of Ceos.—7. **Minaces.** This epithet applies to the martial and revolutionary odes of Alcaeus.—8. **Graves,** *dignified.*—12. **Puellae,** *i. e.* Sappho.—13-15. **Arsit** governs *crines,* as **mirata** governs the other accusatives. Mc.—**Cultus,** state, pomp, splendor: (referring to his outward appearance, his bearing, dress, etc.)—18. **Non semel—vexata,** not *once* alone was a Troy besieged (lit. harassed, molested); (other cities have suffered as well.) So O. Others, as R., N., Br., apply the statement to Troy exclusively: "More than once was Troy besieged," viz. by Hercules and Telamon (*Strab.* XIII. 1, 32), and by the Amazons, as well as afterwards by the Greeks.—29. **Inertiae.** Poetical use of the dat. after *distat,* instead of the abl. with *ab.* In the same way Horace always uses *discrepare, differre, dissentire, dissidere* with the dat.

35. **Rerum prudens,** experienced in affairs, hence *sagacious in* (business or) *action;* full of worldly wisdom and knowledge of the world.—36. **Rectus,** *erect,* implies both *unbent, unmoved,* and morally *upright.* 37-39. The nouns **vindex** and **consul** (strictly appositive) are used like adjectives to define *animus,* which itself is used where we might have had the personal pronoun *Tu* es, etc. Bent. collects many instances of *animus* spoken of in the same way as a person; *animus aestimator, contemptor, dominus, rex,* etc.—41. **Judex,** (*as*) *a good and faithful judge;* appositive, as is **victor,** to *animus.*—42. **Alto,** *lofty.*—**Nocentium,** *of the wicked.*—**Catervas,** *troops* (of tempters). O., N. R. takes of it *enemies* in war.—44. *Hath carried safe his arms, victorious.* Mc.—46. **Occupat,** *claims.*—51. **Non ille timidus,** *not fearful he,* etc.

## Carm. X. — Ad Ligurinum. (737–742.)

Beauty is fleeting.

**2. Pluma,** *down* on the cheek; (*piuma,* Ital.) — **Deciderint.** Boys' hair was allowed to grow till they assumed the *toga virilis,* when it was cut off. — **4. Puniceae,** *blood-red* (sanguinei coloris, Acr).—**6. Speculo,** abl. of instrument, where we should say *in* the mirror. "The mirrors of the Romans at this time were only of metal, glass mirrors having been introduced later." — **Alterum** = *mutatum.*

## Carm. XI. — Ad Phyllidem. (737–742.)

Argument. — I have a good old amphora of Alban, with parsley and ivy to make thee a crown, Phyllis; silver on my board, and an altar that waits for the sacrifice; the slaves are busy, the fire is burning; come and celebrate the Ides of April, for it is Maecenas's birthday, more sacred to me than my own. Telĕphus is matched already, and is no match for thee. The fates of Phaëton and Bellerŏphon teach thee to beware of ambition. Come, and with thy sweet voice sing the song I shall teach thee; song shall drive care away.

**2.** The wine of the Alban hills was of the better kind; Pliny places it third among the wines of Italy.— **3. Nectendis coronis.** Dat. of the gerundive to denote the destination or purpose. — **7. Verbenis.** See note on I. xix. 14. — **8. Spargier** = *spargi.* The only instance of the archaic form of the inf. in Horace's odes. — **9. Cuncta manus,** the whole band, i. e. *the whole household.*— **10. Pueri** is often used for male *slaves;* **puellae** for "ancillae," *maid-servants,* or female slaves, very rarely, but justifiable here in connection with *pueri.*— **11, 12.** *The flames flicker as-they-whirl* (**rotantes**) *the dark smoke on their crest* (**vertice**). Mc. — **15.** Venus is said to have risen from the sea in April.— **16. Findit** seems to contain an allusion to the origin and meaning of *Idus,* which is derived from the old Etruscan verb *iduare* = *dividere.* Y.— **22. Non — juvenem,** *a youth not of thy condition* (or station in life). — **30. Putando,** abl. of mode. — **31. Disparem,** *one thy superior* (lit. not thy match).

## Carm. XII. — Ad Vergilium. (739, 740.)

Who the Virgil was to whom this ode was addressed we have no means of knowing. It is the preponderating opinion of critics that it was *not* the poet. Some illustrious scholars, however, contend that it *was* the author of the Aeneid; supposing, of course, that it was written before his death (A. U. C. 735), although first published in this fourth book.

ARGUMENT.—The spring is come, the frost is fled, the stream flows gently, the swallow has built her nest, the shepherds are piping to Pan in the fields, and the days of drought have returned, Virgil. Bring me a box of nard, and I will bring thee in return some generous Calenian from Sulpicius's cellar. If my bargain please thee, make haste; lay aside business; and, remembering that thou must die, relax while thou mayest into folly for a time.

**1. Temperant** = *tranquillant.* — **6. Infelix avis,** Procne changed into a *swallow.* — **6–8.** See Ind. P. N., *Procne.* — **Male,** wickedly, *cruelly.*— **11. Deum,** Pan, (or Faunus.) — **15. Juvenum nobilium.** "Haud dubie Tiberius Nero et Drusus Claudius." R. According to Acr. and Porph. either these two Nerones, or Augustus and Maecenas. — **18. Sulpiciis horreis,** *in the* store-houses or *wine-cellars of Sulpicius* (Galba), whither we may suppose Horace had sent casks of costly wine to be stored. — **23. Immunem,** without a return; without thy bringing thy share of the banquet. — **26. Nigrorum ignium,** i. e. of the fires of the funeral-pile. *Black* used metaphorically for sad, funereal. R. refers it to the color of the ashes. — **27. Consiliis,** dat. *Wisdom* is the large and permanent quantity *to which* a short folly is to be added.— **28. In loco,** *at the right time.*

## Carm. XIII.—Ad Lycen. (736, 738.)

ARGUMENT.—My prayers are answered, Lyce. Thou art old, and would captivate still; but love abides only on the fresh cheek, and runs away from the withered trunk, and from thee, with thy black teeth, and wrinkles, and gray hairs. Try and hide thy years with purple and jewels, but the telltale records betray thee. Where is the girl that I loved only next to Cinăra?—whom Fate carried off too soon, while it left Lyce to grow old, that her lovers might laugh at the torch crumbling in ashes.

**7. Chiae.** *Chia* is a proper name, like *Delia, Lesbia.*— **Excubat.** Cf. Soph. *Antig.* 728: *Love, thou who couchest by night in the soft cheeks of the maiden.* — **13.** *Coan dresses* (made in the island of Cos), of thin and transparent silk or gauze, were worn especially by harlots. — **Lapides,** precious stones, jewels, (especially pearls and emeralds.)— **14–16.** Which winged time has once *inserted and stored up* (**condita inclusit**) in the public records. — **20. Surpuerat** = *surripuerat.* — **21. Post Cinaram** = *post Cinarae mortem* (IV. 1, 4). R., O. — **Artium gratarum.** A gen. of quality added instead of a second adjective. — **25. Cornicis.** See note on III. 17, 13.

## Carm. XIV.—Ad Augustum. (741, 742.)

Written in honor of Tiberius, and corresponding to the fourth ode, which extolled the warlike deeds of his younger brother Drusus.

ARGUMENT.—With what honors shall we perpetuate thy virtues, O mightiest of princes, whose strength the insolent Vindelĭci have felt? With great slaughter Drusus cast them down from their heights, and Tiberius drove them before him, as the south wind drives the waves, or the swollen Aufĭdus lays waste the corn,—a scathless victory; and thou didst lend thine armies, thy counsels, and thine auspices. 'T was fifteen years from that day when Alexandrīa opened her gates to thee, that Fortune brought this glory to thine arms. All nations bow down to thee, from the east to the west, from the north to the south, O thou guardian of Italy and Rome!

**2. Plenis,** *adequate.*—**4. Titulos,** *inscriptions.*—**5. Aeternet.** This verb is found only here and in a fragment of Varro.—**Qua,** *as far as.*—**7 sqq. Quem didicere, quid posses.** The more ordinary construction would be *qui quid posses, didicere.* The subject of the *objective* proposition is here attracted into the *leading* proposition as the object of the verb. M. 439, obs. 1. The meaning, however, is somewhat fuller and more emphatic than that which would be conveyed by the ordinary construction. The Vindelĭci *have found thee out* in feeling thy prowess in war. On the general subject of this kind of attraction (which is particularly common in the Greek poets) see my note on Cicero's *Tusc. Disp.* I. 24, 56.—**9. Milite.** Used as a collective noun.—**11. Arces,** *castles, fortresses.*—**13. Plus vice simplici,** with more than a simple requital, i. e. with twofold vengeance.—**14. Major Neronum,** *the elder of the Neros,* i. e. Tiberius, afterwards emperor.—**17.** Connect **spectandus** with **quantis**: "worthy of admiration, with what great destruction he," *etc.,* i. e. *worthy of admiration for the great destruction with which he,* etc. **Quantis** = *quod tantis.* In **spectandus** we have a similar attraction to that just illustrated in the note on line 7; the subject of the objective proposition being here drawn into the leading proposition, the verb (*spectandus*) being in the passive voice.—**18. Morti liberae,** *to death in freedom.*—**20.** Prope indomitas. R.—**22. Scindente nubes,** i. e. by the showers which they cause.—**24.** *Through the midst of the fires* (of battle).—**25. Tauriformis.** River-gods were represented with horns, and likened to bulls on account of the strength and violence of their waters, or on account of their roaring (μεμυκότες ἠύτε ταῦροι. Il. xxi. 237).—**30. Ferrata,** *mailed.* "The barbarians wore iron breastplates."—**32. Clade** (of his own soldiers): *majore cum periculo quam damno Romani exercitus.*

**33, 34.** Augustus had given Tiberius troops, his advice in regard to the conduct of the campaign, and the good fortune which attended his own auspices. See note on I. vii. 27. — **34. Quo die.** On the same day on which Alexandria was taken, Tiberius had, fifteen years before, conquered the Raeti. — Alexandr-*ēa* and -*īa* (Ἀλεξάνδρεια). **Supplex.** Personification. — **36. Vacuam.** Antony and Cleopatra being dead. — **40. Imperiis,** thy imperial exploits; "the wars carried on under thy *imperium.*" — **45.** The three rivers indicate the countries of Egypt, Dacia, and Armenia.

## Carm. XV. — Augusti Laudes. (741–745.)

Argument. — When I would sing of wars, Phoebus checked me with his lyre. Thy reign, O Caesar, hath brought back our lost honor, with plenty and peace and order, and the means by which our name and strength have become great. Under thy protection we fear no wars, at home or abroad; the North and the East obey thy laws, and we with our wives and children will sing of the heroes of old, of Troy, and Anchises, and of Venus's son and line.

**2. Increpuit lyra,** i. e. struck his lyre to check me. N. and R. join *loqui lyrâ.* — **6. Signa.** The standards which had been taken from Crassus and Antonius. — **Nostro Jovi,** i. e. to the temple of Jupiter Capitolinus. — **8. Postibus** templorum. — **9.** When this was written, Augustus had twice shut the temple of **Janus,** A. U. C. 725 and 729. He shut it for a third time in 752, six years after the death of Horace. Other writers say *Janus Quirinus* instead of *Janus Quirini.* — **9–11.** Injecit frena licentiae evaganti rectum ordinem. — **15. Porrecta** (est). — **Ortus,** poetic plural. — **21–24.** The **Danube** indicates especially the Vindelici; the **Tanais** (*Don*) the Scythians. — **22. Edicta Julia,** the laws of Augustus. (Why *Julian?*) — **29. Virtute** = virtutis munere. — **More patrum.** It was the custom of old to sing songs at meals upon the virtues of great men. Cic. *Tusc. Disp.* I. 2. — **30. Tibiis,** abl. The *carmen* is the principal thing. See note on xii. 27. From these examples the student may learn the principle by which to decide whether *misceo* should be followed by the dat. or the abl. — **32. Progeniem Veneris** reminds us first of Aeneas, but applies κατ' ἐξοχήν to Augustus, who belonged by adoption to the Julian family, of which Augustus was the reputed founder.

## CARMEN SAECVLARE,

### Pro Incolumitate Imperi. (737.)

When Augustus had completed the period of ten years for which the imperial power was at first placed in his hands (B. C. 27–17), he determined to celebrate his successes at home and abroad by a revival of the solemn festival, which, according to an obscure tradition, was appointed to mark the transition of each succeeding age of the republic. The Quindecimviri were ordered to consult the Sibylline books, and they reported that the time was come when this great national festival (to which the name *Ludi Saeculares* was now for the first time given) should be repeated. The ceremony was to occupy three days and nights, and, for some time previous to its commencement, heralds traversed the streets of the city and the neighboring towns, inviting every citizen to attend upon a solemn spectacle *which none of them had ever yet seen, or could ever see again.* Horace appears to have been much pleased at being chosen poet-laureate of the occasion (see Carm. IV. 3, 6, 8, and 9). The hymn was sung at the most solemn part of the festival, while the emperor was in person offering sacrifice at the second hour of the night, on the river-side, upon three altars, attended by the fifteen men who presided over religious affairs. The chorus consisted of twenty-seven boys and twenty-seven girls of noble birth, well trained for the occasion (Carm. IV. 6).

It is generally supposed that the hymn was sung by the boys and maidens in the following manner:

Stanzas 1 and 2 (προῳδός), by the boys and maidens together.

| | | |
|---|---|---|
| Stanza 3, by the boys. | | Stanza 10, by the boys. |
| " 4, " " maidens. | Stanza 9 (μεσῳδός), | " 11, " " maidens. |
| " 5, " " boys. | verses 1 and 2 by the boys, | " 12, " " boys. |
| " 6, " " maidens. | " 3 " 4 " " maidens. | " 13, " " maidens. |
| " 7, " " boys. | | " 14, " " boys. |
| " 8, " " maidens. | | " 15, " " maidens. |

Stanzas 16–19 (ἐπῳδός), by the boys and maidens together.

**2. Decus,** appositive to *both* Phoebe and Diana. — **4. Tempore sacro.** In modern phrase, "at this solemn hour." — **6.** The parents of the boys and girls selected for the chorus must belong to the senatorial order, have been united by the strongest and most sacred form of matrimony (*confarreatio*), and both be living. — **10. Et,** *yet.* — **11. Possis,** subj. of wish or prayer. — **13–16.** The greatness of a state can be maintained only by the constant succession of new offspring. Hence this prayer. — **Maturos — partus,** *to aid the timely birth.* Y. — **15.** The ancients thought that their gods delighted in being addressed by many names and titles. — **17. Producas,** i. e. bring to maturity. — **17–20. Patrum decreta.** Horace alludes to the *lex Julia* de adulteriis et de pudicitia. **Lege marita,** gov. by *super.* The *lex marita* is the lex de maritandis ordinibus (equestri et senatorio); its object was to encourage and regulate marriages. It imposed penalties on celibacy and on married persons who had no children. — **21.** The saeculum is marked here as a period of 110 years. — **22. Orbis,** *cycle.* — **23. Ter.** "*Three* days and *three* nights the festival continues, *three* times nine boys and three times nine maidens constitute the choir, *three* times before the Mesode and three times after the Mesode the boys begin and the maidens answer, and the Proöde, Mesode, and Epode are the *three* divisions of the hymn." N. — **Grata,** *happy,* joyful, — "because illumined with torches and altar-fires, and spent merrily in all manner of festivity." — **24. Frequentes,** *attended by throngs* (or *by multitudes*); thus attesting the continued populousness of the state. — **26. Semel,** *once for all.* — **Stabilis — servet,** *and may the fixed bound of things* (i. e. the destined order of events) *maintain!* — **31. Fetus,** *her* (i. e. the Earth's) *productions,* both fruits and flocks. — **33.** Notice the beauty of the order of the words. — **35. Bicornis.** The shape of the crescent moon.

**37. Vestrum opus.** Apollo protected Aeneas, removed his enemy Achilles, and instructed Aeneas to found an empire in Italy. Diana also espoused the cause of the Trojans.— **39. Jussa** is emphatic. **Pars** (appositive to "turmae"), *a band.* — **41. Fraude,** *loss* or *injury.* — **44. Plura relictis.** For Rome is greater than Troy.— **46. Senectuti placidae:**

"Such calm old age as conscience pure
And self-commanding hearts ensure." — *Keble* (quoted by Yonge).

**47. Rem,** *wealth.* — **49. Vos veneratur,** *asks of you in prayer.* In its signification as a verb of asking, *veneror* takes two accusatives.— **50.** The poet indicates and glorifies *Augustus* without mentioning his name. **51, 52.** Cf. Verg. *Aen.* VI. 853:

Parcere subjectis, et debellare superbos.

**53.** Jam Medus timet.—Potentes mari terraque.—**54.** *Alban* (of Alba Longa, the mother-city of Rome) = Roman. The **secures,** ensigns of authority, (see page 314, line 17,) indicate consular or praetorian generals sent by Augustus.— **55. Responsa petunt,** a proud expression for the ordinary *legationes mittunt.*— **53–60.** The weak (trochaic) caesura occurs five times in these two stanzas, which depict the blessings of peace and comfort. N. — **63. Salutari arte,** *by his healing art.* Apollo's attribute as *the healer* is one of his oldest. It is symbolized by the serpent. **65. Pal. arces,** the palace of Augustus and the temple of Apollo on the Palatine. — **67.** Semper melius aevum. — **68–72. Proroget, curet, applicet.** Subjunctive in prayer. *May Phoebus,* etc., and *may Diana,* etc. — Diana had a temple on the **Aventine** and on **Algidus.** — **Puerorum,** *of the youths,* both boys and girls. — **73. Haec sentire,** lit. have these (our) sentiments, are disposed as we would have them, i. e. *ratify our prayers.*— **75. Chorus, reporto,** tr. *We, the chorus,* etc. Lit. *I;* the chorus speaking in the singular number, as in the Greek tragedies.

# EPODON LIBER.

The name Epodes was applied to poems in which each second verse was shorter than the first, or in which one of the verses was made up of two metres of distinct character (as in xiii.). Those of Horace (to which he himself alludes under the name of *Iambics*) were among the poet's earlier productions, written after the Satires and before the Odes; and most of them are of a satirical character.

---

## Carm. I. — Ad Maecenatem. (723.)

Argument. — Thou art going into the midst of danger, Maecenas, to share the fortunes of Caesar. Shall I stay at home at ease, or meet the danger with thee, on whose life my happiness depends? I will go with thee whithersoever thou goest. To what end shall I go? As the bird fears less for her young when she is near them, so shall I fear less for thee, if I go with thee, and I go to win thy love, not thy favors. Thy love hath given me enough. I seek not wide lands or fine houses and cattle, and gold to hide or to squander.

*** Written early in 723, when Caesar Octavianus was intending to send Maecenas against Cleopatra and Antonius. This design, however, was abandoned, and Caesar intrusted Maecenas with the care of Rome during his own absence.

**1. Liburnis,** *in Liburnian galleys.* — **Alta propugnacula.** Some of the ships, both of Antonius and Octavianus, had lofty turrets whence missiles were thrown. — **4. Tuo** (periculo), abl. of cost. — **5. Nos** (sc. *faciemus*) = ego. — Quibus vita (est) jucunda, si te superstite. — **7. Jussi** (abs te). — **9, 10.** An hunc laborem (militiae) persequemur, **laturi** (*ready to bear it*) (eâ) mente quâ decet non molles viros ferre? — **15. Tuum quid,** *what interest of thine.* — **21. Relictis,** dat. of the object of anxiety. — **Ut,** *supposing that,* even if. — **23. Militabitur** (a me). — **27.** In the dog-days, flocks were driven from hot Calabria into the cooler Lucania. — **29, 30.** *Nor that (for me) a splendid villa should touch the Circaean walls of Tusculum on the hill.* Tusculum was founded by Telegŏnus, son of Ulysses and *Circe.*

## Carm. II. — Alfius. (717-724.)

Argument. — "Happy is the man who lives on his farm, remote from the troubles of the city and the dangers of war and of the sea. He trains his vines, or watches his flocks, or grafts his trees, or stores his honey, or shears his sheep, or brings offerings of fruit to Priapus and Silvanus, or lies in the shade or on the soft grass, where birds are singing and streams are murmuring; or hunts the boar, or lays nets for the birds and hares, and herein forgets the pangs of love. Give me a chaste wife, who shall care for my home and children, milk my goats, prepare my unbought meal, and no dainties shall please me like my country fare, as I sit and watch the kine and oxen and laborers coming home to their rest at even." So said Alfius, the usurer, and, determining to live in the country, he got in all his money on the Ides, but put it out to usury again on the first of the next month.

4. "Unshackled by the bonds of usury." "Who neither lends nor borrows upon usury." — 9. **Propagine,** abl. of means; although it does not seem so in the English idiom. — 14. **Feliciores,** a poetical expression for *more fruitful.* — 16. **Infirmas,** *tender.* — 18. **Agris,** dat. of sharing (N.) or of advantage. — 19. **Ut,** *how.* — 21. **Qua** = *ut ea.* — 25. **Altis ripis,** abl. of quality or description. — 27. **Lymphis,** abl. of instrument. — 28. **Quod** = *ut id* with subj. of result. — 33. Lĕvi. — **Rara,** *meshy.* — 34. **Dolos,** appositive to *retia.* — 35. The short syllables in this line represent swift motion. The anapaest in the fifth place may be avoided by making *laqueo* a dissyllable. — 37. Malarum (curarum) quas amor habet. The noun put in the relative clause instead of the principal clause. — 38. **Haec inter,** *among such joys* (or *occupations.*) — 39. **Quod,** *and.* See note on I. i. 35. "*Quod si,* Ja wenn." N. — **In partem,** *on her part.* — 43. Perhaps to prepare a bath. N.; also, as O., to prepare food, and dry their limbs moist with perspiration (as is the custom of the modern Italians). — 49. **Juverint,** etc. Apodosis to *si juvet,* etc. (39 sqq.) — 50. Scari, the *sea-bream.* Others, the *char.* — 51. *If a storm descending in thunder upon the eastern waves drive any to our sea.* The *scarus* was generally taken off the coast of Syria, but sometimes, after east storms, in the Italian seas. — 53. **Afra avis,** supposed to be the guinea-fowl; (and it is not bad eating.) — 54. **Attagen.** Variously tr. *moor-fowl,* wood-cock, and snipe. Bl. says "the Ionian snipe is to this day incomparably the best of the snipe race." — 62. The tribrach represents haste. — 63, 64. Do you not see the very scene, as you read these lines? — 65. **Positos,** *reclining* at supper. — 66. **Renidentes,** (with the fire-light.) Others, "polished." N. makes it agree with *vernas.* — 67–70. An unexpected conclusion, "such as Heine loves." (N.) — **Kalendis.** The first "cash-day" after the Ides.

## Carm. III. — Ad Maecenatem. (719–725.)

Horace here vents his wrath against some garlic which he had eaten the day before at Maecenas's table, and which had disagreed with him. He seems to imply that Maecenas had played a practical joke upon him, and the whole epode is full of humor and familiarity.

ARGUMENT. — If a man has murdered his father, only make him eat garlic. What poison have I within me? Was a viper's blood in the mess, or did Canidia tamper with it? Surely with such poison did Medēa anoint Jason and slay his intended bride. Apulia in the dog-days never burnt like this, nor the coat on Hercules's shoulders. If thou dost ever take a fancy to such stuff, Maecenas, mayst thou ask for a kiss and be refused!

**1. Olim** (from ollus = ille) *ever.* — **3. Edit,** *may he eat!* An old form of the pres. subj. — **4.** "Garlic and wild thyme, pounded together, were used by Roman farmers to recruit the exhausted reapers. (Cf. Verg. *Ecl.* 2, 10.) The most famous mixture of the kind was called *moretum*, and composed" (*e pluribus unus*, Verg. *Moret.* 103) "of garlic, parsley, rue, coriander, onions, cheese, oil, and vinegar." — **11. Ignota,** *unwonted.* — **12.** Such poison made Jason proof against the flames and fury of the fire-breathing bulls. — **13. Pellicem,** *her rival* (Glauca or Creūsa). — **14.** Medea fled in a chariot drawn by winged dragons. **Serpente,** abl. of means. — **15. Siderum vapor,** the heat of the dog-days. *Vapor* = *calor*, the effect for the cause. — **Insedit** from *insido.* — **17. Munus** (Nessi).

## Carm. IV. (716-718.)

Argument. — I hate thee, thou whipped slave, as the lamb hates the wolf and the wolf the lamb. Be thou never so proud, luck doth not change the breed. See, as thou swaggerest down the road, how they turn away and say, "Here is a scoundrel who was flogged till the crier was tired, and now he has his acres, and ambles on his nag, and sits among the Equites, and snaps his finger at Otho and his law. What is the use of our sending ships to attack the pirates, if such a rascal as this is to be military tribune?"

*** A burst of indignation against an upstart who had raised himself by base means to rank and wealth. The superscriptions in MSS. vary; e.g. *In Vedium Rufum*, *In Menam*, etc.; O. and R. prefer the former.

**3. Hibericis funibus.** These were cords made of *spartum*, usually said to be the Spanish broom.— **4.** Durâ compede.— **7.** *As thou measurest the Sacred Way.* **Metiente** "shows the man's strut and swagger." The Via Sacra was the most frequented street of Rome, and a favorite lounge.— **8.** The effect of so wide a toga would be to give a broad imposing appearance to a man's person. Mc. Cf. Cic. *in Cat.* 2, 10: *velis amictos, non togis.* **9. Ora,** etc., *turns the faces of the passers-by hither and thither* (away from thee).— **11, 12.** The *triumviri capitales* were magistrates of police, and they had the power of summarily punishing slaves. A crier stood by while floggings were going on, and kept proclaiming the offender's crime. Mc. — **15, 16.** If the person was a military tribune, he had *equestrian rank;* and, if of one of the four first legions, he had a seat in the senate, and wore the *latus clavus*. See Sat. i. 6. 25. If he had an income of 400,000 sesterces, he could, under the law of L. Roscius Otho (passed B. C. 67), take his place in any of the fourteen *front rows* in the theatre, and laugh at Otho, whose purpose was to keep those seats for persons of birth. See Epp. i. 1. 62. Mc. — **17, 18.** Rostrata ora (*prows*) tot navium, *etc.* — **19.** Sex. Pompeius (B. C. 38) manned his fleet in great part with pirates and slaves.

## Carm. V. — In Canidiam. (714–720.)

There is much likeness between this singular Ode and part of the eighth Satire of the first book. A scene is represented in which Canidia is the chief actress. She is passionately in love with one Varus, whom she calls an old sinner, but whose heart she is resolved to win. To this end she resorts to magical philters, for the composition of which, in company with three other witches, Sagăna, Velia, and Folia, she gets a boy of good family, strips him naked, and buries him up to his chin in a hole, in order that there, with food put before him, he might wither away in the midst of longing, and so his liver might form, in conjunction with other ingredients, a love-potion, to be administered to the faithless Varus. What could have put such a scene into Horace's head, it is hard to say.

Canidia is one of the few names of which we may be sure that it represents a real person. The scholiasts say that her real name was Gratidia, and that she was a Neapolitan seller of perfumes.

**1–10.** The boy speaks. — **1. Quicquid** with the partitive gen. denotes emphatically the comprehension of *all* the objects alluded to. For other neuters used for persons, see my note on Cic. *Tusc.* I. ii. 5. — **6. Veris,** *genuine,* of children not stolen from other women. — **7. Purp.** the purple stripe of the *toga praetexta,* worn by children (and nobles). In addition to this toga, children of free parents wore a small round plate of gold, *bulla,* suspended from the neck. — **9.** Stepmothers were charged with cruelty. — **Uti** = ut, *as.* — **12. Insignibus,** the *praetexta* and the *bulla.* — **15. Brevibus,** in shape both short and thick. — **24. Colchicis,** Colchian, i. e. *magic,* such as the Colchian Medea was wont to kindle. — **26. Avernales,** from lake Avernus. — **27.** Horret **asperis** (*with bristling*) capillis. — **28. Currens.** As Sagana is represented running about furiously, the rushing of a boar is not a bad simile. It is intelligible to any one who has seen a wild hog bursting from a jungle, and then tumbling along the open plain faster than dog or rider can follow him. Mc. — **30. Humum.** The grave was dug in the open court, the *impluvium,* within the house. — **32. Quo** = *ut eo, in order that in it.* — Posset inemori, longo die, spectaculo dapis **bis terque** (= *frequently,* while bis terve = *rarely*) mutatae (changed, to increase the boy's longing). — **36.** The bodies of persons swimming or treading water. — **41. Masc. libidinis,** gen. of quality or description. — **44. Omne,** *every.* — **45.** Excantata Thessalâ voce. The Thessalians were famous for witchcraft. — **47. Hic,** abverb. — **57. Quod** = ut id, *so that . . . at it.* — **58.** The Su-

**bura** was a disreputable street in Rome.— **61. Minus**, too little; almost *naught*.— **63. Pellicem.** Creusa or Glauce.— **66. Abstulit** = *consumpsit*. **69.** Join **unctis oblivione.** Canidia had smeared the couch Varus slept on with drugs to make him forget all women but herself. — **72. Carmine**, *incantation*. — **76. Marsis vocibus**, i. e. by common spells or charms, learnt from the Marsi. — **77. Majus** = *potentius*. — **Tibi**, Varus. — **78. Fastidienti** (me). — **79, 80.** *And sooner shall the heavens sink beneath the sea, the earth being spread above.* **Inferius**, three syllables.— **82.** Bitumen burns with a thick, smoky flame and a strong odor.— **83. Sub**, *upon*, immediately after. **84. Lenire**, sc. *tentabat*, historical inf. **Impias**, *the impious hags*. — **86.** *Thyestean curses*, such as Thyestes imprecated on the head of his brother Atreus, who had killed his two sons. — **87, 88.** *Sorceries cannot change the great laws divine of Right and Wrong, as they can things human.* (Z. 453 *in fine*.) Of the numerous explanations proposed for this difficult and doubtful passage, this is perhaps as satisfactory as any which retains the readings of the MSS. Another (placing commas after *venena* and *nefasque*) deserves notice: " Witchcraft (can confound) the great distinction of right and wrong, it cannot avert the retribution of human crimes." I like K.'s conj. **humana invicem** (see *Rhein. Mus.* 1863, pp. 284 sq.).— **89. Diris**, *with curses*. — **93. Umbra**, (*as*) *a phantom*. — **94.** *For such* (**quae**) *is the power of the Manes divine.* The spirits of the dead were, to their surviving kindred, divinities, **Dii Manes.** — **97. Vicatim**, *from street to street*. — **99. Post**, *afterwards*.— **Membra** (vestra). — **100.** On the Campus Esquilinus malefactors of the lower sort were executed, and their bodies left for the vultures and jackals to devour. Mc.— **101. Parentes** (meos).

## Carm. VI. (716-720.)

Commonly superscribed *In Cassium Severum*, (an orator much younger than Horace,) but more generally thought to be against some snarling and malevolent poet.

**1. Hospites**, *strangers*. — **Canis**, (*as*) *a dog*. — **3. Quin vertis**, *why dost thou not turn?* — **6. Amica vis** (lit. a friendly strength) = *a powerful friend*. Cf. Verg. *Aen.* 4, 132. — **10.** *Sniffest at the food thrown to thee.* Thy show of fierceness is soon quieted by a bribe. — **13.** Qualis gener (i. e. *Archilochus*) spretus infido **Lycambae** (dat. of agent; more strictly, there lies in *spretus* the signification " who was not good enough for.)" — **14. Bupalo**, dat. after *acer*. — **Hostis**, i. e. Hipponax. — **16.** Flebo, ut puer?

## Carm. VII. — Ad Populum Romanum. (711-722.)

A bitter lament on the renewed outbreak of civil war. It has been referred to various periods in the long struggle; but an early date is probable.

1. **Dexteris**, dat. — 2. **Conditi**, (*lately*) *sheathed.* — 3. Super campis atque **Neptuno** (*the sea*).— 8. The Via Sacra descended from the Carinae to the Forum, and then ascended to the Capitol.— 9, 10. Suâ dexterâ.— 12. **Dispar**, i. e. an animal of another species. — **Feris** (agreeing with **lupis** and **leonibus**), *fierce though they be.* — 13. (Vos) caecos. — **Vis acrior**, *some superior power*, some fatal decree of destiny. — 19. **Ut**, *ever since.* — 20. **Sacer**, *freighted with a curse.*

## Carm. IX. — Ad Maecenatem. (723, 724 *R.*)

In honor of the victory of Augustus at Actium.

Argument. — When shall we drink under thy tall roof, Maecenas, to Caesar the conqueror, as late we did when the son of Neptune lost his fleet and fled, — he who threatened us all with the chains his slaves had worn? Will our sons believe it? Romans have sold themselves to serve a woman and her eunuchs, and the luxurious gauze has fluttered among the standards of war! But their allies deserted to our side, and their ships skulked from the fight. Io Triumphe! bring forth the golden chariot and the sacrifice. So great a conqueror never came from Africa before. The enemy hath changed his purple for mourning, and hath fled to Crete or the Syrtes, or knoweth not whither to fly. Bigger cups, boy, — Chian, or Lesbian, or Caecuban, — we will drown our old anxieties for Caesar in wine.

1. **Ad**, *for.* — 5. **Tibiis**, abl. See Carm. I. i. 32 note.— 6. **Hac** (sonante), **illis** (sonantibus). The *Dorian mood* was the lowest of the three principal scales of ancient music, and its strains are warlike, grave, and severe; the *Phrygian* (here called **barbarum**), the next higher, was adapted for revelry and mirth; the highest of all was the *Lydian.* — 7. **Actus** = *fugatus.*— (In) freto. — **Neptunius dux**. Sextus Pompeius, on account of his successes on sea, gave out that he was the son of Neptune. — 10. **Servis** is governed by *detraxerat*, but also limits *amicus.* — 12. **Emancipatus feminae**, *surrendered as a slave to a woman* (Cleopatra). — 13. **Valli** were stakes, of which every soldier carried one or two for the purpose of defending the *agger* or mound of earth formed round an encampment or a besieged town. **Arma** includes not only weapons of offence and defence, but an axe, saw, chain, etc. The accoutrements of a Roman soldier were very heavy, but they had slaves (*calones*) who helped to carry them. Mc. — **Spadonibus**. Cleopatra's chief councillors were eunuchs. — 16. **Conopium**, a mosquito-net of

gauze. — **17. Hoc**, accus. governed by **frementes** = fremitu indignantes. *Crying out at this indignantly.* — **Vertĕrunt** by systŏle. — **Bis mille Galli**, cavalry of Gallatia (or Gallo-Graecia) who deserted to Octavianus, shouting "Salve, Caesar!" — **19, 20.** Some of the ships of the enemy retired from the battle, *swiftly backing water* (and sailing) *to the left* (**puppes sinistrorsum citae**), and took refuge for the time in the harbor. — **21.** A gilded chariot was used by conquerors in their triumphs. — **22. Intactas.** Heifers that had not been under the yoke were offered in sacrifice at the close of the triumphal procession. Africanus triumphed B. C. 146 for the conquest of Carthage, and Marius B. C. 104 for his victories over Jugurtha. — **24. Jug. bello,** *from the Jugurthine war.* —**25. Neque** (reportâsti) **Africanum** (parem). Scipio Africanus Minor. — **Cui,** etc., *for whom Valor has built a monument over the-ruins-of Carthage.* Africanus was not buried in Carthage, but its ruins are the eternal monument of his glory. — **27. Terra marique.** There was no land engagement, but all the soldiers of Antonius, when he deserted them, laid down their arms. — **Punico — sagum,** exchanged his purple cloak (*paludamentum* worn by the generals, as the *sagum* by the common soldiers) for one of mourning. **Mutavit,** see note on I. xvii. 2. — **30. Non suis,** i. e. unpropitious. — **35. Fluentem nauseam,** "*the rising qualm.*" — **36. Metire** is equivalent to *misce,* because the wine and water were measured out and mixed in regular proportions by means of the *cyathus.*

## Carm. X. — In Maevium Poetam. (716.)

A bitter malediction on the calumnious poetaster Maevius. (Cf. Verg. *Ecl.* iii. 90.) Horace imprecates shipwreck upon him, in a voyage he is about taking to Greece. This ode is the exact opposite of I. iii.

**7. Quantus frangit,** *as strong as* (*when*) *he breaks.* — **11–14.** An allusion to the storm in which Ajax, son of Oïleus, when returning victorious from Troy, was destroyed by Pallas, in her anger at his maltreatment of Cassandra. (*Aen.* I. 39).—**21. Quod si,** *if, then.*

## Carm. XIII. — Ad Amicos. (712–723.)

R. conjectures that this ode was written by Horace in camp at Philippi, between the first battle, in which Brutus conquered, and Cassius, routed, fell by his own hand, and the second, in which the cause of Brutus was lost.

**2. Jovem.** Jupiter is identified with the aether; the heavens themselves seem to be falling in the storm. — **Si-lu-ae** (= silvae) trisyllable.

**3. Threïci** | ō Ăquĭ-. The elision of the **o** is prevented by the caesura, and also by the Greek form (Θρηΐκίῳ).— **4. Virent,** *are fresh* (in their health and strength).— **5. Obducta fronte,** *from the clouded brow.* — **Senectus,** here melancholy, *gloom.* — **6. Tu** applies to the master of the feast. — **Meo.** Torquatus was cos. in the year of Horace's birth.— **8. In sedem,** *into their (proper) place.* — **9.** Mercury, the inventor of the lyre, was born on Mount Cyllene. — **11. Centaurus,** *Chiron;* his **grandis alumnus,** *Achilles.*— **14. Lubricus,** *swiftly-gliding.*— **15. Certo subtemine,** *with the sure thread* (lit. woof) of destiny.— **16. Mater caerula,** Thetis. — **18. Dulcibus alloquiis** (appositive to **vino cantuque**) the sweet solace.

## Carm. XIV. — Ad Maecenatem. (720-724.)

Argument. — Thou killest me, my noble Maecenas, asking again and again if I have drunk the waters of Lethe. It is love, it is love that keeps back the verses I have promised, — such love as Anacreon wept. Thou, too, feelest the flame; and, since thou art more blessed than I, be thankful.

**3, 4.** Ut si **traxerim** (*I had quaffed*), arente fauce, pocula ducentia Lethaeos somnos. — **5. Occidis** (me). — **8. Ad umb. adducere,** i. e. to complete. The *umbilici* or *cornua* were bosses upon the end of the rollers upon which the sheet of the *volumen* was rolled. As *evolvere librum* is *to open* or *begin, ad umbilicum venire* or *ducere* is *to come* or *bring to a close.* Y. — **12.** (In the simplest measures.) — **13. Non pulchrior ignis** (i. e. Helen) **accendit obsessam Ilion.** Cf. Marlowe's lines in *Faustus:*

> "Was this the face that launched a thousand ships,
> And *fired the hapless towers of Ilion?*"

## Carm. XV. — Ad Neaeram. (712-726.)

The poet reproaches Neaera with infidelity, reminds her of her vows, and predicts her inconstancy to his wealthier rival.

**4. In verba mea,** i. e. to the form of words which I dictated. The phrase *in verba jurare* is properly used of taking the military oath. — **5. Atque** (after the comparative) = quam, *than.* So often in the Satires. **6. Lentis,** pliant, *twining.* — **12. Flacco.** "When used as a separate designation, the praenomen implies consequence, the nomen dignity, and the cognomen *familiarity.*" — **14. Parem,** one *equally constant* with himself. — **15.** *Nor will my resolution yield to thy beauty* (*when*) *once* (*it has*) *become odious* (**offensae**).— **16. Dolor,** *indignation.* — **21. Renati.** See I. xxviii. 10.

## Carm. XVI. — Ad Populum Romanum. (712–717.)

Argument. — Another age is wasting in civil wars. She whom no enemy could tame, shall be destroyed by her own accursed children; the wild beast shall devour her; the barbarian shall trample upon her, and scatter the dust of her Romulus to the winds. What are we to do? Go forth like the Phocaeans, leave our homes and our temples to be the dens of beasts, and go wherever the winds shall waft us. Shall it be so? Then why delay? But let us swear: When rocks shall swim, and the Po shall wash the tops of Matīnus, and the Apennine be cast into the sea; when the tiger shall lie with the hind, and the dove with the hawk, and the herds fear not the lion, and the he-goat shall love the waves, — then we will return to our home. Thus let the nobler spirits resolve, while the craven clings to his couch. For us there are those Happy Isles where the earth yields her harvests and the trees their fruit, unbidden; where honey drops from the oak, and the stream leaps babbling from the hills; where the goat comes unbidden to the milk-pail, and udders are full, and the fold fears no beasts, and the ground bears no vipers; where the rain-flood and the drought are not known; whither the venturous sail comes not; where the flock is unhurt by pestilence or heat. Jove destined these shores for the pious, when the golden age had passed away, and thither the pious may go and prosper.

This beautiful ode is among the earliest productions of Horace, and its style has the exuberance of youth together with the true ring of genius. Written at the lowest ebb of the poet's political fortunes, when he was tempted, in his despair, to believe that honest men could no longer find a home in Rome, its bright picture of the happiness of the fabled Fortunate Isles shows us how he found consolation in poetic dreams. "The metre chosen, a combination of hexameter and pure senarian iambic, has a stately harmony suited to grave, earnest thoughts, and passing no less easily into a flow of happy aspirations."

**1. Altera aetas,** *a second generation,* (from the time of Marius and Sulla.) — **5. Capua** aspired to rivalry with Rome. (*Liv.* 23, 1 sqq.) — **6. Novis rebus,** *in times of sedition.* The allusion is to the conduct of the Allobroges in and after the Catilinarian conspiracy. — **7.** "All the Germans," says Tacitus, "have fierce, *blue eyes,* red hair, and large bodies." — **9.** (Nos), impia aetas, *etc.* — **13. Carent,** *etc., lie concealed from winds and suns.* A grave of Quirinus was shown behind the Rostra, notwithstanding the story of his translation. — **15.** *Perhaps ye ask, in common* (i. e. all of you together), *or the worthier part, what may conduce to our freedom from our wretched calamities.* — **18. Exsecrata,** *under a vow* (a curse). — **21. Ferent** (nos). — **23. Sic placet?** The poet fancies himself addressing a meeting of the citizens. — **Melius,** (anything) better. — **24. Ratem occupare,** i. e. *to embark at once.* — **25. In haec** (verba). — **25, 26.** Ne sit nefas redire, **simul** (*as soon as*) saxa rena(ve)rint, levata imis vadis. — **30.** In what case is *nova?* Determine by the metre. — **Monstra junxerit,** *shall form monstrous unions.* — **31. Ut,** *so that.* — **Subsidere,** *to pair with.* — **33. Ravos,** *tawny.* — **34. Levis,**

(proleptic), *become smooth* (as a fish.) — **35–37. Haec** (cognate accusative) **exsecrata** (*having taken these vows*), et — dulces, eamus, omnis civitas, aut — grege. — **45.** The olive-crop is a fickle one; "one good year for two bad ones is the accredited average." — **46. Suam,** *its native* (i. e. ungrafted). — **52. Intumescit,** *heaves.* — **Alta,** *deep,* rich. — **56. Utrumque,** both the rains and the heat. — **57–60.** No venturous sail has reached these islands. — **Colchis,** i. e., Medēa. — **Huc torserunt cornua,** *have turned their sails hitherward.* **Cornua,** the tips of the sail-yards. — **62. Aestuosa impotentia,** the burning violence, i. e. *the violent* (or excessive) *heat.* — **65. Quorum** (*from which*) depends on **fuga.**

## Carm. XVII. — In Canidiam. (715–729.)

Argument. — *Horace.* I yield. Stay, stay thy wheel. Enough have I been punished, O thou that art loved of sailors and of hucksters! I will pay thee any penalty, — sacrifice a hecatomb, or praise thy virtues in lying song: thou art *not* debased by thy parent's sins, thou dost *not* scatter the new-buried ashes of the poor, thy heart is kind, thy hands are pure, thy son is thine own, and thy births are no pretence.

*Canidia.* Why waste thy prayers upon ears deaf as the rock lashed by the waves? What! shalt thou laugh with impunity at our mystic rites? What profit, then, have I of the skill I have learnt? Death in every form shalt thou seek, and it shall not come. I will bestride thee, and spurn the earth in my pride. Must I, who can move images, bring down the moon, or raise the dead, — I, the mingler of love-charms, see my spells of no avail for such as *thee?*

**1. Do manus,** *I surrender.* Lucret. II. 1042; Caes. *B. G.* V. 31. — **3. Diana** as Hecate. — **Non movenda,** i. e. *not to be provoked.* — **7.** *And swiftly backwards turn, O turn thy wheel.* Strictly, relax thy wheel (so that it may run) swiftly backwards. **Citum** (part. from *cieo*) with **retro.** The magic reel, (**turbo** ῥόμβος,) imparted its own restlessness to the object of the spell; sometimes, as here, confusing the senses of its victim and inflicting torture, sometimes attracting the beloved one to the dwelling of the slighted lover (Theoc. 2; Verg. *Ecl.* 8). — **8. Movit,** i. e. ad misericordiam. **Nepotem Nereium,** Achilles, *the grandson of Nereus* (the father of Thetis). — "The poet heightens the ridicule of the piece by citing Achilles and Circe for the imitation of the worthless Canidia." — **11.** Homer does not mention the fact that the Trojan matrons anointed Hector's body; but Horace only makes them do what the Greeks did for Patroclus. Mc. — **12.** The first foot is a dactyle, the third and fourth are tribrachs; the multiplication of short syllables pictures the ravenous haste and eagerness of the birds and beasts of prey. **Homicidam,** ἀνδροφόνον. — **13. Rex,** i. e. Priam. — **15.** Exuēre setosa membra duris pellibus (of swine, into which Circe had changed them).— **17. Circa.** Bentley observes that in the Epodes, Satires, and Epistles, Horace uses the *Latin* terminations; in the Odes, the *Greek* (e. g. Circe). **17. Mens et sonus,** i. e. reason and speech. — **18. Honor,** i. e. the dignity of manhood. — **21. Fugit** (mihi). Horace speaks ironically. — **23. Odoribus** = *unguentis.* — **24. Ab,** *after.* — **25. Est,** *is it possible,* is it allowed me. — **27. Negatum,** (what I once) denied. — **28, 29.** *That Sabine charms are lashing my heart, and that my head is splitting with Marsic spell.* The Sabine, Pelignian, and Marsian women had credit above others for witchcraft. Mc. — **35.** *Thou dost burn as a crucible filled with Colchian drugs.*— **36. Finis,** i. e. death.— **40.** The subj.-accus. of **sonari** is the clause **Tu — aureum.** — **42.** *Offended at the fate of calumniated Helen* = (simply) offended at the slander of Helen (by Stesichorus in his Ἰλίου πέρσις). Castor and Pollux (or, in the Greek legend, Helen herself) struck the poet with blindness, but removed the penalty when he wrote a eulogy of Helen in recantation.— **46-52.** While Horace pretends to recant, he makes his language more libellous than ever. — **48.** It was the practice to bury the ashes nine days after death. **50.** *And Pactumeius is the child of thy womb* (not supposititious). — **56, 59. Ut tu riseris . . . ut implêris** (impleveris). **Ut,** in a question or exclamation, with the subjunctive, expresses scorn and indignation. It may be explained by the ellipsis of *Fierine potest* or *Verumne est.* — **56. Cotyttia.** The rites of Cotytto were very impure, and, like other works of darkness, secret. — **58.** Canidia calls Horace in derision *priest of the witch-rites on the Esquiline,* because he had *witnessed* them (Epod. 5, Sat. I. 8); and a priest, alone of men, was permitted to be present at female orgies. There is a similar taunt in *curiosus* (77). — **60. Proderat** (mihi). Canidia lavished money upon the *old Pelignian witches* to induce them to teach her their craft. — **61. Velocius,** i. e. *praesentius, efficacius.* — **62. Votis,** *than thy wishes.*— **63.** (Tibi) **misero.** — **Ducenda,** *to be prolonged.* — **In hoc,** *for this purpose,* to this end. — **73. Fastidiosa,** "loathing existence." — **74.** Notice the tribrachs. — **76. Movere,** *to give life to,* or to make them move as if they had life. **80. Temperare,** *to mix.*

# SATIRARVM

## LIBER I.

It was a boast of the Romans that Satire (*Satira* or *Satura*) is a kind of poetry peculiar to their nation, and developed independently of Grecian influences. Horace had as his model in this style of composition a Roman knight named Caius Lucilius, born B. C. 148. The same name had already been applied to a different kind of poetry by Ennius (born B. C. 239). The word itself, derived from *satur*, (after the analogy of *lanx satura*, a dish filled with various kinds of fruit,) means a *medley*, miscellany, farrago, olio, olla podrida. It was applied to poetry with reference to the diversity sometimes of the subjects treated of, sometimes of the kinds of verse introduced; from the latter characteristic to the satires of Ennius, from the former to those of Lucilius and Horace.

It was the object of Lucilius, in his medleys, to paint the life, the spirit, and the manners of Rome in his day; and in the inroads of luxury, and the gradual decay of the ancient discipline, he found ample occasion of ridicule and censure. Hence his compositions often bore the character which we call satirical; and for a like reason we find the same character in the similar works of Horace; yet that this was not then considered as the essential quality of Satira appears from several of the satires of Horace (e. g. II. vii.) in which few or no traces of it appear. Horace's Satires are, in the main, humorous pictures of the times and manners. That he himself applied to them the name *Satirae* appears from II. 1, 1 and 6, 17. He also calls them, together with the Epistles, *Sermones*, as written in unassuming style, in the language of familiar conversation.

### Satire I. (716-719.)

This satire treats of the universally prevalent vice of dissatisfaction with one's own lot and position in life; the eager desire of possessing more than others; and the avarice which would always accumulate, and never begin to enjoy what has been acquired. The poet shows that men's discontent with what they are and with what they have, arises from their looking enviously at those before them, instead of comparing their own advantages with the lot of men less favored than themselves. Thus they lose all quiet enjoyment, and fill their whole lives with the toil and restless competition of a race.

**1-3. Quî fit,** *how does it happen.* **Qui,** an old abl. — Ut nemo vivat contentus illâ (sorte) quam seu **ratio** (reason, reflection, deliberate choice) dederit sibi, seu fors **objecerit** (*has thrown in his way*), (sed quisque) laudet **diversa (studia) sequentes** *those who follow different pursuits* (from his own). From the universal-negative clause *nemo* (ne hemo) *vivat,* we take a universal subject for the affirmative clause, (*quisque*) *laudet.* This construction is frequent in Greek and Latin, and sometimes occurs (perhaps accidentally) in English: e. g. *Sydney Smith* (cited by Y.): "No one would laugh to see a little child fall, and would be shocked to see such an accident happen to an old man." — **4. Gravis,** *weighed down.* **Annis,** years of service. — **6.** Mercator (ait). A **mercator** is a wholesale merchant who himself travels with his ship. — **7. Quid enim?** For how is it? or simply *And why?* — **Concurritur,** the armies meet, *the shock of battle comes.* — **8. Momento,** *in the short space.*— **9. Jus** applies to the whole *science of jurisprudence,* the sources of which are found in the decrees of the senate, the edicts of the magistrates, and the *responsa prudentum,* as well as in the *leges,* **leges** to the *laws* in a narrower sense. — **10.** There is a humorous exaggeration in making the client call to consult the expounder of the law at so early an hour. — **11. Ille.** This strongly demonstrative pronoun is used for liveliness' sake, pointing out the man as if he were before us.— **Datis vadibus,** *having given bail* that he would appear in court when required. **Vadibus** from **vas,** *a surety.* — **13. Cetera de genere hoc.** Horace takes this phrase from Lucretius, who uses it not infrequently.— **14. Loquacem Fabium.** Such personal allusions had a humor and point for Horace's contemporaries, which we can only supply by imagination. — **16. Miles** (eras). — **18. Partibus,** an expression borrowed from the stage; *having changed your parts* in the great drama of human life. — **Eia,** *come on!* Forward! The interjection is hortatory. Mc. tr. *away!* — **19. Nolint.** Apodosis, the protasis being Si quis deus dicat, *etc.* — **Atqui,** *and yet.* — Licet (iis) esse **beatis.** The well-known attraction of the case of the predicate adjective. — **20.** By the question **quid causae est** the same idea is conveyed as by the statement **nihil impedit,** and hence **quin** follows with the subjunctive. — **Illis,** *against them,* dat. gov. by **inflet.**

**23. Jocularia,** sc. *agit* or *narrat.* — **24.** Horace justifies the humorous tone into which he had fallen in the expression *buccas inflet.*— **25. Olim,** from time to time. — **28.** The sound echoes to the sense. Z. — **33. Exemplo,** sc. *iis;* two datives. The ant is the model or illustration which they cite. — **Magni laboris.** This gen. of a noun and adj. denotes a permanent quality of the noun defined (**formica**), which is modified by the adj. and noun in very much the same way as it would have been by an adverb and adj., viz.: *magni laboris = very laborious.* — **36. Quae =** at ea, *but it.* Horace's answer. — **38, 39. Cum demoveat.** *Cum* with the subj. expressing a comparison and *contrast.* Tr. **cum,** *while* on the other hand, *whereas.* M. 358. obs. 3. From this passage to verse 107 we have a dialogue between the poet and the supposed avaricious man. **43. Quod si comminuas,** *because if you were to take from it.* **Quod =** *at si id.* — **45. Milia centum,** sc. *modium.* — **Triverit** (from *tero*), concessive subjunctive, (instead of a conditional clause.) — **46. Hoc,** *on this account.* Abl. of cause. — **Ac,** *than.* — **47.** Inter **venales** (= *servos*). The scene is that of a rich man's slaves preceding him into the country, some carrying provisions, and particularly town-made bread, in netted bags, others with different burdens, and some with none at all. Mc. (Kr. takes it of a gang of slaves going to be sold.) — **49. Quid referat viventi,** *what difference does it make to one who lives,* etc. The well-known dat. of the person whose interests are affected. *Refert* is almost always, however, construed with the gen.— **52. Parvo** (acervo). **54. Liquidi** = *aquae.* — An *urna* held about three English gallons, a *cyathus* one-twelfth of a pint, a *wine-glass.* — **57. Quos,** *any.* — **58.** A special river is introduced for poetic individualization. Horace always recurs with pleasure to his native river, the Aufidus, which is still described as "a rapid and violent stream at some seasons."— **59. Eget** = *desiderat.* — **62. Tanti — sis,** i. e. because you are valued according to your wealth. **Sis** is subj. in *oratio obliqua,* although the sentence was begun with the ind. (*est*) as *oratio recta.* — **63. Quid facias illi?** What shall you do *for* such a man as that? The abl. *illo* would mean *with* such a man. — **64. Quatenus** = *quoniam.* — **69. Quid rides?** The miser's laughing is explained by some as denoting that he did not consider the example of Tantalus as at all applicable to himself, by others as showing the skeptical derision in which he held mythological fables. Cf. Cic. *Tusc.* I. 6, 10; 21, 48.— **70. Saccis,** *money-bags.* — **71. Tamquam sacris,** *as if sacred offerings.* There is a play of words in *saccis* and *sacris.* — **72. Cogeris,** passive as middle. — **73. Quo,** to what end, for what. — **74, 75.** Adde (ea)quîs (= quibus) negatis, *etc.* — **80. Frigore,** *ague,* fever-chills. — **82. Assideat.** Notice the force of *ad,* sit *by thy bed.* — **86.** Postponas omnia argento. (Tmesis.) — **87. Merearis.** Subj. in a subordinate relative clause by *assimilation* with the mood of the principal clause. H. 527; A. & S. 266; B. 1291; A. 66, II.; M. 369; Z. 547. — **88.** Nullo labore (tuo). Nature gives us friends in our relatives, within any trouble on our part. — **91. Campo,** the Campus Martius, the favorite place for equestrian and other exercises.

**92. Denique,** *in short.* — **Plus,** *more* (than when thou began). — **94.** (Eo) parto. — In **ne facias quod** there is a combined meaning of *that thou mayest not act as* and *that thou mayest not fare as.* — **98. Victus,** gen. — **105.** Tanais was a eunuch, the father-in-law of Visellius was ruptured. —**107.** Ultra citraque quos. — **108. Illuc,** *to that point* or that proposition. — **Ut,** *namely, that.* — **109. Laudet,** see note on line 3. — **110. Gerat,** subj. as the thought of the third person alluded to. — **114. Carceribus,** the *starting-places* in the circus or race-course; (lit. enclosures, barriers;) a kind of stall, where the chariots and horses stood until the signal was given.

## Sat. II. (713–716.)

A satire upon those who run into one extreme to avoid another. Tigellius lavished his money indiscriminately upon strollers and quacks; another man, avoiding prodigality, refuses help to a starving friend. One squanders his fortune upon luxurious entertainments; the usurer Fufidius, extreme in his exactions and his wealth, is no less so in the penury of his living. So in matters of dress or foppery, *nil medium est.*

1. **Ambubaiae** were Syrian girls who played, especially in the circus, on stringed instruments, pipes, castanets, and tymbals. **Collegia** is used humorously, as if they formed a corporation or society recognized by the state. — **8. Ingrata,** *insatiable.* He that never has enough is never grateful. — **Stringat** (= deminuat, consumat), lit. *strips bare;* a metaphor from stripping the foliage of a tree. — **14. Quinas mercedes,** *sixty per cent. interest;* lit. five per cent. each (month). The legal interest was twelve per cent., or one per cent. a month. — **Capiti,** *from the capital.*— **16. Nomina,** "bonds, or bills." —**18, 19. At — hic,** "*But of course he spends liberally upon himself in proportion to his gain.*" "Not so." — **20. Terenti fabula,** the "Self-Tormentor," (Heautontimorumenos.) — **26. Subductis,** sc. *tunicis.*— **Pastillos,** eaten to sweeten the breath, and similar to *cachous aromatisés.*

## Sat. III. (715–720.)

On the duty of judging others charitably, as we wish to be judged ourselves. In the course of his remarks on this subject, Horace falls upon two of the Stoic absurdities; one, that all faults are alike (v. 96, sqq.), which he meets by the Epicurēan absurdity that expediency is the foundation of right; and the other, that every wise man (that is, every Stoic) is endowed with all the gifts of art and fortune, from the skill of the mechanic to the power of a king. With a jest upon this folly the satire closes.

**4. Hoc,** this trait, this way. — **Caesar,** Octavianus. — **Qui** with subj., *although he.* — **5, 6. Si peteret, non proficeret,** if ever he besought him, never accomplished anything. The subjunctive, O. says, denotes here *indefinite* times and places of the action; Kr. calls it potential. This is *not* a conditional sentence, in which the imperf. refers to present time; nor is the imperf. subj. here used instead of the pluperfect. — **Patris,** i. e. of his adopted father, Julius Caesar. — **6, 7.** Eggs were eaten in the *gustus* or *promulsis,* which preceded the regular meal, and consisted of articles calculated to provoke the appetite. *Ab ovo usque ad mala,* from the eggs to the apples (of the dessert), was a common expression for "from the beginning to the end of the feast."— **7. Io Bacche.** These words were probably either the beginning or the refrain of a song, and used to denote the whole song, as in similar instances in modern times. The lengthening of the *e* (arsis and caesura) is unusual, but it may represent the singer's peculiar pronunciation. The conj. of Turnebus, *Bacchae*, approved by Lachmann, has been found to be the reading of a few MSS. It is adopted by R., and justly commended by Kr.—**7, 8. Modo**, etc., *now in the deepest note* (i. e. the bass), *now in that which resounds the highest from the four strings* (of the tetrachord, the oldest and simplest form of the lyre). *Summa vox* is the note which comes from the highest *string*, which was the deepest in *sound;* in like manner the *lowest string* gave *the highest note.* **Chordis** instrumental abl., although best tr. by *from.* Some scholars take it as dat. — **9, 10.** Saepe currebat velut qui (curreret) fugiens hostem; persaepe (incedebat) velut qui, *etc.*—**11. Sacra,** sacred offerings; (borne with slow and solemn step in a religious procession.)—**12.** *Talking now of kings and tetrarchs;* boasting of his familiarity with the great.— **13.** The cheapest tables had three feet, the costliest only one.—**14.** Poor people used a shell instead of a salt-cellar of gold or silver.—**15. Decies centena,** sc. milia sestertiûm, "a million." —**Dedisses.** Notice the omission of *si.* — **20. Immo** is always corrective: *Nay,* (I do not say that I have none, but.) — **22. Dare verba,** (to give *mere* words, "verba pro rebus,") *to impose upon.* — **24. Amor,** self-love. — **29. Iracundior,** *too* (or *rather*) *quick-tempered.* — **Est** sc. *aliquis.* — **Acutis naribus,** i. e. *to the exquisite taste.* (Sarcastic.) — **30. Horum,** of these men *of to-day.* (Hic referring to the present.) — **31.** (Ei) rusticius tonso. — Male haeret. **34. Te ipsum concute.** Cf. George Herbert in *the Church-porch:*

"Salute thyself; see what thy soul doth wear.
Dare to look in thy chest, for 't is thine own;
And tumble up and down what thou find'st there."

**35. Qua,** acc. pl. neut. of the indefinite pronoun. — **38. Quod,** *that.* — **39. Decipiunt** = *fallunt,* are unnoticed by. — **44-48.** "Nominibus mollire licet mala." The father gives mild names to the personal deformities of his children. There is additional humor in the fact that the softer names he gives are also the *cognomina* of (generally illustrious) families in Rome. — **49. Ineptus.** Cic. *de Orat.* II. 4, 17. — **56. Sincerum,** *clean.* — **58. Pingui.** The reader can hardly fail to be familiar with the construction by which the *name* given is put by *attraction* in the same case (the dat.) as the *person* to whom the name is given. — **59. Nulli malo,** masculine. — **61. Crimina,** accusations, slanders. — **63. Simplicior,** too impulsive, unsophisticated.— **Et est** (talis), qualem. **64.** (Aliquem) legentem. — **66. Sensu,** perception (of what is becoming), sense of propriety, tact. — **70.** Cum vitiis. **Cum,** preposition.—

Inclinet pluribus hisce (*dative*).— **76.** Vitium (nequit).— **Irae,** "gen. of apposition" or of specific definition. M. 286. — **83. Hoc,** *this* (which follows; *or* of which I am going to speak). — **87.** The Kalends was pay-day. — **88. Nummos,** the capital. — **89.** The usurer Ruso wrote wretched histories or stories, to which he made his debtors listen. — **90. Lectum,** *the couch* at the dinner-table. — **91.** *Worn by the hands of Evander,* the old Arcadian king, (Verg. *Aen.*) Horace ridicules the Roman passion for costly antiquities. — **95. Fide,** old dat. = fidei. — **96. Quis** = quibus. — **Laborant,** *are in difficulty.* — **98. Utilitas,** *expediency.* — **110. Editior,** *the superior.* — **113.** sqq. It was the Epicurean notion that the distinction of right and wrong was not inherent and natural, to be recognized in itself, (as the Stoics and the Platonic school rightly contended,) but determined by expediency.— **114.** *As she divides good* (i. e. agreeable, desirable) *things from their opposites* (i. e. a malis). **115. Vincet,** will prove, will establish triumphantly. — **Ratio,** reasoning, logic. — **117. Legerit** = *rapuerit* vel *furatus sit.* Sacra legere, hence *sacrilegium.* — **120. Ut caedas,** as for thy beating, etc. — **121.** (Illud) non vereor. — **124.** Si (is), qui sapiens est, est (125) dives, *etc.* — **126. Cur optas quod habes?** Why dost thou, a wise man, wish to be king (**123, 124**), if the wise man is a king already? — **127, 128.** The **crepida** was a low shoe or slipper; the **solea** a plain sandal fastened over the instep by a strap. — **128. Qui,** *how?* — **133.** It was the custom in Rome at this time to shave, unless one affected the appearance of a philosopher. — **136. Latras.** This word implies a resemblance between the Stoics and the *Cynics.* — **137. Quadrante,** *for a farthing;* (at the lowest price, and among the lowest class of bathers.)

## Sat. IV. (715-724.)

Horace defends himself against the charge of malevolence. He describes the rise of Roman satire with Lucilius (1-13) and ridicules Crispinus and other pretenders to poetry (14-24). Men hate poets, for fear that they will satirize their vices (25-38). Horace rates his own pretensions modestly, and glances at the character of a true poet (39-62). He justifies candid and friendly raillery, as contrasted with selfish, ill-natured wit and malignity, from which he promises that his satires shall be free (64-103). His habit of deterring men from vice by pointing to examples, he derives from his father, whose paternal solicitude and sound sense as applied to his own education he unfolds with grateful affection (103 sqq.).

**1, 2.** The Greek comedy was divided into three periods, the *Old* (**prisca** or *vetus*), the Middle, and the New. The Old (whose three chief poets Horace names here), in its unrestricted license, dealt with real persons and facts; in the Middle the facts were real, but the names fictitious; in the New, both facts and names were invented.— **4. Foret,** subj. of what was so *in their opinion.* H. 517, II.; A. & S. 266, 3; B.

1255; A. 63, I. — **6. Hinc,** ex istis, *upon these.* — **7.** The prevailing verse in the comedy was the iambic trimeter; Lucilius used chiefly the hexameter, but sometimes iambic and trochaic verses. — **8. Em. naris,** i. e. of nice judgment. A singular metaphor. — **Durus,** etc., *harsh in the composition of his verses.* **Componere** is used as an acc. of specification. — **10. Dictabat,** (to his amanuensis.) — **Stans** — **uno.** A humorous proverbial phrase, to mark the ease and speed with which he wrote. **11. Cum,** *since,* inasmuch as. — **13. Ut** — **moror,** *as for* (*his writing*) *much, I care nothing.* "**Moror,** I delay, dwell on, regard." — **14. Minimo,** *for a very small stake;* (he offers me the greatest odds, he will bet with me "a hundred to one.") — **15. Accipiam** sc. *ego quoque.* — **Tabellas,** tablets for writing. — **19, 20.** A verbose and pompous style is here ridiculed. The spondees represent the apparent effort of the bellows. — 22. It is probable that the friends of Fannius of their own accord (*ultro*) presented him cases for his books and a bust of himself, as a "testimonial" of their admiration; or it may be that Fannius himself sent his bust and cases of his works to a public library. A **capsa** was a round box, suited to hold one or more rolled volumes. — **23. Timentis** agrees with *mei* implied in **mea** (22). — **24. Juvat.** See note on Carm. I. i. 4. — **Plures,** acc. by assimilation with *quos.* Utpote, etc. = *quippe cum plures culpari digni sint.* O. — **28. Arg., aere.** Statues, vases, and plate. *Aere,* abl. of cause. — **29, 30.** From the East to the West. Kr. tr. "from sunrise to sunset," of *time.* — **31, 32.** What is the meaning of **ne** after verbs of fearing, what of **ut**? — **34.** A wisp of hay was attached (as a sign) to the horns of dangerous oxen. — **37.** *From the bake-house and the reservoir* (whence poor people got water).

**39. Poetas.** The acc. and the dat. are both proper in such constructions. — **40. Concludere,** *to round out.* — **43.** Genius, inspiration, and lofty style. — **45. Quidam,** i. e. the grammarians of Alexandrīa. — (Utrum) comoedia esset poēma, necne. — **48. At,** etc. A supposed reply, urging that strong passion is often depicted in poetry. — **49. Nepos filius,** *his dissolute son.* — **52, 53.** But fathers in every-day life scold their sons with equal passion. — **54. Puris,** *simple,* unadorned, "proper" as opposed to metaphorical. — **56. Personatus,** *in the play.* What is the original meaning of *persona?* — **60. Ut si,** *as* (you would find), *if.* — 60, 61. A quotation from Ennius. — **61.** The allusion is to the custom of opening the gates of Janus in time of war. — **62. Etiam** (et jam), *still.* — **63. Alias** (*at another time*) quaeram (utrum satira) sit j. p. necne. — **66. Libellis,** *indictments.* — **69. Ut,** *even if,* although, "say that." — **71.** The bookseller's *taberna* was sometimes under a portico, and the titles of books for sale were hung upon a column (**pila**) in front. **Habeat,** subj. in a wish.—**72. Quis** = *quibus*.—**73** sqq. It was very common in Rome for silly poets to recite their own verses in public places.—**79. Hoc,** accus.—**Studio,** purposely, from natural preference. **80. Quis** = *aliquis*. O., R.—**84. Commissa,** i. e. secrets intrusted to his honor. Cf. Sat. I. 3, 95.—**86.** Four guests on each of the three couches at table was an unusually large company. Three on each generally made a full table.—**87.** Quâvis (ratione).—**88.** The *host* furnishes water, for drinking, by itself and mixed with wine.—**92.** Sat. I. 2, 27.—**102, 103. Ut,** etc. *I promise* (*as*) *truly, as* (*I promise*) *whatever* (lit. if anything) *else I can promise of myself*.—**105. Hoc,** acc. of the thing, *insuesco* having here the construction of a verb of teaching.—**106.** Notando quaeque vitiorum exemplis, ut fugerem *ea,* (i. e. ea vitia.)—**114. Deprensi** (in adulterio).—**118. Custodis.** See Sat. I. 6, 81.—**123.** The Praetor Urbanus selected annually a certain number of reputable persons from whom were chosen by lot the *judices* for each trial. In Horace's time these **judices selecti** were eligible from the Senators, Equites, and Tribuni Aerarii.—**126. Avidos,** *gluttons,* intemperate persons.—**130. Quîs** = *quibus*.—**133.** "**Consilium proprium** is the counsel a man takes with himself, when he reviews his life, and is bent upon correcting the errors of it."—**134.** The public *porticos* were favorite places for sitting and promenading.—**136. Quidam** (fecit).—**138. Oti** = otii.—**143.** Horace alludes to the zeal of the Jews in proselytizing.—**Hanc,** i. e. *our*. We will compel thee to join our ranks.

## Sat. V. (717.)

This satire is a humorous relation of a journey to Brundisium, in which Horace accompanied Maecenas, who was employed on the state embassy which negotiated for Augustus the amicable arrangement with Antonius designated as the treaty of Tarentum (A. U. C. 717). See *Merivale* iii. 197 (Am. ed.)

The student should read this satire with a map of Ancient Italy open before him.

**2. Hospitio,** *inn*.—**5. Iter div.,** i. e. we took two days for our journey from Rome to Forum Appii; *more active* (**alt. praec.**, lit. girded higher) travellers take but one.—**Ac** = *quam*.—**6.** *The Appian* (*Way*) *is less disagreeable for slow* (*travellers*). The road was now in bad condition, and riders on mules (as were probably Horace and his companions) would be jolted, and bespattered with mud, if they rode fast. Some comm. think the party went on foot in this part of their journey. I can testify that the stones of basaltic or volcanic rock with which the Appian is paved are trying to the feet.—**9. Jam nox,** etc. A humorous imitation of the dignity of the epic style.—**11. Pueri,** *the servants* (slaves) of Horace's party and of other persons waiting to embark: **nautae**, *the boatmen* of the canal, (*Fossa Augusti*, called also *Decennovium* from its length of nineteen Roman miles, leading through the Pomptine marshes from Appii Forum to Anxur.) — **12. Ingerere**, historical inf. — One slave calls out to the boatman, "Come alongside here!" Another remonstrates against his taking so many parties of men and slaves on board, *three hundred* being a general expression for a great number; a third cries, "Hold! now there are enough!" Some comm. ascribe the two last speeches to one slave, others to the boatman; and some give all three speeches to the same person.— **15. Ut** = *dum*.— **16. Viator**, (*a foot-*)*traveller*, who was walking alongside of the boat. Many comm. apply the word to one of the *passengers*, some to the mule-driver. The **nauta** is the *boatman* who drives the mule, either from the boat, or (more probably) walking on the tow-path. — **24. Lavĭmus.** Horace here uses the third (the oldest and original) conjugation, instead of the first. — **25. Pransi**, *having lunched*. — **Sub — imus**. Anxur was built on a steep and high hill. — **29. Soliti**. Maecenas and Cocceius had already (A. U. C. 714) negotiated at Brundisium an alliance between Octavianus and Antonius. — **30, 31. Ego illinere**. Historical inf. — **32. Ad unguem factus**, highly polished, finished, "a perfect gentleman." An expression derived from the habit of sculptors to test the smoothness of their marbles, or the perfection of their joinings, by drawing their nails over them. — **33. Non ut** = *ut non*. **35. Praemia** = *insignia*, specified in the next line. — The pompous praetor, whose vanity was little short of insanity, had been a *scribe*.— **36.** See Lex. *praetexo*, II. B., and *clavus*, 4. — **Vatillum.** An incense-pan, or censer, shaped somewhat like a shovel, borne before high magistrates in religious processions. — **37. Mam. urbe**, Formiae. — **Manemus**, i. e. pernoctamur. — **38.** They sup at Capito's, and lodge at Murena's. — **44. Sanus**, (as long as I am) *in my right mind*. — **45.** The *Campanian bridge* was over the Savo.— **47. Hinc**, next after this place; on our next day's journey. — **Tempore**, in good season, "*betimes*." — **49.** Ludere pila. — **51 sqq.** The party were entertained, during the dinner, by a contest of scurrilous wit between two buffoons. — **54. Osci**, nom. pl. — **55.** Sarmentus had been a slave; his old mistress was still living. — **56. Equi feri**, *a unicorn*. — **58. Accipio**, *I acknowledge it*. — **59. Inquit** (Sarmentus). — "The '*Campanian disease*' consisted of great warts or excrescences over the temples, like horns, which used to be cut out, and left a scar." **63.** "To dance the part of the Cyclops-shepherd" Polyphēmus, wooing the nymph Galatēa with uncouth gestures. — **64. Cothurnis.** He was tall enough already. — **69. Gracili, pusillo.** Cicirrus pays back Messius his compliment on his personal appearance (64). — **71, 72. Hospes**

**paene arsit** = hospitis domus paene arsit. So *proximus ardet Ucalegon* Verg., *ultimus ardebit* Juv. — The *hyperbaton* adds emphasis to **arsit,** the principal verb. M. 474, h. — **77.** Where was Horace born? — **79. Erepsemus** = erepsissemus. — **82.** Quattuor et viginti. — **83.** We must be content to be ignorant of the name of the town which did not admit of being incorporated in an hexameter verse.— **84. Venit** from *veneo.*— **85** **Ultra,** on his way farther. — **87.** (Panis est) lapidosus. The bread of Canosa is still gritty, a fact accounted for by the softness of the mill-stones. — Qui locus, **aquae,** etc., *not richer in water by a single pitcher,* etc. — **89. Hinc,** i. e. *a Canusio.* — **Flentibus amicis,** abl. absolute. — **93. Lymphis,** a Latin form for *Nymphis;* (here Naiades, who protected rivers and fountains.) The displeasure of the Nymphs is generally explained as manifested in the badness of the water; Kr. thinks that Horace means to call the inhabitants *lymphati,* or madness-stricken, as their superstition (95, 96) would prove them to be. — **96.** The Romans regarded the Jews as superstitious and credulous. — **97.** Horace enunciates an Epicurean doctrine, in nearly the words of Lucretius (V. 83, VI. 57.) **Securus** = sine cura. — **99. Tristes,** solemnly; with anxious solicitude in regard to human affairs. — **100.** The rest of the journey to Tarentum was probably made by sea.

## Sat. VI. (717-721.)

Nobility does not lie in birth, but in character. One should not strain to rise beyond his proper sphere. But no one can rightly attribute my being honored with thy friendship, Maecenas, to any unworthy arts. Thou chose me from regard for my character; thanks to my excellent father and the education he gave me. I am happy in the independence of action which I owe to my humble birth and the absence of ambition.

**1.** The ancients believed that Etruria was colonized by Lydians from Asia Minor. — **Quicquid.** Cf. Epod. 5, 1. — **2. Generosior,** *of nobler blood.* — **5. Naso,** etc., i. e. turn up thy nose at, *despise.* — **8. Dum ingenuus,** *provided he be free-born.* — **9. Tulli,** of (Servius) Tullius. — **10. Nullis maj. orti.** Persons of obscure birth were also called "*terrae filii*" and "*ex se nati.*" — **12. Genus,** *the descendant.* — **Unde** = *a quo* (i. e. Valerio) pulsus. — **13. Fūgit.** Historical present. — **14. Licuisse,** *was valued* (lit. was put up for sale) pluris pretio unius assis.— **15. Quo nosti** = *quem nosti,* "an attraction common in Greek, but rare and poetical in Latin." — **17. Tit., im.,** *inscriptions and busts* (of ancestors who had held curule offices).— **19. Laev.** *to a Laevinus.* — **20. Decio,** *to a Decius.* **Novo,** *a new man,* new, untried, plebeian. — **Censor Ap.,** *an Appius as censor.* **Moveret,** would remove me (from the senate.) —

**22. Prop.** — **quies.**, a proverbial expression for "being content with one's lot." — **23. Constr.** (as captives in a triumphal procession). — **24. Quo tibi** (profuit). — **25. Clavum**, the laticlave of a senator. — **Tribuno**, dat. by attraction to **tibi**. A legion in the Roman army consisted of about 6,000 men; each legion had six tribunes, who were their principal officers. The military tribunes of the first four legions were entitled to sit in the senate. — **27.** The senators' shoe (*calceus*) was fastened by four *black thongs*, two on each side, which went spirally up to the calf of the leg (*medium crus*). Mc. — **38.** *Of a Syrus*, etc. Common names of slaves. — **39. E saxo**, from the Tarpeian rock. — **Cadmus** was an executioner. — **40.** Collega (meus). — **Gradu**, etc. An allusion to the seats in the theatre, where the knights sat in the fourteen rows behind the senators. — **41. Hoc**, *for this reason*. — **43.** Public funerals at Rome were accompanied by musicians and women singing dirges. — **Magna**, cognate acc. after **sonabit**. — **44. Quod** = *ut id*. — Notice the irregular position of *que*. — **Tenet**, pleases, captivates. — **47, 48.** Subj. in *orat. obliqua*. — **51. Prava** — **procul**, *aloof from evil ambition*. A description of Maecenas. Many apply it to the persons he chooses as friends, and some to both him and them. — **53. Possim**, subj. of modest statement. — Sortitus (sim). — Notice the composition of **in-fans**; (here used actively, *infantem reddens*.) — **59.** What words in French (and other Romance languages) and English are derived from *caballus?* **63. Turpi** and **honestum**, neuter. — **64. Puro** qualifies both *vita* and *pectore*. — **72. Fl. ludum**, *the school of Flavius* at Venusia. **74. Suspensi.** Used as a *Greek middle* participle, governing the acc. — **75. Oct.** — **aera**, *bearing the school-fees* (lit. money) *on each of the eight Ides*, i. e. on the Ides of each of the eight months during which school was kept, there being a vacation from the ides of June to the ides of Oct. (*Mart.* 10, 62, 11). In schools of a higher grade the tuition-fees were paid once a year, and probably in March. — **79. Ut**, *as* (*was fitting*). **81. Custos.** Horace's father performed the duties usually assigned to a *servus paedagōgus*. — **87. Hoc major** = *tanto major*. — **89.** *Never, in my right mind, can I be ashamed of* (or dissatisfied with) *such a father*. On the meaning of *paenitet* see my note on Cic. *Somn. Scip.* 3. — **93. Ratio**, way of thinking. — **101. Salut.** If Horace were of higher birth, he would have to pay and receive more calls of civility in the morning. **104. Curto**, *bob-tailed*. — **107** sqq. Tillius's meanness or miserliness was shown by his being accompanied by so few slaves (for a man of his position), and by his taking such articles with him, even on the short journey to Tibur, as to make it unnecessary for him to call at an inn. — **110, 111. Hoc**, *in this matter*, **mil.** — **aliis**, *and in a thousand* *others.* — **112. Quanti,** *the price of.* (Lit. at what price.) — **113.** The Circus Maximus was the haunt of jugglers, fortune-tellers, and impostors of all kinds. — **Vesp.** An elegant use of the adj. as adverb. Z. 682. In the evening the Forum was filled by groups of the lower classes of the people, whose humors Horace liked to study, but in whose company it was not consistent with the dignity of a patrician to be found. — **115. Lag.,** *pancakes.* — **116. Pueris.** R. rightly calls this a variety of the *instrumental abl.* rather than a dat. of the agent, which dat. Horace uses only with passive participles, (except Epp. I. 19, 3.) Three table-servants was a very modest number in those days.— **Lapis albus,** i. e. a marble side-table or slab. — **117. Poc. duo.** Probably one for wine and one for water. — **Echinus.** A vessel, named from its shape, generally supposed to be a bronze basin for rinsing cups, but otherwise defined as a *crater* or "punch-bowl," a glass bottle, a leather bottle, a salt-cellar, a wooden cup-holder, etc. — **118. Cum patera guttus,** used in libations. — **Camp. sup.** Not of gold and silver, as in rich men's houses, but of the finest kind of clay. — **120.** There was a statue of Marsyas in the Forum, with uplifted hand. Horace, in jest, says that he is showing his abhorrence of the usury of the younger of two brothers of the name of Novius, who carried on his business as a banker near the statue. — **122. Quartam,** sc. *horam;* (ten o'clock.) — **Jaceo,** (not asleep, but reading and meditating.) — (Eo) lecto aut sc. quod. — **123. Ungor,** for some gymnastic game. — **124.** N. anointed himself with the same oil as he used for burning. — **126.** We owe the true reading (which Bentley was the first modern editor to restore) to codd. vet. Bland. et Goth.; the other MSS. have the V. R.— **128. Domesticus,** i. e. *at home.*

## Sat. VII. (713-718.)

Horace describes a dispute between Rupilius Rex, an officer on the staff of Brutus, and a merchant named Persius, arising probably out of some money transactions, and brought before M. Brutus in his camp in Asia Minor. The poet was, it is likely, an eye-witness of the scene.

**1. Prosc.** Rupilius was proscribed by the triumvirs, and took refuge in the army of Brutus. — **2. Hybrida.** Persius had a Greek father and a Roman mother. — **3.** The apothecaries' shops, whither the *blear-eyed* went to have their eyes salved, and the barbers' shops, were centres of gossip. — **8.** *Sisennas and Barri,* i. e. such men as Sisenna and Barrus, who were notorious for their vituperative language. — *White horses* were deemed the fleetest (*Aen.* xii. 84); they were also used with triumphal cars. — **10, 11.** Omnes etenim, quibus b. a. accidit, **sunt hoc jure molesti, quo fortes** (*are by the same right implacable as they are* *brave*). **Hoc** = *eodem*. — **13. Ult. mors,** *death* (*alone*) *at last*. — **16, 17.** Iliad VI. 119 sqq. "Horace's interpretation of the episode is scarcely fair to Glaucus, yet seemingly invited by the concluding lines (236–7)." Y. — **19. Asiam,** the Roman province. — **20. Comp.** sc. *par*. — **22. Ridetur** seems to be used impersonally. — **23. Conv.**, the judicial assembly; **cohortem,** the staff or retinue of Brutus. — **25. Canem.** A pun on the double sense of the word, *a dog* (= scoundrel) and the dog-star. — **27. Fertur,** etc., i. e. between precipitous and inaccessible banks. — **29. Arbusto** here = *vineyard*. — **Regerit,** *hurls back*. — **30. Vindemiator** (trisyllable, *i* and *a* coalescing), like a *vine-pruner*. — **31.** He was considered a tardy person who had not got his vines trimmed by the arrival of the cuckoo. The passer-by tells the vine-dresser that the cuckoo is coming, and will find his vines unpruned, which is as much as to call him a lazy fellow. But he is himself fain to retreat before the storm of foul language the vine-dresser returns him, still however calling, as he retires, "Cuckoo, cuckoo!" Mc. — **32.** "*Pus, venenum, sal,* **acetum,** are all words well chosen for describing the poisonous character of those men's malice." — **34.** The man plays upon the name of Brutus, alluding to L. Junius Brutus, who helped to expel the last of the kings.

## Sat. VIII. (714–722.)

A speech attributed to Priăpus, the scare-crow-deity of gardens, standing in Maecenas's park in the Campus Esquilinus, which had been previously a place of sepulture for malefactors, slaves, and obscure poor people.

**1.** The uselessness of the wood of the fig-tree was proverbial. — **6. Arundo,** a bunch of reeds that nodded in the wind. — **8. Cellis,** *from their dens,* (their squalid abodes.) — **12.** Horace writes satirically, as if there was a stone, as in private burial-grounds, with an inscription giving the breadth on the road and the depth of the lot, and the letters H. M. H. N. S., *hoc monumentum heredes non sequitur*. — **15. Ag.** The *agger* or wall of Servius Tullius, between the Esquiline and Colline gates. A stone from this terrace was sent by the people of Rome to Washington in 1865, inscribed in honor of Abraham Lincoln on his second election. — **Quo** = in quo; the prep., expressed before the noun, is not repeated before the rel. pr. — **19. Quae,** (*the hags* or witches) *who*. — **23.** The **palla** was the upper garment worn by women out of doors, as the men wore the *toga*. — **25. Majore** (natu). — **30.** The woollen image represents Canidia, the waxen the object of her love. — **35.** *The Stygian hounds* which accompanied Hecate and the Furies. — **45.** Horace calls the two witches *Furies*. — **50. Vincula,** *love-knots*.

## Sat. IX. (718, 719.)

In this amusing satire, Horace represents himself as the victim of a bore, who desires an introduction to Maecenas.

**1. Sicut — mos,** taken with *meditans,* and also with *totus in illis.* — **4, 5.** "*How are you, my dearest fellow?*" "*Pretty well, as times go,*" etc. — **Cupio — vis,** an ordinary civil expression, (like "and much obliged to you,") rather implying that there is to be no further conversation. — **6. Num quid vis,** *there is nothing you want, is there?* A customary phrase on taking leave. — **7. Nôris** (noveris), sc. *volo.* **Nos.** The bore pompously speaks of himself in the plural. — **Pluris,** gen. of value. — **8. Hoc,** abl. of cause. — **9. Ire** and the two foll. inf., (sc. *ego,*) "historical" inf. — **10. Puero,** a slave (*pedisequus*) attending him. — **11. Cerebri,** *in thy hot temper.* — **15. Jamdudum,** like *il y a longtemps que,* is usually joined with a present tense. — **18. Caes. hortos,** (on the Janiculum, bequeathed by Julius Caesar to the Roman people.) — **21. Gr. dor.,** *too heavy for his back.* — **Subiit.** The last syl. is long in *iit, petiit* and their compounds. *Lachm.* ad Lucret. 3, 1042. — **24. Mem. mov.,** i. e. to dance. — **27. Quis,** dat. — **30. Div. mota urna** (all abl.), *shaking her divining-urn.* The *a* in *mota* is elided, though long. — **32. Tarda,** which makes slow. Use the same metonymy in English, and tr. simply *slow.* — **33.** Quandocumque. — **35. Vestae,** sc. *aedem,* near the Forum. — **36. Vadato,** *to the plaintiff,* who had required him to give sureties. — **38.** The *e* in **me** is not elided, but becomes short before the following vowel. — **Adesse** is a technical word, 'to accompany a person to court, there to give him aid and advice.' — **39. Valeo stare,** I am strong (*or* well) enough to stand (waiting before the praetor). — **41. Te-ne . . . an.** In prose, *utrum . . . an.* — **Rem,** *the case,* or cause. — **Sodes** = *si voles, d* and *l* being interchanged, as in *oleo, odor,* 'Οδυσσεύς, *Ulixes.* — **43. Quomodo,** *sc.* agit, *on what terms is.* — **44. Pauc. hom.,** *he has few familiar friends,* lit. he belongs to few men. — **46. Ferre secundas** (partes), *play the second part* (to thy first); a metaphor from the stage, on which it was the duty of the *deuteragonist* to play into the hands of the *protagonist,* and conduce as much as possible to his success. **47. Hunc. hom.** = *me.* — **48.** Summo(vi)sses. — **51.** Quia hic est dit. aut doc. Hyperbaton, emphasizing the two adjectives. — Unicuique. **53. Sic habet,** *οὕτως ἔχει, such is the case.* — **54. Vel. tant.,** *you have only to wish it.* — **Quae,** *such (is).* — **59. Deducam,** I will escort him (from his house to the Forum, O.). "Great men, when they went out-of-doors, were usually accompanied by friends, while numbers of parasites and expectants followed their steps." — **60. Dedit,** gnomic perf. of a general truth. There is much humor in the bore's grave quotation of this proverb. — 63. **Vellere** (togam ejus). — 64. **Lent.**, *most insensible; Acr. yielding, pliant.*) — 65. **Male salsus**, "the wicked wag." — 69. **Tric. sab.**, *the thirtieth sabbath.* Attempts have been made to identify this with some festival of the Jews, but it is probably an expression coined by Fuscus for the occasion. — **Vin'** = *visne.* — 70. **Curtis** = *circumcised.* Cf. vi. 104. — 71. **Rel.**, *religious scruple.* — **At mi**, *but I have.* — 72, 73. **Huncine** (from *hicce* with the interrogative enclitic *ne*) **solem surrexe** ( = surrexisse), *that this day's sun should have risen so black* (i. e. *unpropitious*) *for me!* or, "Can it be that this day's sun has risen," etc. Acc. with the inf. in interrogative exclamation, to express surprise and complaint. Cf. Verg. *Aen.* 1, 37; Cic. *Tusc.* I. 41, 98. — 76. **Licet antestari**, *may I call you to witness* (that the defendant has been duly summoned, and that force is necessary). — **Vero**, in good earnest. — 77. If the person appealed to agreed to become witness, the plaintiff touched his ear, (the supposed seat of memory,) in sign of making him such. — 78. Apollo, as the god of poets.

## Sat. X. (718-723.)

An elaborate defence of the judgment which Horace had pronounced on Lucilius (Sat. I. iv.); with critical remarks on the principles of satirical composition.
The eight verses prefixed are generally believed to have been added by some old grammarian.

1. **Nempe**, *I grant.* — 4. **Ch. eadem**, *i. e.* in the fourth satire. — 6. **Mirer**, I should (have to) admire. — 11. **Modo**, *now.* — **Tristi**, *serious.* — 12. **Def. vicem**, *supporting the part.* — **Rhetoris**, *of an orator.* — 13. **Urbani**, *the polished wit,* the man of the world. — 14. **Acri**, *than severity,* sharp invective. — 15. **Plerumque**, *often.* — **Secat**, *decides.* — 16. **Viris**, dat. of the agent. — 17. **Hoc stabant**, *pleased by these means.* **Stare** was used of an actor who maintained his position on the stage till the end of the play without being hissed or driven off, and then of a successful play itself. — **Hoc** (sunt imit.), *in this.* — 18. M. Demetrius (*infra* 90) is here called **simius** on account of his puny form and ugliness. — 20. **Verbis**, dat. *Miscuit* = *immiscuit.* **Misceo** takes the dat. of the principal thing or the larger quantity, *to which* something is added, or the abl. of the smaller thing. — 21. **Seri studiorum**, *late in your studies,* ὀψιμαθεῖς. Those who begin to learn late in life are in danger of being superficial and conceited. As used here, the phrase = *ignoramuses.* — **Quine putetis.** A mixture of a relative sentence (giving a reason for calling them ignoramuses) and an interrogative sentence: *because you think, — and can it be that you think?* — etc. Some take

**qui** as the interrog. adv. (*how*) strengthened by *ne.* — **25.** (Dost thou mean) *when thou makest verses,* etc., *or also when.* — **27. Latinus,** the father-in-law of Aeneas, is here alluded to as the father of the Latin name. — **29. Patriis** (verbis), dat. — **34.** "In silvam ligna" like *carrying coals to Newcastle,* or the Greek proverbs, "*an owl to Athens,*" "*fish to the Hellespont.*" — **36.** *The bombastic bard of the Alps,* (M. Furius Bibaculus.) There is a double meaning in *turgidus,* both *pompous* and *fat.* — **Jug. M.,** *murders Memnon,* i. e. describes M.'s death in his play; perhaps with a double meaning, viz. that he *murders* the subject. — **37. Caput,** of rivers, generally the *source,* sometimes the *mouth.* **Def.,** etc., "manufactures a muddy source of the Rhine." L. **38. In aede,** *in the temple* (*of the Muses*), where poets recited their verses. — Spurius Maecius Tarpa (*A. P.* 387) was one of the board of censors of poems intended for public recitation. — **41. Comis,** acc. pl.— **43. P. ter perc.,** the iambic trimeter. — **44. Mol. a. f.,** *tenderness and elegance.* Quintilian says that **facetum** in this passage implies grace and a certain polished elegance; which are certainly characteristic of Virgil. V. had at this time written only his Bucolics and Georgics. — **45.** Annuĕrunt. — **46. Hoc,** i. e. satire. — **48. Inv.,** i. e. Lucilius. — **53. Nil mutat,** *does* (c. L.) *find nothing to alter in.* — **54. Grav. minores,** *as too trivial for his dignity.* O., Kr. Others simply *as wanting in dignity.* O. cites from Ennius: *O Tite tute Tati tibi tanta tyranne tulisti Damna,* and *telo Transfigit corpus, saxo cere comminuit brum.* — **55. Reprensis,** those whom he censures. — **57. Rerum natura,** *the nature of his subjects,* or perhaps *the nature of the case,* the circumstances of his age, etc. — **58. Factos,** *polished,* finished. — **59. Ac** = *quam.* — **63.** C. wrote so much that his books and the cases holding them sufficed for his funeral pile. — **64. Fu.,** concessive subj., *grant that Lucilius was.* **66.** Than (you might expect from) the author of a kind of poetry artless and untouched by the Greeks. So C. F. H., O. Some refer *auctor* to the writer of some old poem in the Saturnian measure; some to Ennius. — **72. St. vertas,** i. e. alter, correct. See Lex. — **75.** In the scarcity of books, teachers used to dictate to their pupils the verses to be studied. Cf. Epp. I. 20, 17. — **76. Eq.,** *a knight,* standing for the higher classes of society; as used by Horace, the cultivated and learned. — **84. Amb. rel.,** i. e. without flattery. — **91.** *I bid you howl among the benches of your female pupils.* **Pl.** alludes to their singing, and also with **jubeo** forms a kind of imprecation, *οἰμώζειν ὑμῖν λέγω, abite in malam rem.* — **92. Puer,** (to his amanuensis.)

# LIBER II.

## Sat. I. (724, 726.)

A defence of the practice of satiric composition, in the form of a consultation with the old lawyer Trebatius Testa.

(Pope has imitated this satire, and the second and sixth.)

**1, 2. Ultra legem,** *beyond its law,* its rule of composition. **7.** The indic. is lively and emphatic: *εἰ μὴ τοῦτ' ἄρ' ἦν κράτιστον.* **8, 9.** A sly allusion to the old lawyer's fondness for swimming and good living. **14.** Marius, before a battle with the *Cimbri* (who are here meant by the **Galli**), removed one of the two iron nails fastening the spear-heads to the shafts of his soldiers' *pila,* substituting a wooden peg which would give way when the spear struck a shield, where it would stick and drag upon the ground. **16. Scribere,** sc. *eum,* i. e. Octavianus Caesar, (not called Augustus till B. C. 27.) **Justum,** (*as*) *just.* **22.** Sat. I. 8, 11. **24. Icto** (by wine). **26.** See note Carm. I. 12, 26. **29.** I. e. a greater man than either of us. **30. Arcana,** *his secrets,* i. e. his thoughts and inventions. **31. Si m. cesserat,** impersonal. **33. Vot. tabel.** See note on Carm. I. 5, 13 (p. 263). **37. Quo ne,** *that in no direction.* **Romano** = *Romanis.* Or supply *agro.* **43. Ut** (ὡς) with subj. in a wish. **45.** Commoverit. **46.** Even in prose *in* is omitted when *tota* is expressed. **50.** Ut quisque t. s. (eo) quo v. The full sense of **ut** is *quomodo fiat ut.* **53. Nep.,** *the spendthrift.* **54. Pia,** (*his*) *filial.* Oh no! he 'll do no open violence. **60.** The hyperbaton, and the position of **scribam** directly after the principal caesura, makes the verb emphatic. — **Puer.** Horace had called Treb. *pater* (12). **61. Maj. am.,** some friend of thine among the great. **64. Per ora ced.** (= incederet), walked proudly before the eyes (of men). **65. Qui,** etc. Scipio Africanus Minor. **67.** Offensi (sunt). With nouns connected by *aut* the predicate is sometimes in the plural. **71.** Removerant. **73. Illo,** Lucilius. The comedian Terence was also one of the intimates of Scipio and Laelius. **Disc.,** "in undress," without ceremony or reserve. **79. Nihil — possum,** i. e. I can detract nothing from these things, I can deny none of thy statements. R. and Mc. tr. "I can make no decision from these premises." **82, 83.** In the law which Tr. quotes **mala** means *slanderous;* Hor. in his answer puns upon the word, using it to mean bad (verses), poor (poems). **86 Sol. — tab.,** *the indictment will be quashed with a laugh.* **Risu,** modal abl., of an attendant circumstance; as *gemitu* talia reddit, Verg. *Aen.* 2, 323.

## Sat. II. (717-727.)

This satire is aimed at the extravagance and excess of epicures, with a passing sarcasm (55–63) upon the opposite extreme. It ends with a description of contented simplicity in the person of Ofellus, a neighbor and friend of the poet.

3. **Abn.**, without rules, self-taught. **Cras. Min.**, of homely mother-wit. 4. **Nit.** belongs to both nouns. Gold and silver plate, and tables of marble and costly woods, were much affected by the Romans. **10, 11. Rom. milit.**, "the martial exercises of Rome," hunting and riding. **12. Studio,** *the interest* (of the game). **15. Sperne,** *scorn,* (if you can.) **Mella,** etc., i. e. mead. **15, 16. Ne bib. nisi,** *drink nothing, if it be not,* etc. **17. Def.,** *protecting* (from capture). **18.** Whence or how dost thou think (that this) has been gained, viz. contentment with simple food. **21. Ostrea,** dissyllable. **22. Lagois,** "white-game," *Schneehuhn,* or, less probably, grouse. **23. Posito,** being placed before thee. The peacock was first introduced to Roman dinner-tables by the orator Hortensius. It was very costly. **25. V. rerum,** *by the vain shows of things.* **Vanis** is neut. pl. of the adj. used as a subst. **28.** There is no ecthlipsis here in **num. 29.** Of the quarter of a hundred interpretations of this line which have been proposed, although others may be more ingenious, the simplest is the following: *still (thou eatest) this flesh* (i. e. the peacock's) *rather than that, although it is no better.* (**Distat** seems to be used as διαφέρει.) Kr. tr. *still, although that flesh* (sc. gallinae) *no more differs from this, it is plain that thou art deceived by the difference of their outward appearance:* the clause *cocto — idem* being logically equivalent (Kr. says) to a negative declaratory clause, *cocto non idem adest honor,* **nil magis** = *just as little.* This interpretation requires a comma at the end of line 29, and no punctuation within it. **31. Unde,** etc. = *unde tibi datum est, ut sentias.* — (Utrum) hic l. **hiet** (*gapes* on the platter) Tib. an cap. alto. **32.** Inter pontes (*Sublicium et Aemilium*). **33.** The mullet rarely weighed more than two pounds. **34.** The **lupus** is the bass or sea-perch. **36, 37. Illis** (lupis), **his (mullis); hic** referring to that which is *nearest* in *idea* though not nearest in mere *place* in the sentence. **38.** Join **raro** with **jejunus,** not with *temnit.* **41. Praes.,** i. e. helpful. **Quamquam,** etc. Ofellus corrects himself. There is no need to call upon the wind-gods to taint their food. **42. Recens,** (*although*) *fresh.* **45. Regum** = *divitum.* **46. Nigris,** (hence ripe.) **50. Auctor.** Sempronius Rufus, the first who ate storks; rejected by the people when suing for the praetorship, hence called ironically by Horace *praetorius.* **53. Of jud.** = *me judice.* O. is still speaking. **57. Est** from *edo.* **58. Mut.** "on the turn." **59. C. o. o.**

by attraction for *oleum cujus odorem.* **Licebit,** *although* (speaking of something future). **61. Alb.,** i. e. with a toga newly cleaned. **65. Qua** = *quatenus.* **66. Cult.** gen. dependent on **miser.** *Wretched in his style of living in neither direction;* i. e. neither mean nor extravagant. **72. Ut** = *quomodo.* **76. Pituita,** trisyllable. **77. Cena dubia,** "ubi tu dubites quid sumas potissimum." Ter. *Phorm.* 3, 1, 28.—**79.** Cic. *Tusc.* 5, 13: *humanus animus, decerptus ex mente divina.* **80. D. c. c.** soon-fed, "refreshed more quickly than one can say the word." Z. **82. Melius,** *better fare.* **89. Ranc.,** tainted, *faisandé,* "high." **91, 92. Com. cons.,** *would eat it more fitly,* (with more propriety.) **94. Das — famae,** i. e. hast thou any regard for reputation? **99.** Inquit (luxuriosus). **103–105.** A noble suggestion of the duty of devoting wealth to purposes of charity, patriotism, and religion. **103. Indignus** (egestate), "without deserving it," innocent. **106. Recte erunt.** An adv. sometimes forms a predicate with *esse.* M. 209, b. obs. 2; Z. 365. **114. Accisis** (by the proscriptions of the triumvirs). **Met.,** *measured* (and allotted to a veteran, Umbrenus). **115. Merc. col.,** a tenant paying (lit. by means of) rent. **116. Temere,** *readily,* freely. **120. Bene erat,** *we fared well,* we made ourselves happy. **122. Duplice,** *split* (and so dried). **123.** *Our sport was drinking, with a forfeit* (lit. *fault,* involving the penalty of a forfeit) *as the master* (*of the feast*). We chose no symposiarch, but had our little rules, the violation of which was punished with some forfeit. **124.** *And Ceres, invoked-with-prayers, that thus she* (*i. e.* the wheat) *would rise on a lofty stem.* **Ita** introduces the wish. So *sic,* Carm. I. 3, 1. The prayer is accompanied with a *libation,* after which wine is drunk, hence **vino** (125). **126.** *Let Fortune rage,* etc. **127. Hinc,** from my present state and mode of life. **128. Ut,** *since.* **Nov. inc.,** Umbrenus. **129. Propriae,** *permanently his own;* so (134) **proprius,** *a permanent possession.* Cf. Sat. II. 6, 5; Verg. *Aen.* 6, 871; Terent. *And.* V. 5, 3. **129** sqq. Cf. the epigram of Lucian:

'Αγρὸς 'Αχαιμενίδου γενόμην ποτέ, νῦν δὲ Μενίππου,
Καὶ πάλιν ἐξ ἑτέρου βήσομαι εἰς ἕτερον.
Καὶ γὰρ κεῖνος ἔχειν μέ ποτ' ᾤετο καὶ πάλιν οὗτος
Οἴεται· εἰμὶ δ' ὅλως οὐδενός, ἀλλὰ Τύχης.

## Sat. III. (721-725.)

Damasippus, a connoisseur of expensive tastes turned philosopher, invades Horace in the retirement of his villa, and upbraids him with want of industry and perseverance. He then, after touching on his own history and his adoption of the tenets and habits of the Stoic sect, teaches that everybody is insane, and ends with a satiric description of the foibles of the poet himself. The objects of his general satire are specified in vv. 78, 79. Avarice is taken first (82–160); then Ambition (165 sqq.); then Luxury (224 sqq.); then Superstition (281–295).

5. The **Saturnalia** was an ancient Italian festival, to celebrate the liberty and equality enjoyed in the reign of Saturn. **7, 8.** The poet gets in a passion with his pen, and beats the wall near his couch, because his ideas will not flow fast enough. **10.** Horace is glad to retreat, in December, to his country-house in the sheltered valley of the Licenza, where he could get plenty of wood and a good fire. **11, 12.** The authors are named whose works H. takes with him into the country. **Men.** is abl.; M.'s comedies are packed on top of Plato's dialogues. **13. Virtus** implies "perseverance, moral courage, and a strong will." **14. Imp.**, insolent, shameless. **15. Quicquid.** (Applause, approbation.) **16. Pon.** = *deponendum.* **17.** H. wishes D. what he seems to need most. **18.** There were three passage-ways in the Roman forum called *Jani.* Around or near the middle one were the *tabernae* of the bankers and money-lenders. **20. Olim nam.** This position of *nam* is found only in the poets. **21.** A hit at the fondness of virtuosos for antiques; Sisyphus belonging to the mythical ages. **22. F. durius,** cast too rudely, stiffly, and without the ease of nature. **23. Cal.**, as a connoisseur. **27. Morbi il.**, *of this mania.* **30. Ut cum,** *as when.* **31. Ne quid,** etc., sc. *facias* or *in me fiat.* **Esto,** 3d person. **32. Et,** *too.* **35.** Cf. Sat. I. 3, 133. **36.** The Fabrician bridge, leading from the Campus Martius to the island in the Tiber, is still standing. **37.** Men covered their heads before dying. **44. Port.**, the *στοὰ ποικίλη.* **46. Tenet,** *embraces.* **53. Caud. tr.**, i. e. is an object of ridicule. Mischievous boys tie something behind half-witted people in the street. The rope-dancers and buffoons wore tails. **54. Tim.** = *ejus qui timet.* **61. Ed.**, historic pres. **65. Esto,** *grant it* (for the while). **66. Reddas,** etc., *thou need never return.* **69** sq. **Scribe,** etc. *Write* a draft for *ten* thousand sesterces *on Nerius;* (the security) is not sufficient; add a hundred notes of the knotty (i. e. skilled in all the quirks of the law) Cicuta; add a thousand chains (= bonds). So Kr. The entry on the banker Nerius's books would be security for the lender who had caused the money to be paid through him. Cicuta is another banker and usurer. **71.** "The rascally debtor is compared to **Proteus,** who could turn himself into any shape unless firmly bound." **72. Mālis rid. al.**, 'laughing with another's cheeks,' i. e. laughing immoderately (in his confidence of escape), without fear of dislocating his jaws. So O. There are various other explanations. Cf. Hom. *Odys.* 20, 347. **73.** The scholiast gives an allegorical interpretation: "aper, *ferox;* avis, *fugax;* saxum et arbor, *mutus.*" **76. Dictantis,** *lending;* (lit. *dictating* to the debtor the form of obligation of repayment). — **Rescribere,** i. e. *reddere.*

**77.** Gathering the toga together in becoming shape, was preparatory to sitting attentive. **82.** Hellebore (*hellĕbŏrus niger*) was regarded as a specific for insanity. **Pars,** *dose.* **84. Summam,** sc. *patrimonii.* **86. Damnati,** bound under a penalty. **91. Quoad.** One syl. **98. Hoc,** *i. e.* his having acquired so much wealth. **99. Fore,** sc. sibi. **107. Mercat.** Dat. **108. Qui,** how. **114. Foliis,** e. g. chickory, endives. **117. Age,** (come now.) We should say, *again.* **128.** Tu-ne sanus es? **132. Quid enim?** *Well, why not?* The Stoic ironically justifies the supposed crimes of the avaricious man. **137. Ex quo** tempore. **Male tutae** = *insanae.* **141.** *Bright bile,* i. e. rage. **Spl.** appears to be a medical term, denoting the bright color of the bile when disordered. **143. Veient.,** a red and coarse wine, the drink of common sailors. **152. Men'** = me-ne. **Hoc age,** make this thy care. **163. Tempt.** Subj., as reason alleged by the physician Craterus: orat. obliqua. **164. Immolet — Lar.,** i. e., for that let him be thankful. **Aequis,** kind, propitious. **166. Nav. Ant.** (to get hellebore to cure his madness.) **Barathro,** dat., "*the gulf* (of the populace)." **172. Ludere,** to gamble away. **173. Cavis** (locis), *in holes.* **178. Coercet,** defines, "assigns as a limit." **182. Tu perdas,** question of appeal. **Cic., fab., lup.** A sportive allusion to the largesses of cheap food given by the aediles to the populace, instead of alluding to the more costly gifts of games, shows, etc. **183. Latus** as in Epod. IV. 7, 8; or, generally, of boastfully "spreading himself." **Aen. stes,** i. e. have a bronze statue voted thee. **186.** (Veluti) astuta volpes, etc.

**187–207.** The Stoic boldly begins a dialogue with Agamemnon as if with one present. **Humasse.** In old legal phrase, prohibitions with *velle* took the perf. inf. Z. 590; M. 407, Obs. 2. **Velit.** Final syl. lengthened in arsis and by caesura. **192. Cons.,** to ask questions, (as of a lawyer.) **199. Natam,** Iphigenīa. **201. Quorsum,** *sc.* haec spectant? **208. Sp. al. v.,** *ideas different from true (ones).* M. 304, Obs. 3; Z. 470. — **Sc. perm.,** *and confused by the agitation of guilt* (or, of a guilty mind). **211. Desipit,** is mad, (you will say.) **217.** The praetor had power to appoint, *by a decree* (*interdicto*), a guardian over outrageous madmen (*furiosi*) and spendthrifts (*prodigi*). **Om. jus,** *every legal right.* **223. Cruentis,** *in deeds of blood.* Neut. of adj. used substantively. **228.** The **Vicus Tuscus** was a street south of the Forum, where pimps lived. **229. Fartor,** a fattener of fowls. The **Velabrum** was a *vicus* leading from the Forum to the Circus Maximus, where all sorts of delicacies were sold. The **Macellum,** a large market-house. **237. Decies,** sc. *centena milia sestertium,* ten hundred thousand sestertii (about $41,000). **238. Unde** = *a quo.* **240. Sol.** (lit. whole, i. e.) *at once.* **241. Ac si** = *quam si.* **244. Pravorum** limits *amore.* **246.**

Should they be marked with chalk as sane, or with charcoal (as madmen)? **247. Casas,** "baby-houses." **248.** *Odd and even,* a game of children, in which they guess whether the number of objects one holds concealed in his hand is odd or even. **252. Lud. op.,** thou playest at work. **253. Faciasne,** *wilt thou not do?* nonne facere debeas? **256.** Garlands were sometimes worn around the neck, as well as on the head. **260** sqq. Cf. Terent. *Eunuch.* I. i. **262. Nec,** *not even.* **270. N. p. e.,** *he will make no more way.* **272.** The apples of Picenum were excellent. **273.** A mode of drawing auguries of one's success in love was by snapping apple-seeds at the ceiling; if they hit it, it was a good omen. **276.** *Stir the fire with a sword;* an expression of Pythagoras, here meaning, Go on from lust to deeds of blood. **Modo,** *of late.* **277.** H. and M., unknown personages. Marius killed Hellas, and then himself. **Praec.,** historic present. **278. Cerritus,** *moon-struck,* crazed; variously derived from Ceres, Cerus (as in Cerus Manus, from Sansc. root kṛi), *κόρση,* etc. **281. Circ. comp.** He ran about on the cross-streets, praying to the *Lares compitales.* **282.** Prayers had to be offered with clean hands. **283.** What so great a boon is this to pray for? (for it is easy for the gods to grant it.) **Surpite** = *surripite.* **291.** "*Jovis dies* (Thursday) was a weekly fast-day of the Jews; (as was Monday also among the Pharisees.) The superstitious Romans adopted Jewish observances." **296.** There were seven great philosophers famed as as the Seven Wise Men of Greece. **299.** In Phaedrus's fable, every one is said to have a wallet at his back filled with his own faults, and one in front filled with the faults of others. **300.** *So mayest thou sell,* etc. A conciliatory wish, to gain an answer to the following question. **305. Lic. — ver.,** *let it be allowed me to yield* (i. e. assent) *to the truth.* **309. Idem** used adversatively, *yet.* M. 488; Z. 697 *in fin.* **310. Corp. maj.,** *as too great for his body.* **312. Verum** = *rectum, justum.* **313. Tantum** (adverbial acc.) = *tam.* **Tanto,** abl. of degree of difference. **326.** Horace at first appears to be admitting Damasippus's superiority; but the compliment is soon reversed by the addition of *insane.*

## Sat. IV. (722–727.)

A string of precepts upon cookery, delivered by some Soyer or Prof. Blot of his time, in formal, philosophic style, beginning *ab ovo* (12), and running through cabbages and tough hens, mushrooms and mulberries, shell-fish, solids, wine, and sauces, whatever provokes appetite or promotes digestion. They conclude (76–87) with reflections upon misplaced parsimony and the neglect of tidiness and supposed minor points.

**2. Pon. signa,** i. e. to write down. In strictness, probably a term of mnemonics. **9. Tenues,** *nice,* delicate. **13. Suci,** i. e. *flavor.* **Alba**

refers either to the color of the *shell,* or the light-yellow of the yolk. **14. Ponere,** *to serve,* to place on the table. **16.** Nothing is more insipid than (the produce of) a much-watered garden. **19. Mixto** (with water). **26. Mulso,** honey-wine; (wine and honey.) **36.** Without having first investigated the subtle science of flavors. **37. Mensa** (of the fish-mongers). **38** sq. It is of no use for a man to buy nice fish, if he does not know which should be served up with rich sauce, and which should be broiled, to tempt the guest, after he has laid himself down tired of eating, to raise himself on his elbow and begin eating again. Mc. **Quibus assis,** dative. **44. Fec.** (not *pregnant,* but simply) *fruitful.* **53. Odor,** the *bouquet.* **54.** Straining wine through linen was apt to hurt the flavor. **57. Aliena,** the foreign matter, the impurities in the mixture. **63. Dup. juris,** the two kinds of sauce, *simplex* and *compositum* (B., O., Mc., Y.), or the double-sauce (made of the simple, with the additions named in lines 67–69), H., Kr. **66. B. o.,** a jar which has held pickled tunnies from Byzantium. **Put.,** has become tainted. **71. Con. ollis,** *is suited for jars,* i. e. for preserving in jars. **73. Hanc,** sc. Albanam uvam. **75. Incretum** (from *incerno*), *sifted in,* sprinkled over the salt. **76. Milia terna** (sestertiûm).— **78. Movet,** (it) excites; the subject of the verb is the following clauses, *seu — adhaesit.* **81. Quantus** = *quantulus.* **83. Tene** = *tene decet?* or nonne indignum est te? *etc.* M. 399; Z. 609. **Lap. var.,** *various-colored marbles,* a tesselated floor. **Palma,** a broom made of palm twigs. **84.** *And to hang soiled drapery around Tyrian* (i. e. purple) *couch-spreads.* **Toralia** = the valance; **T. vestes** were the rich purple cloths placed over the couches. **86. Haec habeant,** *these* (i. e. brooms, dusters, and saw-dust) *require.* **Tanto — mensis,** i. e. their absence (haec neglecta) *is by so much the more justly reprehensible than* that of *those things* (e. g. costly fish and the best wines) *which cannot be met with except at the tables of the rich.* **89. Aud.,** former supine. **91. Tant.,** *sc.* quantum juveris si addideris voltum, *etc.* **94. Fontes,** etc. Parody of *Lucret.* I. 927: *iuvat integros accedere fontis Atque haurire.*

## Sat. V. (722-727.)

A satire on will-hunting, a vice very prevalent at Rome. Horace, humorously continuing the dialogue in the Odyssey (xi. 90 sqq.), makes Ulysses ask Tiresias how he is to repair his fortunes when he gets home; the soothsayer describes *the arts of legacy-hunters,* and advises him to practise them.

**1. Narrata** (mihi a te). **3. Dol.,** sc. *tibi.* **6. Te vate,** *according to thy prediction* (*Odyss.* XI. 113). **7. Apotheca,** *my wine-closet.* **11. Privum,** i. e. *eximium,* a delicacy. **16. Fug.,** *a runaway slave* (formerly).

**17. Com. ext.**, i. e. in the least honorable place, between the patron and the road. **18. Utne tegam** = *hortarisne me ut tegam?* Cf. M. 353, Obs.; Z. 609. **32. Puta** (lit. suppose) = *for example.* The final *a* is short in *pŭtă* when used adverbially. **Pr.** Only the free citizens had *praenomina.* The use of them, generally confined to relatives and intimate friends, implied familiarity and kindness. **39–41. Seu — Alpes**, whether it be hot or cold. A by-the-way hit at the bombastic style of Furius (Sat. I. x. 36), who is here parodied. **Findet.** We must think of *wooden* statues. **Infantes** = speechless. **Consp.** Furius had called snow *spumam Jovis.* **42. Cub. — tang.**, "jogging a bystander with his elbow." **44.** Rich old men are compared to tunnies. **45. Val. male**, *invalid.* **47. Cael.**, objective gen. **53. Limis**, sc. *oculis.* So Plaut. *M. G.* 4, 6, 2; Ter. *Eun.* 3, 5, 53. **53–4. Quid — versu**, i. e. what the first word in the second line says. The names of the heirs were written in the second line. **Solus**, sc. *sis* vel *scriptus sis.* **55. Rec. — quin.**, *a clerk recast from a commissioner.* **Corv.** An allusion to Æsop's fable of the fox and the raven. **62. Juv.** Octavianus. **63. Demissum** = *descendens.* Cf. Verg. *Aen.* I. 288. **65. Soldum** (*solidum*), *the entire debt* (principal and interest) of the capital lent by Coranus. **73. Sed**, etc., *but it is far more efficacious* (cf. νικᾷ, Soph. *O. C.* 1225) *first to storm the capital itself* (i. e. the old man). **75.** Căvĕ. **77. Frugi**, *discreet.* **81. Quae si**, *but if she.* It is noticeable that later writers lowered the characters of the heroes and heroines who appear only as noble in Homer. **84. Impr.**, *sly.* **87. Si posset**, (*to see*) *if she could.* **90. Ultra — sileas**, *farther* than this (i. e. than not to offend by loquacity) *also thou shouldst not be silent.* **91. Comicus**, *in the play.* **101. Ergo**, *really.* **102. Tam fortem**, *etc.*, sc. *parabo.* **103. Est**, *it is best* or it is possible. **109. Nummo** (= sestertio), i. e. at a nominal price. **Te ad.**, *that thou* (*wilt*) *make it over.*

## Sat. VI. (723–725.)

The inconveniences of a town life and the delights of the country: the former as connected with the importunity of people asking for Horace's influence with Maecenas, or for information upon public affairs of which he knows nothing, although they will not believe it. The moral is supplied by the epilogue of the town and country mouse.

**1. Votis**, sc. *meis.* **Ita**, *so* (*very*). **2. Jugis**, *perennial*, ever-flowing. Genitive. **3. Super**, *besides.* **5. Propria**, *permanent.* **8. Ven.**, *I pray for.* **10, 11. Illi qui mer.** = *illi mercennario qui.* Attraction. **13. Quod adest**, i. e. what I have. **Gratum** (nom.), *accepted with gratitude.* **16. Arcem**, i. e. his house on the Sabine hills. **18.** *The leaden south.*

The south-wind is so called as depressing the energies and spirits. **20. Audis,** i. e. *art called.* So Milton, *P. L.*, 3, 7: "*Or hearest thou rather* pure ethereal stream?" **21. Unde** = *a quo* (*invocato*), with invoking whom. **23, 24. Eia** sqq. The poet represents Janus as thus urging him on. **Urge,** *make haste.* **29. Urget,** sc. *aliqu is.* **30. Prec.,** *curses.* **Pulses.** Subj. in an indignant question. **31. Mem.,** mindful only of him (Maecenas). **32. Atras,** *gloomy.* Sat. I. 8, 8–11. **34. Sec.** sc. *horam;* before 7 o'clock in the morning. **36. Com.,** of common interest (to all the scribes). H. had been a scribe, but probably was not one now. **37. Quinte.** The use of the *praenomen* is familiar and confidential. **41. Suorum** (amicorum). **44. Hoc g.,** an adverbial acc. for the gen. M. 238; Z. 428. **Threx.** One of a kind of gladiators armed like the Thracians, with a short sword and a round shield. **48.** Horace sportively calls himself **noster,** *our friend.* **49. Omnes** sc. *clamabant.* **50. Frigidus,** *chilling;* bad news, making men shudder. (Shakespeare, "colder news.") The **rostra** was the elevated stage in the Forum from which the orators addressed the people. **52. Deos,** the gods (of the earth), the first men of the state. **55. Triq.** (tellure). **59. Misero** (*mihi*). **62. Ducere,** *to quaff.* **63.** Pythagoras forbade his followers to eat flesh or *beans.* From his doctrine of transmigration of souls, some supposed that he made this prohibition in the belief that the souls of the dead (perhaps of one's own relatives) sometimes passed into this vegetable. **67. Libat.,** tasted beforehand by Horace and his friends. **69. Leg. ins.,** such as prescribed in city banquets by the symposiarch. **75. Usus rectumne,** expediency or right (i. e. that which is good *in itself*). **78. Ex re,** suggested by the subject (of conversation). **79. Ign.,** not knowing (that A.'s wealth causes him anxiety). **82. At. quaes.,** devoted to his possessions, i. e. *frugal.* **Ut tamen** = *ita tamen ut.* **83. Hospitiis,** dat. **84. Invidere** with the gen. by a Greek idiom, in the sense of *parcere.* **87. Male,** *scarcely,* with **tang. 89. Esset** = *ederet.* **91. Nem.,** here a woody height. **Patientem,** enduring hardships. **92. Vis tu** (without **-ne**) is used in exhortation. **93. Comes,** (*as my*) *companion.* **Terr.,** etc. The city mouse speaks as an Epicurēan. Order: quando ter. viv. sort. mort. an. **95. Quo — circa.** Tmesis. **97. Aev. brevis.** Noun and adj. in the gen., denoting, I should say, an inherent quality of the *genus,* not an accidental quality of the individual. **100. Jamque — spatium.** Parody of the epic style. **103. Cand.,** *glowed,* shone brilliantly. **105.** Which, belonging to yesterday's banquet, were in heaped-up baskets hard by. **Procul** not necessarily of a long distance. **108. Cont. dapes,** i. e. offers one dish after another. **111. Agit — conv.,** *acts the merry guest* (and without feigning). **112.**

The noise is caused by the servants opening the house, beginning to clean the rooms, and rousing the watch-dogs. **113, 114. Currere, trepidare.** Historical inf. **Simul** = *simul atque, the moment that,* as soon as. **116.** The position of **hac** is emphatic. **Et,** *and (therefore).*

## Sat. VII. (724-728.)

Horace's slave, Davus, retorts upon his master his own doctrines. He argues that the fickle and inconstant are as worthless as the unscrupulous (6–20); lectures Horace for praising the "good old times" yet loving the degenerate luxury of the modern (23–27); preferring the country when in town, hating parties when not invited out, yet, if invited, off at a moment's notice (28–35); and compares him with his own dependents and parasites (36–42). Nay more, says Davus, thou, in thy bondage to vice and evil passions, art still more *a slave* than I (42–74). "Who then is free?" The question is finely answered (75–80); after which Davus continues to taunt Horace on his foolishness as a lover (81–86), a connoisseur of art (87–93), a gourmand (94–103), and a victim of restlessness and ennui (103–107). Here the lecture (as if it touched on a sore point) is abruptly closed by the wrath of the listener.

**3. Frugi,** *honest.* **4. Ut v. putes,** *that you need not think him too good to live.* Cf. Ov. *Am.* II. 6, 39; Mart. VI. 29, 7; Wordsworth: "The good die first." **Lib. Dec.** On the *Saturnalia* (17–19 Dec.) great license was allowed to the slaves. **9.** Rings were generally worn on the left hand, upon which a golden ring was worn by knights and senators. **10.** Priscus, as a senator, was entitled to go abroad with the *latus clavus,* but sometimes would appear only as a knight with the *angustus clavus.* **11.** (In domum) unde. **13. Doctus,** a student. Athens was a university-town for the Romans. **14.** Horace speaks as if there was a different god for every kind of change. **19. Lev. m.,** *less wretched,* (or with less sense of being so.) Y. **33. Sub. l. pr.,** immediately after the lighting of the lamps. **34. Oleum,** for his lamps. Others: to anoint himself with. **35. Fugis,** *you hurry off.* **36.** Parasites had come to dine with Horace, but must now return to their homes. **37. Dix. ille,** *he* (Mulvius) *perhaps will say, φαίη ἄν.* **38. Nas. n. s.,** "I snuff up my nose at the smell of a good dinner." **Nasum,** acc. of specification. **40. Tu,** i. e. Horace. **45.** Davus has picked up some scraps of philosophy from the porter of the Stoic Crispinus. **52–3.** The contract is referred to by which freemen, on taking service as gladiators, bound themselves "uri, vinciri, verberari, ferroque necari." **54. Conscia,** sc. *ancilla.* **68. Vind.,** the rod of the praetor, which he laid on the slave's head in the ceremony of manumission. **70. Super** = *insuper,* as *Ep.* II. 2, 33; Verg. *Aen.* II. 71. **Dictis,** *than the things which have been already said.* **74. Lig.,** *a puppet.* **78. Ter. a. rotund.,** *smooth* (or regular), *and round:* perfect as a sphere. **79.** *So that nothing foreign* (none of the filth of the world) *can adhere to his polished (perfection).* **81. Proprium,** *thy own,* describing thy character. — *Five talents,* about $5000. **83. Gelida,**

sc. *aqua.* **84. Quis,** second person of *queo.* **89.** Join **cont. pop.** with **miror.** **90.** Rude pictures were set up as advertisements of the games. **93. Audis,** *art called.* **102. F. s.,** *a stolen strigil,* which the boy exchanges for a bunch of grapes. The *strigil* was a scraper of horn, brass, silver, or gold, of a curved form and a sharp edge, with which (instead of a flesh-brush) the skin was scraped after bathing or exercise in the gymnasium. **107. Comes atra,** i. e. **Cura.** Carm. III. i. 40. **108. Lap.,** sc. *sumam* vel *petam.* **110.** I'll send thee away to work with my eight field-hands on my farm. To be sent to work in the country was a common punishment, much dreaded by city slaves.

## Sat. VIII. (727, 728.)

An account of a supper given by the vain, vulgar *parvenu* and gourmand, Nasidienus Rufus. The story is told by the comic poet Fundanius, one of the guests.

**1. Juvit** = *delectavit.* **Beati** = *divitis.* **2. Dictus,** sc. *es.* **3.** The usual hour of the *cena* was three; to begin earlier was a mark of luxury and excess. **13. At. virgo.** This refers to the stately, solemn pace of the virgin basket-bearers in the sacred processions in Athens. **14.** Hydaspes, a slave from India, was of a *tawny* color (**fuscus**). **15. Maris expers,** untempered with sea-water, (an ingredient used in flavoring wines.) Y. takes *maris* as gen. of *mas,* and tr. "wanting in body" or strength. **17. Ap.,** sc. *vinis.* **20. Summus,** i. e. first on the highest couch. The guests reclined (each on his left arm) in the following places, as indicated in the diagram: 1) Fundanius; 2) Viscus; 3) Varius; 4) Servilius; 5) Vibidius; 6) Maecenas, (in the place of honor, called the *locus consularis*;) 7) Nomentanus, (in the place which should be occupied by the host; the reason is given in lines 25, 26;) 8) Nasidienus himself; 9) Porcius. **22. Umbrae** is the appropriate name of the uninvited followers that great men bring with them to feasts, to laugh at their jokes and confirm their boasts. **24. Rid. abs.** An inf. added to an adj., by a Greek usage, for specification and nearer definition. **25. Ad hoc,** *for this purpose* (cf. VI. 42). **Qui** = *ut is.* Nomentanus's business, as *nomenclator,* was to direct the attention of the guests to any dainties they might have overlooked, and to explain to them the mysterious composition of each dish. **26.** The thumb was called *pollex;* the forefinger *index,* the middle *medius* or *famosus*

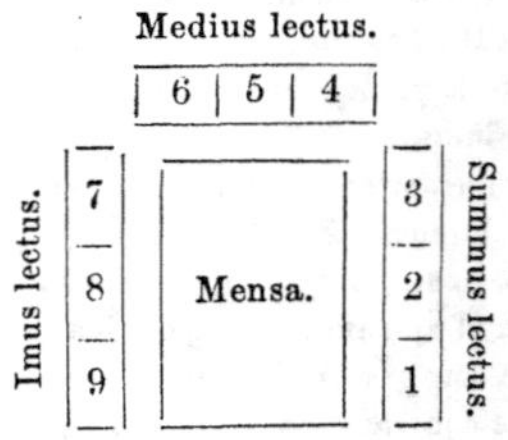

Medius lectus.

| 6 | 5 | 4 |
|---|---|---|

| Imus lectus. | | Summus lectus. |
|---|---|---|
| 7 | | 3 |
| 8 | Mensa. | 2 |
| 9 | | 1 |

(as the finger of scorn), the ring-finger *anularis* or *medicus* (from its supposed connection with the heart), and the little finger *minimus*. **29.** The **passer** was a flounder or plaice. **30. Ing.**, such as I had never tasted before. **34. Damnose,** *to his loss.* **Mor. in.**, spoken "with comic pathos." Cf. *Aen.* II. 670; IV. 659. As Horace could not have taken this from Virgil, R. thinks they may both have drawn from some older author, perhaps Ennius. **36. Par.**, *of our purveyor,* (the host.) **37–8.** Other reasons than the parsimony of the host are ironically given. **39. Inv. Al.** (poculis) **vin.** (vasa) **tota,** *empty whole wine-jars into Allifanian cups* (which were of a larger size than usual, and named from Allifae in Samnium). **40, 41.** The host's parasites, sitting by his side, did not dare to drink largely. Some, however, understand the reasons in verses 37, 38 as honestly given, and as preventing the epicures from excessive drinking. **44. Carne,** abl. of specification. **45. His,** *of these ingredients.* **48–9.** Ut non ullum aliud (vinum) magis (conveniat) hoc (vino). **50.** *Which by its sharpness has soured the Methymnæan grape* (i. e. the Lesbian wine, of which this vinegar is made). Some take *vitio* as dat. = *in vitium.* **52. Incoq.**, to dress in (or with) this sauce. **53.** *As (the taste) which the sea shell-fish* (naturally) *gives out is better than* (prepared) *pickle.* **Rem.**, subj., because the whole is stated as the opinion of Curtillus. **54. Aulaea,** *the curtains,* i. e. the tent-like canopy over the table. **58. Rufus,** the *cognomen* of Nasidienus. **59, 61. Esset, tolleret,** imperf. instead of pluperf., both in the protasis and in the apodosis, for rhetorical liveliness. **63. Mappa,** *with a napkin.* **64. Susp. om. n.**, *i. e.* making sport of everything. **67. Te-ne torquerier,** (*to think*) *that thou shouldst be tortured!* M. 399; Z. 609; H. 553, III.; A. & S. 270, R. 2, (*a*); B. 1159; A. 58, IV. *end.* **72. Ag.** Nasid., for want of slaves, had to make his *groom* wait at table, and he had broken a plate. **77.** "While reclining at the *triclinium,* the slippers were put off; to call for them, therefore, was preparatory to rising and leaving the table." **Quoque** from *quisque.* **81. Quoque,** *also;* as well as everything else, by the fall of the canopy. **83. Sec.**, *seconding him;* keeping up the joke. Y. **86. Mazonomo,** a large dish, from which properly (μάζα νέμεται) bread or cake was handed round. Y. **90. Edit** = *edat.* Subjunctive, as part of the remarks of the loquacious host: who had taken pains to tell them the sex both of the crane and the goose, and the color of the latter and the mode in which it was fattened. **91.** The rumps were considered as the most delicious parts of pigeons. Cf. *Gell.* 15, 8. **92. Causas,** *the reasons* of their being cooked as they were, or of the host's offering them to his guests. **95.** African serpents were particuluarly venomous.

# EPISTVLARVM

## LIBER I.

Horace's Epistles are the work of his mature years, when all his powers were developed, his knowledge of the world complete, and his taste ripe and mellow. Hence they are, by universal confession, his most perfect compositions. Critics unite in eulogizing their "exquisite urbanity," their "calm and commanding good sense," their "extraordinary and undefinable charms." They have all the grace of the most animated and refined conversation. "They are the *Spectator* of the Roman supper-tables. Shrewd sense is relieved by seasonable anecdote; a general rule of life by its pertinent application; the wisdom of age and the sallies of youth are reconciled; and the individual interest is extended and elevated by its connection with the manners of the time and with the universal instincts of polite society in all ages. As miniature-painters of the humours and foibles of mankind, Addison, Fontaine, and Charles Lamb alone approach the curious felicity of Horace."

The poet himself styled his Epistles as well as his Satires *Sermones*, in allusion to the unpretending conversational tone in which he wrote. The greater perfection of their metre, and their finished style, however, remove them farther than the Satires from the domain of the *Musa pedestris*. Their personal and subjective character gives a peculiar charm to these "ripest fruits" of a genius "alike instructed by Life and Art."

### Epist. I. — Ad Maecenatem. (734.)

Some time after Horace had published his three books of Odes, and had, as it appears, laid aside that sort of writing, it seems that Maecenas, and probably his other friends, begged him to return to it. That is the obvious meaning of the remonstrance with which the Epistle opens. Horace expresses an earnest wish to retire into privacy, to abandon poetry, and to devote himself to the study of philosophy and virtue, which he recommends as the only true wisdom.

1. **Summa** = *ultima.* 2. The metaphors are derived from the arena. **Spect.**, *approved.* Tickets with the letters SP upon them were given to gladiators who had distinguished themselves. — When gladiators received their discharge, they were presented with a *rudis*, a wooden rapier or foil. 3. **Ludo**, the (gladiatorial) school. 5. The discharged gladiator hangs up his weapons appropriately in the temple of Hercules. 6. **Ext. ar.**, *from the end of the arena.* The *arena* was separated from the seats, which went round the circus, by a wall called the *podium*, near which a gladiator would stand to appeal to the people for their intercession to obtain his discharge. 7. H. alludes to an inward voice. **Purg.**, i. e. *attentive;* lit. purged (from all that could obstruct the entrance of the truth). 9. **Il. d.**, (lit. contract his flanks.) *become broken-winded.* 11. Quid (sit), *etc.* **Decens** = *decorum, honestum.* 14 sq. H. is an Eclectic, the servile follower of no school: per-

haps in some danger, however, of being "blown about by every wind of doctrine." **20.** Ut dies (videtur) longa deb. op., etc. **31. Est—tenus,** *it is possible to advance to a certain point.* **36.** The ancients ascribed to the number *three* a mysterious magical power. **46. Ne cures** = *ut desinas curare.* **47. Mel.** = *sapientiori.* **Non vis.** "A question with *non* expresses surprise that a thing is *not* so, or a doubt of the possibility [or propriety] of its being denied." M. 451, c. Obs. Cf. Krüger's Gr. 514, 2, b. **49. Olympia.** Acc. of specification, by a Greek construction, Ὀλύμπια στεφανοῦσθαι. **53. Janus s. ab i.** Like *all Wall-street.* See Sat. II. 3, 19 note. Let all liberally educated scholars, who should give the tone to the best society in every civilized community, maintain the standard of *high thought and simple living,* rebuking the vulgar worship of wealth, which has as many slavish devotees in America as in ancient Rome. **56. Susp.,** used as *middle* voice, governing the acc. **56.** *But from the four hundred* (*thousand sesterces*) (requisite by the Roscian law (**61**) for a knight's estate, and equal to about $15,000), *six* (*or*) *seven thousand are wanting.* **60. Sibi,** used of the 2d pers., as is ἑαυτῷ sometimes in Greek. **Nil c. s.,** *to be conscious of no crime.* **Culpa,** *accusation.* **63. Mar.,** masculine, *manly.* **64. Qui,** sc. *suadet* (*ut*). **Rem,** *money.* **66.** Men who possessed 400,000 sesterces (the *census equester*) were allowed to sit in the theatre on the knights' benches directly behind the senators in the orchestra. **68. Praesens,** *standing by thy side,* always ready to help. **75.** "Thou many-headed monster-thing, O who would wish to be thy king?" *Lady of the Lake,* V. 30. **83. Lacus** Lucrinus. **Sentit am.,** etc. Cf. Carm. III. i. 33–37, and note. **85. Tean.** Acc. of terminus. **86.** The nuptial couch was called *genialis* as sacred to the Genius of the family who gave increase and blessing. **92. Naus.,** *is fastidious.* **100. Soll.** Adj. like adv. Cognate acc. **107. Praec.,** i. e. above all others. **Sanus,** *sound* in mind and body. **Nisi—est,** a humorous addition. **Pit-ui-ta,** trisyllable.

## Epist. II.—Ad Lollium Maximum. (727-733.)

In this admirable Epistle an allegorical explanation of the Homeric poems is given, followed by a series of moral principles, clearly and keenly laid down for the due regulation of life.

**1. Maxime** has generally been tr. here *eldest* or *most illustrious.* We have authority of inscriptions (Grut. 638, 2), however, for the fact that *Maximus* is a cognomen of the *gens Lollia.* **2. Decl.,** practisest thyself in (the) declamation (of original compositions, as speeches, forensic arguments in supposed cases, etc.). **3. Pulc.,** τὸ καλόν, honorable, good in itself, virtuous. **Utile,** *τὸ συμφέρον, expedient,* advantageous. **6. Fabula,** *the story,* i. e. the Iliad. **7. Barbariae,** (dat.,) *with a foreign nation.* **9.** *Antenor advises (them) to cut off the cause of the war,* (by giving Helen back to Menelāus. See *Iliad.* VII. 348–364.) **10. Paris,** sc. *facit.* Paris says, I cannot be compelled *to give up my wife;* the poet exposes his arrogance and blindness by substituting *to reign in safety and live in happiness.* **Regnet** applies to P. at least as a prince. **11, 12.** Cf. *Iliad.* I. 247 sqq.; IX. 96 sqq. **13. Hunc,** Agamemnon. **Amor** (for Chrysēis). **16. Peccatur,** *there is trouble.* **19** sqq. Imitation of the opening lines of the Odyssey. **23.** The change to the second person (**nosti**) is lively and effective; in the next line, Horace, who never carries anything too far, returns to the third. **25. Excors,** senseless, without mind. Cf. Cic. *Tusc.* I. IX. 18. **27. Numerus,** mere "ciphers." **Fr. cons. nati,** "Who know no reason why they 're born, But only to consume the corn." **28. Sponsi,** *suitors.* **29. In cute cur.,** *in pampering the body.* **31.** *To lull care to rest.* **Cess.,** supine. **34.** Si noles (currere). Celsus 3, 21: *(hydropicis) multum ambulandum, currendum aliquid est.* **36. Stud.** and **rebus,** dat. **37. Am.,** *lust.* **39. Est** from *edo.* **40.** "Well begun is half done." "Frisch gewagt ist halb gewonnen." **42. Rust.** (*like the*) *countryman,* in some fable, who waits for the water to flow away before he crosses. **43.** Notice the liquids, and the flow of the metre, in this verse. **44. Beata,** *rich.* **Puer. cr.** dat. of end for which. **46.** Cui cont. q. satis est, (is) optet nihil amplius. **48. Deduxit.** Perf. used of a general truth, like the gnomic aorist. **49. Valeat,** (both in mind and body.) **54. Sincerum,** *clean.* **56. Voto,** dat. **58.** Phalăris, tyrant of Agrigentum, in Sicily, invented a brazen bull. Persons were put inside, and the metal was gradually heated till they were roasted to death. Other tyrants in Sicily were notorious, as Agathocles and the Dionysii: *tulit enim illa quondam insula multos et crudeles tyrannos.* Cic. *in Verr.* 5, 56, 145. **60. Dolor et mens,** *his indignation and rage.* **61. Odio inulto,** *for his unsatiated hate.* **65.** Venaticus catulus. **67. Militat,** *hunts.* **68. Puer,** *in thy youth.* Lollius was about five and twenty. **Nunc — offer,** *now present thyself to thy betters,* seek their society and advice. **69. Recens,** *when new.* Here Moore has been often quoted:

> "You may break, you may ruin the vase, if you will,
> But the scent of the roses will hang round it still."

**70, 71.** With his accustomed ease, Horace ends his didactic strain by a sportive allusion to his own practical philosophy of doing neither too much nor too little.

## Epist. III. — Ad Julium Florum. (734.)

A letter to Julius Florus, to inquire after old friends associated with him in attendance upon Tiberius Claudius Nero, who then had a command in the East; written also to encourage him in literary and intellectual studies; but mainly, perhaps, to draw him to a complete reconciliation with a common friend, Munatius.

**4. Turres.** Sestos and Abydos. **6. Quid operum,** *what writings.* **Stud.,** sc. *litterarum.* **Curo** = *scire laboro.* **11. Lac. et riv. ap.** These are opposed to the deep and hidden springs of Pindar's genius. Mc. **12. Ut,** *how.* **13. Theb.,** like those of Pindar. **15. Quid — agit,** *how is my friend Celsus?* **Mihi,** ethic dat. **16** sqq. It is not necessary to suppose Celsus guilty of the flagrant sin and dishonesty of *plagiarism;* perhaps he was only chargeable with the weakness of *imitation.* **Priv. opes,** *treasures of his own.* **17.** Augustus founded a library in the temple of Apollo on the Palatine. (Cf. Carm. I. xxxi.) **18. Rep.,** supine. **19.** Æsop's well-known fable of the daw in the borrowed plumage. **21.** Circum quae thyma. **24. Resp.,** with *jura* as cognate-acc., *to decide law-points* as chamber-counsel. Y. **Amab.,** pleasing, agreeable. **25. Hed.** Cf. Carm. I. i. 29. **26.** *The chilling fomentations of cares.* **Cur.** is constituent gen. or gen. of the material. **30.** (Num) sit Munatius tibi (tantae) curae, *etc.* **32. Coit.** "Used properly of a wound closing up and healing." **33. Rerum ins.,** *ignorance of the world.* **34. Feros,** *restive.*

## Epist. IV. — Ad Albium Tibullum. (728–734.)

To the poet Tibullus, whose elegies we still have, — a pleasant recital of the comforts and means of happiness at his command, with a hint as to their right use. Horace and he had served together in the campaign of Philippi.

**6. Eras,** used not to be; *never wert.* **Pectore,** *soul.* **7. Dedĕrunt.** Systole. **8. Nutric.,** *a kind nurse.* **9.** Pericles said of himself, "I think I am behind none in at once knowing what things are required and explaining them to others." Thucyd. II. 60. **10. Gratia,** *popularity.* **13.** "Live this day as if the last." *Bishop Ken.*

## Epist. V. — Ad Torquatum. (734.)

An invitation to dinner on the eve of Caesar's birthday, uniting praises of conviviality with a regard to niceties of taste, comfort, and security.

**1. Arch.,** *made by Archias,* some workman of the day. **2. Omne** = *qualecumque.* **Ol. om.,** i. e. "pot-luck." **4.** Tauro iterum (consule). **6. Arcesse,** *send it me.* Arcesso, *ar* (= *ad*) and *cesso,* involving the same root (*ci*) as *ci-eo.* Mc. **Imp. fer,** *submit to my authority* (as the master of the feast). **7. Spl.** The hearth has been brightly polished.

9. Augustus's birthday fell on Sept. 23. **12. Quo mihi fort.**, *of what use to me is fortune,* for what end (shall I deem) fortune (given) me? **21. Imperor** as middle, I bid myself, *I undertake.* **27. Prior,** to which he had a previous invitation. **28. Umb.** Cf. Sat. II. viii. 22. **30. Rebus,** *thy business.* **31.** Elude the client waiting for thee in the *atrium,* by coming out at the back-door.

## Epist. VI. — Ad Numicium. (729-736.)

Philosophical observations on the Stoic principle, *nihil admirari:* that is, to esteem nothing so highly that we must either obtain it or fly from the sight of it. A calm estimate of the value of other objects has its ground in the conviction that virtue is the only good.

**1. Nil ad.**, i. e. to regard nothing with passion (L.), to estimate nothing beyond its merits. **3. Hunc,** "yon," δεικτικῶς. **4. Temp.**, *the seasons.* **Mom.**, *laws of motion.* Cf. Cic. *Tusc.* I. xvii. 40. **5. Mun. terrae,** gold, silver, marble, etc. **6. Quid** (censes **munera**) **maris,** i. e. pearls, purple, etc. **7. Ludicra,** *the public games.* **Dona,** i. e. offices of honor. **Quiritis,** sing. used collectively. **11. Simul** = *pariter.* **12. Quid** (attinet) **ad rem,** *what matters it?* **13. Spe,** *expectation.* **17. Arg.**, *silver plate.* **Artes,** *works of art.* **25. Cum,** *although.* **26.** The *portico of Agrippa* was much resorted to as a promenade. The wealthy Romans used the *via Appii* as a drive. **27.** Among their kings, the names of *Numa* and *Ancus* were especially dear to the Romans. **31. Hoc age,** *make this thy earnest study* (i. e. to pursue virtue alone). **32. P. occupet,** *gain the harbor before (thee).* **36** sqq. An ironical enumeration of the advantages of wealth. **39. Manc. loc.**, *rich in slaves.* **40.** The *chlamys* was an upper garment worn by the Greeks, a light shawl or mantle, generally of a purple color. **45, 46.** Said ironically. **Fallunt,** *are unknown to.* **Fur.**, especially the servants. **49. Species,** *state,* pomp, show. **Gratia,** *popularity.* **50.** The candidate for office, in order to ingratiate himself with the citizens, greets all he meets by their own names; to aid himself in this, he employs a slave as *nomenclator.* **51. Trans pondera,** *across the weights* on the counter of the tradesman. (O.) *Across obstacles,* others. *Beyond his balance,* (stretching over so as to be in danger of falling). G., R., Kr. Cf. Lach. ad *Lucret.* 6, 574. **52. Fabia** and **Velina,** sc. *tribu.* **53-4. Curule ebur,** the curule chair, occupied by the higher officers of state. **Importunus,** obstinate, ill-natured. Mc. **55. Facetus,** *politely.* **61. Lav.**, (in order to excite appetite again.) **62. C. cera digni,** *deserving of being enrolled among the Caerites. Caer. cera* = *Caeritibus tabulis,* the register of the inhabitants of Caere, who possessed Roman citizenship without the right of suffrage. The phrase was probably afterwards applied, as here, to those *deprived of the right of suffrage* as unworthy. **63. Rem.**, *crew.* **64. Int. volup.**, i. e. the slaughter of the cattle of the Sun-god. **67. Istis**, than these precepts which *thou now readest*, or which I write *for thee.* **68. His** refers to the rule laid down at the beginning, and taken up in verse 30, *Si virtus — deliciis ;* for all that follows is only recommended ironically, and in such a way as to hold up to contempt every rule of life but that of virtue. Mc.

## Epist. VII.—Ad Maecenatem. (731-736.)

An affectionate, but independent, letter to Maecenas, apologizing for the poet's lengthened absence in the country. He says that, on account of his health, he will not be able to return to Rome before the spring; that he is not as young and cheerful as he was once; that he is sure that Maecenas's liberality was bestowed upon him in a generous spirit, without meaning to compromise his independence; and that he would give up everything he had ever received rather than forfeit his liberty. He illustrates his position by fable and anecdote.

**1. Quinque dies**, a conventional phrase to express any short time. **2. Sextilis**, or the "sixth month" of the old calendar, was first called *Augustus*, in honor of the emperor, B. C. 8. **6.** The **design.** arranged the procession at the funeral of any important person; his attendants (*apparitores*) are here called *lictors*, as keeping order, making way for the procession. **Atris**, *clad in black.* **Lict.** is abl. of means; the *designator* feels honored by the large number of his "lictors" in a long procession. **7. Pueris**, dat. of object of anxiety. **8. Of. sedul.**, assiduous attendance on the great. **12. Contractus**, *retired*, in seclusion (Kr.); wrapt up, and drawn head and knees together; curled up snug. (O., Mc., Y.) Others, "in narrow quarters," (as one finds himself at some of our sea-side hotels), or "living in frugal style." **16. Benigne**, (a polite way of declining,) *you are very kind*, ich danke bestens. **21. Haec seges**, i. e. *a field sown thus.* **22. Dignis**, masc., dative. He is ready to serve those who are worthy, and moreover he knows the difference between true money and counterfeit (i. e. between valuable gifts and worthless ones). **Paratus**, nom. after the inf., by a Greek construction, instead of acc. with inf. M. 401, Obs. 3; Z. 612. **24. Pro l.** (bene) **merentis**, *in proportion to the merit of my benefactor.* **35. Somn. pl.**, i. e. the sound sleep of the poor. **37. Verec.**, sc. *me.* **38. Audisti** = *appellatus es.* **40** sqq. In the Odyssey (iv. 601–607) Tel. declines to receive the horses offered him by Menelaus (*Atride* 43), for the reasons here given. **48. Carinae**, the name of a quarter (*vicus*) in the fourth *regio* of the city, on the Esquiline hill; seen from the

Palatine, it had the form of a ship's keel. Here Philippus dwelt. **51.** The barber generally cleaned the nails of his customers. **52. Non laeve** = *dextre, dexterrime.* **53. Unde domo** = *a qua domo.* Cf. Verg. *Aen.* VIII. 114. Domo = *patria.* **54.** If *free-born,* he would know his father; if a *freedman,* he would have a *patronus.* **56** sq. *Known both to* (i. e. of whom it was well known that he would) *be busy on proper occasion and take his ease,* etc. **59. Ludis,** *in the theatre.* **64. Neglegit** = *negligit.* **65.** Only poor people appeared in public in a simple *tunic* without the *toga.* **72. Dic. tac.,** i. e. everything that came into his head. **79. Req.** seems to be used here in the sense of recreation, pleasure. **85. St.,** dat. **Im. st.,** "he works himself to death." **93. Verum,** *right.* **94. Genium,** sc. *tuum.* See note Epist. II. ii. 187.

## Epist. VIII. — Ad Celsum Albinovanum. (734.)

To the secretary of Tiberius Claudius Nero. A self-reproaching description of the writer's own deficiencies, ending with an admonition against being elated by promotion and success.

**1.** The form of salutation here used is like the Greek *χαίρειν καὶ εὖ πράττειν.* The infinitives are object-acc. of *refer;* or we may supply, with O., *me eum jubere.* **2. Rogata,** *a me.* **3. M. et. p. m.,** *purposing many and honorable things.* **10. Cur** = *propterea quod.* **12. Vent.,** *inconstant,* fickle. **13, 14. Ut,** *how.* **14. Juv.,** Tiberius, who was then twenty-two years old. **15. Gaudere,** sc. *jube eum.*

## Epist. IX. — Ad Claudium Neronem. (734.)

A model of a letter of introduction addressed to a superior.

**4. Dignum,** *as one worthy.* **Domoque,** *and the family.* **Leg. hon.,** *choosing what is noble* (and noble-minded men for his friends). **5.** (Me) fungi. **Prop.,** nearer (thee), i. e. *more familiar.* **8. Mea,** *my* (*influence*). **11.** *Have descended to the privileges of a man-of-the-world's assurance.* **13. Gregis.** Partitive or (better) *possessive* gen.

## Epist. X. — Ad Aristium Fuscum. (734.)

In praise of rural life, moderation, and contentment.

**1. Salv. jub.** A common formula at the beginning of letters. **2. R. amat.,** pl. for sing. **3. Cetera,** acc. of specification. **4. Et alter** (negat). **5.** In like manner we nod assent (to each other), (like) old and well-acquainted doves. **6. Nidum,** i. e. the city. **8. Quid quaeris,** (why need you ask?) = *in short.* **10.** Horace pictures a slave who runs away from a priest, his master, because he gets more cake to eat than bread, and longs for simpler food. Sweet cakes being offered in sacrifice, the priest is always well supplied with them. **13. Pon. domo,** dat., with gerundive, of end for which. **Domo** is the older form of the dat. **15.** Est (locus). **16. Mom.,** probably *the influence;* others, the *movements* or the *course.* **19. Lib. lap.,** *Libyan mosaics,* the small pieces of Libyan (i. e. Numidian) marble with which the floors were laid in mosaic pictures and figures. Such pavements were often strown with flowers and sprinkled with perfumes. **20. Pl.,** the leaden pipes leading from the aqueducts. **22** sq. Nay, you imitate the country in the city, by your groves and gardens in the *cavaedium* or *impluvium,* and by seeking a prospect of the country (such as Maecenas enjoyed). **24.** Rustics used their pitch-forks to drive away wolves and bears. — "Put nature out at the door, she comes in through the window." *Sir Roger L'Estrange.* **25.** *And, victorious, will unawares break through your morbid disdain* (of the country). **26. Cont.,** *to compare.* **31. Pones,** *thou wilt lay it aside.* **33. Vita,** *in your life,* in the true enjoyments of life. **40. Impr.,** *insatiable.* **44. Laetus,** (*if*) *contented.* **49. The** imperf. is used by letter-writers, throwing themselves forward to the time when their letter is read. **50.** The clause *quod — esses* may be considered as a noun of the neut. gender, in the abl. absolute with *excepto.* M. 429; Z. 647.

## Epist. XI. — Ad Bullatium. (725–735.)

Addressed to a man wandering abroad, who, — like some Americans, — disgusted with his home and weary of himself, thought to dispel his *ennui* by travelling.

**1. Visa** (est). **9.** "The world forgetting, by the world forgot." *Pope.* **10.** Cf. *Lucret.* II. 1 sqq. **13. Frigus col.,** *has caught cold* or been chilled by the cold. **16.** Across the sea, so that he could not return to his country. **17. Incolumi,** *to a man in sound mind.* **Facit, quod,** *is just as* (little) *suitable, as.* **18. Camp.,** a short apron or girdle, worn around the loins in gymnastic exercises and games. **26. Arb.,** *which commands* the sea, *etc.,* i. e. commands (a prospect of) the sea. **28. St. inertia,** a good instance of *oxymōron* and of Horace's *callida junctura.* **28–9. Nav. atq. q.,** *with our yachts and chariots,* i. e. excursions by sea and land. **29, 30. Hic,** *here* (in Rome.) **Ul.,** ay, even *at Ulubrae* (a little town in Campania) or any other obscure place. "Massachusetts, Connecticut River, and Boston Bay you think paltry places, and the ear loves names of foreign and classic topography. But here we are; and, if we tarry a little, we may come to learn that here is best. See to it, only, that thyself is here; and art and nature, hope and fate, friends, angels, and the Supreme Being, shall not be absent from the chamber where thou sittest. . . . The Jerseys were handsome ground enough for Washington to tread, and London streets for the feet of Milton." *R. W. Emerson,* "Heroism." **30. Aequus,** calm, *contented.*

## Epist. XII. — Ad Iccium. (734, 735.)

A letter of introduction for Grosphus to Iccius, who was managing Agrippa's estates in Sicily: beginning with some general remarks on the position and circumstances of Iccius, exhorting him to contentment, and commending his pursuit of philosophy in the midst of common employments. After recommending Grosphus, the letter ends with the last news of importance from the East, not neglecting to add a hint as to the grain market.

**2. Non est,** *it is not possible.* **4. Cui — usus,** i. e. who has as much at his command as he needs. **5.** If thou art in good health. **7. In. m p. abst.,** *abstaining from viands placed within thy reach.* **8. Urt.** The *nettle* forms an ingredient in the broth of poor people in England and still more in Scotland. Mc. **Protinus,** lit. right on, *always,* in future. **Ut,** *even if.* **9. Confestim,** straightway, *at once.* **10. Naturam** (tuam). **11. Una** = *sola.* **13. Per. est,** is wandering, is abroad on its travels. Z. **14.** *Amidst so great an itching for and infection of gain,* i. e. surrounded by avaricious persons. **15. Adhuc,** *still,* nunc quoque. **Subl.,** τὰ μετέωρα, physics. **18. Premat,** *hides.* **Obsc.,** proleptic, so that it is obscured. **19. Rerum,** *of the universe.* **Conc. disc.,** *the harmony in variety.* **20.** Whether the Pythagorēan or the Stoic philosophy is false. **St. acumen** = *Stertinius acutus.* **21.** H. speaks humorously of cutting up or butchering vegetables as well as fishes. **22. Utere,** i. e. *give a kind reception to.* A. **23. Verum** = *rectum.* **24.** *The price of friends is cheap when good men want anything;* the friendship of a good man is obtained by giving him aid involving trifling expenditure, for he will only ask what is reasonable. **25.** Observe the rhyme of the two hemistichs in this verse. In the middle ages, such verses were called Leonine. They occur in a few cases in Homer and Virgil. **28. Genibus minor,** *prostrate at his knees;* lit. lower than the knees (of Caesar). Phraates, however, did not come in person to Rome, but made his submission through ambassadors. **29. Italiae,** dative.

## Epist. XIII. — Ad Vinium Asellam. (730-736.)

Instructions for the presentation of some poems to Augustus: hardly to be taken as actually written to the messenger, but designed for Augustus's own reading.

**2. Sig. vol.** Each book was rolled up around a long cylinder. Around each would be wrapped a piece of parchment, to which Horace's seal would be attached. **4. St. nostri,** *in thy zeal for me.* **5. Sed. minister,** *an over-busy servant.* **8. Impingas,** (e. g. against a wall, like a donkey anxious to get rid of its burden.) **9. Fabula,** *the town-talk.* **10. Per c. f. l.** A common phrase, with no particular applicability to the road from Horace's farm to Rome. **14. Glomus,** acc. sing. neut. **15. Pileus,** a *skull-cap,* made of felt, and worn at night or in bad weather. (The man would wear it on his way home from the dinner-party.) **Solea,** the slipper worn in the house, (as **calceus** was the walking-shoe.) Having no slave to carry them for him, the poor guest comes with them under his arm. **18. Oratus,** (*although*) *entreated.*

## Epist. XIV. — Ad Vilicum suum. (732-735.)

A letter nominally addressed to his steward, in which Horace sets forth his own love for the country, and draws a moral from his slave's conduct as to the temper of the envious, discontented, and lazy, who never know what they want.

**1.** On his own farm, escaped from Rome, Horace felt that he belonged to himself and not to others. **2. Focis,** i. e. *families.* **3. Patres,** heads of families, who went up occasionally on business to the neighboring town. **4. Certemus,** subj. in exhortation or *challenge.* **5. An res,** *or his farm.* **6.** Horace is detained at Rome by his sympathy with the *fraternal affection and grief* (**pietas et cura**) *of* (L. Aelius) *Lamia,* who was mourning for the death of his brother Quintus. **7.** Cf. Epist. XII. 25, note. **8. Istuc,** *to that place where thou art,* i. e. my farm. **9. Et — claustra,** *and long to break through the barriers that oppose my course.* Race terms. **10.** (Te) viventem, tu (me), *etc.* **13. In culpa** = *culpandus.* **14.** The steward had been one of the lowest slaves of all work in the city household. **Mediast.** appears in Italian form (*meschine*) in Dante, *Inf.* 9, 45. **26. Terrae gravis,** *heavy* (oppressive) *to the earth.* **T.,** dat. of disadvantage. **Et tamen,** *and yet,* (as thou complainest,) although thou must forego the pleasures of the city. **28.** In the hot weather, cattle were fed with leaves cut from the trees, from want of pasturage. **29.** (Tibi) pigro. **Rivus,** (the Digentia.) **32. Tenues,** light, fine. The opposite is *toga crassa.* **33. Immunem,** without giving money or gifts. **34. Liq.,** *clear.* **35.** Cf. *Carm.* I. i. 21, note. **38. Obs.,** *secret.* **Morsu,** *back-biting.* **39.** Good-natured laughter at the citizen's awkwardness. **40. Diaria** = *cibaria.* **42. Argutus,** sly, cunning. **44. Uterque,** i. e. bos et caballus. Cf. Cic. *Tusc.* I. xviii. 41: *Quam quisque norit artem, in hac se exerceat.*

## Epist. XV.—Ad Numonium Valam. (731-734.)

A rambling letter of inquiry, whether Velia or Salernum has the most attractions as a watering-place. By the character of Maenius the writer illustrates, in a somewhat coarse parallel, his own power of contenting himself with a frugal fare, while he relishes a sumptuous one.

**1. Quae sit,** *etc.* The governing clause is in verse 25. **2, 3.** Mihi Baias supervacuas (facit) **Antonius** (**Musa,** the physician of Augustus, famous for his advocacy of cold water). **Facit supervacuas,** *represents as of no service.* **3. Illis** (*Baiis* vel *Baianis*). The people of Baiae are provoked at Horace's leaving them. **5. Fr.,** i. e. *the winter.* **Murteta,** the myrtle groves near Baiae in which houses were erected over the sulphur springs for vapor baths. **8.** To take douche-baths. **12.** The horse would turn to the right, as usual, to go to Cumae; the horseman pulls by the *left-hand* rein to make him take the road to Salernum or Velia. **13.** But the horse does not listen to words, so the reins must be used. **15. Col. imb.,** in cisterns. **18.** (Vinum) generosum. **19. Manet** from *manāre.* **29. Civem hoste,** *friend from foe.* **33.** Maenius generally lived upon either those who favored his dissipation, or those who were afraid of his tongue. **36** sq. *Like a reformed Bestius, he would say forsooth that the bellies of profligates ought to be branded with red-hot iron.* **39.** *When he had turned it all into smoke and ashes,* a proverbial expression, = when he had consumed it all. **40. Qui,** *some folks.* **Com. bona,** *eat up their estate.* **41. Volva** (vulva). The udder and womb of a sow, especially after her first litter, were considered as great delicacies. **42. Hic** = *talis.* **46. Fundata,** *invested.*

## Epist. XVI.—Ad Quintium. (733-737.)

The poet describes his Sabine farm, and discourses on the liability of men to be deceived in respect to their own goodness and that of others by the judgment of the multitude. Be good rather than seem.

**5. Continui** sc. *sunt.* "There is a range of hills, just dissevered by a valley." The farm stood upon the slope of a range of hills, intersected by the narrow valley of the Digentia, running due north and south. **6.** The right and left sides of the valley are determined by the course of the stream. **7. Vaporet,** *veils in mist.* **9. Corna et pruna,** *cornels and sloes.* **15. Dulces** expresses the poet's own liking, **amoenae** the charm of the landscape in itself. **17. Audis,** i. e. *thou art said to be.* **20. Alius** followed by the abl.; *another than.* **24. Pudor malus,** *false shame.* **28. Servet,** subj. in a wish or prayer. **36. Clamet** (me esse). **38. Mordear, mutem,** subj. in a question of propriety. If any one attacks me with false charges, *am I to be stung or blush?* **39** sq. **Falsus — mendacem,** *undeserved honor pleases and false opprobrium affrights whom but the vicious and the false* (i. e. the one who makes false pretences to virtue)? **43.** *By whose surety property is retained, and by whose testimony causes are won.* A. **49. Sabellus,** *the Sabine farmer,* frank and outspoken. **51. Miluus** (trisyl.) = *milvus* (Lex.). It was probably a fish of the mackerel family. **54. Miscebis sacra profanis,** i. e. wilt disregard all the distinctions of right and wrong. **56. D. est, n. f., lenius,** *the loss is less, not the crime.* **Mihi,** *in my judgment.* **57. Bonus** (in the popular estimation). **64.** Boys used to fasten a small coin to the pavement, and watch the fruitless efforts of passers-by to pick it up. **67. Locum,** *the ranks.* **69** sqq. The captive and slave of his passions has no longer any value in and for *himself;* tolerate him as conducing to the advantage of society as a mere instrument. **73** sqq. A scene is introduced from the *Bacchae* of Euripides (489 sqq.), where Dionȳsos himself, under the form of a priest of Dionysos, is brought before Pentheus, king of Thebes. **Quid indignum,** *what outrage,* τί τὸ δεινόν. **78.** The ancients approved of self-murder in extreme cases. **Linea,** i. e. *the goal;* in allusion to the chalk-line which was the goal as well as starting-point in the chariot-races. Cf. Cic. *Tusc.* I. viii. 15; *de Sen.* xxiii.

## Epist. XVII. — Ad Scaevam. (734–737.)

On intimacy with the great.

**2. Majoribus uti,** *to associate with one's superiors* (in rank and power). **3. Docendus** agrees with **amiculus,** which diminutive Horace uses to speak of himself modestly. **5. Fecisse.** M. 407, Obs. 2; Z. 590. **6. Primam in horam,** i. e. till seven o'clock. **8.** I shall bid thee go to some obscure place in the country. **10. Fefellit,** *has been unobserved,* has escaped notice. Cf. Ov. *Trist.* 3, 4, 25. It was a maxim of Epicurus, λάθε βιώσας. **11. Tuis,** *thy friends.* **12. Siccus ad unctum** = a poor man to a wealthy. But tr. literally. **13** sqq. Horace illustrates his subject by abruptly introducing a dialogue between Diogenes the Cynic and Aristippus. **15. Qui me notat,** *he who censures me.* **18. Eludebat,** parried, baffled. **19. Mihi** and **populo,** dat. of advantage. **Hoc** refers to the *first*-named, "I play the buffoon for my own advantage," because it means *this* course *of mine.* **21. Officium facio,** *I pay my court.* **22. Nullius,** sc. *hominis.* **23. Color,** (external appearance,) condition of life. **24. Fere — aequum,** *generally contented with the present.* It was Aristippus's motto, τὰ μὲν παρόντα στέργειν, τὰ δὲ βελτίω ζητεῖν. **25.** Instead of both an under and an over garment, (the *chitōn* and the *chlamys*), the Stoics wore a coarse woollen mantle (*abolla*) which they wrapped twice around the person. **27. Alter,** i. e. Aristippus. **29. Personam,** *character.* **30.** The Milesian wool was very costly. **31** sq. Acron relates that once when Diogenes and Aristippus were together in the bath, the latter contrived to steal away with the Cynic's tattered mantle, intending thus to oblige Diogenes to put on his purple cloak. Diogenes, however, would not do so, but waited till Aristippus returned him his own cloak. **32. Sine** from *sino.* **36.** While the original Greek had another sense, the proverb here means, it is impossible that all can be fortunate. **39. Hic,** *here,* i. e. *in faciendo viriliter,* in acting like a man. **42. Pretium,** *the reward.* **Experiens,** *who makes the trial,* qui subit onus. **43. Rege,** patron, wealthy friend. **45. Hoc, hic,** i. e. *plus ferre* vel *ferre aliquid.* **49. Quadra,** a square (of a cake or loaf) ; hence, *a share.* **52. Ductus,** (by his patron.) **55. Refert,** *repeats,* acts over again. **Nota acumina,** *the hackneyed tricks.* **Catellam** (diminutive of *catena*), a *bracelet* or *necklace.* **56. Periscelidem,** *an anklet.* **58. Semel irrisus,** *he who has once been deceived* (a plano). **59. Planum,** *a vagrant.* **62. Peregrinum,** qui te non novit.

## Epist. XVIII. — Ad Lollium Maximum. (734.)

How one may worthily win the friendship of the great.

**2. Professus,** sc. *te esse* vel *fore.* **7. Tonsa cute,** *with a cropped head.* **9.** Aristotle says "Virtue is a deliberate habit, lying in a mean, — a mean between two faults, one of excess, one of defect." **10. Alter,** i. e. the *scurra.* **Imi lecti,** gen. of place. **11. Derisor,** (*like a*) *jesting parasite.* **15. De lana caprina,** to quarrel *about goats' wool* = to quarrel about nothing at all, or a thing of no value. Cf. "um des Kaiser's Bart," περὶ ὄνου σκιᾶς. **16. Nugis,** *for trifles.* **Scilicet,** *to think!* **17. Et — sordet,** *and that I should not bark out boldly what I really think! A second life would be a poor return* (for such compulsory silence). **19. C.** and **D.,** two gladiators. **21. Damnosa,** *ruinous.* **22. Gloria,** *vainglory,* vanity. **Vires,** *his means.* **23. Importuna,** *restless,* immoderate. **25. Decem — instructior,** *furnished with ten times as many vices.* **26. Regit,** *tutors him,* gives him rules for his conduct. **32. Beatus,** *happy* (in his own eyes). **33–36.** The effects of gratifying a taste for display in dress. **Nummos alienos** = aes alienum, *debt.* **37. Illius,** i. e. of thy patron. **42. Severo,** sc. *Zetho.* Dat. of the agent (so called). **46.** *Aetolian toils* are toils fit for Meleager, the king of Aetolia, who destroyed the Calydonian boar. Kr. adopts the conj. *Aeoliis* (= Cumanis). **47. Inhumanae,** *unsocial.* **Senium,** *the moroseness.* **53. Coronae,** *of the ring* (of spectators). **54. Campestria,** i. e. in the Campus Martius. **56. Duce,** i. e. Augustus. **57. Quid** = *qua terra.* **Italis armis** (dative) = *Romano imperio.* **59. Ext. n. m. que,** *out of time and tune,* i. e. unbecoming. **64. Velox V.** Victoria is always represented as a young female, *with wings,* and with a *palm-branch* or wreath in her hand, or both. **66.** In the fights of gladiators, the people expressed their approbation by turning their thumbs down, and the reverse, (the sign for despatching a wounded gladiator,) by uplifting them. **Tuum ludum,** metaphorical for *tua studia.* **74. Tradimus,** we *recommend,* introduce. **75. Deceptus — tueri,** etc., *having been deceived* (in thy opinion of him), *cease to defend him, in order that thou mayst protect one thoroughly well known, if slanders assail him.* **78. Dente Th.,** i. e. *with the tooth of calumny.* **87. Falerni** depends upon *bibuli.* **89. Tepores,** *heats.* So most good MSS., Bent., Kr., Ob., R. **91. Obscuri,** *reserved:* others, "designing." **92. Leges,** sc. *philosophorum scripta.* **Doctos,** *the wise.* **94. Semper inops,** *never satisfied.* **95. Mediocriter utilium,** i. e. indifferently useful, *indifferentia, τὰ ἀδιάφορα,* e. g. riches and honors. **96.** It was a question with the ancients, whether virtue is capable of being taught. **99. Fallentis,** escaping notice, unobserved, obscure; the life of one "Along the cool, sequestered vale of life," who keeps "the noiseless tenor of his way." **100. Me,** obj. of *reficit,* and to be repeated as subj. of *sentire* and *precari.* **103. Sit,** and **vivam,** subj. of wish and prayer. **Mihi,** *for myself,* in my own way, not the slave of others. **105. In annum,** *for a year.*

## Epist. XIX. — Ad Maecenatem. (736.)

Against Horace's incompetent imitators, and envious critics.

**1. Prisco,** i. e. a poet of the old comedy (*comoedia prisca*). **2.** Take **diu** with **placere. 3. Potoribus,** dat. of the agent. See note on *Carm.* I. i. 24 (p. 254). **Ut — poetas,** *ever since Liber enlisted mad poets in addition to his Satyrs and Fauns* (in his train). **6.** See *Iliad.* VI. 261. **8.** The business of *lawyers* was transacted in the Forum, that of bankers and brokers near the Puteal Libonis. **13. Textore,** instrumental abl., with the help of the weaver of a short, narrow toga. Cf. Epist. I. i. 93: *curatus inaequali tonsore capillos.* Like *voltu* and *pede,* to be taken with *simulet.* **17. Vitiis imitabile,** *easily imitated in its defects.* "The faults of great men are the first things in them which are imitated."

**18. Exsangue,** which makes pale. **20. Tumultus,** *frantic efforts.* **21. Per vacuum,** i. e. where no Roman had preceded me. **23. Examen.** The metaphor is taken from bees. **25. Non — Lycamben,** *not his subjects, and his words which persecuted Lycambes.* **26. Foliis** (hederae). **Brevioribus** = *minoribus.* **27. Modus** = *numeros;* **carminis artem,** *the structure of the verse.* **28.** *The manly* (energetic, bold) *Sappho tempers her Muse with the measure of Archilŏchus, Alcæus tempers his.* **29. Rebus,** *in his subjects.* **32. Hunc,** sc. *Alcaeum.* **33.** Juvat (me). **Immemorata.** Cf. *Carm.* III. i. 2; IV. ix. 3. **34.** "Fit audience find, though few." **36. Premat,** *cries down.* **39. Ultor,** *the vindicator,* defender. **40. Tribus,** the *cliques* of grammarians or critics; **pulpita,** their *chairs,* (showing that they were rhetoricians and teachers.) **41. Hinc illae lacrimae.** A proverbial expression. (Cf. *Terent.* And. I. i. 99.) This is the cause of their displeasure. **Theatris** = *auditoriis.* **42.** (Me) pudet. **43. Ait** (aliquis). **43. Jovis** = *Augusti.* **44. Manare** is here used by poetical license as transitive. **45. Naribus uti,** i. e. to show my contempt. **46. Luctantis,** i. e. of my antagonist. **48. Genuit,** perf. of a general truth, like the gnomic aorist.

## Epist. XX. — Ad Librum suum. (733-736.)

With this epistle the poet closes his first book, and sends forth the volume into the world, addressing it as a young and wanton person, eager to escape from the retirement of home and rush into dangers it knows nothing of. Yet he prophesies for it a wide reception, and bids it finally take forth and publish, to many a gathering concourse, the outlines of his life and character.

**1.** There was a shrine and statue of Vertumnus near the Janus (or passage-way) in the *vicus Tuscus* or *turarius,* in the neighborhood of which books and other wares were sold cheap. **2.** The parchment-rolls on the outer side were polished with pumice-stone, for the sake of ornament and of smoothness to the touch. **3. Gr. pud.,** *which are acceptable to a modest book.* Sealing was often used in ancient times on *capsae* (book-cases), chests, and boxes, and even chambers, in place of (or in addition to) locks. **4. Com.,** *publicity.* **5. Fuge,** *haste.* **Descendere.** The Forum was on lower ground than Horace's house. **8. In b. c.,** i. e. to be rolled up into a small compass, (and put back in the *capsa.*) **Plenus,** *satiated.* **9. Od. pec.,** *by aversion to the offender* (i. e. the book). **Augur,** i. e. Horace. **10. Aetas,** *youth,* novelty. **12. Inertes.** The original force of the composition remains here (*in-ars*): *unlettered,* without appreciation of art. **13. Vinctus,** *tied up* (as a bundle of goods). Me. **14. Mon.,** i. e. Horace. **14** sqq. What's the use of trying to save such a wilful thing? as the driver said, when his ass would go too near the edge of the precipice, and he drove him over in a passion. (The original of this fable is not known.) **18.** That stammering old age come upon thee, teaching children the elements in the back streets: i. e. that thou shalt be used in thy old age as a school-book. Cf. Juv. VII. 226:

> Quot stabant pueri, cum totus decolor esset
> Flaccus, et haereret nigro fuligo Maroni.

**19.** When people read thee in the evening, when the sun is (**tepidus,**) *mild.* **21. Nido** depends upon **majores,** greater than (could be expected from) the nest (in which I was born), and also upon **extendisse. 23. Belli.** Horace does not mind referring to his old generals, Brutus and Cassius. Mc. **24. Sol. apt.** He liked warm weather. **26. Te, aevum.** *Percontor* rarely takes two accusatives. **28.** These were consuls A. U. C. 733, B. C. 21.

---

## EPISTVLARVM LIBER II.

### Epist. I. — Ad Augustum. (743, 744.)

Augustus had complained that none of Horace's epistles had been addressed to him; whereupon the poet wrote this noble letter. It contains graceful compliments to Augustus; a remonstrance about the patronage bestowed on the old poets; a description of the rapid growth of art in Greece after the Persian war; a complaint that everybody at Rome has taken to writing verses, whether they can or no; a commendation of poets as good and useful citizens and contributors to the national piety; a history of the growth of poetry in Italy; a comparison between tragedy and comedy; an account of the troubles of dramatic authors through the caprices and bad taste of their audiences, which at that time is stated to have been especially depraved; an appeal to Augustus on behalf of the poets of the day; and a reproof to such poets as are unreasonable or officious, and attempt themes too exalted for them.

**2. Res,** *empire.* **4. Si morer tua tempora,** *were I to rob thee of thy time.* **7. Colunt,** i. e. improve and civilize: hence used both of the earth and men. **10. Qui,** i. e. Hercules. **11. Fatali,** *destined,* imposed by fate. **Portenta,** *monsters.* **12. Supremo fine,** (only) *by his death.* **13.** *For that man scorches with his brightness, who overpowers capacities inferior to his own.* Mc. **14. Idem,** *and yet he.* Adversative. **16. Jurandas,** *on which to swear.* An altar was erected in Rome to Augustus on his return from the East (B. C. 19), with the inscription *Fortunae reduci.* **17. Alias** = *alio tempore.* **23. Veterum,** *of ancient* (*things*). **Tabulas,** the laws of the Twelve Tables. **24. Bis quinque viri,** *the Decemvirs.* **25.** (Cum) Gabiis. **Aeq.** = *aequis condicionibus* *facta.* **27. Dictitet** (frequentative), *it persists in asserting.* **31.** We may disbelieve our senses. **32. Summum,** *the height.* **33. Unctis** (for wrestling). **38. Finis,** *some limit,* a fixed date. **45** sqq. See Plutarch, *Sertorius,* XVI. **47.** Dum (is), qui redit — sacravit, **cadat,** etc., *falls to the ground, frustrated in the manner of the tumbling heap* (of corn). On the *argumentatio acervalis* or the *sorites,* see Hamilton's *Lectures on Logic,* p. 268 (Am. ed.). **52. Promissa,** *his professions.* Ennius says in the beginning of his *Annals* that he dreamed that the soul of Homer had (according to the Pythagorean doctrine of transmigration) passed into him. **54. Paene recens,** as if he were *almost modern.* **58. Properare** is thought to express Plautus's rapidity in plot and liveliness of style. **61.** Livius Andronicus first exhibited B. C. 240; Naevius flourished 235; Plautus flourished 220; Ennius was brought to Rome 204; Pacuvius and Caecilius flourished 200–170; Terence was born 195; Accius 170; Lucilius 148; Afranius flourished 100; Atta (*verse* 79) died 78. **68. Jove aequo** (=*propitio*), i. e. *with sound judgment.* **75. Ducit,** *brings to market.* **79.** The stage was strown with flowers and sprinkled with the essence of the crocus. **85.** (When) beardless, (when) old. **87.** The hymns of the Salii were very obscure. **92. Viritim,** of all the citizens. **94. Vitium,** *effeminacy.* **100. Mature plena,** *quickly satiated.* The subj. of **reliquit** is *Graecia.* **102. Hoc,** *this* (love and pursuit of art). **Paces,** *times of peace.* **Vent. sec.,** i. e. *prosperous fortunes.* **104. Prom. j.** = *de jure respondere.* **105. Caut. — rectis,** *guarded* (guaranteed) *by good securities.* **110. Dictant,** *recite* (O.); *compose* (dictate to their amanuenses) Dil. **111.** See Ep. I. i. 10. **112.** The Parthians are called false from their deceitfulness in feigning flight. **120. Temere,** *easily.* **123. Secundo** = *secundario,* of second quality. **124. Militiae,** dative. **126. Os fig.,** *shapes the mouth* (in teaching elocution). **135. Cael. aquas,** i. e. *rain.* **138. Manes** = *dii inferi.* Cf. Verg. *Aen.* XII. 646. **145. Fesc. licentia,** i. e. "the Fescennine musical dialogue." **152.** A law in the XII. Tables made it a capital offence to libel or lampoon any one. **154. Vertere modum,** *they changed their note.* **156. Victorem,** i. e. Romam. **158.** The *Saturnian metre,* an old Italian measure used by Naevius, corresponds with that of the nursery rhyme, "The queen is in the closet, eating bread and honey:" (e. g. *Dabúnt malúm Metélli Naévió poétae.*) **Virus,** i. e. *rudeness* (of form). **160. Ruris** = *rusticitatis.* **161. Adm. ac.,** the Roman (ferus victor) *directed his acute intellect.* **163. Utile,** worthy of imitation. **164. Temp. rem,** made the attempt. **Vertere,** *to translate.* **166. Tragicum,** adverbial acc.; or we may take it as cognate acc. **167.** Y. quotes Pope's imitation:

"Even copious Dryden wanted or forgot
The last and greatest art, the art to blot."

**168. Ex medio,** *from common life.* **170. Veniae minus,** *less indulgence,* everybody being able to criticize everyday characters. **176. Cadat,** *ἐκπίπτῃ, is unsuccessful.* **177.** If the dramatic poet is influenced by the love of fame. **181.** Reducit me (domum). **185. Eques,** (representing the more cultivated.) **188. Incertos,** *roving,* turned now hither and now thither in the diversified spectacle. **189.** *The curtains are kept down,* where we should say, the *curtains are kept up.* In the ancient theatres, the curtain was raised from beneath, to close the scene. **191. Trah. fort. regum** = *unfortunate kings are dragged along.* **193. Ebur,** works of art in ivory, or unwrought ivory also. **Capt. Cor.,** the booty of all Corinth. **195.** *A kind-of-animal quite different (from the common), a panther united to a camel* (Z.), i. e. a cameleopard or giraffe, first brought to Rome by Julius Caesar. R. tr. **Div. gen.,** a kind of animal of two opposite natures, (mild and savage.) **203. Artes,** *the works of art* (which adorned the stage, or were carried in the processions). **204. Div.,** rich dresses and ornaments. **Oblitus** from *oblino.* **207.** "His beautiful violet-colored dress." **Veneno,** *dye.* **208. Quae,** (poems.) **210.** "To walk along a tight-rope," a proverbial expression for doing something difficult and dangerous, or marvellous and admirable, is here used with a sarcastic reference to the admiration in which rope-dancers were now held. **211. Inaniter,** *with no real cause.* **213.** Not simply shifts the scene, but makes me *think myself* now in Thebes, now in Athens. **214. Et,** *also.* **216.** The library in the temple of Apollo on the Palatine dedicated by Augustus, is the (**munus**) *offering* worthy of the god. **Curam redde brevem,** *pay a passing attention.* **220.** The man who cuts down his own vines, hurts himself more than any one else; and this is the meaning of the proverb. **224. Non apparere,** *are not appreciated.* **225. T. d. f.,** fine-spun, elegant. **230. Aedituos,** *guardians of the temple;* finely applied to poets. **233. Versibus,** dative. **234. Rettulit,** *ascribed to.* Properly a book-keeping term. **Philippos.** Gold *Philips,* like gold *Napoleons,* or *Louis d'or;* a coin. **240. Lysippo.** On the abl. cf. *Epist.* I. xvi. 20. **242. Vid. art.,** dat. of end for which, after **subtile**; *for estimating works of art.* **244.** (Alexandrum) natum (esse). The Bœotians were thought *stupid,* (as compared with the people of Attica,) and this was charged to the heaviness of their atmosphere. **248. Voltus** (clarorum). **249.** Cf. Martial: *Ars utinam mores animumque effingere posset!* **250. Sermones rep. per humum.** H. refers particularly to his Epistles. **255.** The temple of Janus was shut (two or) three times in the reign of Augustus. (Cf. Dio

54, 36.) **258. Recipit,** *admits of.* **260.** *But officiousness in its foolishness annoys the one it loves.* **262. Discit,** (*one*) *learns.* **265.** Busts of literary and other distinguished men were set up in public libraries, and multiplied for sale. **267. Pingui,** *stupid.* **Una,** etc. Horace's name would be associated with that of the poet who sung him, as is e. g. Aeneas's with Virgil. **268** sqq. **Vicum,** sc. **Tuscum.** — Horace speaks of being stretched out in an open box as if he were a corpse being carried on a common bier to the common burial-ground, (i e. to the grocer's shop.) In plain language, the poet says he might expect his panegyrist's verses to be carried to the grocer as waste-paper, and himself to be held up to ridicule with the author. Mc.

## Epist. II. — Ad Julium Florum. (743, 744.)

Humorous excuses for not writing poetry, and moral reflections to show the superiority of philosophy. This epistle furnishes valuable materials for Horace's literary biography.

**1. Neroni,** Tiberio. **2. Si,** *etc.* The apodosis begins in verse 16. **Puerum,** *a slave,* verna. **5. Nummorum,** *sesterces.* **8. Argilla uda,** abl. absolute. **9. Indoctum,** *etc.*, i. e. without being an artist, but yet so as to please thee while drinking. **12. Meo,** *etc.*, I am poor, it is true, but have no debts. *Meo in aere* opposed to *in aere alieno.* **13.** No other dealer would sell the boy so cheap, and I should not give him so cheap to every purchaser. **Temere,** *easily.* **14. Semel cessavit,** *he was a little behind the time once;* a mild statement of the fact that he *ran away.* **15. In — lat.,** *hid on the stair-case.* — A whip was kept hanging in a conspicuous place, *in terrorem.* **16. Excepta,** made an exception to his general character. Cf. Sat. II. iii. 286. **17. Poenae sec.,** "without fear of any action for false warranty." **18. Prudens,** *knowingly.* **21.** Mea epistula. Y. suggests that *mea* may be construed as a neut. pl. for *me,* after the Greek idiom. **23** sq. **Mecum — attemptas,** *if, notwithstanding, thou assailest the conditions which are on my side.* **24. Super hoc** =*praeterea.* **28.** (Velut) vehemens lupus. **30. Regale,** *of the king* (Mithridates). **36. Mentem,** spirit, *daring.* **40. Zonam** = his purse. The soldiers kept their money in their girdles. **41. Doceri,** *etc.*, to read the Iliad. **43. Bonae,** *dear.* **44. Curvo,** *from the wrong.* (Cf. the etymology of the English word *wrong.*) So most commentators. But I am not averse to understanding *curvo* and *rectum* in their proper sense, "to distinguish a straight line from a curved," an extenuating allusion to his studies in geometry. Ethics, with philosophy in general, would be embraced under *verum.* **45.** H. heard teachers of the Academic sect — the best school of philosophy — and also of the other schools. **47.** Civ. aestus. — (Me) rudem belli. **48. Responsura,** *to be a match for.* **52. Quod — hab.** = *habentem (tantum) ut id non desit.* **53.** Hemlock was used as a cooling medicine; here as an antidote to the feverish excitement of a poet. **59** sq. **Carmine,** lyrical compositions, odes; **iambis,** epodes; **sermonibus,** satires. **67. Sponsum** and **auditum,** supines. **70. Humane commoda,** *very convenient!* Ironical. (*Ein unmenschlich weiter Weg.*) **72. Calidus,** *in hot haste.* **Mulis gerulisque.** Simple abl. without *cum,* as in military phrases *ingenti exercitu, omnibus copiis proficisci.* Kr. Gr. 397, A. 4. **80. Contr. vest.,** i. e. the narrow (and hence difficult) path of true poetry. **81. Ingenium, quod,** *a man of genius, who.* **83. Exit,** *comes out* (at Rome). **84. Hic,** *here.* **86. Conectere** (the reading of the best MSS.) = *connectere.* **Digner,** *can I (or ought I to) desire.* **87** sq. **Ut** sq., *such that one heard nothing but compliments in the conversation of the other.* **90. Arg.,** *melodious.* **91. Mirabile — opus.** In these words one poet praises the poems of the other. **92. Musis,** dat. of agent. **93. Molimine,** *importance.* **94. Vacuam — aedem,** the temple (of Apollo, =) *the library, empty of Roman poets.* We say, contemptuously, that none of those, whose books are there collected, are true poets; we ourselves only deserve the name. So R. **95. Procul,** *at no great distance,* near at hand. **97.** They carry on a contest of mutual flattery. **98.** (*Like*) *gladiators, in a protracted contest, till the first lamps* (i. e. until evening). **99. Puncto illius,** *by his vote.* **100.** Horace probably refers here to Propertius. Visus (est). **105.** Can, without disadvantage to myself (**impune**), close my ears against the reciters of verses. **114. Et — Vestae,** *and linger still within the sanctuary of Vesta,* i. e. take refuge as suppliants in the author's heart. So R. Most comm. tr. "and are still in the poet's writing-desk." **115. Populo,** dat. of advantage. **Bonus,** sc. *poeta.* **116. Speciosa,** *expressive,* presenting a clear and lively *image* to the mind. **117. Memorata,** *used.* **118. Situs informis,** *unsightly mould.* **120.** The good writer will be both (**vemens**) *energetic* and (**liquidus**) *clear,* perspicuous. **124** sq. *He will present the appearance of one in play, and yet will exert himself vigorously, as one who now dances the part of a Satyr, now of a rustic Cyclops.* **126. Iners,** wanting in (*or* unacquainted with the rules of) art. **127. Dum** = *dummodo.* **Denique,** *at any rate.* **Fallant,** *escape my notice,* are unknown to me. **128. Ringi,** *to chafe.* **134.** The broken seal would show that the wine-flask had been opened and drunk from. **141. Nugis,** i. e. writing poetry. **148. Faterier,** old form of the inf., = fateri. **149. Monstrata,** *prescribed.* **151. Curarier** = curari. **Audieras** (a vulgo). **153. Ex** quo (tempore). **154. Plenior** = *ditior*. **155.** Possent reddere te prudentem, etc. **156.** Minus cupidum timidumque. **Nempe,** M. 435, Obs. 4; Z. 278. **158.** There was a mode of sale which was called *per aes et libram.* A third person held a pair of scales (*libra*), which the purchaser touched with a piece of money, at the same time laying his hand on the thing purchased. According to a set form of words he claimed the thing as his own, and handed the money to the seller as a token of the sum agreed upon. This form of purchase was called *mancipatio.* **159. Mancipat,** *gives a title to.* In law the right by length of possession (prescriptive title) is equal to that of purchase. Such acquisition of ownership is called *usucapio.* Horace uses *usus* here in a more general sense of use and enjoyment. **163. Nempe,** *surely.* (Here used without irony.) **166. Vivas,** etc., *whether thou livest on money laid out just now* (i. e. in buying the products), *or long ago* (in buying the whole farm). Y. has a valuable note here on the idiom (frequent in Greek) which makes the participle of superior importance to the verb; and compares *Sat.* I. iv. 79; *Ars Poet.* 104. **167.** He who bought some time since a farm at Aricia or Veii. **170.** *Still he calls it his own up to the limit where the planted poplar prevents* (gnomic perf.) *quarrels with his neighbor by a sure boundary.* **174. Altera** = *alterius.* **177. Vici** = *villae.* **180. Sigilla,** small images of the gods, in bronze, of Etruscan workmanship. There are many still extant. **182.** The change of the mood in this verse is interesting. **Est qui non curat,** *there is one* (i. e. Horace himself) *who certainly does not care to have them.* **183. Ungui,** in preparation for a feast. **184.** Herod the Great derived a large revenue from the woods of palm (especially the date-palm) in Judæa. They were most thickly planted about Jericho and on the banks of the Jordan. Mc. **187** sqq. It was supposed that each man has his Genius, or accompanying spirit, who *governs his horoscope* (**187**), averting the evil or promoting the good indicated by his natal star, is *a god of human nature* (**188**), inasmuch as every human being has such a Genius, *mortal for every single head* (i. e. dying with the same man with whom he was born), and, as the fortunes of the man vary, *changeable in his aspect,* now *cheerful and* now *sad* (**189**). **192.** I. e., *because he finds that I have not left him more.* **197.** Boys had holidays on the *Quinquatria,* a festival in honor of Minerva, 19–23 March. **199. Domus,** gen. **Paup. domus** = *paupertas domestica.* The reading is very doubtful. Gessner's conjecture of *modo* for *domus* is an acceptable one. **203.** Ablatives of specification. **Loco,** in station, rank. **Re** (familiari), *in fortune.* **204.** Horace says that he belongs to the upper part of the middle class. **205. Abi,** *go to;* well, this is so far good. **210.** *Art thou happy when thou* *count'st up thy birth-days?* i. e., Art thou rather grateful for the past, than discontented at the approach of old age and death? **213. Decede peritis,** *make way for those that do,* lit. that are skilled in the art (of living rightly). **216. Lasciva — aetas,** i. e. that age on which mirth and festivity sit with a better grace.

## De Arte Poetica Liber. (743–746.)

With no pretence at scientific form and completeness, yet with the utmost felicity of transition from one subject to another, Horace defines in this epistle some of the primary laws of good composition. There are many verses in it which the careful student will always remember with gratitude as among his best instructions in rhetoric.

Already in Quintilian we find this poem spoken of as *liber de arte poetica;* but Horace, always modest, could never have given his letter so pretentious a title. This and the two preceding epistles may be classed together as kindred in style and character, and having a common subject.

**1–23.** *Unity and harmony essential in composition.* **2. Varias,** *of various colors.* **Inducere,** *to paint upon it* (i. e. the horse's neck); lit. *to lay on* with the painter's pencil. **3. Col. membris** (abl. absolute), *having collected the limbs from every animal.* **Ut,** *so that.* — With R., I take **turpiter** with **desinat.** It is generally explained as modifying *atrum.* **5. Spectatum,** supine. **6. Isti.** The pronoun is here used in contempt. **7. Vanae,** unreal, fantastic. **8. Fingentur.** The *future* is properly used after *fore.* **9. Reddatur,** *should be assigned,* or *should correspond.* **Formae** alludes both to the *ideal* in the painter's mind, and the outward image which he makes. 0. **Pictoribus — potestas.** The words of a supposed objector. Cf. *Lucian; 'Tis an old story that poets and painters are accountable to nobody.* **Aequa,** *just,* legitimate. **13. Geminentur,** *should pair.* **14. Inceptis** = *initio.* **15. Qui splendeat.** Rel. clause with subj. denoting purpose. **19** sqq. A story is told of a Greek artist who could paint nothing well but a cypress-tree. Being asked to paint a picture of a shipwreck, to be hung up as a votive tablet, he inquired, "You would n't like something added to the scene in the cypress line, would you?" **22. Rota,** *the* (potter's) *wheel.* **23.** *In short, let every (poem) be at least simple and uniform.* **24–31.** *The want of unity* (29, 30) *and other faults* (25–28) *often arise from undue straining after excellences.* **24. Vatum,** *of* us *poets,* (taking the pronoun from the termination of *decipimur.*) **Pater et juvenes.** This epistle is said to have been addressed to *L. Piso,* cos. B. C. 15, who was a friend of good letters and had been praefect of the city, and to his two sons, the elder of whom was from seventeen to twenty years of age at the time Horace wrote it. **28. Tutus,** (reflexive,) *cautious.* **29. Pro-

**digialiter,** *in a marvellous way.* Kr., adopting a suggestion of Schneidewin, places a comma after *rem,* and reads *prodigialiter una Delphinum silvis appingit,* etc.; a plausible conjecture. **32–37.** *Excellence in single details does not compensate for deficiency in the general effect of the whole work.* **32. Aem. ludum,** a gladiatorial school, near which were the shops of the workers in bronze. **Unus** (tr. with the verbs), *shall alone,* i. e. *more skilfully than any other.* **34. Ponere,** *to form,* to model. **36. Pravo,** crooked, awry. **38–72.** *An author should choose a subject adapted to his capacity* (38–40), *to secure the advantages and graces of clear arrangement* (42–44), *and of eloquent and elegant expression* (45 sqq.). *Skilful unexpected combinations of words are very effective* (47, 48). *Within proper limits, new words may be coined, and old words revived* (48–72). **40. Potenter,** *in accordance with his powers.* **45. Tenuis,** *nice,* subtile, elegant. **Serendis** = *componendis,* in construction. **47. Dixeris egregie,** i. e. *thou wilt be distinguished in thy diction.* What Horace means by **callida junctura,** (*a cunning* (i. e. skilful) *combination,*) may be seen by examples from his own works; e. g. *splendide mendax, insanientis sapientiae, animae magnae prodigus,* (cited by O.); *strenua inertia* (L.); *fulmine sustulerit caduco* (R.). **49. Indiciis,** i. e. *verbis;* words being the signs or tokens of things. **Abdita rerum** = *abditas res,* things unknown before, new discoveries, new ideas. **50. Cinctutis,** *kilted,* wearing the *cinctus,* a garment reaching from the waist to the knees, worn *in early times* instead of the tunic. Here used to denote the *ancient* Romans. **52. Fidem,** *acceptance.* **52–3. Si,** etc., *if they flow from a Greek source, slightly* (temperately) *modified.* This seems to apply to Greek words and idioms imitated by Latin words formed in a corresponding manner; e. g. *potenter* (δυνατῶς), *juvenentur* (νεανιεύωνται), *venenat* (φαρμακεύει), *inaudax* (ἄτολμος), *bimaris* (διθάλασσος). *Numerabilis* (εὐαρίθμητος) is an example of a word *parce detortum.* **53–5.** Why shall not modern poets have the same privilege in this respect as the old? **56. Invideor** for the more usual *mihi invidetur.* **59. Signatum — nota,** *marked with the stamp of the present day.* **60. Foliis,** abl. of specification, *in respect of their leaves.* **62. Modo,** *lately,* just now. **63** sq. Horace alludes to the formation of the *Portus Julius,* B. C. 37, by connecting the *Lucrinus lacus* with the *Avernus,* and making a cut for ships through part of the seaward bank of the Lucrine, while the rest of the bar was strengthened. Cf. Verg. *Georg.* II. 161 sqq. **Aquilonibus,** abl. In prose we should have *aquilones a classibus arcet.* Yet Cicero says (*Phil.* 5, 13) *hostem arcuit Gallia.* **Regis opus,** i. e. a work *worthy* of a king. **65** sq. **Sterilis — aratrum.** Said to refer to the drainage of the Pomptine marshes, a work begun by Julius Caesar,

*any single scene.* In the ancient drama, only three persons used to be on the stage speaking. A fourth might appear, but only to receive commands in silence, or to perform some act. Z. **193–201.** *The proper functions of the chorus.* **193.** *Let the chorus supply the place of an actor and (sustain) a strenuous part.* **195.** **Proposito,** *the plot.* **198.** Ille (laudet) salubrem, *etc.* **200.** **Tegat commissa,** i. e. let it keep concealed whatever secrets are entrusted to it. As present throughout the representation, the chorus was witness of the most secret thoughts and purposes of the characters. **202–219.** *Modifications introduced in the course of time in the music of the flute and the lyre accompanying the chorus.* (The lyre was used especially as an accompaniment to the choral songs; the flute as an accompaniment also of the dialogue.) **202.** The flute in the most ancient times was simple, and had but three finger-holes. In time, however, a mouthpiece of brass (*orichalcum*) was put upon it, which made its tones as loud as those of a trumpet, and the number of holes was increased, so that it could bring forth more notes, and execute pieces alone, for formerly it had been used merely as an accompaniment to the choral singing (*adspirare et adesse*). Z. **208.** **Postquam — victor.** After the Punic wars, if we take the Romans, after the Persian if we take the Greeks. **209.** **Diurno,** *in the day-time;* a holiday indulgence. **210.** **Placari Genius.** Offerings of wine, etc., were said to be presented to the Genius when a man was indulging in that way himself. See note on Epist. II. ii. 187. **212.** **Quid saperet,** *what correct-taste could (the untaught rustic,* etc.) *have.* **Turpis honesto,** *the base with the honorable* (in the old sense of *social position,* not of *moral character*): the base-born with the noble. **214.** **Arti,** *to his art.* **215.** The flute-player himself marched up and down on the stage in a handsome robe with a train. **217.** *And the bold eloquence (of the poet) gave birth to an unwonted style* (of expression). **219.** **Sententia,** i. e. *the lessons* of the chorus. **220–250.** *In the Satyric drama, the diction of the characters should be neither vulgar nor bombastic. The writer of such plays should not avoid figurative language, but should choose a style between tragedy and comedy, adding dignity to common words by skilful arrangement and combinations.* The satyric drama was peculiar to the Greeks, among whom it was exhibited in connection with tragedies as a comic after-piece. **220.** It was said that in old times the prize for tragic composition was a goat. (See *Dict. Antiq.* "Tragoedia.") **221.** **Nudavit,** *introduced . . . naked.* **222.** **Inc. dignitate,** *without impairing the dignity* (of his characters, gods and heroes). **224.** The plays were exhibited after the sacrifices. **227** sqq. The same gods and heroes who had appeared in the tragic trilogy, were often introduced in the satyric after-piece. **231. Indigna,** *disdaining.* **232. Moveri,** *to dance.* **234. Dominantia** (κύρια), *proper* (in the rhetorical sense); used in their literal meaning, not figuratively. **235. Scriptor,** i. e. in case I should write. **238. Emuncto,** *cheated.* **240. Ex noto,** *from well-known* (familiar) *words.* **240** sqq. O. cites Pascal, *Pensées*, 1, 3: *Les meilleurs livres sont ceux que chaque lecteur croit qu'il aurait pu faire.* **244.** The Italian *Fauns* are here placed for the Greek *Satyrs* as being similar to them. **246. Teneris,** *elegant, refined.* **Juvenentur,** trifle, or *talk affectedly.* **248. Quibus — res,** i. e. men of rank, birth, and fortune, and therefore of education and refinement. — Slaves and freedmen were said to be *nullo patre nati.* **249. Fricti cic. et nucis,** *of roasted pulse and chestnuts* (or filberts), — pop-corn and pea-nuts. **251-274.** *The iambic trimeter, as the ordinary verse of the drama, is described. The careless and defective metre of the Roman dramatists is censured. The great Greek models should be carefully studied.* **252.** The subject of **jussit** is *iambus,* as a *pes citus.* It is the *rapidity* of the iambus which made the Greeks call a verse of *six* iambs a *trimeter. It bade the name of trimeter to be added to iambics.* **Cum,** *although.* **254. Ita,** so *very.* **256. In — paterna,** *into its hereditary rights.* **258. Socialiter,** like an obliging comrade or partner. **Hic,** *here,* in the second and fourth place. **259 Ap. rarus,** *it* (the iambus) *appears seldom.* **262.** The subject of **premit** is still strictly *iambus,* but with the added idea *rarus apparens: its infrequent appearance.* **263. Videt,** observes, detects. **267. Denique,** *in short.* **274. Digitis,** i. e. by beating time. **275-294.** *The history of the drama in Greece and Rome. The great obstacle to the success of the Latin poets is their impatience of the labor of correction.* **277.** Subjunctives in indirect narration (after *dicitur*). **278.** The **palla** was a *robe* with a train, worn by tragic actors. **281.** See Sat. I. iv. 2, note. **288.** (Fabulae) **praetextae** were tragedies, introducing men in high life wearing the *toga praetexta;* (fabulae) **togatae** were comedies, introducing characters in the *toga,* the dress of common life. **Docuere,** *wrote* or *exhibited;* lit. *taught,* inasmuch as the authors instructed the actors in their parts. **289, 290.** Three ablatives of specification. **294. Perfectum** = *ita ut perfectum sit.* **295-308.** *The affectations of would-be men of genius. Horace makes no such claim; but will confine himself to giving the rules of poetic composition.* **301. Laevus,** *stupid.* — If I did n't purge my bile, I might be as mad and as great a poet as they. **302. Bilem,** acc. of specification; or we may take **purgor** as Greek middle, *purge my.* **304. Nil tanti est,** sc. *quanti sanum fieri.* **306. Officium,** sc. *poetae.* **307. Opes,** *his resources* or materials (Gedankenreichthum). **309-322.** *Good sense is the first requisite of the poet. Add* *knowledge of human nature and sound ethical philosophy.* **309. Sapere,** *good sense.* **310. Rem,** *thy materials.* **Soc. chartae,** the writings of philosophers of the Socratic school. **311. Rem,** *a subject.* — "Es trägt Verstand und rechter Sinn mit wenig Kunst sich selber vor." **314. Conscripti** = *senatoris.* **317. Exemplar v. m.,** *the ideal of life and character.* Kr. Others: *a model of life and character* (i. e. some living example). **319. Speciosa — recte,** *beautiful in its thoughts* (sentiments, common-places), *and rightly depicting character.* **323-332.** *The literary inferiority of the Romans to the Greeks arises partly from the differences in their education. The Greeks are taught to love literary fame, the Romans to love money.* **323. Ore rotundo** denotes fulness, roundness, and elegance of style and diction. **326** sqq. **Dicat — semis.** Questions and answers in a Roman school. **328.** The boy hesitating, the master encourages him by saying, "Why, you could have answered." **332.** Oil of cedar was a preservative against moths and book-worms, as was also keeping books in cypress-wood chests. **333-346.** *The object of poetry is to instruct, or to please, or (what is most acceptable) to do both at once. In didactic poetry be concise; in imaginative poetry avoid improbabilities.* **335.** Cito percipiant. **337.** *Everything superfluous flows away from the breast* (of the reader, *already*) *full.* **338. Ficta,** *things invented.* **340. Pransae,** *after dinner.* **341.** *The centuries of the old men* (a term taken from the classes or *centuriae* of Servius Tullius), i. e. the grave seniors. **Agitant** = *exagitant* (poemata) expertia frugis. **342. Celsi,** *the lofty,* i. e. proud. The *Ramnes* were the eldest of the three centuries of knights; here representatives of *the young men.* **Celsi R.,** *the proud young patricians.* **343. Punctum,** *vote;* so called because at elections the *custodes* who took the votes *pricked off* the number given for each candidate. **345. Hic** = *talis.* **347-360.** *How far imperfections may be pardoned.* **354. Scriptor librarius,** *a copyist,* an amanuensis. **357. Cessat** = *peccat.* **359. Quandoque** = *quandocumque.* **361-365.** *A poem is analogous to a painting.* **366-384.** *There is room for mediocrity in the practical arts, but no toleration for it in poetry. Yet men will write verses who have no genius for their work.* **366. Major** (natu), *elder.* **368. Certis** = *quibusdam.* **M. et t.,** *middling and tolerable excellence.* **373. Columnae,** i. e. *booksellers' shops.* See Sat. I. iv. 71, note. **375.** The honey of Sardinia (and Corsica) was bitter. Roasted seeds of the white poppy were served in honey at the dessert. **376. Duci,** *be prolonged,* go on. **378.** "*Du sublime au ridicule il n'y a qu'un pas.*" **379. Camp. armis,** the weapons of the Campus Martius, i. e. all the implements used there in games and sports. **383. Census,** (lit. returning for assessment,) takes an acc. like a Greek middle part. Cf. M. 237, a, Obs. **385–390.** *Subject thy writings to judicious criticism, and withhold them from early publication.* **Invita Minerva** = *adversante et repugnante natura* (Cic. *de Off.* I. 31, 110), i. e. against the bent of thy nature. **388. Nostras** (= *meas.*) **391–407.** *Be not ashamed of the office of a poet; poetry has been the great civilizer of mankind.* **394. Dictus** est. **396. Fuit,** etc., "for this, of old, was accounted wisdom." **399.** The laws of Solon were inscribed on wooden tablets. **403. Sortes,** *oracles.* **404. Vitae,** etc. H. alludes to the didactic and gnomic poetry of Hesiod, Solon, Theognis, Phocylĭdes, and others. **Gratia regum.** Arīon, Simonides, Anacreon, Pindar, and other lyric poets, enjoyed the favor of monarchs. **405. Ludus,** plays, *dramatic poetry.* Dramatic pieces were first performed at the rural Dionysia, at the end of the labors of the year. **408–418.** *Good poetry demands a union of genius and laborious art.* **409** sqq. Cf. Cic. *pro Arch.* VII. 15. **413. Puer** (when) young. **417.** *Plague take the hindmost!* Probably an exclamation of boys in their games. **419–437.** *Beware of critics who flatter.* **422. Unctum — possit,** *who is disposed to set before thee something dainty* (*or* a dainty banquet) *in good style.* **426. Cui,** *to any one.* **430. Saliet — terram,** he will leap and dance for joy, when the hero is successful; as he had before wept at his misfortunes. **438–452.** *The honest critic will advise the author to correct, and sometimes to rewrite his whole piece. Some of the faults are specified which call for criticism.* **439. Negares.** The conjunction *si* in the protasis is often omitted. **442. Vertere,** to change and *correct.* **453–476.** Horace is fond of a humorous ending after his graver moods; and he here concludes with a ludicrous picture of a mad poet. **453. Morbus regius,** the jaundice. **457. Sublimis,** *with his head in the air.* **458.** Composition of *auceps?* **460. Non sit.** Subj. as imperative. On *non* instead of *ne,* see M. 456, Obs. 2; Z. 529, note, end. **462. An,** *but that.* **Prudens,** *on purpose.* **463. Siculi poetae,** i. e. Empedocles of Agrigentum. **465. Frigidus,** *in cold blood.* Antithetical with *ardentem.* **467.** "The construction of *idem* with the dat. is pure Greek, and occurs only in poetry, and even there very rarely." Z. 704; M. 247, b, Obs. 8. — This is the only spondaic line in Horace. **472. Moverit,** touched and profaned. **476. Hirudo,** (like) a leech.

# INDEX OF PROPER NAMES.

*** This Index is intended to supply the deficiencies of the Lexicons in ordinary use, by presenting such facts or legends with regard to the different characters as are requisite to the understanding of Horace's allusions to them. It has not been thought necessary to insert names which can only be defined as belonging to "an unknown person."

**Antonius Musa**, a celebrated physician, who restored Augustus to health by cold bathing and cooling drinks, but failed when he applied the same treatment to the young Marcellus.

**Antonius Iūlus**, son of the Triumvir and Fulvia, grew up in wealth and distinction in the court of Augustus. He wrote an epic poem in twelve books called Diomedea.

**Aristius Fuscus**, a man of wit, and a lover of the town-life; perhaps not disinclined to money-making, one of the vices of the day. He seems to have been among the dearest and most intimate friends of Horace.

**Arrius, Quintus**, a great spendthrift, whose two sons were notorious in the same way. They ate nightingales costing 600,000 sesterces a plate.

**Asteria**, a fictitious name meaning "Star-maid," bright and fair as a star.

**Atreus** killed the two sons of Thyestes and placed their flesh before their father at a banquet, who unwittingly partook of the horrid meal. The gods cursed Atreus and his house.

**Aulon**, a valley (*αὐλών*) in Calabria.

**Bacchius** and **Bithus**, famous gladiators, equal in age and daring, whose names were proverbial as a well-matched pair.

**Bandusia**, a fountain about six miles from Venusia, whose name Horace probably applies (Carm. III. xiii.) to a fountain of the river Digentia near his Sabine farm.

**Bibacŭlus, C. Furius**, a bombastic poet, who opened a poem on the Gallic war with the line

> "Jupiter hibernas cana nive conspuit Alpes,"

whence the wits of Rome, or Horace himself, gave him "the fatal name of Alpīnus." He wrote also, it is probable, an Aethiopis, containing the death of Memnon. He was very successful (but bitter) as an epigrammatist; perhaps Horace had been attacked by him.

**Bithus**. See **Bacchius**.

**Bolānus**, a quick-tempered fellow, who always spoke out what he thought of every one.

**Cadmus** and **Harmonia** were at last changed by Zeus into serpents and removed to Elysium.

**Calvus, C. Licinius**, an orator and poet, the friend of Catullus, with whose name his own is always associated. They were proverbial as the models of grace, sweetness, plaintiveness, and tenderness, though with lines occasionally hard and inharmonious.

**Canidia,** a name applied by Horace to his former mistress *Gratidia*, a Neapolitan, in insulting reference to her gray hairs (*canities capitis*).

**Capitolīnus, Petillius,** was tried for stealing a crown from the Jupiter of the Capitol, and only escaped condemnation because he was a friend of Caesar Octavianus.

**Caprius,** a low lawyer.

**Cascellius, Aulus,** a lawyer of great erudition.

**Cassius Etruscus,** a bad poet who wrote with great rapidity. Horace supposes him, in jest, to have written books enough to serve, with their cases, for his funeral pile.

**Cassius Parmensis,** (one of the assassins of Caesar,) a writer of some short but highly-finished elegies and epigrams, and of some tragedies, one of which was called Thyestes.

**Catiēnus,** an actor accustomed to perform the part of Deiphilus in the Iliona of Pacuvius. See **Iliona.**

**Cervius.** I. A slanderous prosecutor (Sat. II. i. 47). II. An honest neighbor of Horace at his Sabine farm (Sat. II. vi. 77).

**Chloe,** a fictitious name (from χλόη, the first light-green shoot of plants in spring), denoting tender youth.

**Chloris,** a fictitious name from χλωρός, also denoting the freshness of youth.

**Chremes,** a character in Terence, a rich and avaricious old man, cheated by his slaves. The name is derived from (χρέμω) χρέμπτομαι, to clear one's throat.

**Cicirrhus,** a nickname from Κίκιῤῥος = ἀλεκτρυών, a crowing cock.

**Cinăra,** probably the true name of a freedwoman loved by Horace.

**Claudius Nero, Tiberius,** the step-son of Augustus, carefully educated, and not without military courage. He succeeded Augustus as emperor. In the latter years of his life he manifested great depravity.

**Cocceīus Nerva, L.,** a friend of Antonius, and afterwards of Augustus.

**Corānus,** a usurer, a scribe, or notary.

**Crassus, M. Licinius,** the triumvir, defeated and slain by the Parthians A. U. C. 700.

**Crispīnus,** a loquacious, blear-eyed person, said to have written bad verses on the Stoic philosophy, and called ἀρεταλόγος.

**Damălis,** the name of an imaginary personage, from the Greek δάμαλις, "a heifer," and by metonymy "a young maiden."

**Damŏcles,** a Syracusan, having extolled the great felicity of the elder Dionysius, tyrant of Syracuse, on account of his wealth and power, the monarch invited him to try what his happiness really was, and placed him at a magnificent banquet, in the midst of which Damocles saw a naked sword suspended over his head by a single horse-hair — a sight which quickly dispelled all his visions of happiness. (Carm. III. i. 17.)

**Dellius, Q.**, a man of no steady character, *desultor bellorum civilium*, notorious for the shameless manner in which he changed sides in politics. He wrote a history of the campaign of Antonius against the Parthians, in which he had served. He had a beautiful villa, and enjoyed the society of Caesar and Maecenas.

**Demetrius**, a *modulator* or phonascus, a musician who gave the tone to the actor and also to the orator; part of his office was to instruct the female mimes, who recited poems, accompanying them with attitude and gesture, both in private and in the theatre. Demetrius recited, or taught others to recite, the poems of Calvus and Catullus. He was called the ape, on account of his short stature and deformity.

**Dossennus Fabius**, a comic poet, a writer some suppose of *Atellanae*, others, more justly, of *palliatae* and *togatae*. It is curious that one of the characters in the Atellanae was called Dossennus — a hunchback, half philosopher, half conjurer and diviner.

**Drusus Nero, Claudius**, son of Tib. Claudius Nero and Livia, and younger brother of the emperor Tiberius; adopted and greatly trusted by Augustus. He gained splendid victories in Germany.

**Empedŏcles**, the famous natural philosopher of Agrigentum, wrote all his works in verse. The story that he threw himself down the crater of Ætna, that by his sudden disappearance he might be deemed a god, but was betrayed by the volcano's throwing up one of his sandals, is probably fictitious.

**Enīpeus**, a fictitious name, coined from ἐνίπτω, *to upbraid*.

**Eutrăpĕlus, P. Volumnius**, a Roman knight, and a boon companion of Antonius, who received his cognomen from his wit and εὐτραπελία; (ἡ γὰρ εὐτραπελία πεπαιδευμένη ὕβρις ἐστίν. Aristot. *Rhet.* 2, 12.)

**Fannius**, a bad poet, who wrote with great rapidity. He was a parasite of Hermogenes Tigellius.

**Fescennīna carmina.** There was a sort of rude jesting dialogue carried on in extempore verse at the early Latin rustic festivals, full of good-tempered raillery and coarse humor. These were called Fescennine songs, as is generally supposed from the town of Fescennia or Fescennium, belonging to the Falisci. From these verses others, more licentious and scurrilous, took their name, and satires got the same name, but the sort of poetry with which it originated was harmless, as Horace says.

**Flavius**, the schoolmaster of Venusia.

**Florus, Julius**, a writer of graceful and pleasing verses, who went nto the East with Tiberius, among the younger men attached to his person.

**Fonteius Capito**, the negotiator on the part of Antonius in the treaty of Brundisium. He had a house or farm at or near Formiae.

**Fufidius**, an avaricious usurer.

**Fufius**, an actor who fell asleep in the part of Iliona. See **Catienus**.

**Fundanius**, a comic poet, greatly admired in his day. He was a friend of Maecenas.

**Furius.** See **Bibaculus.**

**Furnius**, a faithful and elegant historian.

**Fuscus.** See **Aristius.**

**Galatēa** = *Lactea*, implying milky-whiteness of complexion.

**Gigantes**, sons of Terra, of monstrous size, with fearful countenances and the tails of dragons. They made an attack upon heaven, armed with huge rocks and trunks of trees; but were killed by Jupiter and the other gods, and buried under Ætna. Horace, like Virgil, seems to mix the legends of the Gigantes and the Titanes.

**Glaucus**, the Lycian, exchanged his golden armor with Diomedes' armor of bronze. (Iliad, VI. 230 sqq.)

**Glycĕra**, (γλυκερά,) means *sweet*, "Dulcinea."

**Gnatia** (Egnatia), a town in Apulia, on the coast.

**Gracchus** (Epist. II. ii. 89), tr. *a Gracchus*. Both Caius and Tiberius were famous as orators.

**Grosphus, Pompeius**, a Roman knight, resident in Sicily, of whom Horace held a high opinion.

**Gyas**, the name of a hundred-handed giant, son of Gaea and Ouranos, (Earth and Heaven,) with two brothers, Kottos and Obriareos. Hesiod. *Theog.* 149. (Others read *Gyges.*)

**Haedilia**, according to a marginal note in cod. Bernensis 363 (of the ninth century), a mountain and forest near Lucretilis and Ustica, in the neighborhood of Horace's farm.

**Hagna**, a freedwoman beloved by Balbinus.

**Hermogĕnes Tigellius**, a teacher of music, probably a Greek, and perhaps an adopted son of L. Tigellius. He was an enemy and detractor of Horace, who repays him with some of the bitterest touches of his satire.

**Hippolўte** having falsely accused Peleus to her husband Acastus of an attempt upon her virtue, Acastus took him to Mount Pelion, where they hunted wild beasts; and when Peleus, overcome with fatigue, had fallen asleep, Acastus left him alone and concealed his sword, that he might be destroyed by wild beasts. Peleus was saved, however, by the intervention of Chiron or Hermes.

**Iarbīta,** a certain *Cordus* (or Codrus, Verg. *Ecl.* VII. 26), a man of Moorish birth, who aspired to the fame of letters, and endeavoring to equal Timagenes in the force of his declamation, burst some of the vessels of his diaphragm, and died. He perhaps had taken the name of Iarbita to affect a descent from the Mauretanian kings; or the wits of Rome had given him that name.

**Iccius** (unknown except from Carm. I. xxix. and Epist. I. xii.) had devoted himself to philosophy and letters, but when the invasion of Arabia under Aelius Gallus took place, was seized with a sudden access of military ardor and the hope of enriching himself with the spoils of the East. The fatal issue of the campaign left him poorer than before; but he found employment as the manager of Agrippa's Sicilian estates. Horace consoles him for his poverty, and persuades him that happiness is yet in his power.

**Ilia,** or Rea Silvia, a Vestal virgin, mother by Mars of Romulus and Remus. Amulius caused her to be drowned in the Anio, in which river (according to the general story) she exchanged her earthly life for that of a goddess, and became the wife of the river-god. Another story, which Horace follows, represents her as thrown into the Tiber, and marrying the god of that river.

**Iliŏna,** daughter of Priam and Hecuba, was the wife of the Thracian king Polymestor (or Polymnestor), to whom she bore a son Deiphilus. With him she exchanged her brother Polydōrus, who was intrusted to her care at the beginning of the Trojan war, and whom she brought up in such a way that her husband himself regarded him as his own son. The Greeks having bribed Polymestor to murder Polydorus, in his error he slew his own son instead. In the *Iliona*, a tragedy of Pacuvius, the shade of Deiphilus appears to his mother in her sleep, and beseeches her to bury him.

**Iulus Antonius.** See **Antonius.**

**Labeo,** a man notorious for some act of mad cruelty to a slave.

**Laberius, Decimus,** a Roman knight, and a distinguished writer of mimes. When he was sixty years old, Julius Caesar in effect compelled him to appear upon the stage, although the occupation of an actor was considered as disgraceful to a gentleman. He took, however, his revenge. His prologue (which has been preserved for us by Macrobius) awakened compassion, and during the performance he adroitly availed himself of his various characters to point his wit at Caesar. In the person of a beaten Syrian slave he cried out, "Marry! Quirites, but

epistles. In Epist. I. ii. Horace seems to have taken the privilege of an intimate friend of the family to write to Lollius, who was employed in studying oratory at Rome and composing declamations. Throughout this graceful letter, he moralizes to the young student out of Homer, as an Englishman might out of Shakespeare, as the great storehouse for examples of vice and virtue to which he might perpetually recur.

**Lucilius, C.** The first writer of hexameter satire. The few broken fragments of his writings which remain show great force, vehemence, and even picturesqueness of expression, but his verses are hard and harsh; his language, though at times strongly vernacular, strains after Greek compounds; and we can even now, (says Milman,) if we compare the idiomatic pellucidity of Horace, understand the sense of the word muddy (*lutulentus*) as applied to the flow of the verse of Lucilius.

**Lupus, C. Cornelius Lentulus**, consul 156 B. C. An object of fierce satire to Lucilius.

**Lyce**, a fictitious name from λύκος, a wolf.

**Maecēnas, C. Cilnius**, traced his descent from the *Lucumones* of Etruria. His paternal ancestors were the Cilnii, mentioned by Livy (x. 3, 5); his maternal ancestors were also of Etruscan origin, and it was from them that the name of Maecenas was derived. Well educated, and versed both in Greek and Latin literature, he was not only a patron of the most eminent poets of his time, but was himself a writer both in verse and prose. The favored confidant of Augustus, he aided him in the administration, and wisely counselled mild and prudent measures. His enormous wealth, his culture, and his intimacy with the sovereign, gave him the highest social position in the capital. Content with this, and especially fond of his ease, he declined the highest honors of the state, and preferred to remain a simple knight. "What did he care, whether his toga had a broad or narrow stripe of purple?"

He built upon the Esquiline hill a palace, whence he had a prospect over the whole city and neighborhood of Rome, as far as Forli, Tusculum, Palaestrina, etc., one of the most splendid which can be conceived; and here, in the midst of the voluptuous garden into which he had converted the heretofore unwholesome Esquiline hill, he was enabled to enjoy the pleasures of the most beautiful villa. Here, after the toils and disquiets of the civil wars, and after he had at length attained the end of all his exertions, A. U. C. 727 (about the fortieth year of his life), while he saw Augustus in quiet possession of a power and dignity which he was conscious was his work, he abandoned himself to his natural inclinations for quiet, pleasure, and those arts which are the offspring and the parents of contentment. His house, his table, his gardens, were the resort of all the wits, virtuosi, actors, joyous spirits, and agreeable idlers in Rome. Everything breathed enjoyment, mirth, and pleasure. It was a kind of court of Alcinous, where every one was welcome who could contribute anything to the amusement of the master and his company. (Wieland, quoted by Milman.)

In the latter part of his life, he suffered greatly from ill-health, accompanied with an unmanly fear of death.

**Maenius**, a notorious prodigal and miserable jester on his own prodigality and enormous debts. On the first day of the year he was heard to pray aloud, "O, Jupiter, that I owed 40,000 sestertia!" Some one asking the meaning of this extraordinary prayer "I should gain 100 per cent.; I owe 80,000."

**Malthīnus**, probably a fictitious name, said by the old scholiasts to indicate Maecenas; but this is doubtful.

**Megilla.** Μέγιλλα perhaps from μέγας, as Μίκυλλος from μικρός.

**Messāla, M. Valerius Corvinus**, the patron and friend of Tibullus. He was considered as almost the last of the great Roman authors. After important military service, the latter part of his life was passed in dignified retirement, and in the patronage and enjoyment of letters.

**Metella**, wife of Lentulus Spinther. From her ear the son of Aesopus drew the pearl which he melted and drank.

**Metellus, Q. Caecilius, Macedonicus**, cos. 143 B. C. (Sat. II. i. 67.)

**Metellus, Q. Caecilius, Celer.** His consulship, A. U. C. 694, is the date of the first triumvirate, which Horace regards as the beginning of the civil war.

**Mucius Scaevŏla, P.**, a great lawyer.

**Munatius**, a youth in the retinue of Tiberius, A. U. C. 733.

**Murēna.** See **Licinius.**

**Musa.** See **Antonius.**

**Mystes**, a slave of the poet Valgius.

**Nerius**, a well-known usurer.

**Nerones**, Tiberius (*see Claudius*) and Drusus, the step-sons of Augustus.

**Novius**, (Sat. I. vi. 40,) a *homo novus*, tribune of the people. An upstart.

**Novius minor**, an ugly usurer, always early at business near the statue of Marsyas.

**Numicius**, a young man of whom we know nothing more than that he stood so high in Horace's regard and esteem, as to have his name inscribed in that pleasing poem, the sixth epistle of the first book.

**Numĭda Plotius** returns, after ten years' absence, from the Canta-

**Philodēmus.** An Epicurean philosopher. Some of his epigrams, and his treatises on music and on rhetoric, have been deciphered among the Herculanean MSS.

**Phraātes.** Phraātes the IV., expelled for cruelty from the throne of Parthia, but restored to his throne by the Scythians. He submitted to Augustus.

**Pisōnes.** See note *A. P.* 24.

**Pitholeon,** (or Pitholaus,) a freedman of M. Otacilius, who wrote calumnious poems, and epigrams in which Greek words were mixed with Latin.

**Plancus, L. Munatius,** a man engaged in almost every contest in the civil wars, and on every side. At his proposition Octavius was saluted by the name of Augustus. The advice of Horace to Plancus (Carm. I. vii.), that he should surrender himself to pleasure, was congenial to his habits. The first lines of the ode are addressed with great propriety to a former Praefect of the province of Asia, who must have known Greece well. The villa of Plancus at Tibur was no doubt familiar to the poet, and the restless life of the adventurer might wisely close in the enjoyment of repose and quiet conviviality in that beautiful neighborhood.

**Plotius,** a poet named, with Varius and Virgil, as among the dearest friends of Horace. He is one of those to whom Augustus intrusted the publication of the Æneid. Not a line of his poetry is known to exist.

**Pŏlĕmōn,** a Platonic philosopher, was extremely profligate in his youth; but one day, when he was about thirty, on his bursting, intoxicated, into the school of Xenocrates, at the head of a band of revellers, his attention was so arrested by the discourse, which chanced to be upon temperance, that he tore off his garland and remained an attentive listener, and from that day adopted an abstemious course of life. He continued to frequent the school, and, on the death of Xenocrates, (B. C. 315), became its head.

**Pollio, C. Asinius,** a distinguished orator, poet, and historian of the Augustan age. He fought in the civil war on the side of Julius Caesar. Antonius appointed him governor of Gallia Transpadana, where he had the difficult task of settling the veterans in the lands assigned them, and saved the property of the poet Virgil, at Mantua, from confiscation. In B. C. 40 Pollio took an active part in effecting the reconciliation of Octavianus and Antonius at Brundisium. In B. C. 39 he was sent by Antonius, with an army, against the Parthini, an Illyrian people; having defeated them, and also having taken the Dalmatian town of Salonae, he obtained the honor of a triumph. He devoted himself afterwards to literature, and to the exercise of his oratorical powers both in the senate and the courts of justice. A patron of Horace, Virgil, and other men of letters, and the first person to establish a public library at Rome, he also wrote tragedies, and a history of the civil wars in seventeen books, and enjoyed great fame and success as an orator.

**Pomponius**, a youth of prodigal habits.

**Postŭmus.** Unknown, unless the same Postumus to whom a beautiful elegy of Propertius (III. 12) is addressed.

**Proculeius.** C. Proculeius Varro Murēna, brother of Licinius (Carm. II. x.) and of Terentia, the wife of Maecenas, was a Roman knight of high character, who, after the civil wars, nobly shared his fortune with his brothers, whose estates had been confiscated.

**Pyrrha** (Carm. I. v.), πυῤῥά, with red hair.

**Pyrrhia**, a pilfering and tipsy maid-servant, in a comedy of Titinius.

**Pythias**, a brazen-faced maid-servant in a play of Lucilius, who defrauds her master.

**Quintilius Varus**, of Cremona, a common friend of Virgil and Horace, a good critic (*A. P.* 438), and perhaps himself a poet, died B. C. 24.

**Rhŏdē**, (ῥόδον, ῥοδῆ), Rose, Rosa.

**Rufa**, and **Rufus**, "red-head;" **Rufillus**, "little red-head."

**Sallustius, C. Crispus**, grandson of the sister of Sallust the historian.

**Sarmentus**, a buffoon probably in the retinue of Maecenas.

**Scaeva**, (Epist. I. xvii.), a young friend of Horace.

**Scaeva**, (Sat. II. i. 53), a debauched and cowardly matricide.

**Septimius**, one of the most honored of the friends of Horace.

**Sestius, L.**, a faithful adherent of Brutus, whose frendship Horace probably formed during the campaign. Augustus, after his unexpected recovery from his illness, appointed Sestius as consul in his own place.

**Sisenna.** Proverbial for bitter jests; the slave of his tongue.

**Sisy̆phus**, a favorite dwarf of Antonius, not more than two feet high, called Sisyphus from his clever tricks. It was the fashion to keep dwarfs.

**Sybăris**, the name of a luxurious city, applied to an effeminate young man. The name **Lydia** (lit. a Lydian) in the same ode denotes luxury.

**Tanăis**, a eunuch, a freedman of Maecenas.

**Tarpa, Spurius Maecius**, a distinguished critic.

**Taurus, T. Statilius**, cos. a second time with Augustus A. U. C. 728.

**Theon** (adjective *Theonīnus*), a freedman whose name was a byword for malicious slander.

born probably A. U. C. 672, five years after Catullus, six years before Asinius Pollio, twelve before Virgil, and seventeen before Horace: of all these poets the intimate friend. He was one of those who saved the Aeneid from the flames and assisted in correcting it. Of his poem on the death of Julius Caesar some lines survive, all pure and spirited, some of masculine beauty; of his panegyric on Augustus two lines are supposed to be quoted by Horace, *Epist.* I. xvi. 27, 28. Quintilian declared that his tragedy of Thyestes might stand a comparison with any production of the Grecian stage.

**Varro, P. Terentius Atacīnus,** so called from the river Atax in Gallia Narbonensis, his native province; a translator of respectable talents, and a not very successful writer of satires and other poems.

**Varus.** See **Quintilius.** Horace speaks of another *Varus* as the faithless lover of Canidia.

**Veianius,** a famous gladiator, who, after many battles, obtained leave to retire from the arena, and consecrated his arms to Hercules.

**Viscus,** one of the two sons of Vibius Viscus, of the equestrian order, both of whom are said to have been poets.

**Voltur** (Vultur), the modern *Voltore,* a picturesque mountain between Lucania and Apulia, near Horace's birth-place.

**Xanthias Phoceus,** (Phoceus *dissyllable,*) i. e. youth with auburn locks (ξανθός) from Phocis, — the addition of his birth-place giving a certain formality and dignity to the address. The name is either invented by Horace, or adopted from a Greek ode. Many of Horace's love-poems are "merely a Roman artist's translations or paraphrases from the Greek originals."

**Zethus** and **Amphīon,** twin-sons of Zeus (Jupiter) and Antiŏpe, mythic founders of Thebes. To reconcile conflicting pretensions, Pausanias supposes that Cadmus was the original settler of the hill of the Cadmeia, while Amphion and Zethus extended the settlement to the lower city. Zethus despised music, holding it in suspicion as conducing to effeminacy and vicious sloth, and bade Amphion throw his lyre away. There is a fine contrast in the legendary characters of the two brothers, "the rude and unpolished, but energetic, Zethus, and the refined and amiable, but dreamy, Amphion." (See Grote, *Hist. of Greece,* I. xiv.)

FINIS.

The beauty of the type and paper.

The handsome style of binding.

The convenience of the shape and size.

The low price at which the volumes are sold.

The preparation of the whole Series is the *original work* of American scholars.

The texts are not *mere reprints*, but are based upon a careful and painstaking comparison *of all the most improved editions*, with constant reference to the authority of the best manuscripts.

No pains have been spared to make the notes accurate, clear, and *helpful to the learner*. Points of geography, history, mythology, and antiquities are explained in accordance with the views of the best German scholars.

The Series, when complete, will consist of

**CAESAR'S COMMENTARIES.**
**VIRGIL'S ÆNEID.**
**CICERO'S ORATIONS.**
**HORACE'S ODES, SATIRES, AND EPISTLES.**
**SALLUST.**
**LIVY.**
**VIRGIL'S ECLOGUES AND GEORGICS.**

Of which there are now ready the following, viz.:

**CAESAR'S COMMENTARIES**, Price, . . . . $1.25
**VIRGIL'S ÆNEID**, . . . . . . . . . . 1.50
**CICERO'S ORATIONS**, . . . . . . . . 1.25
**HORACE'S ODES, SATIRES, AND EPISTLES**, . 1.50

Due notice will be given of the publication of the remaining volumes. The generous welcome given to these books, proves very conclusively that they are well adapted to the wants of the class-room. Already they have been adopted in every State in the Union, and the publishers have the proud satisfaction of stating that they are at this time the standard text-books in nearly One Thousand Schools, and the number is daily increasing. Among these are many of the largest and most important classical institutions in the country.

Circulars containing full descriptive notices of the different books of the series will be sent to any address on application.

**A MANUAL OF ELOCUTION.** Founded upon the Philosophy of the Human Voice, with Classified Illustrations, Suggested by and Arranged to meet the Practical Difficulties of Instruction. By. M. S. MITCHELL. Price by mail, post-paid, $1.50.

The compiler cannot conceal the hope that this glimpse of our general literature may tempt to individual research among its treasures, so varied and inexhaustible;—that this text-book for the school-room may become not only teacher, but friend, to those in whose hands it is placed, and while aiding, through systematic development and training of the elocutionary powers of the pupil, to overcome many of the practical difficulties of instruction, may accomplish a higher work in the cultivation and refinement of character.

## SUBJECTS TREATED OF.

Articulation, Pronunciation, Accent, Emphasis, Modulation, Melody of Speech, Pitch, Tone, Inflections, Sense, Cadence, Force, Stress, Grammatical and Rhetorical Pauses, Movement, Reading of Poetry, Action, Attitude, Analysis of the Principles of Gestures, and Oratory.

Among the *gems of literature* collected in this volume may be named the following, which will give a general idea of the character of the selections for practice, of which the volume is largely composed.

A Psalm of Life.
Address at Gettysburg.
Barbara Frietchie.
Bonny Kelmeny.
Bugle Song.
Charge of the Light Brigade.
Death of Little Nell.
Dies Iræ.
Elegy in a Country Churchyard.
Excelsior.
Godiva.
Invocation to Light.
Laus Deo.
The American Flag.
Oh! why should the Spirit of Mortal be Proud?
The Battle of Ivry.
The Bells.
The Bridge of Sighs.
The Great Bell Roland.
The Mantle of St. John de Matha.
The Raven.
The Soldier from Bingen.
The Song of the Shirt.
Union and Liberty.
Woman's Education.
Work.

**THE MODEL DEFINER,** with Sentences showing the Proper Use of Words. An Elementary Work, containing Definitions and Etymology for the Little Ones. By A. C. WEBB. Price by mail, post-paid, 25 cents.

---

**THE MODEL ETYMOLOGY.** Giving not only the Definitions, Etymology, and Analysis, but that which can be obtained only from an intimate acquaintance with the best Authors, viz.: The Correct Use of Words. By. A. C. WEBB. Price by mail, post-paid, 60 cents.

---

**THE YOUNG STUDENT'S COMPANION;** or, Elementary Lessons and Exercises in Translating from English into French. By M. A. LONGSTRETH, Principal of a Seminary for Young Ladies, Philadelphia. Price by mail, post-paid, $1.00.

---

**MARTINDALE'S HISTORY OF THE UNITED STATES.** From the Discovery of America to the close of the late Rebellion. By JOSEPH C. MARTINDALE, M. D., Principal of the Madison Grammar School, Philadelphia. Price by mail, post-paid, 60 cents.

**IN THE SCHOOL-ROOM;** or, Chapters in the Philosophy of Education. By John S. Hart, LL.D., Principal of New Jersey State Normal School. Price by mail, post-paid, $1.25. This work gives the results of the experience and observation of the author "In the School-Room" for a period of years extending over more than one-third of a century.

NO TEACHER CAN AFFORD TO BE WITHOUT IT.
IT IS A TEACHER'S LIBRARY IN A SINGLE BOOK.

**THE MODEL POCKET REGISTER & GRADE-BOOK.** A Roll-Book, Register, and Record combined. Adapted to any Grade of School, from Primary to College. Handsomely and durably bound in fine Cloth. Price by mail, post-paid, 65 cents.

**THE MODEL SCHOOL-DIARY.** Designed as an aid in securing the co-operation of parents. It consists of a Record of the Attendance, Deportment, Recitations, &c., of a Scholar, for every day in the week. At the close of the week it is to be sent to the parent or guardian, for his examination and signature. Teachers will find in this Diary an article that has long been needed. Its low cost will insure its general use. Copies will be mailed to teachers for examination, post-paid, on receipt of ten cents. Price per dozen, by mail, post-paid, $1.00.

www.ingramcontent.com/pod-product-compliance
Lightning Source LLC
LaVergne TN
LVHW021141110826
845150LV00005B/1095
*9781425548360*